历史中的唐鸿胪井碑
唐鸿胪井碑的历史

唐鸿胪井碑

韩树英 罗哲文◎主编

人民出版社

唐鸿胪井碑及碑亭原址（摄影者不详，孙玉提供）

唐鸿胪井碑及碑亭原址（[日本]关重忠摄影，约1905年）

唐鸿胪井碑（现藏日本皇宫）

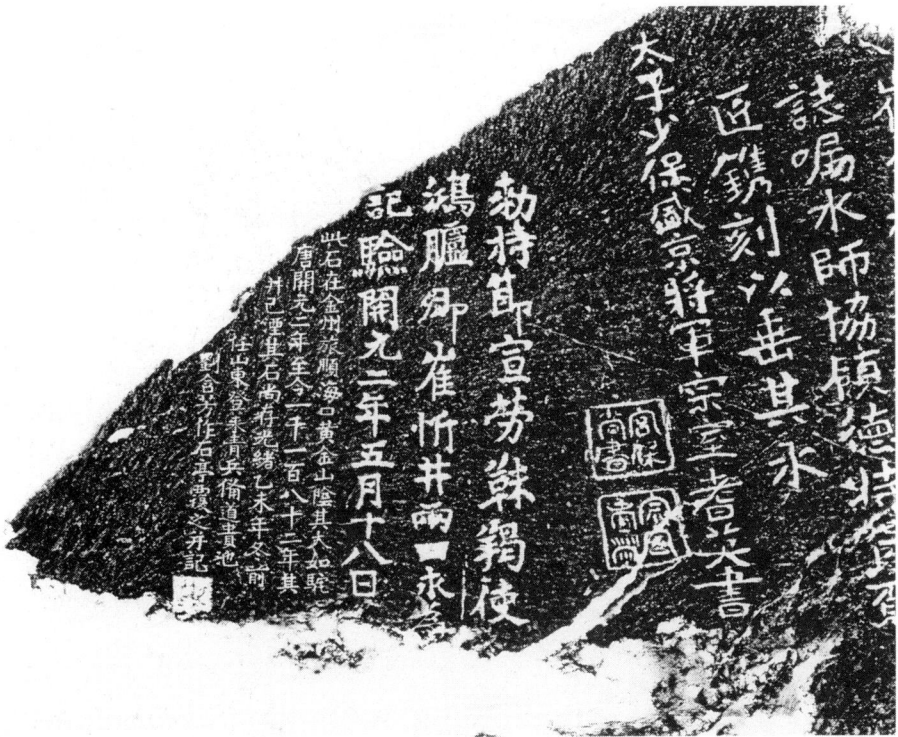

唐鸿胪井碑拓片（日方提供）

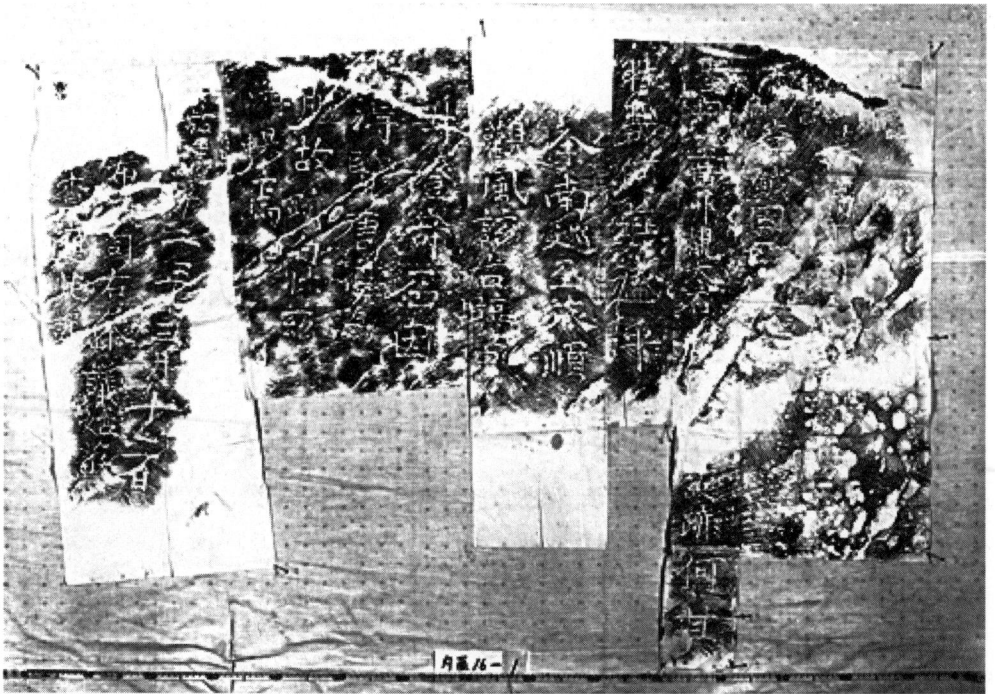

唐鸿胪井碑拓本资料(京都大学人文科学研究所所藏)

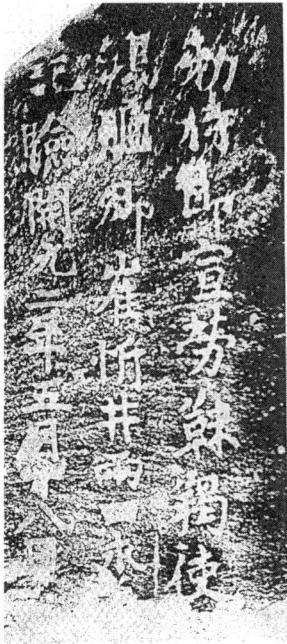

3

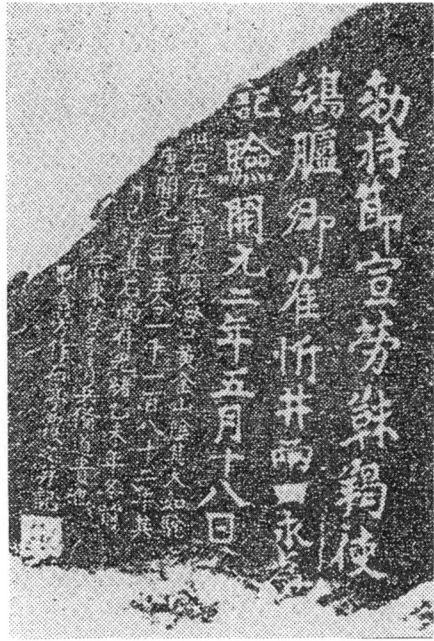

1

4

2

唐鸿胪井碑拓片(1、2 渡辺 3、内藤 4、园田)

唐鸿胪井碑拓片封面（大连图书馆馆藏）

唐鸿胪井碑拓本（大连图书馆馆藏）

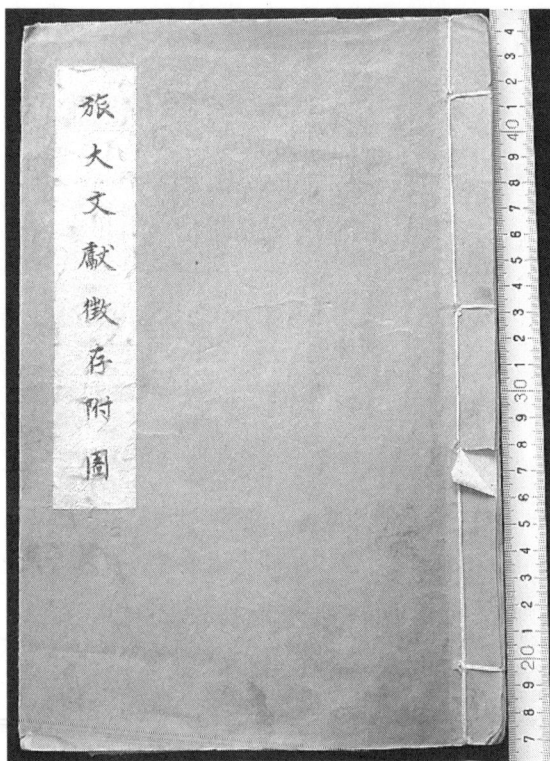

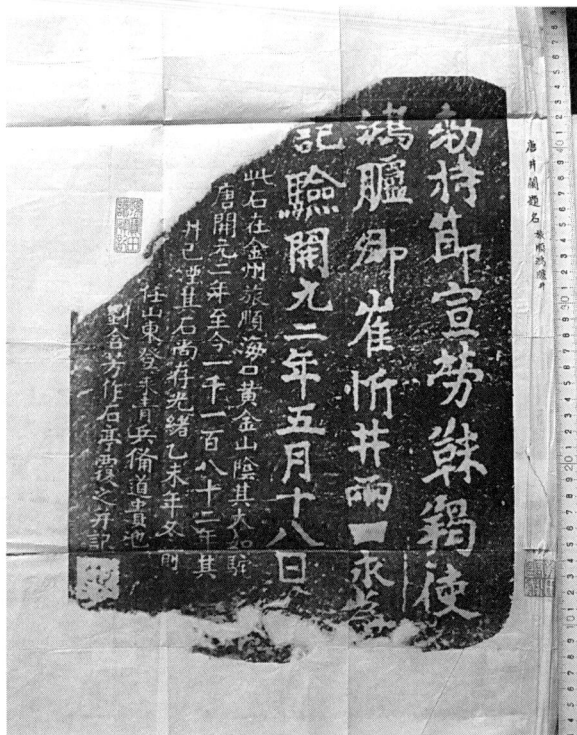

唐鸿胪井碑拓片（孙玉个人收藏）

"鸿胪井之遗址"碑（刘广堂 摄影）

根据罗振玉拓片复制的唐鸿胪井碑（现藏旅
顺博物馆馆藏）

397918

宮中

同錄

一、清役章附函

軍艦對馬ヘ保ス付ノ
勳論ヲ收納シアリシモ
某海ニ殘ノ陸中ヨ破抜セリ

三十八年九月七日
宮中ヘ差出

二、軍艦用、時鐘一個

アリヨール（右覧）ニ在リシモ
臺石ヲハシ庭ノ置物トセル様拾テ上ケ

三十九年八月三十日
宮中ヘ差出

三、唐碑亭

守衛□月録

大臣 廳

明治四十一年 案 四月三十日

侍従武官長丸

海軍大臣

明治三十七八年戦役

戦利品トシテ過般

宮城内ニ搬出セシ唐碑亭ニ関シ

日投付済

明治三十七八年战役战利品目录

右上

第一〇四八號（民壯禮發第一四六號）

康徳五年八月十日

民生部次長　官　藤　惟　貞

外務局長官　蔡　運升　殿

鴻臚井碑拓本寄贈方依賴ニ關スル件

唐玄宗帝ノ特使トシテ勃海國ニ差遣セラレタル崔忻力紀念ノ爲兩井
ヲ鑿チタル事蹟ヲ誌シタル首題鴻臚井碑ハ滿洲帝國
城内ニ保存セラルルカ由ナルカ該碑ハ我國歷史考證上極メテ貴重ナル
資料ナルニ付若シ寄贈万相叶フナレハ官内省へ該碑拓本三部ノ寄贈
万御依賴御取計相煩度

在滿日本帝國大使館

左上

追テ該碑銘ハ左記ノ通ナルニ付爲念申添フ

記

勅持節宣勞使鴻臚卿崔忻井兩口永爲記驗

開元二年五月十八日造

在滿日本帝國大使館

右下

公普通第一〇二三號

昭和十三年八月十七日

在滿洲國
特命全權大使　植田　謙

外務大臣　宇垣　一成　殿

鴻臚井碑拓本寄贈方依賴ノ件

本件ニ關シ今般滿洲國外務局ヨリ別添寫ノ通依賴有之タルニ付委曲
右ニテ御承知ノ上可然御取計相成度此段申
進ス

別紙添付

在滿日本帝國大使館

左下

外政二第一一九六號

康徳五年八月十五日

駐滿日本大使館參事官　加藤　外松　殿

外務局長官　蔡　運升

鴻臚井碑拓本寄贈方依賴ニ關スル件

本件ニ關シ今般當遇民生部ヨリ別添寫ノ通申越アリタルニ付委曲右
二テ御了知ノ上可然御取計相煩度此段御依賴申進ス

別紙添付

在滿日本帝國大使館

伪满洲国政府向日方索取唐鸿胪井碑拓片的相关信函(之一)

拝復御申越の鴻臚井碑に就き所管部
局侍従職に問合せし処右は宮中建安府
(明治三十七八年戦役関係の御府)御内庭に
「唐碑亭」として移建せられあること判明
但し碑銘は唐時代の文にして外に明、清時代
に追記せるものある由に有之
右拓本は目下宮内省に部のみ保存せられ
あるも一應貴省より御照会あられる場
合には適宜考慮の上満洲国の希望に副
ふ様可致心組に御座い此段也御返事此

八月二十四日

新見宮内属

宮内省

高澤領事殿

伪满洲国政府向日方索取唐鸿胪井碑拓片的相关信函（之二）

中华社会文化发展基金会
唐鸿胪井碑研究会

名誉会长

    韩树英　中共中央党校原副校长、大连市中日友好学友会名誉会长

名誉副会长

    林庆民　原大连市政协主席

    杨振亚　中国前驻日本大使

特邀顾问

    阿南史代　日本学者、摄影家

顾问（以姓氏笔画为序）

    冯昭奎　中国中日关系史学会副会长、中国社会科学院研究员

    吕济民　国家文物局原局长

    林安西　中国大连高级经理学院院长

    郑孝燮　中国历史文化名城保护委员会副主任

    宿　白　北京大学教授

    郭永泗　大连市中日友好学友会名誉会长

    谢辰生　国家文物局原顾问

    魏富海　原大连市市长

会长

罗哲文　中国文物学会名誉会长

副会长

杜凤刚　大连理工大学外国语学院院长

张永年　中华社会文化发展基金会决策咨询委员会常务副主任

王维明　中华社会文化发展基金会副秘书长

会长助理

马一虹　中国社会科学院历史所副研究员（兼）

常务委员（以姓氏笔画为序）

王合忠　全国政协文史学习委员会巡视员

肖秦生　全国政协办公厅外事局副巡视员

吴青云　大连市文化局文物处处长

吴梦麟　北京石刻艺术博物馆馆长

张本义　大连市图书馆馆长

张忠志　中国文物交流中心主任助理

郭大顺　原辽宁省文化厅厅长

梁从诫　全国政协委员

学术委员（以姓氏笔画为序）

马一虹　中国社会科学院历史所副研究员

王仁富　大连大学东北史研究中心客座教授

刘广堂　大连现代博物馆馆长

孙　玉　大连市重点保护建筑专家委员会委员、副主任

韩悦行　原大连三中教师

管　宁　中国国家博物馆研究馆员

专家学者（以姓氏笔画为序）

  王育成 中国社会科学院历史所研究员

  田久川 大连市历史学会会长

  曲传麟 旅顺博物馆副研究馆员

  朱国忱 黑龙江省考古所研究员

  刘金才 北京大学日本文化研究所所长

  刘俊勇 辽宁师范大学历史文化旅游学院副研究员

  刘晓东 黑龙江省博物馆副馆长

  徐建新 中国社会科学院世界历史所古代研究室主任

  魏存成 吉林大学东北历史与疆域研究中心主任

秘书长

  王维明（兼）

副秘书长

  牛宪锋 中华社会文化发展基金会抢救流失海外文物专项基金副总
      干事

秘书处

  姜亚洁 中华社会文化发展基金会抢救流失海外文物专项基金干事

  于洪滨 中华社会文化发展基金会抢救流失海外文物专项基金干事

目 录

下卷　唐鸿胪井碑的历史

序　章

唐碑金井家国情

——关于唐鸿胪井新的历史探索　韩树英

　　摆在读者面前这部书,从书名和目录就可以看出,是由一些文章、资料编辑而成的关于唐鸿胪井碑(简称"唐碑")的论述。内容分为两大部分:一是历史中的唐碑,讲它所见证的历史和它的文物价值等;二是唐碑的历史,讲它的建立,它所经历的历史过程和二十世纪初被日本海军作为日俄战争的战利品掠到日本,上献皇宫,流失海外直至今日。

　　本文就编此书的缘由和有关事项,先作一些介绍和说明。

一

　　唐鸿胪井碑指的是唐玄宗派遣使臣郎将崔忻以鸿胪卿的身份册封我东北地方靺鞨族的震国首领大祚荣,归途经旅顺在黄金山(亦称"金山")下凿井立碑以作为使命完成的验证和记念。井,称为鸿胪井(亦称"金井");碑,称鸿胪井碑(亦称"唐碑")。

　　关于这次册封大祚荣一事,新旧《唐书》、《册府元龟》、《资治通鉴》等都有记载。《旧唐书》列传的"渤海靺鞨"项载:"睿宗先天二年,遣郎将崔䜣往册拜祚荣为左骁卫员外大将军,渤海郡王,仍以其所统为忽汗州,加授忽汗州都督，自是每岁遣使朝贡。"此后就去掉靺鞨号，专称渤海。这里的睿宗先天二年，因当年玄宗即位改元而为开元元年（713 年），"崔訢"碑石作"崔忻"。

当时从长安出发本可以有水陆二路达渤海，崔忻时经营州（今辽宁朝阳）之陆路为契丹所阻，所以走了水路，从山东半岛登州跨海达辽东半岛之旅顺（当时称"都里镇"），后溯鸭绿江北上渤海当时的都城（今之吉林敦化）完成了册封使命。次年（714 年）归途离开忽汗州地方经旅顺，遂在黄金山下凿井两口，立碑刻石三行共 29 个字："敕持节宣劳靺羯使　鸿胪卿崔忻井两口永为　记验开元二年五月十八日"。碑石就地取材，"其大如驼"。这就是传至今日的唐鸿胪井碑。

大祚荣接受唐王朝册封以后，这种册封关系一直贯穿于整个渤海历史之中，渤海就成为中原唐王朝之藩属的地方少数民族政权。渤海积极学习唐王朝的典章制度，吸收先进的中原文化，在政治、经济、文化各方面都逐步有了很大发展；同时，"斥大土宇"不断开拓疆土，对周围的其他少数民族地区施加影响，使之臣服，带动它们发展，使渤海发展成以现今牡丹江、松花江、图们江、鸭绿江流域为中心的地有五京、十五府、六十二州的"海东盛国"。

渤海在不断加强和唐王朝的联系和互动中，推动这一广袤地区的内部稳定发展，推动东北地区在中原文化影响下历史的前进。

渤海在与日本、新罗等邻近国家和地区的交往中，也成为唐朝和日本等文化传播的一条纽带。

渤海自公元 698 年建国一直存在到唐朝亡后的 926 年，为后来崛起的契丹（后称为辽）所灭，享祚 229 年。

在历史的沧桑变化中，唐和渤海虽然都消失了，但是它们之间关系的发展所带来的结果和推动的历史进步，却永远融合在东北地区历史进步的长河之中。

唐碑的价值是多方面的。它所见证的历史可以说特别对认识中国中原王朝和地方民族政权的良性关系的形成和发展，对研究中国从多数部族、民族的散在逐步走向多民族的统一大国的形成和发展的规律性，都有积极的意义和重要价值。

本书并不做对渤海史全面的研究,只限于联系到唐碑的历史做一些必要的提及。

二

研究历史中的唐碑,就要进一步研究唐碑的历史。

唐碑本身从立碑以来一直到明代,"隐居"了七百年未见于史籍,静卧金山下,惯听海浪音,到了明朝才有人问津。在成书于明天顺五年(1461年)的《大明一统志》才首次出现简单的记载,说鸿胪井"在金州旅顺口有题云,唐开元时靺鞨使鸿胪卿崔忻所凿"。明朝嘉靖十六年(1537年)成书的毕恭等编撰的《辽东志》,才载有31个字(多出了"凿""造"2字)的碑文。《大清一统志》又沿习了31字说。这都是编撰者未经实地考察而写成,是不准确的。

甲午战争日本占旅顺时它并未被发现,"三国还辽"日本被迫退出占有辽东半岛之地等权益,1895年才由清前登莱青兵备道刘含芳造碑亭覆盖碑石称"唐碑亭"。后旅顺等被强租于沙俄。经日俄战争,日本海军发现唐碑才掠至日本上献皇室,至今一直存置在宫内庭院。这就是唐碑本身的经历。

从明清以来,就不断有国人发表关于唐碑的诗文。其中特别是旅顺、大连、金州的大连人,因唐碑原在家乡,后来又因痛失海外而形成一种对唐碑的特殊情结,以诗文、怀念和学术探究的各种形式,抒发并传承这种情结。

近代以来,最早的可以举乡人同治壬戌(1862年)科进士、任过工部主事和知县的乔有年的诗作《旅顺怀古》①为代表。诗曰:

> 矗立金山海气横,唐家曾此驻雄兵。
> 铭功千载鸿胪井,酣战三军牧底城。
> 地接辽金留胜迹,波连齐鲁渡王京。
> 而今日暮散风雨,犹似当年击柝声。

诗作于1887年，为唐碑仍在原地时怀古之作。这是表达这种情结中几个"第一"中之首。

唐碑被运往日本后，第一个出来揭露此事的为乡人名儒乔德秀。他伤于甲午、日俄战后旅大失于他国，为教育子弟爱国爱乡，于1910年兴办了私立奉天省公育小学，自任校长，编写教材《南金乡土志》，1911年成书。②对鸿胪井碑，书中直书"此石今为日本汽船载去"，激怒了日本当局。原本就受日本当局歧视的为当地唯一中国人所办的学校，不满三年被勒令停办。不过已有百余人受到了爱国教育。

唐碑被掠运日本的消息不胫而走，极度加深了怀念唐碑的情结。由此，日本为什么运走唐碑？是怎样运走并运往何处？就成为一直萦系人们心头的问题。

唐碑被运走后，许多人就不可能有看到它的机会。关于唐碑的形状、文字等，国人是首先通过1929年罗振玉移居旅顺带来的拓片才得以看到的。罗氏先前侨居日本时，托日本友人从宫内得来，在旅顺复印若干份赠送亲友，也送给了旅顺博物馆。此前还有拓本，但未公开流传，唯罗氏拓片传世较广，使国人对渤海和唐碑的影响和研究得以扩大层面继续下去。

唐碑虽然流失，但是对它的情结却以不同形式传承并且扩大。我1922年生于旅顺农村，这一代人虽然无缘看到唐碑，但是大多在幼年就听到大人讲的故事：旅顺黄金山下有井，里面锁有蛟龙，井用铁盖盖住加了锁。有外国人想打开金井看个究竟，不得开，就用军舰的铁链拴住井盖，启动军舰向海中驶去。只见金山山崩地裂，乱石飞滚，外国人大惊失色而作罢。于是传出歌谣："金井若要开，还得原人来。"这动人的故事是用开金井寓意望旅大回到祖国（"原人"）怀抱。

我们这代大连人就是在这种有力的情结传承影响下，去探寻金井唐碑的真实历史的，直到家乡的解放。

二战结束，日本投降，"原人"回来了，而井和碑也都不见了。有些人继前人以诗文来抒怀、探寻。

盛世修史是我国优良传统。从二十世纪七、八十年代起，根据要求，全国市、县、区开展了地方志的编写工作。地方志的编写,必写地方历史和文物。旅大地区就必然要回顾金井唐碑和它们的历史。我关心并参与了一些这方面的活动,也开始分出部分精力进入对渤海史和唐碑的学习和研究。

这样做自有一些原因。我早年留学日本,日本二战战败投降,东北籍干部奉命从抗日根据地回东北,我被分配到解放了的家乡大连,在教育界工作5年。在大连市文教局长任上,1950年被选派考入马列学院学习4年,毕业留校工作,遂住北京至今。学院改称中共中央党校,我在副校长任上,1984年被校长王震所派,组团访问日本。当时王震兼任中国中日友好协会会长,在沿海城市改革开放会上,中央领导同志要求他关心大连市的对日开放。由此他想到派我访日。我归国后,于1985年组织曾经留学日本的人士等,成立大连市中日友好学友会,并任名誉会长,协助大连市的对日经济、技术、文化交流和友好往来工作。因此常回大连。

其间,在因编写地方志而热议鸿胪井碑流失的声浪中,学友会和文化界的乡人表示希望我出面设法促使这一潮流有序发展,以期取得成效。我因常年怀有的心愿,感到的确义不容辞,遂从议论投入实际行动。

对历史中的唐碑,自然有史书等可以弄清楚,而对唐碑的历史特别是运往日本的过程以及现状的了解,则不得不借助日本的资料和日本学者的研究。我阅读了大连人、辽宁省博物馆研究员姚义田的两篇译文,一为1967年曾入宫实地考察过唐碑的渡边谅的《鸿胪井考》,另一篇为1999年刊出的酒寄雅志的《关于"唐碑亭"即鸿胪井碑的几个问题》。前者对碑文和几个题刻作了描述,后者根据战后新披露的材料,特别对日本海军运走唐碑作为日俄战争战利品上献皇室的事实,作了论述。由此,我感到大致弄清了有关的基本事实,进一步了解到唐碑被运走是毫无道理的。

当一些友人建议我上书有关部门对要求退回唐碑作先期行动建议时,为了对这一敏感问题采取慎重态度,先征询了日本友好人士包括在京日本媒体,问解决此问题有无可能。鉴于日本此前归还其他邻国文物的事实,他们表示,虽然事属敏感,但经过必要努力,归还唐碑是可能的。

2002年3月我作为学友会的代表,反映广大中国民众要求,在京我上书有关部门,提议为最后达到归还唐碑,在大连先成立唐碑的民间研究组织，配合我国对日外交关系发展的大局，进行研究、宣传等有序活动。及时得到赞同的书面答复后，我即通过大连市当局的支持，由学友会组织各方人士和学者作筹备工作。不久我国文化部系统的法人组织中华社会文化发展基金会专项抢救流失海外文物所属基金的负责人与我等商谈愿共同组织鸿胪井的研究组织，经同意乃于 2004 年在北京正式成立了"唐鸿胪井碑研究会"。会长为著名文物专家、国家文物局古建筑组组长罗哲文，我为名誉会长。

研究会的成立，立即获得日本友好人士和有关学者的祝贺，逐步开展了工作。

三

解决唐碑的流失问题，涉及的是中日两国，最终要通过政府间有关渠道解决。本研究会的工作实际上是民间先行，为此作铺垫，创造条件，打下必要的基础。

因此中日两国学者的合作研究就十分必要。通过两国学者的各自研究和成果的交流，从对唐碑的解读，流失的真实过程的探明，直到最后合乎情理的安置，都取得基本的共识，并随时获得有关各界人士和广大群众的认同和支持，成为舆论的主流，才算有了解决问题的基础。

当然，从唐碑和渤海史的学术研究本身来说，可以有更广泛的范围和各方面的目的，这将是长久的课题。

本研究会成立后，在不长时间段中也取得了不少成果。

经过交流，本会工作得到日本日中友好协会名誉会长、联合国教科文组织亲善大使、世界著名画家平山郁夫先生为首的日本友好人士和一些学者的支持、协助，在合作中他们也发挥了独特的作用。他们会晤了唐碑保管和护卫者宫内厅的负责人，提出他们对唐碑做进一步实地考察的要求，也介绍了本研究会的友好态度。有人还将珍贵的一组唐碑现状的照片赠送我们，供研究使用。

在交谈和两国学者的讨论会上，日本学者明确表示，唐碑并不能说成是日俄战争的战利品，也并非经市场购得的，还直截了当提出，唐碑应由日方主动地归还中国，并表示愿为此而努力。

鉴于日本人民大多数并不知唐碑事，不知它早已被运至日本，一些人表示要向群众多做说明和宣传，了解事实真相，以利最后的合理解决。

日本学者也提出分步骤分阶段做工作的稳妥设想，供我们考虑。我们也不断和他们交流信息，鼓励和协助他们做出成绩。

本会工作在其他方面也有所进展。

我们的工作特别是对日活动，都及时向政府有关部门、大连市和驻日使馆作通报，取得他们的了解、关心，听取建议。向全国政协的通报，引起了有关领导的注意。2008 年 3 月在北京举行平山郁夫画展时，有关领导在会见平山一行和驻华大使时，特地向平山会长表示了感谢他们对我会工作的支持和协助。这也表示我国家领导人向日本友好人士和官方表明对鸿胪井碑研究会的支持和关怀，促进他们对我会工作的重视。

在研究方面，发现从近代、特别是 1978 年编纂地方志工作开展以来，大连人发表的和唐碑有关的文章、著作不断增多，据不完全统计有作者 45 人、作品近 50 余种，列表载于本书。不用加上国内其他地方的作品，这已经不能不说是关于鸿胪井碑的热议之潮了。

2008 年是唐碑亭被日本海军掠走、由海军大臣斋藤实上献宫内的一百周年，本研究会的会长会议作出了几项决定，正在逐项实施。

其中之一，是为扩大群众对鸿胪井碑问题的了解和对此项研究工作的关心、支持，计划出版两部书，一本即本书，不赘述；另一本是日本酒寄雅志教授的专著《渤海与古代日本》的译作。此书在杜凤刚博士主持下已经译完，正在审校，不日即可出版。之所以出版这本译作，是因这部著作视野广阔，包括对渤海史全方位问题的研究，材料丰富翔实，见解独到，是同类书中罕见的堪称上乘的佳作。特别是对我等关注的鸿胪井碑问题，有系统的长篇宏论；内容不仅包括前面提到并已收入本书的论文，根据战后新公开的材料对日本海军从发现唐碑直至以战利品名义掠到日本上献皇室过程作了系统的披露，而且在该书第 10 章《渤海史研究和近代日本》中，揭示了日本围绕"鸿胪井碑"研究渤海史的真实目的,还揭示了运走唐碑不仅有猎取历史文物的意义,而且有标示日俄战争后过去的日本侵略中国的野心步入新阶段之开端的政治意义。这些是秉真诚的学者良心、持公正的科学态度,通过对我等不可能知道的实际材料和对它们作出系统分析,才能够做得到的。

另一项决定是参加和其他单位共同举办的关于讨还流失海外文物的法理根据讨论会。

与会专家学者说明,根据联合国教科文组织的有关约法,在战争中凡属各国文物,都不得成为战利品,被运走的文物,应退还原所有国,原地安置。大家认为,这种约法虽然制定于第二次世界大战之后,但对此前同类问题的处理,也应作为准绳发挥其强大的道义作用,有重大影响力。

据此,国人应该坚定而明确地宣示:唐碑本属中国的历史文物,和日、俄根本无关,也就没有理由说成是日俄战争中哪家的战利品,这无疑是属于常识范围的问题;更不必从国际法理说,文物不能成为战利品了。

说到这里,就应该回头倾听并真实对外反映我国人民合情合理的呼唤唐碑回归的声浪。声浪多大,这里只举唐碑故乡大连人民的呼唤为例。1978年大连市教育部门编写了《旅大乡土历史教材资料》内有《旅顺唐代鸿胪井》的篇章,供对初中学生进行爱国爱乡教育之用。30年中估计受教育者全市累计达200万人之多。怀有金井唐碑情结的这些人,发出的呼唤唐碑还乡的声浪该有多么之大,这是不难想像的;遑论海内外爱国人士的同声相应。对国人的这种声浪充耳不闻,无动于衷,既不可取,也不可能。任其转化为无序的行动力量,也有害无益。对此只能做理性的对待,对问题只能着眼于当今中日两国战略互惠关系的友好发展,经过努力作理性的解决。

这也是为此编辑出版此书,向人们说明我们的研究工作成果和工作进展情况的初衷。本书没有介绍更早的前人研究成果,也没有介绍更多的国内学者的论文和国外的研究情况。用旅大材料居多,不外是以唐碑故乡的事实为例,希望能到得谅解。全国人的事,当然要以全国人的力量来办。

本书署名韩、罗二人为主编,具体处理编辑出版事宜的主编任务有杜凤刚和王维明两位副会长。参与工作的还有其他热心人士和本会其他同志。

因知识和时间所限,情知本书多有缺点和不尽如人意之处,敬请方家和读者赐教。

【作者简介】

　　韩树英,1922 年生,辽宁省大连市人,中共中央党校原副校长,哲学教授,博士生导师。早年留学日本,考入东京大学教养学部前身第一高等学校。1944 年,在华北抗日根据地参加革命工作,参加创办晋豫中学并任教,培养县区级基层干部。1945 年抗日战争胜利后被派回家乡大连工作,创办大连高中,曾任大连市文教局局长。1950 年,入中央马列学院学习,1954 年在哲学专业毕业留校任教。历任中共中央高级党校哲学教研室副主任、哲学教研室主任、副教育长、中共中央党校副校长。曾任七、八届全国政协委员、七届全国政协学习委员会副主任、中央干部教育领导小组成员、"七五"全国哲学社会科学规划领导小组成员、哲学学科项目评议组成员,中国中日关系史学会副会长、顾问,大连中日友好学友会名誉会长。国务院学位委员会第二届学科评议组成员。主编《通俗哲学》、《马克思主义哲学纲要》、《哲学与社会主义》等。现任中央党校教授、博士生导师、中国辩证唯物主义研究会名誉会长。2002 年初,上书提出了成立唐鸿胪井碑研究会的设想。2004 年 5 月,同其他专家学者与中华社会文化发展基金会共同发起、成立唐鸿胪井碑研究会,任名誉会长。对唐鸿胪井碑有过长期的关心并做过不少研究,2005 年 8 月主持首届唐鸿胪井碑中日学术研讨会,致开幕辞。

注释

① 见孙宝田编著《旅大文献征存》,大连出版社 2008 年版,第 212 页。
② 新亚印务公司 1931 年版,大连史志办公室 2006 年影印再版。

（上 卷）

历史中的唐鸿胪井碑

上卷导读

　　上卷分设为五个题目,选编了 22 篇研究东北地方史及渤海史的论文。选编的基本原则是,在论文中直接或间接引用唐鸿胪井碑的碑文,或者是涉及到唐鸿胪井碑所记载的那段历史。选编的主要目的是让人们更好地了解渤海史中的唐鸿胪井碑的存在,让人们更好地了解唐鸿胪井碑在东北地方史及渤海史研究中的重要意义。本书并不着力于全面系统地反映东北地方史及渤海史的研究成果,因此有许多我们注意到的研究这一课题的优秀论文,并没有编入本书。当然我们期待着读者会通过阅读本书而有兴趣进一步阅读那些没有被我们编入的优秀论文。

　　被编入的 22 篇论文分别发表在不同时期,有些论文关心的是同一主题,内容上难免会有些重复,为了避免大的重复,在编选论文的时候我们有过割爱的筛选过程,对经过努力后依然留下的遗憾,只好请读者多加谅解。

　　为了方便读者阅读,在这里首先简单地把选编在每个章节里的论文做一简介。

　　一、唐朝对渤海与高句丽的关系

　　在这一章节里只编选了马一虹以《唐封大祚荣“渤海郡王”号考》为题的一篇论文,论文指出与渤海国同时代,唐朝内地还有一个渤海县,纠正了一些学者对二者的混淆,并论及唐朝对渤海与高句丽关系的认识。

　　二、渤海国号的由来

　　在这一章节里编选了魏存成等五名学者的四篇论文,五位学者从不同角度,探讨了渤海国号的由来。

　　三、渤海都城考

　　在这一章节里编选了方学凤和李健才的两篇论文,方学凤在论文中对渤海上京城与唐长安城进行了比较,李健才对渤海初期都城进行了考证。

四、渤海的族属与政权

这一章节里编选的论文最多,共有十篇,都是探讨渤海民族的形成和发展过程,以及政权的建立与归属问题的论文。冯海英等的《20 世纪 90 年代以来中国学者对渤海国民族与政权的研究》,是对这一研究领域的研究综述。

五、渤海的文化与对外交流

在这一章节里编选了五篇论文,前三篇着重探讨渤海政权的对外交流,后两篇主要研究的是渤海文化与唐文化之间的关系。

需要声明的一点是,被选入本书的论文所阐述的观点,并不代表编者的立场。读者自然也会注意到,每一篇论文的观点也并不完全相同,甚至有些观点是截然对立的。学术研究过程中的争论,对推动学术研究的深入有益无害。个别有明显错误的文章,因为它记录了对某一事物的认识过程,我们也照样编选。

唐朝对渤海与高句丽的关系

唐封大祚荣"渤海郡王"号考
——兼及唐朝对渤海与高句丽关系的认识 ｜马一虹

一、问题的提出

　　渤海国是唐代中国东北以粟末靺鞨人为主建立的一个古代国家（698—926 年）。近一个世纪来，中国、日本、俄罗斯以及朝鲜半岛等国家都在进行渤海史研究，但还有许多问题，包括一些基本问题，或尚未廓清，如唐朝何以封大祚荣为"渤海"郡王，至今没有一个令人信服的解释；或仍存在分歧，如渤海与高句丽的关系，特别是渤海是否高句丽继承国的问题，长期以来都是学术界争论的焦点之一。这些疑问与争论在形式上表现为唐等周边国家对渤海的称谓上的分歧，实质上在这些称谓的背后，又都隐含了称呼国对被称呼国的基本态度以及与被称呼国间的关系定位。而唐朝对渤海王的册封，是考察唐对渤海认识的一个不可忽视的视角，因为这个封号在相当意义上可以体现被册封国在其认知系统和统治秩序中的位置，反映了唐朝的政治动机。

　　渤海国始建于 698 年，初称震，713 年，初代王大祚荣接受唐朝册封，从此有新名渤海。关于这段历史，《新唐书》卷 219《渤海传》有明确记载："睿宗先天中，遣使拜祚荣为左骁卫大将军、忽汗州都督、渤海郡王，以所统为忽汗州,领忽汗州都督,自是始去靺鞨号,专称渤海。"

从这段史料可以看出,唐曾经称呼大祚荣政权为"靺鞨",后因赐大祚荣渤海郡王号而开始改称"渤海"。这里,有一个很容易被忽略然而又是很重要的问题:渤海国为何被称作渤海,也即唐朝为何选择了"渤海郡王"这个爵号?

关于这一点,先学或试图从音韵学角度指出"渤海",与"靺鞨"之间的近似性①;或从自然及行政地理角度寻求答案②;还有学者认为,唐封大祚荣为渤海郡王,实际上是对大祚荣领有渤海湾以东领土这一既成事实的承认③。这其中,专门著文提出见解的只有赵评春,指出渤海国号的名源,当是因东濒大海,同时客观上反映了唐朝开疆拓土的政治抱负④。

本文之所以再次设定这个问题,是因为与渤海国同时代,在唐内地还有一个渤海县,而且还有以渤海为郡望的豪门大姓渤海高氏,更重要的是,在大祚荣之前就有许多渤海高氏已经受封渤海郡王等爵号。那么,唐朝封大祚荣渤海郡王号与上述两方面是否有所关联呢⑤?

二、渤海高氏和渤海郡王号

大祚荣之后的历代渤海王都沿袭渤海郡主或渤海国王号。对此,有人注意到唐高祖李渊弟之子奉慈与活跃于 9 世纪 30 年代的高崇文两例,指出渤海郡王号本为唐国内通用⑥,渤海国王大嵩璘(794—809 年)晋升渤海国王后,渤海郡王以下的爵位均授予在唐的所谓"中国人",而且都是渤海高氏⑦。事实上,大嵩璘之后仍有唐人被封为渤海郡王,如高固(《新唐书》卷71《宰相世系表》及《高固传》)及高崇文之孙高骈等(《新唐书》卷 224 下《高骈传》)。而且,在渤海郡王之外,还有许多高氏按唐的九等爵制受封各色爵等,如渤海郡公高元裕、渤海郡开国公高少逸、渤海县子高重、渤海县侯高适等⑧。

如果沿此线索追溯到唐以前,也有人得到这个爵号:如隋高颎被封为渤海郡公(《隋书》卷 40《高颎传》);其子高表仁则以大宁公主驸马都尉受封渤海开国公⑨。唐初"渤海蓨人"高惎生前为银青光禄大夫少卿上柱国渤海郡开国公，而其五代祖曾被封渤海郡王⑩。

这就是说，早在大祚荣被册封渤海郡王之前，渤海郡望的高氏已经有许多人受封渤海郡王、渤海郡开国公、渤海县侯等爵号了。这自然是个需要注意的问题。而一个记作"渤海人"高氏的墓志铭也同样吸引了渤海研究者的关注。这墓主就是高句丽末代王孙高震。周绍良编《唐代墓志汇编》大历075条载，献书待制杨憼撰《唐开府仪同三司工部尚书特进右金吾卫大将军安东都护郯国公上柱国高公墓志序》有云："大历八年夏五月廿有七日，右金吾卫大将军安东都护公毙于洛阳教业里私第，春秋七十三。前年四月十二日，郯国夫人真定侯氏先毙于博陵郡……公讳震，字某，渤海人。祖藏，开府仪同三司工部尚书朝鲜郡王柳城郡开国公；祢讳连，云麾将军、右豹韬大将军安东都护。公乃扶余贵种，辰韩令族，怀化启土，继代称王，嗣为国宾，食邑千室。"

从墓志可知，墓主高震是高句丽末王高藏之孙。高震身为高句丽王室后裔，却自报渤海人，使该段墓志因此显得颇不寻常。韩国学者宋基豪将此作为渤海是高句丽人的后继国家的有力证据，指出高句丽灭亡后，许多高句丽遗民参与渤海的建国并在渤海的权势贵族中占据高位，他们从政权初创时起便长期追随渤海王族大氏，作为王室后裔的高震从中体会到与渤海国间的一种"同质性"，因而自报渤海高氏⑪。

显然，宋基豪将这里的"渤海"视为大祚荣建立的渤海国，但他并没有说明理由。高震亡于大历八年即773年，距渤海立国已有75年，因此若单纯从时间上看，墓志中的"渤海"完全有可能指渤海国。而且诚如宋基豪所言，因为高句丽人在渤海建国过程中的特殊位置（如后述）以及亡国之后寻求依托的遗民心理，一些旧高句丽人自称渤海人的可能性也未必不存在。但问题是，高震并不生活在渤海，且亡于远离渤海的洛阳，这些现象使人难以将其与渤海国联系起来。

关于高句丽末王高藏，《册府元龟》卷1000《外臣部》亡灭条中有如下记载："高丽王高藏，高宗仪凤中，授开府仪同三司辽东州都督，封朝鲜王，居安东，镇本蕃为主。高藏至安东，潜与靺鞨相通，谋叛，事觉，召还，配流邛州，并分徙其人，散向河南陇右诸州。其贫弱者留在安东城傍。圣历二年又授高藏男德武为安东都督，以领本蕃。自是高丽旧户在安东者渐寡少，分投突厥及靺鞨等，高氏君长遂绝。"高句丽亡国后，为便于统治和管理高句丽遗民，唐高宗让高藏留在安东并对其加官进爵。然而高藏对唐廷阳奉阴违，私下里与靺鞨部落串通谋反。事泄，唐廷招回高藏，另行发配四川邛州，在安东的高句丽遗民，除去贫弱者仍令滞留安东外，皆流放关内河南陇右等地。

高震一家迁徙的具体情况不详，他们可能没有随高藏去四川而是直接去了河南，也有可能先到四川，后辗转至河南。从时间上看，高藏等移住唐内地时高震还未出世。700 年出生的高震很可能在唐土度过一生，至少在洛阳长期生活过。当时，大祚荣尚未建国，或建号"震（振）"不久，正忙于躲避唐廷的追击。也就是说，高震与渤海之间并不存在任何荣辱与共的历史积累，说他与渤海国间有关系，不仅空间上有距离，而且在时间上也存在牴牾。况且，在唐廷，在中原人看来，渤海不过一夷狄蕃邦，高句丽人在中原人前表明自己的高句丽人身份尚且觉得有失身份，怎么会自称渤海国人，自取其辱。

从历史上看，自晋"永嘉之乱"有渤海高氏到高句丽避难，高句丽人可能因此得知中原高氏的存在；在隋以后中原王朝一次次远征高句丽的过程中，也有许多高句丽人逃入中原地区。据姚薇元考证，渤海高氏中就"混"有高句丽人出身的异族[12]。高句丽人附会渤海高氏，是因为这些高句丽人以出身东夷在中原备受轻视，所以冒充渤海高氏以抬高身价。高震自号渤海人一事，恐怕也是出于同样的原因。事实上，外姓人附会渤海高氏者大有人在。前面提到的高颎就是一例。其《传》说他"自云渤海蓨人也"。池田温指出，高颎虽然以汉人贵族自居，但他身上却带有浓厚的鲜卑人色彩[13]。高震之举实际上与高颎如出一辙。另外，高震的婚姻状况也可给我们一点提示。高震夫人侯氏是博陵人。侯氏乃博陵第一大姓，而洛阳也是渤海高氏的又一大集中地区。高震必须攀上渤海高氏，才能与侯氏门当户对。从这一点看，他也完全不可能与渤海国的高句丽人抑或靺鞨人搭上任何关系。

综上，我们至少了解两点：一是渤海郡王号出现于唐授予大祚荣之前，并且其后也并行使用;二是高句丽王室后裔的高震也自称渤海人。高句丽王室后裔虽远迁唐内地,但诸如王孙高震的行踪等事,肯定在唐朝掌握之中。也就是说,上述事情唐廷确知无疑。那么唐廷又为何再封大祚荣呢?是纯属偶然,还是唐廷另有图谋?

三、渤海郡王号的由来

前已提到,拥有渤海爵号的诸高氏,或为汉以后渤海郡望的高氏大姓,或为承袭先代封爵的王公。这些事实表明,渤海郡王号不仅的确通行于汉唐,而且从中还可以看出唐廷的封爵,的确对郡望有所考虑;换句话说,唐朝是不会兴由所至地赐某人某王以渤海郡王号的。唐朝授大祚荣以渤海郡王也必事出有因。那么接下来就必须考虑封号后面的动机了。既然唐廷所封渤海郡爵号均与郡望有关,那么,在唐朝看来,大祚荣与渤海郡望之间又有着怎样的瓜葛呢?

这里先回顾一下两唐书有关大祚荣建国的史料。《旧唐书》卷199下《渤海靺鞨传》载:"渤海靺鞨大祚荣者,本高丽别种也……万岁通天年,契丹李尽忠反叛,祚荣与靺鞨乞四比羽各领亡命东奔,保阻以自固。尽忠既死,则天命右玉钤卫大将军李楷固率兵以讨其余党,先破斩乞四比羽,又度天门岭以迫祚荣。祚荣合高丽、靺鞨之众以拒楷固,王师大败,楷固脱身而还。属契丹及奚尽降突厥,道路阻绝,则天不能讨,祚荣遂率其众东保桂娄之故地,据东牟山,筑城以居之。祚荣骁勇善用兵,靺鞨之众及高丽余烬,稍稍归之。圣历中,自立为振国王。"

《新唐书》卷219《渤海传》载:"渤海,本粟末靺鞨附高丽者,姓大氏。高丽灭,率众保邑娄之东牟山,地直营州东二千里,南比新罗,以泥河为境,东穷海,西契丹。筑城郭以居,高丽逋残稍归之。万岁通天中,契丹李尽忠杀营州赵翙反,有舍利乞乞仲象者,与靺鞨酋乞四比羽及高丽余种东走,度辽水,保太白山之东北,阻奥娄河,树壁自固。武后封乞四比羽为许国公,乞乞仲象为震国公,赦其罪。比羽不受命,后诏玉钤卫大将军李楷固、中郎将索仇击斩之。是时仲象已死，其子祚荣引残痍遁去，楷固穷蹑，度天门岭，祚荣因高丽、靺鞨兵拒楷固，楷固败还。于是契丹附突厥，王师道绝，不克讨。祚荣即并比羽之众，恃荒远，乃建国，自号震国王，遣使交突厥。"

以上两史料虽然在史实叙述上存在个别差异、但却存在一个共同之处，即在震（振）政权建立过程中，大祚荣及其统治集团与高句丽有着紧密的关系。根据两史料，大祚荣政权是据高句丽故地而建，包括旧高句丽贵族在内相当数量的高句丽人参与了渤海建国并进入统治层。

对于这些事实，唐朝无疑是清楚的。但问题是唐朝对此是如何看待的。唐朝曾经封高句丽王为辽东郡王、新罗王为乐浪郡王、百济王为带方郡王，皆取汉代名郡命名，意在表明这些地方均为中国之国土。那么，如果唐廷认同大祚荣政权为高句丽的后继国家，只需将辽东郡王号再赐予大氏便可了事，而大可不必改弦更张。唐朝完全没有这样做，显然并没有将大祚荣政权看作高句丽的后继国。

大祚荣树帜立国，距高句丽灭亡仅仅 30 年。高句丽存在期间，多次向中原王朝统治秩序挑战，唐朝无疑对此记忆犹新；高句丽亡后，唐廷宽待高藏，让他去安东管理旧高句丽人，结果高藏却暗结靺鞨谋反，于唐朝无疑又是不小的刺激。所以，不管大祚荣以及他的国家自身是否以高句丽后裔自任，对于这个建立在高句丽废墟之上，又有旧高句丽人参与并发挥重要作用的大祚荣政权，总是心有余悸。而且，唐朝对大祚荣从征讨到将其编入羁縻体制的过程也不是一帆风顺的，绝对不希望这个新蕃国与高句丽再有任何的瓜葛，并要从人们的意识中消除它与高句丽之间任何可能的关联。于是，唐朝想到并选中了另一个高氏、汉代以来的名门高氏及其地望——渤海。通过将大祚荣政权与此高氏一体化，从而将实为唐之蕃国的渤海视作其内属地并广告天下。

当然，这一结论仍未出推测的范围，在没有与考古或文献资料相互印证的现实困境下，也只能如此。但是这种推测又不能说是没有依据的，因为说到底，对渤海国号来源的推证，实际上也就是从一个新的视角考察唐朝对新生的大祚荣政权与高句丽之间密切关系的对策。渤海郡望高氏是实在的，大祚荣与高句丽及高句丽与唐朝的关系也是实在的。高句丽王室后裔高震放弃王孙正统，另攀"高"枝，为的是摆脱身为高句丽人的蛮夷形象；而唐朝封大祚荣为渤海郡王，则为的是抹去昔日高句丽投下的阴影。

应该指出的是，前引《旧唐书·渤海靺鞨传》开篇写道："渤海靺鞨大祚荣者，本高丽别种也。"受其影响，《唐会要》、《五代会要》、《新五代史》、《册府元龟》、《太平寰宇记》等史籍也有"渤海靺鞨，本高丽别种"、"渤海靺鞨，本高丽种"、"渤海，本号靺鞨，高丽之别种也"等记载。这些大同小异的记述，至今仍是中国与朝鲜半岛国家间关于渤海究竟是靺鞨人的国家、还是高丽人的国家论争的渊薮，并且似乎都是支持渤海乃高句丽的后继国家说的有力依据。这里的关键在于对"别种"的解释。实际上，"别种"是一个含义模糊的词汇，是古代史家为区别历史上联系密切、关系复杂的各族而使用的习惯性概念。它可以指与"母族"同源又从中分离出来形成一个新种的人类集团[14]。高句丽就被称为"夫余别种"（《后汉书》卷85《高句丽传》、《新五代史》卷74《高丽传》等），但并不意味高句丽就是夫余人。还可以指"政治上相统属而种族上十九不相同之部落"[15]，或者曾经是组成某个国家的"部落或部族'[16]。总之，是对两个历史上活动区域相近或相同、习俗也相近的种族易混淆而又难以分辨的情况下所采取的一种模糊的区别方式。《旧唐书·渤海靺鞨传》便属于这种情况。正如金毓黻先生所指出的，"大氏之先世，因居于高丽北部近粟末部之旧壤……当撰旧唐书时已不能详，故称之曰高丽别种，谓尚与高丽正胤有别也"[17]。即渤海与高句丽，两者还是有区别的。而且，《旧唐书》很明确地将渤海靺鞨和高丽分别置于北狄与东夷两个不同的部类中。

至此，拟就本文提出的问题作一回答：唐朝册封大祚荣为渤海郡王，的确与渤海高氏、渤海郡望有关；但这只是唐朝的一项政略，其目的在于利用渤海高氏、渤海郡望从对外宣传上切断大祚荣的政权与高句丽之间的关联。唐朝真正关心的，不在于大祚荣是高句丽人还是靺鞨人，而在于大祚荣的政权会不会再像高句丽一样对其天下秩序构成威胁。从这个意义上说，渤海国号的确定，实际上反映了唐朝对渤海的基本态度。

四、中国史籍中的渤海高氏与渤海国

渤海国与唐内地渤海在称谓上的近似，使得将唐内地渤海出身的高姓混同为渤海国人的事例屡见不鲜。例如有人在列举唐朝起用异民族出身的人充当节度使时，选了高崇文与高承简；又在论述渤海国与山东李正己独裁政权的关系时，将李正己幕僚高沐视为渤海国人⑱。事实上，除了前面已经提到的高崇文，如果细查两唐书的有关人物传记，便可知这几人均为唐人而非渤海国人。诸如此类的误认还是比较容易发现和澄清的，问题是，还有些情况属于不能立即判断究竟属于唐或渤海哪一方的，这就不得不做更多的工作。因为此类张冠李戴的错误如不及时纠正，会给渤海史研究造成混乱，使人远离渤海史的真实。破旧说并不是目的，关键在于还原一个客观的渤海史。

713 年，大祚荣接受唐朝招安，作为一个羁縻州纳入唐的册封体制。对这个羁縻州，刘昫《旧唐书》作"渤海靺鞨"，欧阳修《新唐书》作"渤海"，分别收入"北狄传"；而渤海县，则归在"地理志"棣州条下。可见，两唐书都是将羁縻州与唐的内属州明确分开的。关于唐内属州的渤海，汉代时称渤海郡（《后汉书》志20《郡国二》），隋时也称渤海郡（《隋书》卷30《地理中》），也就是说，作为郡县的渤海，远远早于羁縻府州的渤海⑲。这就提醒人们在做渤海研究时要避免将两者混为一谈。

关于渤海国从中原方面有关记载较为集中的《新唐书》、《旧唐书》、《册府元龟》、《通典》、《唐会要》、《旧五代史》等基本史料来看，大体有"渤海"、"渤海靺鞨"、"靺鞨渤海"和"靺鞨"等几类称呼。不过这些称呼都限定在与有关渤海国的诸如"北狄传""外臣部"等所谓"夷狄传"的范围内，出场人物均为渤海国人无疑。而对于在上述《渤海传》等之外的文献及记录中出现的"渤海"及渤海人"，我们从目前收集到的唐代墓志可以看到"渤海（蓚人）"，均与大祚荣的渤海国没有丝毫关系。因此，不能一见"渤海人"、"渤海某公"等字样，就认定与渤海国有关。

那么唐代中国史籍对渤海国出身的人物是如何记述的呢?《新唐书》卷 224 上《李怀光传》载:"李怀光,渤海靺鞨人,本姓茹。父常,徙幽州,为朔方部将,以战多赐姓,更名嘉庆。"《旧唐书》卷 121《李怀光传》载:"李怀光,渤海靺鞨人也。本姓茹,其先徙于幽州,父常为朔方列将,以战功多赐姓氏,更名嘉庆。怀光少从军,以武艺壮勇称,朔方节度使郭子仪礼之益厚……大历(766—779 年)六年,兼御史大夫。"两唐书对李怀光明确指为"渤海靺鞨人",《李怀光传》是考察中原王朝对渤海认识的一条重要资料。有唐一代,以蕃夷出身封李姓的所谓"外族"人数不少。又从其生活的时代看,李怀光无疑是渤海国人。

其他异民族出身而受唐重用为官的人,中原正史都在各传开篇明确记载,如在唐的旧高句丽人王族以及高级军将泉男生、王毛仲、王思礼、李正己、高仙芝(《新唐书》卷 110《泉男生传》;卷 147《王思礼传》;卷 135《高仙芝传》;卷 121《王毛仲传》;卷 213《李正己传》),靺鞨出身的李多祚、李谨行(卷 110《李多祚、李谨行传》),奚人出身受赐张姓的张孝忠、张茂昭(《新唐书》卷 148《张孝忠、张茂昭传》)等。可见,在中原典籍中,唐对内地渤海人,与渤海之前的靺鞨以及渤海建国之后的渤海人都自有一套固定的表述系统,旨在区别华夷。

(原刊于《北方文物》2002 年第 2 期)

【作者简介】

马一虹,女,1965 年生,黑龙江省依安县人,历史学博士,中国社会科学院历史研究所博士后。

注释

① 金毓黻解释说:"若以声音学考之,渤与靺为同部字,海与鞨为同声字,唐人或以靺鞨二字音近于渤海,遂以渤海郡王封之欤","靺鞨二字大氏觉其非雅词,故以音近之渤海二字代之也。"

《东北通史》,重庆50年代出版社,辽宁大学1981年翻印版,第262～263页。刘振华:《渤海大氏王室族属新证——从考古材料出发》,《社会科学战线》1981年第3期。

② 王承礼:《中国东北历史上古老民族建立的国家——渤海》,《中国东北的渤海国与东北亚》,吉林文史出版主,2000年,第36页。

③ 日野开三郎《日野开三郎东洋史学论集》9,三一书房,1982年,第121页。E. V. 沙弗库诺夫、谢缅琴柯:《渤海支配の沿海州——698—926》,小岛芳孝编《对岸诸国渤海史研究论文集》,北陆电力株式会社,1997年,第14页。

④ 赵评存:《"渤海国"名源考辨》,《学习与探索》1987年第5期。

⑤ 西嶋定生曾经谈到了汉代名郡渤海郡与渤海国间的关系,但只停留在单纯根据字面意思进行推测(西嶋定生:《七八世纪的东亚与日本——渤海国的建立与日渤关系的发生》,《日本历史的国际环境》,东京大学出版会,1992年,第136页);金毓黻提到了粟末靺鞨可能与渤海郡望有关。两位先学都未作详细、深入考证(同前引书)。

⑥ 奉慈之例,《大唐诏令集》卷39上《官仪·册赠渤海王文》中有"惟尔故金紫光禄大夫原州都督渤海郡王奉慈(后略)"。高崇文之例,《新庸书》卷170《高崇文传》中有"其先自渤海徙幽州,七纪不异居……贞元中……封渤海郡王"等字样。金子修一:《中国からみた渤海国》,《しにか》特集:《渤海国——建国1300年甦る海东の盛国》,大修馆书店,1998年,第38页。但是中华书局1975年点校本《新唐书》卷78《奉慈传》则记为"渤海敬王"奉慈。从奉慈之兄博义为陇西恭王来看,似应以渤海敬王为正确。《旧唐书》没有为奉慈立传,可能是兄弟二人"荒纵,皆为帝所鄙"(《新唐书》卷78《李博义传》)之故。

⑦ 金子修一:《唐代册封制一斑——周边诸民族における"王"号与"国王"号》,《东アジア史における国家と农民》,西嶋定生博士还历纪念论丛编辑委员会,山川出版社,1984年,第324页。

⑧ 以上均出自《新唐书》卷71,宰相世系表。

⑨⑩ 周绍良主编《唐代基志汇编》,上海古籍出版社,1992年,第726页、第1377页。

⑪ 宋基豪:《大祚荣的出自及建国过程》,原载《渤海政治史研究》,一潮阁,1995年,译文载《东北亚历史与考古信息》1996年第2期。

⑫ 姚薇元:《北朝胡姓考》,科学出版社,1958年,第272页。

⑬ 池田温:《裴世清と高表仁——隋唐と倭の交涉の一面》,《日本历史》288,第10页。

⑭ 刘庆:《"别种"杂说》,《北方文物》1988年第1期。

⑮ 周一良:《论宇文周之种族》,林干《匈奴史论文集》,中华书局,1983年,第54页。

⑯ 马长寿:《北狄与匈奴》,三联书店,1962年,第93页。

⑰ 金毓黻:《渤海国志长编》卷19,补遗·丛考。

⑱ 蒲生京子:《新罗末期的张保皋台头と反乱》,《朝鲜史研究会论文集》16,1979年,第47页。

⑲ 据《新唐书》卷43,地理七下,唐在靺鞨地区设置了三州三府,其中渤海又称渤海都督府。

渤海国号的由来

渤海早期国号考索 ｜ 张碧波

靺鞨与震国

关于渤海早期国号,新、旧《唐书》作"圣历(698—700 年)中,自立为振国王";"乃建国,自号震国王"。据此,渤海早期国号为振国(或震国)。但学界有人对此有不同理解。

"公元 698 年大祚荣自立为震国王,仍称靺鞨。""唐朝册封大祚荣为渤海郡王,可能和其部族靺鞨称号和居地近渤海相关"。"①

这位论者认为大祚荣自立为震国王,其国号"仍称靺鞨",并认为唐朝册封其为渤海郡王,也是"和其部族靺鞨称号"以及"地近渤海相关"。这是说大祚荣所建之国仍以其部族靺鞨作为"称号"——国号,并因此获得"渤海郡王"封号。

"'振国王'是一个尊称,而不意味着是'振国'之王。""唐玄宗遣使册封大祚荣为渤海郡王,忽汗州都督,即因为大祚荣不曾自立国号。"《册府元龟》所记"'振国'之称系传抄之误"。"若有'振国'国号,当记作'始去振国之号,专称渤海'了。可见受封之前渤海一直都被称作'靺鞨',且开元元年(713 年)大唐遣郎将崔忻封大祚荣……说明崔忻出使时渤海的名号是'靺鞨'而不是'振国'。""实际上'振国'一号并不存在。"②

这位论者认为渤海早期名号是靺鞨而不是振国,振国一号实际上"不存在"。

大祚荣建国有没有国号,如果有,叫什么?大祚荣建国为何称这一国号?这是治渤海史者必需明确回答的一个问题。

请让我们把有关资料排列如下。

《满洲金石志》卷一:唐崔忻井栏题名:敕持节宣劳靺鞨使鸿胪卿崔忻,井两口,永为记验。开元二年五月十八日。③

日本《多贺城碑》:"多贺城……去靺鞨国界三千里。"④金毓黻《渤海国志长编》《补遗》作:"陆奥去渤海可三千里也。"多贺城碑立于日本淳仁天皇天平宝字六年(762年),时为渤海文王大钦茂大兴二十六年,唐代宗宝应元年。

新罗《谢不许北国居上表》(唐昭宗乾宁四年(897年)):"渤海之源流也……是名粟末小蕃……自营州作孽而逃,辄据荒丘,始称振国。……后至先天二年,受大朝宠命,封为渤海郡王。"⑤

《旧唐书·渤海靺鞨传》:"祚荣……圣历(698—700年),自立为振国王。"(按:《旧唐书》的"振国"显然来于新罗《谢不许北国居上表》)

《新唐书·渤海传》:"万岁通天(696—697年)中……武后封乞四比羽为许国公,乞乞仲象为震国公,赦其罪……祚荣……乃建国,自号震国王……睿宗先天(712—713年)中,遣使拜祚荣为左骁卫大将军,渤海郡王,以所统为忽汗州,领忽汗州都督。自是始去靺鞨号,专称渤海。"

宋王应麟《玉海》卷153《朝贡类·外夷来朝》:"传:渤海,本粟末靺鞨。及祚荣号震国王,中宗遣侍御史张行岌招慰,祚荣遣子入侍。先天中,遣使拜渤海郡王,以所统为忽汗州都督,始去靺鞨号。"⑥

《新唐书》、《玉海》俱作"自号震国王"、"号震国王"。此震国王当是来于"震国公",则天武后之封乞四比羽、乞乞仲象为许国公、震国公,是对二乞所领导的粟末靺鞨族团举族东走的肯定与褒奖,震国公意为东方民族族团首领。震许二国公均为靺鞨封号,"自号震国王",既表明大祚荣继承父爵,又表明其接受唐朝封爵管辖,但"震国王"乃靺鞨族封号,并属"自号",唐朝并不承认其所自立的震国,册封之前,仍视之为靺鞨,其自立的震国,乃靺鞨(国)号,所以当唐朝册拜大祚荣为渤海郡王时,就"自是始去(震国王的)靺鞨号,专称(唐朝所册封的)渤海"了。

《册府元龟》卷967"外臣部·继袭":"渤海靺鞨,唐圣历中,高丽别种大祚荣自立为振国王,先天二年册拜渤海郡王。"

《册府元龟》卷959"土风":"振国,本高丽……"

《册府元龟》卷962"官号":"渤海国,唐中宗时封大祚荣为渤海郡王"。

《册府元龟》把"振国"与"渤海国"分别记述,显然有误。但大祚荣自建国为振国,已在宋人之史述中。《资治通鉴》卷210:"(大)祚荣……自称振国王,附于突厥。……中宗即位,遣侍御史张行岌招慰之,祚荣遣子入侍,至是(指先天二年、713年)以祚荣为左骁卫大将军、渤海郡王,以其所部为忽汗州,令祚荣兼都督。(注曰:靺鞨自此盛矣;始去靺鞨,专号渤海。)"

《文献通考》卷326"四裔考"三"渤海":"祚荣即并比羽之众,恃荒远,乃建国,自号震国王……睿宗先天中,遣使拜祚荣为左骁卫大将军、渤海郡王……自是始去靺鞨号,专称渤海。"

综上,大祚荣所建之国为震国,自立为震国王,史籍所谓"自是始去靺鞨号"是指震国号。这与则天武后封乞乞仲象为震国公构成内在的联系。关于振(震)国王与震国公,余已有文考辨(见《说渤海史一段公案——渤海许王府考辨》,哈尔滨学院学报2001年第3期)。

大祚荣建震国,自号震国王,明白无误地向唐朝政府传达一个信息:接受唐朝对其父乞乞仲象震国公的封爵——即接受唐朝之王命与管辖。对于大祚荣圣历中"自建国"至中宗时"使侍御史张行岌招慰"——698—705年七年间之事缺载,而中宗即位即遣侍御史招慰,又显得突兀。因为在大祚荣"自建国"之前有契丹营州叛乱,二乞率众东走,武后之封爵,乞四比羽不受命,契丹降将李楷固之追讨"契丹余党",比羽被杀",祚荣引残痍遁去,楷固穷蹑,度天门岭,祚荣因高丽、靺鞨兵拒楷固,楷固败还。……王师道绝,不克讨。祚荣……乃建国,自号震国王"等众多史事,这期间,唐朝和大祚荣之间仍处在敌对甚至战争状态,怎么会在大祚荣建国七年之后,唐中宗即位即派使招慰呢? 这里一个关键环节就是大祚荣"自号震国王"——与则天武后封乞乞仲象为震国公,构成内在的联系——接受唐朝封爵,接受唐朝领导,因此清末唐晏在其编纂的《渤海国志》"纪年"中记"唐武后圣历中,称臣朝贡。中宗时,唐遣张行岌来,遂遣子门艺入侍。睿宗遣使拜王为左骁卫员外大将军、渤海郡王。"黄维翰纂辑《渤海国记》注曰:"《五代会要》:唐中宗号渤海都曰忽汗州,封渤海郡王,疑中宗实有是命,使未达,故玄宗补加册命。"《旧唐书》对此记为"中宗即位,遣侍御史张行岌往招慰之,祚荣遣子入侍,将加册立,会契丹与突厥连岁寇边,使命不达。"综上可知,大祚荣甫建震国,即"称臣朝贡",得到唐朝的欢迎,唐中宗时派使招慰并将册立,睿宗时方得册拜渤海郡王。是知大祚荣所建之国为"震(振)国"。

两《唐书》记则天武后封爵后只记乞四比羽"不受命",而未记乞乞仲象的态度。但从大祚荣之"自号震国王",正证实乞乞仲象及其族众同意并接受唐朝封爵(按:粟末靺鞨有接受唐人封爵的传统)。这又证明大祚荣所建之国为震国,"自号震国王"。震国与震国公内在的历史联系是我们考察渤海早期国号的一个关键、一把钥匙。

论者所谓渤海早期国号是靺鞨,此观点的始作俑者是金毓黻,在《渤海国志长编》卷三"世纪第一":"元年,即唐武后圣历元年也,祚荣自立为震国王(震一作振),仍称靺鞨,是为建国之始。"这是对"自是始去靺鞨号,专称渤海"的误解。

"自是始去靺鞨号"是指大祚荣所"自号震国王",是指则天武后所封的"震国公",震国、震国公均是就其为粟末靺鞨而言,所谓"靺鞨号如指震国,应作'震国号',而不应作'靺鞨号'",岂不知,唐朝并不承认大祚荣"自号震国王",如果唐朝承认,就应顺水推舟,册拜其为震国王,岂不省事;事实上,则天武后拜二乞为许国公、震国公,是承认并推尊他们是靺鞨族团的首领,而当大祚荣"尽得扶余、沃沮、弁韩、朝鲜海北诸国",建国震国时,已初步形成以粟末靺鞨为主体的民族共同体,再承袭其父乞乞仲象的震国公而建震国,仍保持靺鞨名号,但因震国原为靺鞨名号,又系"自立"、"自称",不为唐朝承认,故时人仍以其族体靺鞨称之,如唐使崔忻之"宣劳靺鞨使"、日本《多贺城碑》之"去靺鞨国"、《新唐书》之"自是始去靺鞨号";凡此"靺鞨"、"靺鞨国"、"靺鞨号"均指大祚荣所建之震国。唐人则仍以靺鞨称之,殆册拜大祚荣为渤海郡王之后,"自是始去靺鞨号,专称渤海",故有渤海国,但为与其余靺鞨族团相区别,时人与史家又称之为"渤海靺鞨。"如果靺鞨为渤海早期国号,则渤海靺鞨岂不成了双国号了么?唐玄宗所撰《唐六典》卷4记有"远蕃靺鞨"、"渤海靺鞨",可见,靺鞨实指靺鞨族团、族众,而远蕃靺鞨指黑水靺鞨,渤海靺鞨则为构成渤海国的民族共同体(以粟末靺鞨为主体),故谓之渤海靺鞨。

振国与震国

渤海早期国号有振国与震国的相异记述。

《旧唐书》作"振国",《新唐书》作震国,作"振国"者尚有新罗崔致远所撰《谢不许北国居上表》、《册府元龟》卷967、卷956、卷964、《资治通鉴》卷210等。作"震国"者有《玉海》卷153、《文献通考》卷326等。大祚荣所建立的国家国号是振国抑或震国?因其涉及渤海早期国号问题,需要加以考辨。按:振有举起、奋起、开放、整顿、震动之意,振又通震。

我们认为一个国家的国号有其历史的文化的内涵与渊源,这已为中华历史所充分证明了的,就是一个少数民族政权也不例外。

我们认为大祚荣所建之国为震国,"自号震国王"。其历史与文化源自则天武后之封乞乞仲象为震国公。

震国公,有推尊其为东方诸族首领之义。

据查:《旧唐书》未记武后封爵之事;《新唐书》:"有舍利乞乞仲象者,与靺鞨酋乞四比羽及高丽余种东走……武后封乞四比羽为许国公、乞乞仲象为震国公,赦其罪,比羽不受命,后诏玉钤卫大将军李楷固、中郎将索仇击斩之。是时仲象已死,其子祚荣……乃建国,自号震国王。"

在乞乞仲象、乞四比羽族众"东走"期间有一个则天武后"封乞四比羽为许国公,乞乞仲象为震国公,赦其罪"问题。唐军连遭败绩,叛军势力大张时期才有"封爵"之举。武后所以封爵是因为乞乞仲象、乞四比羽所率靺鞨族团拒绝参加契丹叛乱——并"东走","保阻以自固",对此武后是欣赏的,因为这无形中加强了李唐王朝的力量,巩固其脱离叛乱地区的信心,削弱了叛乱者的力量,为了嘉奖与巩固乞乞仲象、乞四比羽及其族团的向心力,才有封爵之举。所谓"赦其罪"——即以其擅离原驻地,而又未参加平叛之罪,并因而"封乞四比羽为许国公,乞乞仲象为震国公。"《辽史·地理志二》:"武后万岁通天中,为契丹尽忠所逼,有乞乞仲象者,度辽水自固,武后封为震国公。"简要说明了武后封爵的前后因果关系。

这里有一个乞四比羽"不受命"问题,我们认为乞四比羽所以不接受"许国公"的封爵,恐怕是因"许国公"只是一个虚封、一个美称,故而不予接受、"不受命"。《新唐书》未记乞乞仲象对此次封爵的态度,这成为渤海史的一个悬念。

由于乞四比羽"不受命",二乞的族众被视为"契丹余党"而被追讨,结果是比羽阵亡,仲象病死,粟末靺鞨族众面临生死关头,正是由于乞乞仲象之子大祚荣"因高丽、靺鞨兵拒(李)楷固,楷固败还",得以渡过危机。"祚荣即并比羽之众,恃荒远,乃建国,自号震国王。"在这一重大举措中,震国王显系接受唐朝册封,袭其父爵,震国王源自震国公,承袭父志,"乃建国,自号震国王"。这种历史的文化的渊源,又正说明乞乞仲象父子自觉接受唐朝的封爵,既表明其政权性质,也表现为中华历史文化的多元一体的特点,"东走"、"封爵"、抗击唐兵、"自号震国王"是一系列内在关联的具有决定性的历史事件与步骤,标志靺鞨族进入一个新的历史阶段。

这里还可以提一个旁证:许王府。李殿福先生在《渤海咸和四年铭文佛龛考释》一文中就其铭文:"咸和四年(834年)闰五月八日,前许王府参军骑都尉赵文休母李氏,敬造阿弥陀佛及观音势至等菩萨尊像。庶俱门眷属咸济六波,法界苍生同超八正。乃为颂曰:大矣真如,至哉正觉,开凿四生,舟航五浊,不垢不净,非火非生,慈云永荫,惠日常明。"指出渤海有"许王府"的新史料。(按:有人对此佛龛的真实性提出异议,可待考)许王府显然是承袭乞四比羽的"许国公"来的,当是大祚荣建震国,"自号震国王"之后,为处理好乞四比羽的族众,提高乞四比羽族众的政治地位,对共同建国的乞四比羽族团功绩的肯定与尊崇;同时也是纠正乞四比羽"不受命"的方向性错误;并以震国王、许王府的建制明白无误地向唐朝传达一个信息:自愿接受唐朝震国公与许国公的封爵与受命。这才有中宗时的派使招慰,睿宗时的拜大祚荣为渤海郡王等重大历史事件。

　　韩国学者宋基豪也看到了这一点："从'许'这一名称来看,也可认为与渤海初期则天武后曾想封乞四比羽为许国公一事有所关联。在此情况下,也不能排除为了纪念曾与乞乞仲象共同参与渤海建国却中道死去的乞四比羽的可能性。"⑦宋先生以探讨口气提出许王府与"许国公"有关联,应该说找到了正确的思路。

　　"许王府"事,史籍失载,但《渤海咸和四年铭文佛龛》则补充了渤海史的空白,也为大祚荣所建的震国提供了旁证。

　　振与震同音异记,振国,缺少了渤海靺鞨早期与李唐王朝内在的历史联系,降低了渤海早期国号的文化底蕴与文化内涵,故应以震国为是。

靺鞨与渤海

　　渤海建国之后,其名称见于史者有多种,我们可以从这多种称呼中反观渤海早期国号。

　　鸿胪卿崔忻在开元二年(714年)的井栏题名直记为靺羯使,当时崔忻已代表唐朝册拜大祚荣为渤海郡王,"自是始去靺羯号,专称渤海",则崔忻册拜之前以"持节宣劳靺羯使"的身份,对虽已建国并"自号震国王"的大祚荣,仍目之为靺鞨(羯)族团,以族名称之。

　　《唐六典》记四蕃之国有远蕃靺鞨、渤海靺鞨,此靺鞨指族名而非国名,而远蕃、渤海则用以区别靺鞨之不同族团或共同体,远蕃当指黑水靺鞨,渤海为国家名称。

　　《三国史记》卷8 新罗圣德王三十二年(733年)"秋七月,唐玄宗以渤海靺鞨越海入寇登州,遣大仆员外卿金忠兰归国,……发兵击靺鞨南部。"三十三年新罗将军金忠信上表曰:"……本国发兵马讨除靺鞨……"可知唐朝与新罗人称渤海为渤海靺鞨或简称靺鞨,而渤海靺鞨,前为国名后为族名,用以与其他靺鞨族团相区别。

　　唐朝敕新罗王金兴光书作"渤海靺鞨",又作"渤海",敕平卢使乌知义书"渤海、黑水"并提。《旧唐书》作"渤海靺鞨传",《新唐书》作"渤海传";《册府元龟》记开元六年(718年)十二月"渤海王子来朝";开元九年十一月己酉"渤海郡靺鞨大首领、铁利大首领、拂涅大首领俱来朝",在此之前,开元七年记有"拂涅靺鞨、铁利靺鞨、越喜靺鞨并遣使来朝";开元十年十月"越喜遣首领茂利蒙来朝……十一月,渤海遣其大臣味勃计来朝。"开元十二年二月,"渤海靺鞨遣其臣驾作庆……来贺正";开元十三年正月"渤海遣大首领乌借芝蒙,黑水靺鞨遣其将五郎子……并来贺正旦";开元十四年十一月"渤海靺鞨王遣其子义信来朝";开元十五年八月"渤海王遣其弟大宝方来朝……十月,靺鞨遣使来朝";开元十七年二月,"渤海靺鞨遣使献鹰。是月,渤海靺鞨遣使献鲻鱼";开元十八年正月"靺鞨遣其弟大郎雅来朝贺正……二月渤海靺鞨大首领遣使知蒙来朝……五月,渤海靺鞨遣使乌那达初来朝……黑水靺鞨遣使阿布科思来朝……九月,靺鞨、新罗并遣使朝贡";开元十九年二月,"室韦、渤海靺鞨、新罗并遣使来贺正……十月,渤海靺鞨王遣其大姓取珍等百二十人来朝";开元二十三年三月"渤海靺鞨王遣其弟蕃来朝。八月,铁利部落、拂涅部落、越喜部落俱遣使来朝";开元二十五年正月"渤海靺鞨大首领木智蒙来朝;四月,渤海遣其臣公伯计来献鹰鹘";开元二十六年闰八月"渤海靺鞨遣使献豹鼠皮一千张、乾文鱼一百口";开元二十七年二月"渤海王遣使献鹰。又拂涅靺鞨遣使献方物……十月,渤海遣其臣受福子来谢恩";开元二十八年二月"越喜靺鞨遣其臣古利来献方物;铁利靺鞨遣其臣绵度户来献方物;……十月,渤海靺鞨遣使献貂鼠皮、昆布";开元二十九年二月,"渤海靺鞨遣其臣失阿利、越喜靺鞨遣其部落与舍利、黑水靺鞨遣其臣阿布利稽,三月,拂涅靺鞨遣首领那弃勃……并来朝贺正……四月,渤海靺鞨遣使进鹰及鹘。"⑧直至唐宪宗元和十二年、渤海僖王朱雀五年(817年)方在《册府元龟》中只见渤海,不见渤海靺鞨、越喜、拂涅、铁利以及黑水靺鞨等记述,当已融入渤海中了,这应是渤海发展为"海东盛国"的时期。

综上可知:渤海建国后,在文书中仍有渤海、渤海靺鞨、靺鞨诸名称,渤海靺鞨显指组建渤海国的以粟末靺鞨为主体并融合白山诸部、高句丽遗民等的民族共同体,并与其他靺鞨诸部如拂涅、铁利、越喜、黑水诸部相区别,则此靺鞨为民族名称,而非国家名称。如果以大祚荣所建之国名靺鞨,那么渤海靺鞨岂不成了双重国家名称,这是说不通的,也是不正确的。这又反证大祚荣所建之国名为震国而不是"靺鞨国",唐人称渤海靺鞨或径直称之为靺鞨,是就以粟末靺鞨为主体的民族族团、民族共同体说的。

渤海早期国家名号虽然是一个小问题,但因牵涉靺鞨族史的一个重要阶段、牵涉以大祚荣为首的粟末靺鞨——以后形成渤海民族共同体与李唐王朝的关系,牵涉到中华多元一体国家形成的历史进程,在渤海史、东北史以及唐史占有重要位置。

(原刊于《黑龙江民族丛刊》(季刊)2002 年第 1 期)

【作者简介】

张碧波,1930 年生,男,黑龙江省社会科学院文学研究所研究员,主要从事中国北方民族历史文化研究。

注释

① 王承礼:《中国东北的渤海国与东北亚》,吉林文史出版社,2000 年,第 33 ~ 36 页。

② 赵哲夫:《"振国"考——关于渤海国早期名号的研究》,《渤海上京文集》,渤海上京博物馆,2001 年,第 54 ~ 58 页。

③ 转引自孙进己等《东北古史资料丛编(三)》,辽沈书社,1990 年,第 635 页;金毓黻:《渤海国志长编·附录》,天津古籍出版社,1992 年,第 767 页。

④ 王禹浪:《黑龙江流域与日本东北、北海道的古代文化交流》,《东北古族古国古文化研究(下卷)》,黑龙江教育出版社,2000 年,第 159 页。

⑤ [新罗]《崔致远文集》。

⑥ 转引自孙进己等《东北古史资料丛编(三)》,辽沈书社,1990 年,第 472 页。

⑦ [韩]宋基豪:《渤海国的国家地位》,李云铎译,《东北亚考古资料译文集·渤海专号》,北方文物杂志社,1998 年,第 171 页。

⑧ 上引均见《册府元龟》,卷 971,外臣部·朝贡。

渤海国初建之际国号考 | 纪胜利　郝庆云

迄今为止,国内外史学界同仁大都习惯于把渤海国的前身称为"震国"或"振国",这虽然不能说是完全错误,但却忽略了大祚荣政权初建之际的正式国号——"靺鞨"或"靺鞨国"。半个多世纪以来,包括金毓黻先生在内,虽有几位学者直接或间接地论述了这个问题,但始终都没有在学术界产生应有的反响,当然就更谈不到形成共识了。鉴于这一问题直接关系到对渤海国主体民族族属的认定,故有必要进行一番认真探索和考证。

一

关于大祚荣政权初建之际的正式国号是"靺鞨"或"靺鞨国"的问题,原本是清清楚楚的。《新唐书·渤海传》明确记载:大祚荣在接受唐朝的册封后"自是始去靺鞨号,专称渤海";《新五代史·渤海传》也载:"渤海,本号靺鞨";《玉海·朝贡·外夷来朝》唐渤海遣子入侍条也称:"《传》:渤海,本粟末靺鞨。及祚荣号震国王,中宗遣侍御史张行岌招慰,祚荣遣子入侍。先天中,遣使拜渤海郡王,以所统为忽汗州都督,始去靺鞨号"。这些古籍均谓大祚荣政权在改称"渤海"之前曾以"靺鞨"作为国号。而且,朝鲜古籍《三国遗事》也明谓"渤海,本粟末靺鞨……先天中始去靺鞨号,专称渤海",同样记载了大祚荣政权在改称渤海之前是以"靺鞨"作为国号的。尤其重要的是,唐朝以及日本和新罗这两个邻国,或称渤海国为"靺鞨"、"渤海靺鞨",或干脆把渤海国就叫做"靺鞨国",也足以表明这个政权的名字就是"靺鞨"或"靺鞨国"。

但是,长期以来,国内外学者却大多无视这一正式的国号,反倒把"震国"或"振国"这二个俗称作为大祚荣政权初建之际的国号。对此,半个多世纪前,金毓黻先生在《渤海国志长编·世纪》高王条中已经明确指出大祚荣在"自立为震国王"的同时,"仍称靺鞨",即以"靺鞨"作为国号,只是没有明确只有"靺鞨"才是其正式的国号罢了。至 1982 年,虽又有学者在文章中明确指出渤海"当时真正广为通行的正式国号还是'靺鞨国'"。①但这一见解并没有在学术界产生应有的反响。究其原因,一方面,由于不是专论,作者只是在文章的第二部分"大祚荣的国号"中以有限的笔墨做了概要的论证,并没有进行充分的论述和考证,故未能引起国内外学者们的关注和共鸣;另一方面,不能排除某些学者蓄意回避的可能性,即由于这一观点对所谓的大祚荣及其所领的族属为"高句丽"的说法不利,采取了冷眼旁观的态度。直到20 世纪90 年代初,金香女士撰专文《渤海国曾经称过"震国"吗》,进一步对"震国"和"振国"这两个广为流行的称号提出了质疑,认为无论是《旧唐书》所载"自立为振国王"中的"振国"也好,还是《新唐书》所载"自号震国王"中的"震国"也好,二者都是修饰"王"的定语,并非是大氏政权最初曾以"震"或"振"作为国号,而由于大祚荣及其王族出身于粟末靺鞨,靺鞨又是这个新兴政权的主体民族,故用"靺鞨"作为国号自是顺理成章之举,完全符合中国北方诸民族政权普遍以其主体民族之名为号的惯例。②此论可谓掷地有声,确实可信。不过,遗憾的是似乎仍旧没有得到学界应有的理解和重视,当然也就更谈不到达成共识了。

金香女士的观点无疑是正确的,理应得到同仁们的关注和尊重,因为这一观点不但为上述史书所明确记载,而且也得到了其他中外文献古籍和考古资料的佐证。从现有的文献资料看,最早涉及到这个问题的是唐时的官方文献《唐六典·尚书礼部》的记载:"凡四蕃之国,经朝贡已后,自相诛绝及有罪见灭者,盖三百余国。今所在者有七十余蕃,谓三姓葛逻禄……远蕃靺鞨、渤海靺鞨、室韦……各有土境,分为四蕃焉。"由于这部文献是唐玄宗本人亲自主持编撰的大型政典,撰成时间仅晚于册封渤海 20 多年,其史料价值无疑具有权威性。不止于此,在这之前,宰相张九龄在为玄宗所起草的《敕新罗王金兴光书》中,即已使用了"渤海靺鞨"的字眼,都同样显指渤海国无疑。而从这一词语的组成来看,"渤海"一词显然指的是国号,"靺鞨"则系其主体民族的族名,二者联在一起的字面含义恰恰就是"渤海这支靺鞨"或"渤海——靺鞨",即与"远蕃靺鞨"有所区别的另一支"靺鞨"。

《通典·州郡二·序目下》也明谓:"高宗平高丽、百济,得海东数千里,旋为新罗、靺鞨所侵,失之"。同书的《边防典二·东夷下·高句丽》也载:"李绩伐高丽,破其都平壤城,擒其王高藏……其后,余众不能自保,散投新罗、靺鞨,旧国土尽入于靺鞨,高氏君长遂绝"。文中所谓的"靺鞨",系指靺鞨国也即后来的渤海国无疑。就连对中国史书记载极其挑剔的朴时亨先生事实上也是这样看的,他在《为了渤海史的研究》(以下简称《为了》)一文中就称:"《通典》只在《州郡典》里用了一次'渤海'的称号,其余一律用'靺鞨'二字。"③

尤其重要的是,唐朝首次册封大氏政权时留下来的考古资料也充分证实大氏政权的确是初称"靺鞨"。开元二年(714年)夏,唐鸿胪卿崔忻在完成册封使命后的归途中,在都里镇(今旅顺口)附近的马石山(今黄金山)下,凿井刻石,从而留下了著名的《鸿胪井栏石刻》,全文是:

> 敕持节宣劳靺羯使
> 鸿胪卿崔忻井两口永为
> 记验开元二年五月十八日。

以情理言之,假若当时的大氏政权如果不是以靺鞨即靺羯为号的话,唐朝是绝不可能把此次"宣劳"的对象硬称为靺鞨的,当然,崔忻也就不会在刻石上留下"敕持节宣劳靺羯使"这个职衔的!然而,持"高句丽"说的一些学者,或者对这一切讳莫如深而予以回避,或者表示怀疑和进行曲解。如朴时亨先生在《为了》一文中声称:"为什么(《旧唐书·渤海靺鞨传》)在渤海的国名之前加'靺鞨'二字,称为'渤海靺鞨',不单称'渤海'呢?",是因为"渤海不只是由高句丽人组成的,它还包括在数量上反占多数的靺鞨之众"，但"对唐人来说，高句丽一词成了引起恐怖之感的禁忌。高句丽的大人物盖苏文的名字，在辽东及其附近，长期成了恐怖的代名词，这是有名的事实。正因为如此，唐人才采用了当时有蔑视意味的'靺鞨'一词代替高句丽这一称呼，并长期沿用下来"。他还用"文献作证"论述了"这些事实"："渤海国创建(初自称振国，或作震国)后七年，即705年，唐朝迫于当时的形势，虽然并不心甘情愿，但也不得不派使臣张行岌前往渤海，以示'招慰'，两国从此建立邦交，八年后即713年，唐朝派崔忻前往渤海，再次承认这个国家的成立，并册封大祚荣为'渤海郡王'。此后，唐朝的一切公文不用'靺鞨'，只称'渤海'。《新唐书·渤海传》有明文记载。"并认为："不管是唐朝所谓册封之前也好，以后也好，渤海人从未自称靺鞨人。靺鞨不过是唐人擅自使用，而后又不得不正式废止的称呼而已。这就证明，唐人和渤海人都知道这一称呼包含着轻蔑之意。"为了让人们相信这一切，他又称："唐人虽称渤海为'靺鞨'，却知道他们不是靺鞨人，而是高句丽人"，故"《旧唐书·渤海传》的篇名虽是'渤海靺鞨'，但其内容却表明，渤海国的创建者正是高句丽人，而不是别人"，并称这样说是"有确凿的证据"："719年渤海王大祚荣卒，唐廷遣使吊问，并册封其嫡子即第二代王武艺为桂娄郡王。这在《旧唐书》里有明文记载。众所周知，桂娄部是高句丽五部之一。唐朝明明知道当时渤海的国都所在地并不是原高句丽五部的桂娄部的居地，却封高王的嫡子为桂娄郡王，这正是因为唐人知道他们就是高句丽人。"④此外，继朴先生之后，还有些学者对此也发表了这样或那样的类似的见解，因为篇幅所限，这里不想一一陈述。但有一种说法因为具有一定的代表性还是有必要予以介绍的："所谓'自是始去靺鞨号，专称渤海'只能理解为渤海立国以后，一方面打起了'渤海'这一国号，并以此自负；另一方面，他们致力于巩固自己的政权，可是唐朝不承认这个国家，一直以'靺鞨'这一卑称称之，随着关系的改善，唐终于承认这个国家，并以'渤海'这一国号相称，除此之外不能作别的解释。"⑤

　　但是，这一切"解释"既经不起检验和推敲，也改变不了事情的真相。首先，朴先生对渤海国名之上加"靺鞨"二字的解释，显然是与事实不符的主观臆断。如果真像他所说的那样，唐人对高句丽人心存畏惧和恐怖，那么,在进攻或灭亡高句丽之后完全可能对其人进行大规模报复和血腥屠杀,可事实上史料中根本不存在高句丽将士或其遗民被大量屠杀的记载,却是见有三千多靺鞨兵被唐军坑杀的记录,足证当时真正让唐人感到"恐怖"和畏惧的显然不是高句丽人,而是曾经依附于高句丽并"每战……常居前"的"靺鞨"战士。不过,对唐人来说,"靺鞨"一词既未成为"引起恐怖之感的禁忌",也并没有因此而就不承认靺鞨人之为"靺鞨"。诚然,由于杀人如麻,盖苏文的名字确曾在辽东一带成为"引起恐怖"的代名词,可是这并不能证明高句丽就真的成了引起唐人"恐怖之感的禁忌",况且当地民间同样长期流传着"薛礼(即薛仁贵)征东"的故事,且其"引起恐怖"影响并不在前者之下,这又该作何解释?! 其次,在唐朝与大祚荣政权的最初接触中,是唐廷采取主动在先,即在北方边防异常严峻的形势下,出于对付后东突厥政权的需要而决定"旁结诸蕃"——争取包括大祚荣政权在内的"诸蕃"的支持,才于神龙三年(707 年)派侍御史张行岌出使"招慰"即"旁结"大祚荣政权。⑥既然如此,这也就决定了张行岌一行人等为履行其使命,在整个招慰即"旁结"的过程中不能不处处小心翼翼,谨慎行事,绝不会寻衅于人而硬把一个毫不相干的并"含有蔑视意味"的名字"靺鞨"强加到该政权的头上。反之,从大祚荣之立即"遣子入侍"的事实来看,他显然是接受了唐廷的招慰无疑,因为以当时的情形言之,假若不是祚荣本人的主动"遣子入侍",则无论是一介使节张行岌本人,还是他所代表的整个朝廷,都是没有能力迫使靺鞨国方面这样做的。由此可见在这第一轮的接触中并无任何不愉快的事情发生。当然,这也就足以反证根本不存在唐朝之"蔑视"大祚荣政权或强加给它个"靺鞨"名字的问题! 至于后来崔忻出使册封之际,局面虽然发生了某些变化,但对唐朝来说,北方的形势依然严峻,不仅后东突厥的威胁继续存在,又在和奚人的较量中遭到大败,所以仍然需要"旁结诸蕃",也即同样不能得罪大氏。因之,如果当时的大氏政权不继续自称为"靺鞨",崔忻也就绝不可能以"敕持节宣劳靺羯使"的职衔前去出使的。而这一事实也就确凿地证实"靺鞨国"一名既是周围邻人对大氏政权的它称,更是大氏政权及其属民的自称。

必须指出的是,从各方面情形判断,大武艺"桂娄郡王"的爵位并非来自于唐朝的册封,而是大祚荣为其接班人所设置,至于《旧唐书·渤海靺鞨传》虽然没有明载大祚荣政权最初以靺鞨为号,但开宗明义即确切交待"渤海靺鞨大祚荣者本高丽别种也",却并没有称他是"高句丽人";而"高丽别种"不论做何解释,又都与"高句丽人"是两个不同的概念,岂能划成等号?!故其"唐人虽称渤海为'靺鞨',却知道他们不是靺鞨人,而是高句丽人"之说,也就完全成了无稽之谈。

二

当时东北亚地区的日本人和新罗人也是知道大氏政权的这个"靺鞨国"或"靺鞨"的称号的,并都以此称呼过渤海国。如《续日本纪》卷8元正天皇养老四年(720年)正月丙子条即明载,当时的日本朝廷曾"遣渡岛津轻津司、从七位、诸君鞍男等六人于靺鞨国",而此"靺鞨国"自然就是渤海国无疑。⑦石井正敏等学者则认为由于"靺鞨"的训读与"肃慎"的发音一致,而"日本古代国家的概念中的'肃慎'泛指今库页岛、北海道东部、北部至千岛群岛,也就是以鄂霍次克文化为中心的地区。故'靺鞨国'即指上述地区"而"不包括渤海国"。⑧这也就使人们至今尚怀疑此"靺鞨国"的所指就是渤海国。其实,这种怀疑是不必要的。尽管鄂霍次克说的前提即"靺鞨"的训读与《日本书纪》中的"肃慎"发音一致,但那只能表明唐以前的日本人的确也把"靺鞨"和"肃慎"视为一个民族集团或族系,却不能证实唐以前的日本人就真的把以今鄂霍次克海为中心的上述地区视为这个民族集团或族系的分布中心。因为显而易见,这个民族集团或族系的分布范围无论怎样演变,其中心区域却始终都不出大陆东北地区而不可能在今鄂霍次克海一带,当然,靺鞨人所建立的政权也就只能存在于大陆东北地区了。何况,7世纪末和8世纪初的大陆东北地区,除了大祚荣所建立的政权曾以靺鞨国为名外,并不存在有别的什么"靺鞨国",虽然由于接受了唐朝的册封而改称为渤海国,但因其国号本来就叫"靺鞨国",而靺鞨又是其国的主体民族,故人们仍旧习惯性地以"靺鞨国"或"靺鞨"、"渤海靺鞨"相称也就不足为奇了。与此"靺鞨国"大体上同时或略早些存在并与东北大陆的靺鞨人分布区域遥遥相对的是,在库页岛或更远的勘察加半岛一带倒是有个拥有"胜兵万人"的流鬼"国",从史称"靺鞨有乘海至其国货易"⑨的记载看,它显然是个与靺鞨人和"靺鞨国"不同的另一个"族"和"国",这表明"靺鞨国"的范围不大可能远达于以今鄂霍次克海为中心的上述地区。

不止于此,在当时的日本人中,称渤海国为"靺鞨国"者并不是偶然的和孤立的现象,有当时日本的考古资料作为明证。1666 年在日本国宫城县多贺城发现的石质"多贺城碑"上,刻有 140 个汉字的铭文,其中就有"多贺城……去靺鞨国界三千里"的内容,证明当时当地的人们在以其所了解的"靺鞨国"之地作为本城的地理坐标之一。可见,如果不是对"靺鞨国"及其方位相当了解的话,是绝不会有此铭记的。"多贺城始建于 8 世纪初,并一直沿用到 11 世纪中叶",而从碑文末尾书有"天平宝字六年十二月一日"⑩知,该城碑系立于公元 762 年。而恰恰就在这之前的十多年间,先后既有慕施蒙(752 年)、杨承庆(758 年)、高南申(759 年)、王新福(762 年)等 4 位渤海大使率团访问日本,他们的登陆地点大都离多贺城不远,也有日本的遣渤海使玲璆(760 年)、高丽大山(761 年)等率团陆续自渤海回国,尤其是 746 年,还有"渤海及铁利总一千一百余人慕化来朝",被日本政府"安置出羽国,给衣粮放还",⑪而其被安置的出羽地方就距离多贺不远。这都表明当时的多贺人确有机会就近接触到渤海人或至少是从与渤海人接触的人们那里了解到渤海国就是"靺鞨国"的。加之,"从今天日本的多贺城出发经由日本海直达当时渤海国的都城,即今天黑龙江省宁安市渤海镇,恰恰为三千里的距离。这与碑文所记'去靺鞨国界三千里'的记载相合",⑫也证实碑文中所提到的"靺鞨国"就是渤海国。

无独有偶,当时的新罗人也是知道渤海国初期是以靺鞨为号的,并把渤海称之为靺鞨或渤海靺鞨或靺鞨渤海。如《三国史记·新罗本纪八》载:三十二年(733 年)"秋七月,唐玄宗以渤海靺鞨越海入寇登州,遣太仆员外卿金思兰归国"。如果说这还不足以表明新罗人对渤海的具体称谓是否是"渤海靺鞨"的话,那么,同书同传还有如下记载:"三十三年春正月,教百官新入北门奏对。入唐宿卫左领军卫员外将军金忠信上表曰:'臣所奉进止,令臣执节本国,发兵马讨除靺鞨,有事续奏者。'"这无疑是出自于新罗人之口,因为这里所谓的"靺鞨"显指渤海国而言。金忠信系新罗圣德王金兴光之从弟,以情理分析,他绝不会一点也不了解渤海的情况,而恰恰是他奉唐玄宗之命"执节本国发兵马讨除靺鞨"并向玄宗上表奏事,其所谓"讨除靺鞨"中的"靺鞨"除指渤海国外不可能是别的什么政权,足证当时的新罗人的确把渤海称为"靺鞨"国。又如《三国史记·金庾信传下》也载有当时唐玄宗"教谕"新罗国王敕书的部分内容:"靺鞨渤海,外称蕃翰,内怀狡狯。今欲出兵问罪,卿亦发兵,相为犄角。"文中的"靺鞨渤海",显指渤海国无疑,正是由于接到了唐帝的敕令,新罗王才决定出兵相助",命(金)允中、弟允文等四将军,率兵会唐兵伐渤海"。惟其如此,才可能出现后来新罗王给唐朝的谢表中有所谓"渤海之源流也……是名粟末小蕃"之语,而绝不像朴时亨先生在《为了》一文中所谓的新罗人"认为渤海是高句丽的继承者,从不认为他们是靺鞨人"。

大氏政权初建时的国号只能是"靺鞨",对此,就连持高句丽说的某些学者也不能否认。如韩国的卢泰敦先生也曾承认大祚荣集团"在'靺鞨'地域建立的国家,暂时只能称作靺鞨",并指出:"对于713年派往渤海的唐使崔忻的正式头衔'敕持节宣劳靺羯使'也只能这样理解。713年唐廷首次册封大祚荣为渤海郡王。《通典》等史书仍然把渤海称作靺鞨,可能是袭用了渤海初期的那种惯用称呼"。可遗憾的是,这位学者在同一篇论文中笔锋一转,竟又以《唐会要·渤海》所载之贞元八年(792年)渤海朝唐使杨吉福官居"押靺鞨使"而"这一官名含有管辖之意"为由,"看出"了"渤海朝廷对于靺鞨没有同族意识",并据以推论出"在渤海存续期间,渤海人从未表明自己是靺鞨族系统",[13]得出了与其上所述观点完全自相矛盾的结论。

至于所谓的"震国"或"振国"之称,尽管不是空穴来风,但充其量不过是"靺鞨国"的俗称或别称罢了,它们的存在改变不了大祚荣政权最初的正式国号只能是靺鞨"的事实。查"振国"为号说的始作俑者应是9世纪末叶的新罗名士崔致远,他在为当时的新罗国王起草的《谢不许北国居上表》中称:"乞四比羽及大祚荣等,至武后临朝之际,自营州作孽而逃,辄据荒丘,始称振国"。他别出心裁地把初建之际的渤海称作为"振国"。而只要认真研讨这段文字就不难发现,其中显然存在着一些误解和破绽,不足为据:其一是囫囵吞枣地误把乞四比羽和大祚荣都说成是渤海国的创立者,足见他本人甚至当时的新罗朝廷对渤海初建阶段的历史之了解是相当模糊的,乃至于出现了这样不应有的常识性错误;其二是其所谓的"始称振国"之说显然是以讹传讹,即由于大祚荣建国时曾"自号震国王",一些人也就因此而把"靺鞨国"俗称之为"震国",并完全可能在辗转传抄的过程中误把同音字"振"代替了"震"字。而崔致远不察,居然也把俗称的"震国"误记为"振国"。那么,在"震国"与"振国"这两个俗称中,为什么说以"震国"说为正确呢? 究其原因,一是《新唐书》在成书之际,确有可能接触到旧书作者所看不到的诸如张建章《渤海国记》等有关渤海史的第一手史料,故其关于"震国公"和"震国王"的记载必有所宗,较为可信;二是大祚荣之"自号震国王",显然同其父乞乞仲象之接受唐朝封爵"震国公"之事存在着必然的联系。从各方面情况分析,仲象是接受了这一爵位的,因之,祚荣在"自立"时便有意地利用了唐廷对乃父的册封,并为抬高身价而"自号震国王",这既可以树起"王"的大旗而易于扩大自己的势力和影响,又有可能为日后恢复同朝廷间的和解创造有利条件。当然,也还因为他本人及主要助手者们大都来自于营州,对中原文明以及天朝大国留下许多难以割舍的依恋。因此,在他们的内心深处,还是希冀有朝一日能同唐廷和解的。这从他后来之欣然接受唐廷的"招慰"并主动遣子入侍的事实中就得到了证明。所以,他之"自号震国王",显在情理之中。当然,这样一来也就出现了"震国"的这一俗称或别称。而《旧唐书》所载:"自立为振国王"中的这个"振"字,则实在是令人百思莫解,不可思议。故我们怀疑,这里的"振"字或者是直接受到了上面提到的崔致远的影响,或者是辗转传抄时的同音误记所致,二者必居其一,当然也就是误记或讹传了。但是更严重的是,后来的并由多人参加编纂的《册府元龟》一书的编者们在成书时,竟又掐头去尾、自作主张地把《旧唐书·渤海靺鞨传》记载中的"自立为振国王"和"渤海靺鞨大祚荣者,本高丽别种也"硬扯到了一起而制造出"振国本高丽"的神话,这就更是南辕北辙、谬之千里了。其实,在《册府元龟》一书中,这类的错误可以说是屡见不鲜,不足为怪。但有的学者却对这一误记情有独钟,甚至于望文生义地做出了这样的注解："所谓'振国'，即国家威力震慑四方的大国"。⑭但明眼人一看便知，那不过是牵强附会之词罢了，根本就无从自圆其说。试问当时的大祚荣等人，如果真的打出了震慑四方的大国旗号的话，那又为什么会俯首屈尊于突厥和新罗人了呢? 岂不是自己作践自己?! 而且就在这之后不久又向唐朝屈尊称臣并遣子入侍，那不是进一步地违背了"震慑四方"的初衷吗?! 凡此足见，"震国"或"振国"二称的存在，并不影响渤海建国初期的正式国号只能是"靺鞨国"说。

综上所述，大祚荣政权初建之际确实以"靺鞨"为号，它的名字就叫靺鞨国。此问题既明，则渤海国究竟是哪个民族建立的，它又是什么人的政权及究竟以哪个民族为主体民族之类的许多争议不决的问题，也就一一迎刃而解了。

（原刊于《中国边疆史地研究》2004 年第 2 期）

【作者简介】

纪胜利，1959 年生，哈尔滨师范大学历史系副教授，东北师范大学历史系博士研究生。

郝庆云，1963 年生，哈尔滨学院历史系副教授，东北师范大学历史系博士研究生。

注释

① 刘振华:《渤海史识微》,《渤海的历史和文化》,延边人民出版社 1991 年版,第 375 页。

② 金香:《渤海国曾经称过"震国"吗》,《渤海史学术讨论会论文集》,黑龙江省渤海上京遗址博物馆 1900 年编印,第 93 页。

③ 朴时亨著、李东源译《为了渤海史的研究》,《渤海史译文集》,黑龙江省社会科学院历史所 1986年印,第 17 页。

④ 《为了渤海史的研究》,《渤海史译文集》,第 14 ~ 18 页。

⑤ 韩圭哲:《渤海的对外关系史》第一章第二节,见李东源译稿。

⑥ 魏国忠:《大祚荣遣子侍唐考》,《北方文物》1985 年第 4 期。

⑦ 关于这个"靺鞨国"的具体所指,日本学术界向有异议,酒寄雅志等学者认为其所指就是渤海国,或泛指包括渤海在内的靺鞨诸部居住的地域。酒寄雅志:《关于 8 世纪日本的外交和东亚的形势》,《国史学》103,1977 年,第 38 页;新野直吉:《古代交易史上的日本海岸北部》,《日本海地域史研究》1981 年第 2 期;平川南:《多贺城碑》,须藤隆等人编辑《新版古代的日本》(9),角川书店 1992 年版,第 232 页等。

⑧ 马一虹:《从日本的有关典籍看古代日本对渤海国的认识》,2001 年打印稿。

⑨ 《通典》卷 200《边防十六·流鬼》。

⑩⑫ 王禹浪:《黑龙江流域与日本东北及北海道的古代文化交流》,《学习与探索》1998 年第 5 期。

⑪ 《日本续纪》卷 16,天平十八年条。

⑬ 卢泰敦:《渤海的居民构成和族源》,《渤海史译文集》,第 214、223 页。

⑭ 朝鲜社会科学院历史研究所著、吉林省社会科学院朝鲜研究所译《朝鲜全史》第 5 卷,中国朝鲜历史研究会 1985 年内部印行,第 19 页。

唐鸿胪井刻石与渤海政权的定名、定位及发展

魏存成

有关渤海政权的碑志刻石,迄今发表的主要有四块,即鸿胪井刻石、张建章墓志、贞惠公主墓志和贞孝公主墓志,它们都是研究渤海考古和历史的珍贵实物材料。其中时间最早的是鸿胪井刻石,它与相关文献互相印证,明确记载了渤海政权刚刚建立后的定名、定位,正式开启了渤海政权与唐王朝的隶属友好关系,因而也就促进了渤海政权政治、经济、文化诸方面的全面发展。

一

据史书记载和考古发现,渤海政权存在于唐至五代期间,其地域以中国东北地区为主,并包括朝鲜半岛东北部和俄罗斯滨海边疆区,其主体民族为靺鞨族。靺鞨族是中国东北地区的古老少数民族之一,先秦称肃慎,汉魏称挹娄,南北朝称勿吉,隋唐称靺鞨。先秦文献中曾有肃慎向周王朝贡楛矢石砮之记载。汉魏时期挹娄生活在松花江下游和黑龙江中下游之广大地区。5 世纪后半叶,勿吉族自北向南发展到第二松花江流域和长白山北侧,吸收当地原夫余、沃沮等族人口而形成地域广阔的粟末、伯咄、安车骨、拂涅、号室、黑水、白山等七部,南与自汉代开始由中国东北地区另一古老的少数民族高句丽族建立的政权相连接。

勿吉、靺鞨族南迁之后,则加强了与中原地区的来往。《隋书·靺鞨传》记:"炀帝初与高丽战,频败其众,渠长突地稽率其部来降。拜为右光禄大夫,处之柳城,与边人来往。悦中国风俗,请被冠带,帝嘉之,赐以锦绮而褒宠之。"①对此,《太平寰宇记》注引隋《北蕃风俗记》的记载还要详细,而且指出突地稽属于粟末靺鞨,其曰"初,开皇中,粟来(粟末,笔者注)靺鞨与高丽战,不胜。有厥稽部渠长突地稽者,卒(率,笔者注)忽赐来部、窟突始部、悦稽蒙部、越羽部、步护赖部、破奚部、步步括利部,凡八部,胜兵数千人,自扶馀城西北齐(举,笔者注)部落向关内附。处之柳城,乃燕都之柳城,在燕都之北"。此注后,《太平寰宇记》接着说"炀帝大业八年,为置辽西郡,并辽西、怀远、泸河三县以统之,取秦汉辽西郡为名也"②。所以《旧唐书·靺鞨传》记载炀帝授予突地稽的官职"金紫光禄大夫"之外,还增加了辽西太守一职。该事件,在《新唐书·地理志》中也有记录,其曰"隋于营州之境汝罗故城置辽西郡,以处粟末靺鞨降人"。进入唐代,突地稽遣使朝贡,唐王朝"以其部落置燕州,仍以突地稽为总管。贞观初,拜右将军,赐姓李氏。寻卒。子谨行,伟貌,武力绝人。累授镇军大将军,行右卫大将军,封燕国公。永淳元年卒,赠幽州都督,陪葬乾陵"。近年李谨行墓志在乾陵出土,其曰"公讳谨行,字谨行,其先肃慎之苗裔,涑沫之后也"。"涑沫"即粟末。由此可知,自隋代始,营州就集聚了大量粟末靺鞨人,他们迅速接受了中原先进的思想和文化,这是确信的史实。

唐灭高句丽后,又有一部分靺鞨人及高句丽人迁居营州。营州是唐王朝通往东北和对东北各少数民族进行管辖的咽喉要地。武则天年间,契丹首领李尽忠率众反唐,杀营州都督赵翙,于是趁此战乱,迁居营州的靺鞨人和高句丽人东走而称王建国。对此,两唐书都有记载。

《旧唐书·渤海靺鞨传》记:"渤海靺鞨大祚荣者,本高丽别种也。高丽既灭,祚荣率家属徙居营州。万岁通天年,契丹李尽忠反叛,祚荣与靺鞨乞四比羽各领亡命东奔,保阻以自固。尽忠既死,则天命右玉钤卫大将军李楷固率兵讨其余党,先破斩乞四比羽,又度天门岭以迫祚荣。祚荣合高丽、靺鞨之众以拒楷固,王师大败,楷固脱身而还。属契丹及奚尽降突厥,道路阻绝,则天不能讨,祚荣遂率其众东保桂娄之故地,据东牟山,筑城以居之。祚荣骁勇善用兵,靺鞨之众及高丽余烬,稍稍归之。圣历中,自立为振国王。遣使通于突厥。其地在营州之东二千里,南与新罗相接。越熹靺鞨东北至黑水靺鞨,地方二千里,编户十余万,胜兵数万人。"

《新唐书·渤海传》记:"渤海,本粟末靺鞨附高丽者,姓大氏。高丽灭,率众保挹娄之东牟山,地直营州东二千里,南比新罗,以泥河为境,东穷海,西契丹。筑城郭以居,高丽逋残稍归之。万岁通天中,契丹尽忠杀营州都督赵翙反,有舍利乞乞仲象者,与靺鞨酋乞四比羽及高丽余种东走,度辽水,保太白山之东北,阻奥娄河,树壁自固。武后封乞四比羽为许国公,乞乞仲象为震国公,赦其罪。比羽不受命,后诏玉钤卫大将军李楷固、中郎将索仇击斩之。是时仲象已死,其子祚荣引残痍遁去,楷固穷蹑,度天门岭,祚荣因高丽、靺鞨兵拒楷固,楷固败还。于是契丹附突厥,王师道绝,不克讨。祚荣即并比羽之众,恃荒远,乃建国,自号震国王,遣使交突厥,地方五千里,户十余万,胜兵数万,颇知书契,尽得扶余、沃沮、弁韩、朝鲜海北诸国。"

起兵首倡者,《旧唐书》记的是大祚荣和乞四比羽,《新唐书》记的是乞乞仲象和乞四比羽。大祚荣姓氏之来源,金毓黻先生考证:"乞乞仲象本与乞四比羽同族,而仲象附于契丹,官大舍利,其子祚荣遂以大为氏,非其固有之姓也"[③]。大祚荣的族属,《旧唐书》言"本高丽别种也",其意不确,"别种"也有不同之理解;而《新唐书》改为"渤海,本粟末靺鞨附高丽者,姓大氏",既说明了渤海大氏的确切族源,又说明了它曾与高句丽的关系,应以《新唐书》为准。关于渤海的记载,《新唐书·渤海传》比《旧唐书·渤海靺鞨传》增加了不少内容,是因为《新唐书》的作者看到了唐人张建章的《渤海记》。[④]

大祚荣建国的时间,《旧唐书》记为圣历中,圣历年号共3年,即公元698—700年,金毓黻先生据日本《类聚国史》,考证为文武天皇二年,即698年。[⑤]

渤海政权的建立过程,综合《旧唐书》和《新唐书》记载,大致如下。乞乞仲象和乞四比羽趁契丹人反唐,率营州靺鞨人和"高丽余种"东走渡辽水。武则天封乞乞仲象为震国公,封乞四比羽为许国公,乞四比羽不接受册封,而被唐将李楷固击斩。是时乞乞仲象已死,其子大祚荣继率余部。李楷固追过天门岭被大祚荣打败。此天门岭，《中国历史地图集》考证"当求于吉林哈达岭诸山"，并倾向于日本人所著《满洲历史地理》推定的英额门。⑥然后大祚荣"率众保挹娄之东牟山"，"筑城以居之"，此地据考证是在牡丹江上游之敦化，这里是挹娄故地，《旧唐书》记"桂娄"有误。⑦

大祚荣始称震（振）国王，渊源于武则天曾封其父乞乞仲象之震国公，从中也透露出大祚荣对唐王朝的向往。

渤海政权自698年建立，至926年灭于辽，共经15王、228年，先后通过第一至第三位王（高王大祚荣、武王大武艺、文王大钦茂）和第十至第十三位王（宣王大仁秀、大彝震、大虔晃、大玄锡）两个大阶段的发展，到第十三位王大玄锡时"遂为海东盛国"。926年辽灭渤海，在渤海故地建立东丹国，两年后，迁东丹于今辽阳。在此过程中，原渤海大部分居民被迫迁移辽境和辽东，少部分留居故地或南奔朝鲜半岛。

二

698年大祚荣自立震国，时隔不久，"（唐）中宗即位，遣侍御史张行岌往招慰之，祚荣遣子入侍，将加册立，会契丹与突厥连岁寇边，使命不达。睿宗先天二年，遣郎将崔䜣往册拜祚荣为左骁卫员外大将军、渤海郡王，仍以其所统为忽汗州，加授忽汗州都督"。这是《旧唐书·渤海靺鞨传》的记载。《新唐书·渤海传》是这样记载的："睿宗先天中，遣使拜祚荣为左骁卫大将军、渤海郡王，以其所统为忽汗州，领忽汗州都督，自是始去靺鞨号，专称渤海。"先天二年，即开元元年，公元713年。该年崔䜣去渤海，第二年返程路过旅顺，凿井刻石，即鸿胪井刻石。鸿胪井刻石原在大连旅顺口区黄金山北麓，20世纪初被日本海军作为日俄战争的战利品盗运日本，现放在东京千代田区皇宫内建安府的前院。被一起盗运走的还有于1895年由清前任山东登、莱、青三州长官安徽省贵池县人刘含芳修筑的遮盖在刻石顶上的方形石亭，所以有人将刻石和石亭合称为"唐碑亭"。刻石为褐红色珪岩，宽3米、厚2米、高1.8米，碑文刻在左上角，其曰"敕持节宣劳靺羯使鸿胪卿崔忻井两口永为记验开元二年五月十八日"。就此刻石，自金毓黻先生始，不少学者进行了考证。⑧

鸿胪卿姓名，文献记崔䜣，刻石为崔忻，学术界大都认为应以刻石为准。崔忻原为郎将，以郎将代鸿胪卿之职。唐代各卫将军府中，设中郎将和左右郎将，分别为正四品下和正五品上。鸿胪卿是鸿胪寺首位官员，从三品。鸿胪寺"掌宾客及凶仪之事"，"诸蕃封命，则受册而往"（《新唐书》卷49《百官志三》）。崔忻自关中到东北，跋山涉水去对大祚荣进行慰劳、册封，正是完成自己的本职使命。而他在往返必经之路，凿井刻石，"永为记验"，也是对这次使命完成的纪念和验证。

持节、使持节，《辞源》《辞海》分别列条目解释，《宋书·百官志》《旧唐书·职官志》和《新唐书·百官志》都有记载。古使臣出使，必持节以作凭证。魏晋以后以持节为官名，加在地方军政官名之前，有使持节、持节、假持节不等，其权力大小有别。唐初，这种制度虽有所变化，但仍在施行。所以崔忻出使渤海，在其本职官名之前冠以使持节称号，是符合当时制度的，同时也说明唐王朝对这次册封的重视。

渤海主体民族，文献皆记为靺鞨，而刻石记为靺羯，有学者曾从音韵方面对两个名称作过考证，而从民族方面考虑，二者所指是等同的。

左骁卫大将军是唐十六卫将军之一，正三品。封大祚荣为左骁卫大将军，但属于十六卫编员之外，所以《旧唐书·渤海靺鞨传》加"员外"二字。郡王属于爵位，从一品。为什么唐王朝以渤海为名封大祚荣为郡王呢？学术界也有不同说法。其中有一种说法，大家比较认可，即汉唐期间已称今渤海及黄海海域为渤海⑨，同时在靠近今渤海的河北、山东交界地带，曾先后设渤海郡、渤海县，渤海政权距今渤海、黄海不远，因此唐王朝封大祚荣为渤海郡王，则很自然了。《新唐书·渤海传》称渤海政权为"海东盛国"，也有这方面的含义。至于从音韵方面考虑"靺鞨"与"渤海"之间的关系，金毓黻先生认为"此祇姑备一说，未可视为定论"⑩。

唐王朝"册拜祚荣为左骁卫员外大将军、渤海郡王，仍以其所统为忽汗州，加授忽汗州都督"。忽汗州又称"渤海都督府"。据《新唐书·地理志》，唐王朝当时在边疆少数民族地区"即其部落列置州县。其大者为都督府，以其首领为都督、刺史,皆得世袭",统称"羁縻州","渤海都督府"则是其中之一。渤海政权作为唐王朝边疆地区的一个州,先后受平卢节度使和平卢淄青节度使经略⑪,与此同时,唐王朝还直接派遣"长史"予以监督和协助。据唐文宗致第十一位王大彝震的敕书可知,长史的位置仅次于渤海副王即渤海王长子之下,其作用的重要是显而易见的。⑫

之后,"宝应元年(762年)诏以渤海为国,钦茂王之,进检校太尉"(《新唐书》卷219《渤海传》)。此封国之王的爵位应是正一品;太尉之前加"检校"二字,表明是散官,而太尉属于三公之一,正一品。由此说明唐王朝对渤海政权加封的爵位和官品又有提高。渤海十五位王中,除最后一位王大諲譔继位时唐王朝即将灭亡和大元义、大华玙、大明忠三位王在位不到一年外,其他十一位王中明确记载受到唐王朝册封的有十位,只有第十位王大玄锡不见此记载,但也不能排除他接受唐王朝册封的可能。⑬

渤海政权为了行使对唐王朝的臣属义务和责任,还多次遣使述职,贡献方物和派遣王弟或王子入侍宿卫。据统计,渤海向唐王朝、后梁、后唐派遣王弟、王子及各种使臣共约150次,其中留有姓名的约70余人。⑭唐朝朝廷也屡次予以热情召见、赐宴、封官和回赠农产品、丝织品和衣物带具等等。

《新唐书·渤海传》记渤海对外交通有五条路线,渤海与中原的交往,走的是其中的陆路"营州道"和海路"朝贡道"。渤海"朝贡道"又与《新唐书·地理志》所载贾耽《边州入四夷道里记》中的"登州道"的大部路段相同。日本圆仁和尚《入唐求法巡礼行记》记载,为接待渤海来使,唐王朝在山东登州都督府城的南街东专门设有渤海馆。崔忻出使渤海,往返走的也是这条海路。对此,金毓黻先生曾有考证:"先天二年,即玄宗开元元年,盖尔时之陆路,已为契丹梗塞,故忻由海路而经旅顺。如以是年秋冬往,则需翌年春夏归。海路初辟,跋涉艰难,故需时甚久。且忻为资后日之记验,归途至旅顺而凿井,故为开元二年五月也。"⑮其实,崔忻出使渤海之前,在隋唐出兵高丽时,自山东莱州渡海至辽东半岛南端,然后再沿海岸东北行至鸭绿江口,这条路线已经开通了。只是开元初渤海的都城还在"旧国"敦化,所以崔忻出使渤海和对大祚荣进行宣劳、册封的目的地,不是后来渤海上京的所在地黑龙江省宁安县,而是在"旧国"敦化。

三

由于上述由崔忻出使册封所正式开启的渤海政权与唐王朝的隶属友好关系和密切交往,又促使中原先进的制度和文化对渤海政权也产生了重要的影响。根据文献记载和考古发现,渤海文化的产生和发展,首先渊源于靺鞨本民族,而在靺鞨族发展扩大及渤海政权建立之后,又先后接受了夫余、高句丽、沃沮等民族的影响。第三位王文王大钦茂继位第二年,即"遣使求写唐礼及三国志、晋书、三十六国春秋"[16],终文王之世,共派遣使臣达50余次,于是,中原先进的制度、文化便自上而下,全面迅速地传入渤海。

在政权机构方面,渤海仿唐中书、门下、尚书三省和吏、户、礼、兵、刑、工六部,建立了中台省、宣诏省、政堂省和忠、仁、义、智、礼、信六部,同时还有中正台和殿中、宗属、太常、司宾、大农、司藏、司膳七寺以及文籍院、胄子监、巷伯局。军队中仿唐十六卫之制,立左右猛贲、熊卫、罴卫和南左右卫、北左右卫十卫,每卫设大将军一人,将军一人。在整个统治区域内置五京、十五府、六十二州、一百余县。府设都督、州设刺史、县置县丞。五京之制,同样来自中原。据两唐书和《资治通鉴》记载,唐天宝元年(742年)分别以长安、洛阳和太原府为西京、东京和北京,至德二年(757年)又以蜀郡为南京、凤翔为西京,同时改长安为中京,于是唐五京完备。[17]以上这些"大抵象中国制度"(《新唐书》卷219《渤海传》)的渤海统治机构,在文王之世已开始确立。

在文化方面,《旧唐书·渤海靺鞨传》记渤海"颇有文字及书记"。据各种文献中保存的渤海书信诗文和考古发现的碑刻砖瓦文字知道,渤海使用的是汉字,文体形式也与中原相同,渤海的不少诗人和诗歌,都受到了中原和日本文人的赞誉。

渤海盛行佛教,就在大祚荣接受册封的当年十二月,即遣王子入唐,奏请"就市交易,入寺礼拜"[18]。日本圆仁和尚的《入唐求法巡礼行记》记渤海僧贞素不辞劳苦跋涉来往于日本和五台之间,转交日本天皇远赐在五台山的日本和尚灵仙的黄金以及灵仙答谢天皇的舍利和经书等,成为中国和日本友好交往的千古佳话。[19]据近年考古工作,渤海上京、中京、东京和今俄罗斯滨海边疆区等地已发现多处佛寺,其中有的已得到发掘,其布局与中原相同。迄今仍耸立在上京城址之内的石灯塔和长白县城后山上的灵光塔,作为典型的渤海文物,已被中外学术界认定为稀世之宝。另外,佛像、舍利函等佛教遗物在渤海各地也发现多例。

渤海的遗迹中,大量发现的是以都城为中心的城址和墓葬。文献记载渤海初期"旧国"都城仍较原始,具体情况尚待考古工作继续调查与发掘。而自文王迁都中京始,唐王朝的都城规划制度便传入渤海,尤其是立都时间最长、建设最为完备的渤海上京,完全可以说是一座规模低一等级的长安城,城内的殿堂布局和出土的建筑构件的造型、纹饰和釉色,也多与中原相同。

渤海墓葬的主要类型是石室墓,它是在原有土坑墓的基础上接受高句丽后期墓葬影响的过程中而逐渐形成的,之后不久,中原砖室墓的结构也传到了渤海。在墓葬的发掘中出土了精美的三彩器(包括三彩俑)和绞胎器。绞胎器是中原产品无疑,三彩器尚难辨别,但其工艺仿自唐三彩同样是无疑的。出土的金属器中比较突出的是带具,其造型与中原的相同;而且文献记载,唐王朝曾几次赐"紫袍金带"给渤海王室贵族。特别是在两座重要的公主墓中,不仅都出土了石墓碑,而且贞惠公主墓中还出土了石狮,其造型与唐乾陵前的石狮相同。贞孝公主墓的四壁还绘有精美的人物壁画,其姿态、服饰与中原两京唐墓壁画中的人物无有两样。

以上所举渤海政权与中原各方面的密切友好关系,正如晚唐诗人温庭筠在送别一位学成长安、盛勋归国的渤海王子时所写道的,"疆里虽重海,车书本一家"[20]。我们伟大中华民族的几千年悠久文化,正是在历史上各族人民的共同努力、相互交流的过程中发展起来的。为此,曾奋力开拓、辛勤耕耘于白山之下、黑水之旁的渤海人做出了自己的卓越贡献。

(原刊于《吉林大学社会科学学报》2006 年第 1 期)

【作者简介】

魏存成,1945 年生,男,河北平乡人,吉林大学边疆考古研究中心教授,博士生导师,吉林大学东北历史与疆域研究中心主任。

注释

① 五世纪高句丽改称高丽,参见魏存成《中原、南方政权对高句丽的管辖册封及高句丽改称高丽时间考》,《史学集刊》2004 年第 1 期。

② [宋]乐史撰《太平寰宇记》卷 71“河北道”之二十“燕州”条,见[清]纪昀等编撰《四库全书》,台湾商务印书馆影印文渊阁本,1986 年版,第 469 册,第 580 页。

③ 金毓黻:《渤海国志长编》卷 19,引自王承礼、张中树点校《渤海国志三种》第 613 页。此渤海国志三种,指唐宴《渤海国志》、黄维翰《渤海国记》和金毓黻《渤海国志长编》,天津古籍出版社,1992 年版。

④ 《新唐书·艺文志》收录张建章著作《渤海国记》,而《旧唐书·经籍志》没有收录。1956 年在北京出土的张建章墓志记载了张建章受幽州节度府派遣出使渤海的过程,并记张建章出使回来所著为《渤海记》,其曰:大和六年(832 年)“渤海国王大彝震遣司宾卿贺守谦来聘。府选报复,议先会主假瀛州司马朱衣使行。癸丑(833 年)秋,方舟而东,海涛万里。明年(834 年)秋杪,达忽汗州。州即挹娄故地。彝震重礼留之,岁换(835 年)而返。□王大会,以丰货、宝器、名马、文革以饯之。九年(835 年)仲秋月复命。凡所笺、启、赋、诗,盈溢缃帙。又著《渤海记》,备尽岛夷风俗、宫殿、官品,当代传之”。

⑤ 日本《类聚国史》卷 193《殊俗部·渤海》:“渤海国者,高丽之故地也。天命开别天皇(即天智天皇)七年(668 年),高丽王高氏为唐所灭也。后以天之真宗丰祖父天皇(即文武天皇)二年(698 年)大祚荣始建渤海国。”这里所说“渤海国者,高丽之故地也”,并不确切,高丽(原高句丽 5 世纪易名之高丽)靠南,渤海靠北,高句丽强大之时,其北部势力只到达今吉林市和延边地区,牡丹江流域及其他渤海地区并不在其统治区内。

⑥ 谭其骧:《中国历史地图集》释文汇编·东北卷,中央民族学院出版社,1988 年。

⑦ 金毓黻:《渤海国志长编》,王承礼、张中树《渤海国志三种》,天津古籍出版社,1992 年版,第 613~614 页。

⑧ 金毓黻:《渤海国志长编》;[日]渡辺谅著、姚义田译:《鸿胪井考》,《辽海文物学刊》1991 年第 1 期;许明纲:《鸿胪井及其刻石正误谈》,《博物馆研究》1993 年第 1 期;瀛云萍:《鸿胪井的考察与研究》,《满族研究》1993 年第 2 期,转引自《渤海的历史与文化》第 2 辑,黑龙江人民出版社,

2003 年；王仁富：《现藏日本皇宫的唐鸿胪井刻石探讨》，《文物》1995 年第 11 期；［日］酒寄雅志：《"唐碑亭"、すなわち"鸿胪井の碑"をめぐって》，京大学文学院人文社会系研究科·文学部朝鲜文化研究室纪要第六号，平成十一年（1999 年）三月。

⑨ 参见《学习与探索》1987 年第 5 期所载赵评春《"渤海国"名源考辨》，该文引汉唐文献《史记·朝鲜传》之汉"从齐浮渤海"出兵朝鲜、《括地志》之"百济国西南渤海中有大岛十五所，皆邑落，有人居，属百济"、《初学记》卷 6 之"东海共称渤海"等记载，说明今渤海及黄海海域当时已称渤海。此名称还见《史记·秦始皇本纪》之二十八年（公元前 219 年）"于是乃并勃（渤——笔者注）海以东"和《汉书·武帝纪》元光"三年（公元前 132 年）春，河水徙，从顿丘东南流入勃（渤——笔者注）海"等记载。

⑩ 金毓黻：《东北通史》第四期上："若以声音学考之，渤与靺为同部字，海与鞨为同声字，唐人或以靺鞨二字音近于渤海，遂以渤海郡王封之欤，此祇姑备一说，未可视为定论也。"1980 年社会科学战线杂志社翻印本，第 258 页。

⑪ 金毓黻：《渤海国志长编》，王承礼、张中树：《渤海国志三种》，天津古籍出版社，1992 年版，第 632 页。

⑫ 《文苑英华》卷 471《渤海书》（文宗）与渤海王大彝震书："敕渤海王大彝震：王子大昌辉等自省表陈贺并进奉事，具悉。……今因王子大昌辉等回国，赐卿官告及信物，至宜领之，妃及副王、长史、平章事等各有赐物，具如别录。"转引自孙玉良《渤海史料全编》第 103 页，吉林文史出版社 1992 年版。唐王朝向边疆地区直接派遣"长史"之事，《新唐书·黑水靺鞨传》有明确记载："开元十年，其酋倪属利稽来朝，玄宗即拜勃利州刺史。于是安东都护薛泰请置黑水府，以部长为都督、刺史，朝廷为置长史监之。"

⑬ 金毓黻：《渤海国志长编》卷 6、卷 7，《渤海国志三种》第 332 ～ 349 页，天津古籍出版社 1992 年版；朱国忱、魏国忠：《渤海史稿》第 148 ～ 149 页，黑龙江省文物出版编辑室 1984 年版（内部发行）。

⑭ 参见朱国忱、魏国忠《渤海史稿》第 244 ～ 258 页。

⑮ 金毓黻：《渤海国志长编》卷 19·丛考。

⑯ 《唐会要》卷 36，上海古籍出版社 1991 年版，第 778 页。此处所记的《三十六国春秋》，又见于《太平御览》之"经史图书纲目"中，其记为"崔鸿十六国春秋，崔鸿三十国春秋……萧方等三十六国春秋"；而查《梁书·萧方等传》，萧方等撰的是"三十国春秋"；另，《隋书·经籍志》著录的也是如此："三十国春秋三十一卷梁湘东世子萧方等撰……十六国春秋一百卷魏崔鸿撰"。《旧唐书·经籍志》著录的是："三十国春秋三十卷萧方等撰，又一百卷武敏之撰……十六国春秋一百二十卷崔鸿撰。"《新唐书·艺文志》著录的是："崔鸿十六国春秋一百二十卷，萧方（此掉'等'字——笔者注）三十国春秋三十卷……武敏之三十国春秋一百卷。"均不见"三十六国春秋"之书名，而且又皆记萧方等撰的是"三十国春秋"。因此"三十六国春秋"之书不存在，

《唐会要》所记的"三十六国春秋"应是"十六国春秋"或"三十国春秋"之误。对此,韩国磐所著《隋唐五代史纲》在引用此记载时则注曰"《三十六国春秋》应多出'三'字"(人民出版社1977 年版,第 238 页),是有道理的。

⑰ 《新唐书》卷 6 本纪第六:"(至德二年)以蜀郡为南京,凤翔郡为西京,西京为中京";《旧唐书》卷 38"地理志"一:"(至德二年)其年十月,克复两京。十二月,置凤翔府,号为西京,与成都、京兆、河南、太原为五京";《资治通鉴》卷 220:"(至德二年)以蜀郡为南京,凤翔为西京,西京为中京(原注:以长安在洛阳、凤翔、蜀郡、太原之中,故为中京)"。中华书局标点本,1956 年第 1 版,1982 年山东第 5 次印刷,第 7046 页。

⑱ 《册府元龟》卷 971 外臣部·朝贡四:"开元元年十二月,靺鞨王子来朝奏曰:'臣请就市交易,入寺礼拜。'许之。"中华书局,1960 年第 1 版,1982 年 10 月第 2 次印刷,第 11405 页。开元元年和先天二年为一年,即公元 713 年。当年十二月,崔忻正在渤海,而这时"靺鞨王子"也到了唐京长安。"靺鞨王子"从东北牡丹江上游到关中,同样要走很长时间,推测其出发时,很可能崔忻对渤海的册封仪式还未举行,或者刚刚举行,即使如此,依原来习惯,仍称其王子为"靺鞨王子",也在情理之中。

⑲ 金毓黻:《渤海国志长编》,王承礼、张中树《渤海国志三种》,天津古籍出版社,1992 年版,第 642～644 页。

⑳ 该诗全文为"疆里虽重海,车书本一家;盛勋归旧国,佳句在中华。定界分秋涨,开帆到曙霞;九门风月好,回首即天涯。"见孙玉良:《车书本一家——订正一则有关唐代渤海史料的传讹》,《历史研究》1982 年第 1 期。

渤海国号初称"靺鞨"再考 | 魏国忠　刁丽伟

　　渤海国初建之际的国号究竟是"震国"或"振国",还是"靺鞨"？中外学术界始终未能形成共识。鉴于这一问题在渤海国史研究中的地位异常重要,确有必要进行深入的讨论和求索。

一、渤海政权最初的正式国号是"靺鞨"

　　首先,必须指出,无论是"震国"或"振国"之说也好,还是"靺鞨"或"靺鞨国"之论也好,都不是空穴来风,均有相关文献古籍的记载作为支撑。那么,究竟应该以哪一说为是呢？综合各方面资料的分析和比较,只有"靺鞨"才是大祚荣政权初建之际的正式国号。《新唐书·渤海传》明载:大祚荣在接受唐朝的"渤海郡王"册封后,"自是始去靺鞨号,专称渤海"及《新五代史·卷74·渤海条》也谓:"渤海,本号靺鞨";《玉海·卷153·朝贡·外夷来朝》也称:"《传》:渤海,本粟末靺鞨。及祚荣号震国王,中宗遣侍御史张行岌招慰,祚荣遣子入侍。先天中,遣使拜渤海郡王,以所统为忽汗州都督,始去靺鞨号";元时的朝鲜古籍《三国遗事·卷第一》的《靺鞨(一作勿吉)·渤海》条记事也谓:"《通典》云:'渤海,本粟末靺鞨,至其酋祚荣立国,自号震旦。先天中,始去靺鞨号,专称渤海"。更为重要的是这些记载得到了早期珍贵文献资料记载和考古资料的充分印证。

　　迄今为止,最早涉及这个问题的文字记载是唐朝宰相张九龄在开元二十三年(735年)为玄宗所起草的《敕新罗王金兴光书》中所使用的"渤海靺鞨"一词;三年过后,由唐玄宗本人亲自主持编撰的大型政典《唐六典·卷4·尚书礼部》又载:"凡四蕃之国,经朝贡以后自相诛绝及有罪见灭者,盖三百余国。今所在者有七十余蕃,谓三姓葛逻禄、⋯⋯远蕃靺鞨、渤海靺鞨、室韦和解、⋯⋯各有土境,分为四蕃焉。"显而易见,二者所记载的"渤海靺鞨"就是渤海政权。而从这一词语的组成分析看,"渤海"是指大祚荣政权接受册封后所改称的"国名","靺鞨"则不光指的是该政权所辖诸民族中的主体民族族称,也具有"国名"的含义,即改称"渤海"之前的国号就是"靺鞨"。所以,二者联在一起的字面含义既交待了"渤海这支靺鞨"是与"远蕃靺鞨"相区别的另一支"靺鞨",又明确现在的"渤海靺鞨"就是当初以"靺鞨"为号的那个政权。毫无疑问,这其实就是当时亲身参与渤海事务并直接与渤海政权打交道的唐朝开元君臣们对这个政权的习惯性称呼,可以说是当事人记当时事的第一手珍贵资料,时去唐玄宗之册封大祚荣为"渤海郡王"才二十多年的时间,其史料价值的权威性勿庸置疑。

　　唯其如此,中唐时期的宰相杜佑才得以在这个政权改名为"渤海"的半个多世纪后,仍习惯性地在其著名史书《通典》卷172《州郡2·序目下》中明谓:"高宗平高丽、百济,得海东数千里,旋为新罗、靺鞨所侵,失之。"同书的《边防典2·东夷下·高句丽条》又载:"李绩伐高丽,破其都平壤城,擒其王高藏。⋯⋯其后,余众不能自保,散投新罗、靺鞨,旧国土尽入于靺鞨,高氏君长遂绝。"同书《卷186》的《勿吉又曰靺鞨》条也谓:"大唐圣化远被,靺鞨国频遣使贡献。"中外史家们共同认定:文中所谓的"靺鞨"或"靺鞨国"就是渤海国。对这一点,就连已故的对中国史书记载特别挑剔的朝鲜朴时亨院士在其《为了渤海史的研究》的著名论文中也并无疑义:"《通典》只在《州郡典》里用了一次'渤海'的称号,其余一律用'靺鞨'二字"①,即同样认定唐人确把渤海政权称之为"靺鞨"或"靺鞨国"或"渤海靺鞨"。

　　当然,唐人这一认识也影响到后来的五代至两宋时期的史家们,如《旧唐书》的作者们在为渤海政权立传时即名之为"渤海靺鞨",不止于此,偶尔还直接称呼其为"靺鞨",如该书《卷23·礼仪志三》即载:开元十三年(725年)十一月壬辰唐玄宗封泰山时,"戎狄夷蛮羌胡朝献之国"的排列次序是:

"突厥颉利发,契丹、奚等王,大食、谢口、五天十姓、昆仑、日本、新罗、靺鞨之侍子及使……咸在位。"鉴于渤海政权已于713年接受册封且"每岁遣使朝贡",其侍子及使节是不会不参与这一盛大活动的,故文中的"靺鞨"显指渤海政权即"渤海靺鞨"。至于宋人的著述则不光有《新唐书·渤海传》、《玉海·卷153·朝贡·外夷来朝》、《新五代史·卷74·渤海条》的前述记载,而且,《册府元龟》中也一再出现"渤海靺鞨"之类的记述。在此基础上后来的《文献通考·卷326·渤海》也作如是观:"先天中,遣使拜祚荣为左骁卫大将军、渤海郡王,以所统为忽汗州都督,自是始去靺鞨号,专称渤海"。

与渤海国同时的新罗、日本等邻人也大体上是这样。如朝鲜古籍《三国史记·卷8·新罗本纪八》即载:圣德王三十二年(733年)"秋七月,唐玄宗以渤海靺鞨越海入寇登州,遣太仆员外卿金思兰归国。"如果说该文中提到的"渤海靺鞨"反映的只是唐人对渤海国的称谓,还不足以表明新罗人也把渤海政权称之为"靺鞨"或"渤海靺鞨"的话,那么,同书同卷的下续记载:"三十三年(734年)春正月,教百官新入北门奏对。入唐宿卫左领军卫员外将军金忠信上表曰:'臣所奉进止,令臣执节本国,发兵马讨除靺鞨,有事续奏者'",足以表明金忠信表文中所述无疑出自新罗人自己之口,即所谓的"靺鞨"必指渤海国无疑。

同样,当时日本人也是知道渤海政权称过"靺鞨国"或以"靺鞨"为号的。如《续日本纪·卷8》元正天皇养老四年(720年)正月丙子条载:当时的日本朝廷曾派"遣渡岛津轻津司、从七位、诸君鞍男等六人于靺鞨国"。无独有偶,在宫城县发现的762年建立的"多贺城石碑"上也刻有"去靺鞨国界三千里"的文字。虽然对此"靺鞨国"是否就是指的渤海国,学者们一直存有异议,不过,综合各方面的资料判断,在当时的亚欧大陆东北地区直至今鄂霍次克海一带,除"渤海靺鞨"之外是没有别的什么"靺鞨国"存在的。而此前略早些时间甚或当时与东北大陆靺鞨人分布区域遥相对应的是,在今库页岛或更远的鄂霍次克海一带倒是有个拥有"胜兵万人"的流鬼"国",是个与靺鞨人不同的另一个"族"或"国",故《续日本纪》和"多贺城石碑"上所提到的"靺鞨国"中心地带无论如何也不可能存在当时渤海政权辖区以外的地方。况且,酒寄雅志先生在 1999 年发表的《关于'唐碑亭'即鸿胪井碑的几个问题》(原载《朝鲜文化研究》第 6 号)一文中就已指出:灵龟二年(716 年)八月,"作为遣唐使入唐的多治比县守和阿倍安麻吕等人已回到日本,他们已知道有渤海国,唐人称之为'渤海靺鞨'、'靺鞨'。归国后他们已报告,'靺鞨国'就是'渤海'",诸君鞍男等人所到的"靺鞨国",是指"渤海";又联想到在多贺城建碑前的十多年间,先后有 4 位渤海使团访问日本时的登陆地点都离多贺城不远,尤其是 746 年,"渤海及铁利总一千一百余人"到日本后同样"安置"在距多贺城较近的"出羽国"地方②,当然就不能不让多贺人有机会与之接触并了解到"靺鞨国"即渤海国的前身,故其城碑中所提到的"靺鞨国"只能是渤海国而不会是别的什么靺鞨政权③。

更为重要的是,"靺鞨"这一称号确已得到了考古资料的充分证实,这就是早年被盗走至今仍保存在日本皇宫之内的著名"鸿胪井栏石刻"上面的文字。原来开元二年(714)夏,唐朝鸿胪卿崔訢完成册封大祚荣使命后的归途中,在当时的都里镇即今旅顺口附近的马石山(今黄金山)下,凿井刻石,因而留下了脍炙人口的"鸿胪石刻"三行文字,全文是:

　　敕持节宣劳靺羯使

　　鸿胪卿崔忻井两口永为

　　记验开元二年五月十八日

众所周知,该石刻文字中的"靺羯"即"靺鞨"的另一种写法,而其中所记述的崔訢头衔"敕持节宣劳靺羯使",无疑来自于唐廷在其出使之前的授予。对此学界似乎无人表示异议。甚至于连反复声称"不管是唐朝所谓册封之前也好,以后也好,渤海人从未自称靺鞨人;靺鞨不过是唐人擅自使用,而后又不得不正式废止的称呼而已"的朴时亨先生也是承认的:"看来,这是出国前授予他的正式头衔。"④足以成为证明唐人确把改称"渤海"之前的大祚荣政权称作"靺鞨"的实物证据,其作为史料的价值无疑具有最高的权威性和真实性。

二、"靺鞨"之号是大祚荣建国时的自称

耐人寻味的是,既然三种说法各有唐、宋之际文献古籍的支撑,按说它们之间的关系就不该是相互排斥的,即"靺鞨"是大祚荣政权当初的国号,"震国"或"振国"也是当初的称号,是完全可以同时并存的,故人们大可不必在三者中仅取其一,而只是需要弄清楚哪一个是正式的国号而其它的则是正式国号之外的俗称或别称罢了。然而,由于"靺鞨"为号说事实上给予了渤海国主体民族的"靺鞨"说提供了最为坚实有力的支撑,也就如釜底抽薪般地构成了对渤海建国主导势力是高句丽人之类说法的致命威胁。于是,某些学者们从维护其"高句丽"说的立场出发,在渤海早期国号的问题上大做文章,在力图论证大祚荣政权当初的国号为"震国"或"振国"的同时,却对这个"靺鞨"说进行了各种各样的曲解和否定,致使问题的讨论越来越偏离了历史的本来面目。其中最具代表性的就是前引朴时亨先生的"不管是唐朝所谓册封之前也好,以后也好,渤海人从未自称靺鞨人;靺鞨不过是唐人擅自使用,而后又不得不正式废止的称呼而已"的"他称"⑤说,其后又由此而派生出所谓的擅自把高句丽人改称靺鞨人的"擅自改称"说和"蔑称"说⑥、"任意捏造"说⑦,以及"当面不称背后"说⑧等等不同的说法。

但是,这些说法根本就经不起历史史实的检验和推敲。因为只要无从证实当初唐朝君臣们在大祚荣政权名称问题上的蓄意弄虚作假、制造骗局,则这些所谓的说法也就完全失去了存在的根基。而一个无法改变和不容回避的事实是,在唐朝与大氏政权的最初接触中,是唐朝方面首先采取主动的,即由于北方边防形势的严峻,为了对付后东突厥人的大举南犯,唐廷不得不决定"旁结诸蕃",即联合附近诸少数民族势力共同对付后东突厥人,并于神龙三年(707 年)派侍御史张行岌出使"招慰"即"旁结"大祚荣政权。这意味着是唐朝有求于大氏而派人进行"旁结"即联络的。对此,韩国学者卢泰敦先生在《韩国史》10《渤海》的Ⅰ之二的《渤海的发展》部分曾指出:唐中宗采取怀柔政策,派遣使节承认大祚荣,"企图用渤海来攻略辽西地区

的突厥和契丹";韩圭哲先生也在同书的Ⅲ之二的《(渤海)与唐朝的关系》中称:"唐中宗即位之同时,即派张行岌出使到渤海以求和解"。就连朝鲜学术界实际上也作如是观,如 1979 年出版的《朝鲜全史》第 5 册的渤海部分第二章第一节即指出:705 年,唐中宗"向渤海派遣使节祝贺'建国',并提议两国今后要'友好'交往",后又"通过这件事(指随后不久的册封大祚荣)可以看到唐朝为了摆脱困境对以前敌对的国家转而乞求支援的可怜相"(这里引自李英顺、尹铉哲的该书译稿)。形势既然演变到了这一步,自然也就决定了使节张行岌等人在进行"招慰"即"旁结"的整个过程中不得不小心翼翼、谨慎行事,以尽可能地"讨好"和说服人家,乃至于不免露出些"乞援的可怜相",故实在没有任何必要和可能来制造纠纷或者挑起什么冲突,所以,他们既不可能寻衅于人而做任何冒犯或触怒对方之事,更不会擅自把一个毫不相干的"靺鞨"称号强加到人家的头上。更何况双方间来往的陆路通道已由于"契丹与突厥连岁寇边"而遭到阻截,别说是张行岌等人数有限的使者们用强使横不得,就是当时的唐朝硬把自己的想法强加到对方头上也是无能为力的。换一个角度来说,如果大氏家族及其政权中的主体部分不是靺鞨人而是像某些学者所说的高句丽人的话,则当唐人硬给自己改变族称而把个毫不相干的"靺鞨"称号强加到头上之际,则他们无论如何也不会不为维护自己的民族尊严而采取断然拒绝的立场,当然也就不能不立即回绝唐朝的"旁结"和"招慰"。然而,事实与此恰恰相反,众所周知,两唐书《渤海传》不仅明载大祚荣当即"遣子入侍"⑨,而且《旧唐书·渤海靺鞨传》的接续文字中又有唐朝对大氏"将加册立"的记述⑩,这既有力地证明大祚荣等人确实接受了唐朝的"招慰"和同意"旁结"并主动地表示了臣属和纳质,又足以证实在双方之间的首轮接触中并无任何不愉快的事情发生。对这一点,韩圭哲先生显然也是这样看的,如在其前引文中即称:"大祚荣也派其儿子门艺到唐朝宿卫等改变其与唐朝的关系使之向友好方向发展";朝鲜学者金成镐先生则在其《渤海与唐朝国交关系的确立和远征黑水靺鞨》一文中承认渤海方面"欣然接受了唐朝的建议"(这里引自尹铉哲译稿),就连前引的《朝鲜全史》第 5 册渤海部分第二章第一节也称:大祚荣"接受了唐朝的提议,将自己次子门艺作为答礼使节派遣到唐朝。渤海这样做是经过慎重考虑的"。这一切确实表明在双方之间的首轮接触中不但没有什么龃龉、矛盾或任何冲突和不愉快事情发生,反倒是皆大欢喜和"一拍即合"及充满了善意,可以说是一举而化干戈为玉帛实现了和解。至于后来崔忻出使册封之际,局面虽然发生了某些变化,但对唐朝来说,北方的边防形势依然非常严峻,不仅后有东突厥人的威胁继续存在,又在和奚人的较量中大败,即延和元年(712年)幽州大都督孙佺与左骁卫将军李楷洛、左威卫将军周以悌等率兵十二万袭击李大辅为首领的奚部时,"兵士死伤者数万。佺及副将周以悌为大辅所擒,(被)送于突厥默啜,并遇害。"⑪故当时的唐朝不能不继续需要"旁结"大祚荣集团,这从崔忻出使头衔"敕持节宣劳靺鞨使"中的"宣劳"二字即可以得到体现。不言而喻,在这种形势下唐朝方面同样不能得罪大氏,即如果当时的大氏政权不是继续自称为"靺鞨"的话,朝廷也就绝不可能让他带着这个头衔出使的。而这也就足以反证当时的唐朝并没有在对方的称号问题上作过什么手脚,更不用说弄虚作假或制造什么骗局了。

事实真相既然如此,那么,出现于这一过程中的鸿胪刻石文字也就成为大氏政权在此之前确实自称为"靺鞨"的铁证,就连有的持不同意见的学者实际上也认同了这点,如卢泰敦先生即明谓:"渤海人虽然在对日交往中标榜渤海是高句丽继承国,但在对唐交往中却看不到这种情况",即"在这种情况下大祚荣集团在'靺鞨'地域建立的国家,暂时只能称作靺鞨。对于713年派往渤海的唐使崔忻的正式头衔'敕持节宣劳靺鞨使',也只能作这样理解。713年唐廷首次册封大祚荣为渤海郡王。《通典》等史书仍然把渤海称作靺鞨,可能是袭用了渤海初期的那种惯用称呼"⑫。

毫无疑问,卢氏在这里不仅承认"大祚荣集团"在建国之初曾经"称作靺鞨",而且还认定在改称"渤海"后之所以仍被"称作靺鞨"正是"袭用了渤海初期的那种惯用称呼"的结果。综上所述,"靺鞨"之号首先是大祚荣政权当初的"自称",然后才出现了包括唐朝在内的周邻们对其的"他称"而被称呼为"靺鞨国"。当然,这一切也就足以反证当时的唐朝既没有单方面地为这个政权改变称号,更无任何必要和可能把这个"含有蔑视意味的'靺鞨'"称号强加到该政权的头上。同样,所谓的唐人出于畏惧和恐怖之感而擅自把"高句丽"改称为靺鞨的"擅自改称"说,更是名副其实的主观臆断。笔者在《渤海国号初称'靺鞨'考》一文中曾对其说详加剖析,并以一系列的事实为例论证了"对当时的唐人"来说,无论是"高句丽"一词也好,还是盖苏文的名字也好,都不足以成为"引起恐怖之感的禁忌"或"恐怖的代名词"。而"历史事实与这些学者们所说的完全相反,在唐太宗亲征之际曾多少让唐军感到点"恐怖"和'畏惧'的势力倒是另有其人,这就是站在高句丽军队一边的'每战……常居前'并由于冲击唐太宗御营而造成唐军重大伤亡的'靺鞨'武士,也确曾让太宗本人和唐营将士们感到十分恼火。所以,在安市城之战的善后处理之际,与当时高句丽将士们所得到的'优待'和宽大恰恰相反,这些"靺鞨"士兵们确实遭到了残酷的报复,即史书所载的唐军'收靺鞨三千三百人,悉阬[杀]之。'⑬是为见于史载的贞观年间唐军大规模杀降的仅有记录。不过,尽管这样,唐人却也并没有因曾有过的'恐怖'和'畏惧'之感而就不再称这些'靺鞨'人为靺鞨,或者另外给他们改起个别的什么称谓。而既然唐人能够对让他们感到可怕的靺鞨人如此,又有什么必要非把'高句丽'改称为'靺鞨'不可?!因此,所谓的唐人擅自改用靺鞨一词取代高句丽称呼的说法是完全没有任何根据的"。

至于1992年刊载于朝鲜《渤海史研究论文集》(1)上的论文《渤海是高句丽的继承国》中所谓的"《旧唐书·渤海靺鞨传》开头所记录的所谓'渤海靺鞨',只不过是将唐朝封建统治阶级出于上述目的的捏造后的记录而已"的"任意捏造"说,显然是更加离谱。因为综观论者对这一说法的全部论证,从其内容上看丝毫没有超出其30年前的论文《为了渤海史的研究》中的论证范围,可是,既使是在那篇著名的论文中,作者也只是指责唐人擅自把高句丽人改称为靺鞨人以及提出了所谓的"蔑称"说和"他称"说罢了。而鉴于笔者在《渤海国号初称'靺鞨'考》一文和本文的上面文字中已经通过文献记载和考古资料的相互印证,对渤海国号初称靺鞨问题做了充分的论证并对那几种说法进行了详细的分析并指明其毫无确实根据。这里有两个问题还不得不补充如下:其一,论者在30年前的论文中所指责对象还只限于《新唐书·渤海传》是"杜撰"和"仿造"的产物,对《旧唐书·渤海靺鞨传》的记载则备加赞誉,认为是"根据可靠的史料,正确地记录了史实"和"足以凭信的"；而30年后的论文中却连《旧唐书·渤海靺鞨传》也遭到了指责，认为是"毫无批判地照抄唐朝人捏造出来的'渤海靺鞨'记录"。其二，该文中的"705年，唐朝对渤海国仅一次使用了自己任意捏造的国名渤海靺鞨，而八年之后又取消它"之谓，无疑是对历史史实的曲解，因为就连其本人不但在30年前的论文中称鸿胪石刻文字中的"敕持节宣劳靺羯使"是崔訢"出国前授予他的正式头衔"，即事实上确认直到713年，唐人还在使用"靺鞨"这一称呼，而且就在这篇论文中不也还是认为从713年起，唐朝才"决定在一切正式场合上不使用'靺鞨'，只使用渤海"称号，这当然也就意味着"靺鞨"称号的使用绝不是705年的仅有一次。

此外，如《渤海国号初称'靺鞨'考》一文中的论述，所谓"靺鞨"之称是唐朝"从来没有面对当事者渤海使用"而"只是在背后使用"的"当面不称背后称"说[14]也同样是没有任何根据的。因为《鸿胪井栏石刻》文字中的"敕持节宣劳靺羯使鸿胪卿崔"明确表示，崔訢是带着"敕持节宣劳靺羯使"头衔出使的，故别说是朴时亨先生早就指出："看来，这是出国前授予他的正式头衔"[15]，就连提出这种说法的学者本人也认为："崔忻的'宣劳靺羯使'这一官衔，也可能是离唐时所授的正式官衔"[16]的吗？！既然如此，则崔訢到达目的地后履行使命之际，是绝不可能在大祚荣等人面前把自己的这一头衔雪藏起来的。假如真的那样做了，岂不是有违君命而犯下欺君之大罪？！故鸿胪刻石上的"敕持节宣劳靺羯使"等八字既然是大祚荣政权改称"渤海"之前被称作"靺鞨"的第一手资料，当然也就成为了使节崔訢在与渤海政权正面接触中直接称呼其为"靺鞨"的珍贵物证，因之，所谓的"当面不称背后称靺鞨"说或崔訢不得不"在访问渤海时使用'渤海'这一正式名称，但到了边疆偏僻地区却避人耳目留下了'靺鞨'字样作为纪念"之类的说法，实在是毫无根据的主观臆造，不能成立。

三、鸿胪石刻上的"靺羯"所指既是族称更是国号

不过，尽管如此，关于鸿胪石刻中的"靺鞨"一词的含意究竟是指大祚荣

政权的国号,还是大祚荣等人的族称? 学者们还存在着不同的意见。虽然大都将其作为国号或既是国号又是族称来理解,但也有个别学者认为:"在此石刻的行文中,固然可以将'靺羯'理解为大祚荣的国号,但将之理解为大祚荣所部的族属也未尝不可。事实上现在多数中国学者都是将这则石刻资料作为论证渤海国是靺鞨人建立的国家的最有力证据,由此可见,大家都是将这里的'靺羯'理解为族名的。以此作为大祚荣国号'靺羯',证据是不充分的",并进一步推论"《通典》(所载)的'靺鞨国'只能是唐人从渤海国主体民族的角度出发所习用的俗称,'靺鞨'也是指族属,而不是国号。"⑰

那么,究竟该作何理解呢? 这里的"靺羯"("靺鞨")一词无论是将其视为大祚荣所部主体民族的族称即作为族称来理解,还是被看作是大祚荣政权的国号,或者二者兼指都是可以的,其原因就在于它们相互之间并不是排斥和彼此对立的,甚至可以是相互依存和相互支持的,即将之理解为族称并不影响其同时也是当初大祚荣政权的国号,反之亦然。况且,就连主张只是族称的这位学者本人不也同样认为"固然可以将'靺羯'理解为大祚荣的国号,但将之理解为大祚荣所部的族属也未尝不可"吗?! 然而,他紧接着又以所谓的"事实上现在多数中国学者都是将这则石刻资料作为论证渤海国是靺鞨人建立的国家的最有力证据"为由,推论出"由此可见,大家都是将这里的'靺羯'理解为族名的,以此作为大祚荣国号'靺羯',证据是不充分的"见解,未免过于主观并出现了逻辑性的失误。显而易见,别说是多数中国学者并没有如其所说的只是"将这里的'靺羯'理解为族名",就算是一些学者"将这则石刻资料作为论证渤海国是靺鞨人建立的国家的最有力证据"并由此而认定他们都是"将这里的'靺羯'理解为族名的",也不足以得出"以此作为大祚荣国号'靺羯',证据是不充分的"的结论。因为,第一,如上所述,二者之间并不存在相互排斥和对立的因素,即承认其为"族称"并不影响它同时也是"国号",反之亦然;第二,如果能够对中外相关文献古籍的记载进行综合而全面的考察并充分注意到它们相互之间的内在联系,就不会不如本文中的如上分析和论证并足以得出"将这则石刻资料作为论证"渤海早期国号为"靺鞨"的珍贵物证。既然如此,他的如上见解以及在同一篇论文的后续内容中所谓的"《通典》的'靺鞨国'只能是唐人从渤海国主体民族的角度出发所习用的俗称，'靺鞨'也是指族属，而不是国号"的推论，也同样地未免于武断而与实际不符，故其所谓的只是"族称"而不是"国号"说实难令人置信。至于其后文中所谓的将《新唐书·渤海传》中的"自是始去靺鞨号，专称渤海"[18]之句"看成是大祚荣此前国号为靺鞨的证据恐怕也是不准确的"推论，就更难以令人认同了。在这句行文中，"靺鞨"之与"渤海"无疑是对应的关系，而既然"渤海"是此后大祚荣政权的"国号"，则"靺鞨"也就不能不是改称前大祚荣政权的"国号"，二者间绝不可能一个是国号而另个是族称。

另一方面，从当时的具体情况进行分析也是如此。当时唐朝的册封和宣劳对象既可以是诸有关边疆民族的大首领，也可以是有关边疆民族政权的君主们，故单从字面而言，这里的"靺羯"（"靺鞨"）一词无论是视为族称，还是看作国号或既是族称又是国号都是成立的，不过倒更该作为大氏政权的国号来理解[19]。因为就在崔訢刻石 16 年前，如有关史书所载：大祚荣已经"建国"和"自立"为王，而在其出使的前六年（707 年）又有侍御使张行岌的前往"招慰"和大祚荣的"遣子入侍"于唐[20]。这也就意味着当时唐廷不仅是从张行岌等人的亲身见闻以及这个政权外部的人们口中，而且也完全可能从该政权自己人之口知道其国号就是"靺鞨"。更何况就在大祚荣"遣子入侍"后不久，唐朝即"将加册立"，而这里所谓的"册立"对象显然是针对已建立国家的君主，并不涉及有关民族的首领们，理由是这些首领根本就无须族外的"任命"[21]，故完全可以断言，从"祚荣遣子入侍"后开始到崔訢一行人等出使之前，唐朝即已完全明确其所要"册立"和宣劳的对象其实就是作为"靺鞨"国国主的大祚荣。所以，石刻上的"靺羯"即"靺鞨"的具体所指就是大祚荣政权的国号，或至少不能排除其作为国号的可能性。这就不仅印证了前引《新唐书·渤海传》中所谓"自是始去靺鞨号，专称渤海"的记载，并成为了大祚荣政权最初的正式国号就是"靺鞨"的珍贵物证，而且也寓意着"靺鞨"为号说远比其它说法的论据确实和充分。由此可见，鸿胪石刻上"靺羯"即"靺鞨"一词的"国号"含意是事实存在的。

（原刊于《牡丹江师范学院学报(哲社版)》2008 年第 1 期）

【作者简介】

魏国忠,男,1937 年生于哈尔滨,1960 年毕业于北京大学历史系并获学士学位。先后在黑龙江大学、黑龙江省博物馆、省文物管理委员会和黑龙江省社科院从事历史教学、研究与文物保护工作,任黑龙江省社科院历史研究所研究员、渤海史研究室主任。

刁丽伟,女,1965 年生,牡丹江师范学院历史系教授,主任。

注释

① [朝]朴时亨著、李东源译《为了渤海史的研究》,《渤海史译文集》,黑龙江省社会科学院历史所出版,1986 年,第 17 页。

② [日]续日本纪·卷 16,天平十八年是年条。

③ 迄今为止,中外学者对日本古籍中和多贺载碑上的"靺鞨国"的理解大不一样,其实退一步来说,就算是笔者的如上理解和判断真的有误,即诸君鞍男等人到过的"靺鞨国"以及城碑中所提到的"靺鞨国"确实不是渤海国,也毫不影响我们关于渤海政权早期国号为"靺鞨"的立论。

④ [朝]朴时亨著、李东源译《为了渤海史的研究》,《渤海史译文集》,黑龙江省社会科学院历史所出版,1986 年,第 27 页。

⑤ [朝]朴时亨著、李东源译《为了渤海史的研究》,《渤海史译文集》,黑龙江省社会科学院历史所出版,1986 年,第 16 页。

⑥ [朝]朴时亨著、李东源译《为了渤海史的研究》,《渤海史译文集》,黑龙江省社会科学院历史所出版,1986 年,第 14 ~ 17 页。

⑦ [朝]朴时亨:《渤海是高句丽的继承国》,《渤海史研究论文集》(1),朝鲜百科辞典综合出版社,1992 年。引自金荣国的译稿。

⑧ [朝]玄明浩:《论模糊渤海国继承高句关系的别称'渤海靺鞨'》。引自李英顺译稿。

⑨ 魏国忠:《大祚荣遣子侍唐考》,《北方文物》,1985 年第四期,第 59 页。

⑩ 《旧唐书》卷 199 下,北狄·渤海靺鞨传。

⑪ 《旧唐书》卷 199 下,北狄传。

⑫ [韩]卢泰敦著、李东源译《渤海的居民构成和族源》,《渤海史译文集》,黑龙江社会科学院历史所,1986 年,第 221 ~ 223 页。

⑬ 《资治通鉴》卷 198,唐纪 14,中华书局标点本,1956 年,第 6226 页。

⑭ ［朝］玄明浩:《论模糊渤海国继承高句关系的别称'渤海靺鞨'》。引自李英顺译稿。

⑮ ［朝］朴时亨著、李东源译《为了渤海史的研究》,《渤海史译文集》,黑龙江省社会科学院历史所出版,1986 年,第 16 页。

⑯ ［朝］玄明浩:《论模糊渤海国继承高句关系的别称'渤海靺鞨'》。引自李英顺译稿。

⑰ ［朝］张国钟著、尹铉哲译《渤海国与靺鞨族序言》,韩国图书出版中心,2001 年。

⑱ 《新唐书》卷 219,渤海传。

⑲ 杨军:《渤海早期国号考》,《东北史地》,2006 年第 1 期,第 24 页。

⑳ 《旧唐书》卷 199 下,北狄·渤海靺鞨传。

㉑ 马一虹:《唐封大祚荣"渤海郡王"号考——兼及唐朝对渤海与高句丽关系的认识》,北方文物,2002 年第 2 期,第 63 页。

渤海都城考

比较：渤海上京城与唐长安城 ｜方学凤

公元 698 年,大祚荣建立震国,定都敖东城(今敦化市)。公元 713 年唐玄宗册封大祚荣为渤海郡王,忽汗州都督,自此后,去靺鞨号,专称渤海①。到第二代武王大武艺,领土进一步扩大,国力增强。第三代文王大钦茂大兴二十六年(公元 762 年),唐王朝正式诏以渤海为国,晋封大钦茂为国王,加授校太尉,渤海国王之称自此始。到宣王大仁秀时期,迅速发展起来,被誉为"海东盛国"。但大玄锡以后,渤海国势逐渐衰落,公元 926 年大諲譔统治时期被契丹耶律阿保机的征服所灭亡。

渤海立国(公元 698—926 年)二百多年间,先后迁都四次。第一次是 742 年从旧国迁都到中京显德府;第二次是 755 年从中京显德府迁都到上京龙泉府;第三次是 785 年从上京龙泉府迁都到东京龙泉府;第四次是 794 年从东京龙泉府迁都到上京龙泉府。定都于上京的时间最长。上京城自 755 年至 785 年的 30 年间和自 794 年至末代王大諲譔降辽的 132 年间(共 162 年)一直是渤海的政治、经济、文化的中心。上京城为 8—9 世纪东北亚的最大城市。

唐朝于 618 年为高祖李渊所建立后,至哀帝祝天佑四年(公元 907 年)灭亡,共存 290 年。在这期间唐朝一直定都于长安统治全国。长安城曾为唐朝的政治、经济、文化与交通之中心。

至今在史学界中,研究渤海史的学者们一般认为渤海上京龙泉府是模仿唐代长安城建造的。有的学者认为"上京城的所有形制与唐朝长安城很相似。如果去掉长安城的大明宫的话,其形制大体一致……只是其规模不及长安城的一半,《中国名胜词典》关于上京龙泉府故城遗址词条载:上京城建制和规模完全仿唐都长安兴筑。"②上述观点虽然说明了渤海在发展过程中,吸取唐朝的先进技术和文化,仿照唐长安城建造上京龙泉府的历史事实,但是我们还必须看到渤海国在建筑上京龙泉府时不仅学习和仿照长安城而且结合本地区、本国的实际情况建造出渤海国的建筑风格,使上京城既有长安城的风格,又有本民族的特点。因此,上京城与长安城的形制、布局既有相似之处,又有不同之处。我们在上京龙泉府的研究中寻其相似点固然重要,而找出其特征与不同点亦为重要,这正是符合客观实际的实事求是的研究态度。

本文试图在先人研究的基础上,对上京城与长安城的位置、形制与作用进行比较研究。

一、渤海上京城与唐长安城的共同点

1. 渤海上京的外城与唐长安城的外城都呈东西向的长方形,在这一点上两城的建筑形制很相似。渤海上京龙泉府的外郭城平面呈东西向的长方形,外郭城东墙南北长 3409.3 米,平均宽 21.5 米,最宽处 26 米,平均残高 1.5 米,最高处 2.8 米,南墙长 4584.5 米、西墙长 3400.9 米,北墙由于中段曲折外凸形,长为 4899 米,最宽处 16.2 米,平均高 1.7 米,最高处 4.5 米,周长 16293.3 米(32.6 华里)③。唐长安城的外郭城呈东西向的长方形。据考古工作者实际测量,外郭城东西宽 9450 米,南北长 8470 米。

2. 渤海上京城,由外郭城、内城、王城(也称宫城)三大部分组成。唐长安城也由外郭城、内城、宫城三大部分组成。上京城与长安城的外郭城从东、西、南三面拱卫内城和宫城,这是官员和市民的住宅区,也是商业区所在地。内城和宫城,位于外郭城正北中央,在这一点上两城的布局很相似。

3. 长安城和上京城都以南北朱雀大街为中轴线,把外城分为东西两半区。唐长安城,从内城南门至外城南门之间,有纵贯南北的朱雀大街。长安城以朱雀大街为中轴线,把外城分为东、西两区。外城内南北有 11 条大街,东西有 14 条大街。④城内的街道,东西和南北方向排列,相互交错,把整个外城分成若干区,形成很象一块棋盘式的布局。东半区的东市和西半区的西市,都是繁华的商业区。市里有许多店铺,同行业的店铺集中在一个区域里,叫作"行"。仅东市就有二百二十行,几千个店铺。市的四面有很多邸店,供客商居住和存放货物。

渤海上京龙泉府,全城共有主要街道 11 条,其中有连接外郭城 10 个门的五条垂直的大道,以及东西三条大道,一条环行道。外郭城南门和内城南门连接的中央大道,如同唐长安城的朱雀大街,街宽 110 米。这条中央大街,南北向贯穿全城,将全城分成东、西两半区,在道路交错形成的长方形式区域内,有坊市,各坊有大有小,大多数是四里坊为一个单元,一坊又有若干院落,坊市布局规整。据考古调查现上京龙泉府遗址内有 48 个里坊址。

4. 长安城和上京龙泉府的外郭城北墙中心段都向北突起,形成凸形。这一部分两城很相似。

二、渤海上京城与唐长安城的不同点

1. 唐长安城的外郭城、内城、宫城的城墙,都用夯土筑成。但渤海上京龙泉府的外郭城用土石混合筑成,北墙比东、西、南三墙用石量大,南墙比其余城墙用土量小。整个城墙呈北高南低状。在外郭城墙外面,紧靠城墙还发现有护城壕沟遗迹。内城,位于外郭城北部中央,平面呈南北向的长方形,城墙用土石垒筑,城墙用石量较大,现残高 3 米,最高处 4 米。宫城呈南北向长方形,城墙由玄武岩石块砌筑。

2. 上京龙泉府和长安城的内城和宫城的位置及规模不同。长安城的内城是东西向的长方形,内城南墙"东西长五里一十五步",东西墙"南北长三里一百四十步"。内城北部无城墙,面向大街,明显呈东西长方形。上京龙泉府内城东墙长 1121 米,南墙长 1036 米(相当于一里二百八十六步),西墙 1162.6 米,北墙与外城北墙外凸部分重合为 1076.5 米,略呈南北向长方形。长安城宫城南、北城墙东西长 2 公里,东西城墙南北长 1 公里余⑤,呈东西向长方形。上京龙泉府宫城的城墙由玄武岩石块砌筑,城墙南北长 720 米,东西宽 620 米,城墙高 2.5 米,宽 10 米左右,呈南北向长方形,南门(正门)有护城壕遗迹。长安城内城以北与宫城中间有一条横街,宽 440 米,这是长安城中最宽的街道,实际是一个广场。内城不设北墙,仅以横街与宫城相隔,而横街又设计得很宽广,这是从宫城的安全着想的。

3. 上京龙泉府与长安城的规模不同。

上京龙泉府外郭城的东墙长 3409.3 米,西墙长 3400.9 米,南墙东西长 4584.1 米,北墙东西长 4899 米(包括向北突出的凸部分),周长 16293.3 米(约 32.6 华里)。外城西北处沿着地势筑成厂形。

长安城外郭城东西宽 9450,南北长 8470 米,周长 36745 米,全城面积 84 平方公里,等于渤海上京龙泉府的两倍,大于现在北京旧城,是当时世界最大的城市。

4. 外城内的大道与里坊的数量、规模、大小各异。长安城外城内有南北大街 11 条,东西大街 14 条。朱雀大街宽达 155 米,长 4500 米。其余各街宽 75 米左右,最窄的 25 米⑥。朱雀门里就是内城(也称皇城),皇城东西各开两个门,南面有三个门。北面隔横街就是宫城。皇城的门都与外城城门直接相对。皇城里有南北六条大街,东西七条大街。中央各机关都设在这里,构成全国的政治中心。长安城有 109 个里坊。

上京龙泉府外郭城设十门,南、北城墙各 3 门,东、西城墙各 2 门。南门与北门,东门与西门分别相对,全城共有主要街道十一条,其中有连接十个门的五条中心道,以及东西三条大道,一条环行道,路面宽窄不一,中央大道宽 110 米⑦,长 2195 米。其余大道宽约 40—50 米。

5. 城门的位置与数量不同。长安城规模宏伟壮观,经济繁荣,人口众多,在其东、西、南、北四面各设 3 门,共有 12 门。渤海上京城规模比长安城小,经济的发展情况、人口的多少都不及长安城,所以上京龙泉府外城东西两面各设二门,南、北两面各设三门,四周共有十门。唐长安城北面城墙中部是宫城的北墙,东部接宫城北墙一段又是大明宫的南墙,没有设置门的余地,为实现四周 12 门的布局,在宫城西部城墙段开设 3 个城门,其北墙 3 门离开了朱雀大街的中轴线。这样造成了北 3 门(明德门、启夏门、安化门)和南 3 门相错而不对称。

渤海上京龙泉府外郭城的北城墙 3 门与南城墙 3 门不仅南北相对,而且左右对称,北中门与南中门同处朱雀大街中轴线上,东城墙 3 门与西城墙 2 门各设置一直线上。所以渤海上京龙泉府比唐长安城街道,城门以及整个城市的布局更为齐整、对称。

唐长安城内城的南墙有朱雀门、安上门、含光门等 3 门,东墙和西墙各开 1 个门,北面无墙无门。南墙的中门就是朱雀门,朱雀门与外郭城南墙中门——明德门设在朱雀大街的中轴线上。安上门和含光门都与外郭城南墙门无直接相对。内城的西门直达到外郭城西门,但内城的东门由于兴庆宫建筑在外郭城东墙段,因此,只通到兴庆宫西墙,未通到兴庆宫东墙。

渤海上京龙泉府内城位于宫城之南,与宫城相隔一街,有东、西、南三门。内城的东、西二门直达外郭城城墙的东、西二门,南门与外郭城南墙中门和宫城南门同处在一个中轴线上。内城三门中,东门和西门各有一个门道,南门有 3 个门道。

唐长安城宫城南墙设有 4 门,北墙有玄武门、兴安门等 2 门。渤海上京龙泉府的宫城,位于外郭城北部中央,平面呈长方形,有南北 2 门。宫城的南门世称“五凤楼”,与内城南门、外郭城南墙中门同处在一条中轴线上。

6. 宫殿的规模、布局、形制、数字也相异。唐长安城有三大宫殿群,即太极殿、大明宫和兴庆宫。太极殿共有 16 座大殿。在承天门和玄武门之间主要是太极殿、两仪殿、甘露殿、延嘉殿等。另外这里还有中书省、门下省、宏文馆、舍人院及凝阴阁、望六亭等很多楼阁。太极殿的西面是掖庭宫,乃嫔妃住所。东面是东宫,是太子宿舍及办公处。太极殿是唐初政治的中枢,贞观年间很多故事,都是在这时发生的。大明宫是建筑在宫城东墙北端和外郭城北墙东段向外突起的地域。大明宫是贞观八年(公元 634 年)唐太宗主持建设的。大明宫里筑有 30 个殿、亭、观。大明宫是三个宫殿中最气势雄伟,壮丽辉煌,因此,高宗以后的皇帝多在这里居住。大明宫的正殿是含元殿,从高宗以后,唐代的政治中心就移到这里,国家大典多在这里举行。

含元殿北面是宣政殿,宣政殿左右有中书省、门下省,其东侧是宏文馆和史馆。大明宫里的另一重要建筑是麟德殿。这座殿在太液池西侧的高地上,当时国家宴会或外国使臣来朝,以及宰相奏事等,多在此处举行。兴庆宫处在大明宫的东南角、通化门和春明门之间。兴庆宫是开元初年建设的,这是唐玄宗时期政治活动的主要场所。兴庆宫中有兴庆殿、南熏殿、长庆殿、大同殿、勤政务本楼、沉香亭等建筑物。开元以后,唐玄宗政治中心从大明宫转移到兴庆宫,这是与兴庆宫距离曲江池较近有密切关系。到了天宝年间,玄宗沉醉于游乐宴饮,他和贵妃杨玉环长期住在这里,政治日益腐败。

渤海上京龙泉府只有一座宫殿群,它由五座宫殿组成,在宫殿规模和宏伟壮观程度上都比不上长安城。但是,渤海上京龙泉府宫殿群建筑特别整齐,讲究对称。宫城不仅是渤海王室的居住区而且是执行国家统治权力的主要场所。宫城可分东、西、中心三区,各区以城墙相隔。中区有7座殿址,东区有13处建筑址,西区有17处建筑址⑧。中区的7座殿址全在一条中轴线上。7座宫殿址中,第1、第2宫殿最雄伟壮观,第4宫殿设有火炕。"火炕设在屋内的北侧,向阳面为堂地,以土坯砌筑烟墙,上铺石板为炕面,烟筒置于房屋的后面,左右各一,互相对称。"⑨用火炕取暖,是居住在北方地区的渤海民族的生活习俗。这一建筑设施,在唐长安城宫殿址中是见不到的。宫殿与宫殿之间,都以回廊为相接。第一殿到南正门之两侧有廊庑遗址。接连一殿的西廊庑,现已发掘,南北长145米,宽14米。四排巨型础石并列,每排33块,共132块,东廊庑只部分清理发掘,现已有大型础石被曝露⑩。从宫殿遗址看,宫殿布局,由南向北在一条中轴线上,每个宫殿都以廊庑连成一个统一体,宫殿院落,由南向北,距离一个比一个近,一个比一个小,一个比一个窄。从整个布局和建造规模从南往北气势雄伟,从北往南优雅,安静,充分体现了渤海民族的建筑高超技艺。宫城的东、西两面为禁苑,有水池、假山、亭榭。

7. 外郭城北墙中段向北突起部分的形制、规模、布局不相同。唐长安城的外郭城北墙中段向北突起的部分里筑有大明宫、西内苑、含元殿等3个区域。大明宫处在宫城东墙北端和外郭城北墙东段向北突出区域,筑成凵形。西内苑、从东宫、太极宫和掖庭宫的北墙向北突出筑成长方形,大明宫、西内苑、含光殿中大明宫最宏伟壮观,是执行国家政治的重要场所,其次是西内苑,最小的是含光殿。

渤海上京龙泉府,从内城北墙向北筑成凵形城墙。至今在此地没有发现宫殿址和一般建筑址,这也许是对宫城的安全和保护而筑成的护卫城。

渤海上京龙泉府的护卫城和唐长安城的大明宫、西内苑、含光殿的位置和作用各异。唐大明宫不仅是国家政治统治的中心,而且皇帝也居住在这里,西内苑是城内的御花园。但渤海上京龙泉府的护卫城内没有发现殿址、一般建筑址、亭榭、假山、水池等遗址,因此,可知它只能起护卫宫城的作用。有人说"渤海上京龙泉府的护卫城仿效隋唐时期的洛阳城而营建的。"仔细看查,两城既有共同点又有不同点。渤海上京城的护卫城与洛阳城的圆壁城都从内城北墙向北突起而形成长方形。这一点是两城同样的。但圆壁城的西墙比东墙短,南墙和北墙的长度相同,因此,圆壁城的形制是凸形的长方形,渤海上京龙泉府的护卫城是凹形的长方形。因此,渤海上京龙泉府的护卫城并不是原原本本地仿效洛阳城的圆壁城营建的。它是结合自已国家实际和本民族的特点及本地区的实际情况而营建的。

8. 御花园的规模、位置、布局也各不相同。唐长安城的内城和宫城内没有设御花园,御花园主要修筑在大明宫和外郭城的东南角。修筑在大明宫内的叫作太液池,修筑在外郭城东南角的称为曲江池。曲江池是长安的著名风景区,有夹城复道与大明宫、兴庆宫相通。这里是封建帝王、贵族、官僚经常游乐的场所。

渤海上京龙泉府的外郭城和宫城里没有设置御花园,修筑在内城东墙以西和宫城东墙以东之间,御花园的湖区遗址,周长 537.6 米,南北长 167 米,东西宽 69 米,呈椭圆形,湖池现在深度 1.6 米。湖池偏北处有两个湖心岛。湖心西岛高 2.3 米,直径 29 米,湖心东岛高 2.2 米,直径 31.2 米,两个岛上都有柱础石,西岛柱础石现有 7 块,东岛柱础石现有 16 块。从础石看,是亭子的建筑址。两岛中间有桥址遗迹。在湖池两岸,各有一个假山址,东筑假山残高 4.1 米,直径 34 米,西筑假山残高 3.5 米,直径 46.4 米,在湖心偏南有一岛,岛高 2 米,直径 25 米。[11]

如上所述,渤海的上京城与唐长安城具有相同点的同时又有其不同之处,渤海在原有的都城教东城、西古城、八连城等建筑艺术的基础上,积极学习唐长安城的建筑艺术,结合本地区的实际情况和本民族的特点,创造出渤海都城上京龙泉府建筑文化。

(原刊于《延边大学学报》1993 年第 3 期)

【作者简介】

方学凤,男,1930 年生,吉林省延吉市延边大学渤海史研究所教授。

注释

① 《渤海国志长编》卷 19《从考》鸿胪井条。

② 《中国名胜词典》,国家文物事业管理局主编。

③ 付庆满等:《渤海史研究》(3),延边大学出版社出版,第 205 页。

④⑥ 乌廷玉:《隋唐史话》,第 124 页。

⑤ 《长安志图》卷上。

⑦ 王承礼:《渤海简史》,第 43 页。

⑧ 李殿福、孙王良:《渤海国》,第 77 页。

⑨ 李殿福:《渤海文化》,《松辽文物》,1985 年第一辑。

⑩ 付庆满等:《渤海史研究》(3),延边大学出版社出版,第 218 页。

⑪ 付庆满等:《渤海史研究》(3),延边大学出版社出版,第 214 页。

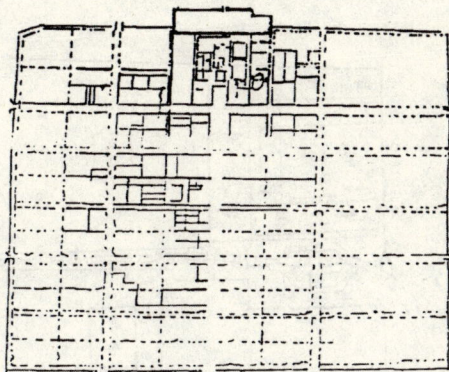

图1：上京龙泉府址平面图

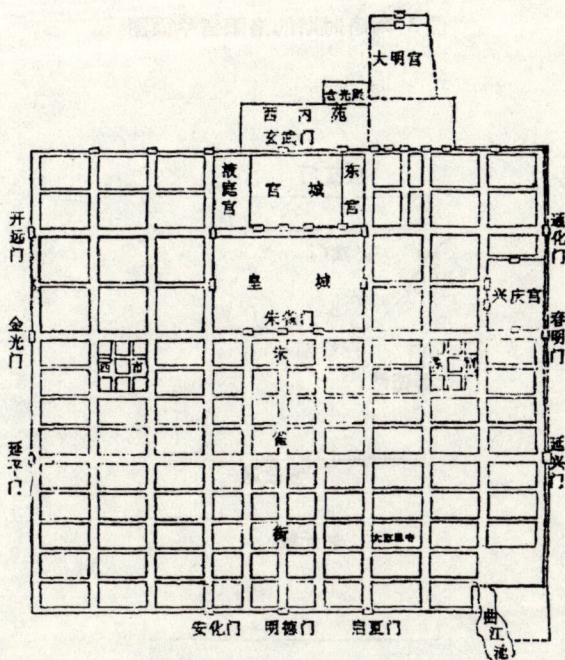

图2：唐长安城平面图

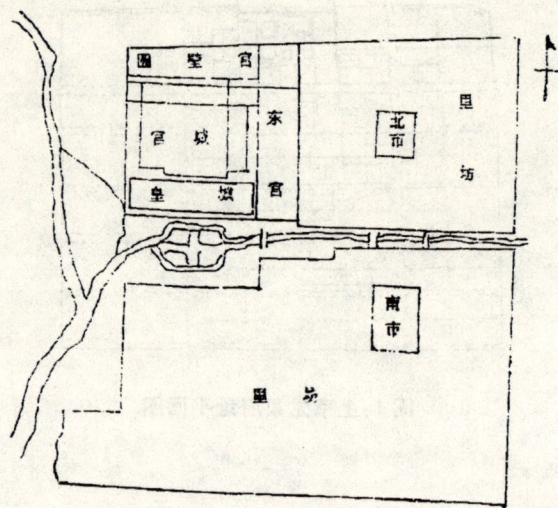

图 3：隋唐时期的洛阳宫平面图

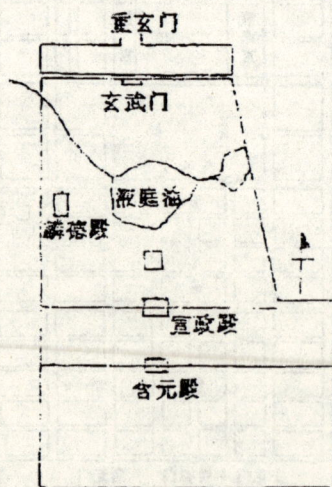

图 4：唐长安城大明宫平面图

渤海初期都城考 ┃ 李健才

　　靺鞨首领大祚荣,在公元 698 年率众据东牟山建国之地在哪里? 中外史学界众说纷纭。自光绪十三年(1887 年),曹廷杰提出在今敦化的敖东城说①以后,中外学者多从其说。特别是 1949 年,在敦化六顶山古墓群发掘出土渤海贞惠公主墓志,肯定了六顶山古墓群是渤海早期王室、贵族陵墓以后,渤海初期都城在今敦化敖东城说殆成定论。但是,随着考古调查的新发现和研究的深入,认为渤海初都今敦化是正确的,但在敖东城说已难令人信服,因此,中外学者提出质疑或新的看法。有的认为大祚荣据东牟山建国之地在今敦化的城山子山城和敖东城②,也有的认为在敦化的永胜遗址③,还有的提出在敦化的永胜遗址和城山子山城④。笔者同意后说,并提出以下论据,请专家指正。

一、靺鞨大祚荣据东牟山建国之地在今敦化

　　曹廷杰提出大祚荣据东牟山建国之地在今敦化的看法是符合文献记载的。

　　推定大祚荣据东牟山建国之地的可靠记载是两唐书的渤海传,而不是其它地方志的错误记载⑤。《新唐书·渤海传》载:698 年,大祚荣"率众保挹娄之东牟山","乃建国,自号震国王"。713 年,唐"遣使拜祚荣为左骁卫大将军、渤海郡王,以所统为忽汗州,领忽汗州都督。自是始去靺鞨号,专称

渤海。"由此可知,在713年以前原号靺鞨,旅顺黄金山麓"鸿胪井刻石"中的"敕持节宣劳靺羯使"(靺羯即靺鞨)就是明证。

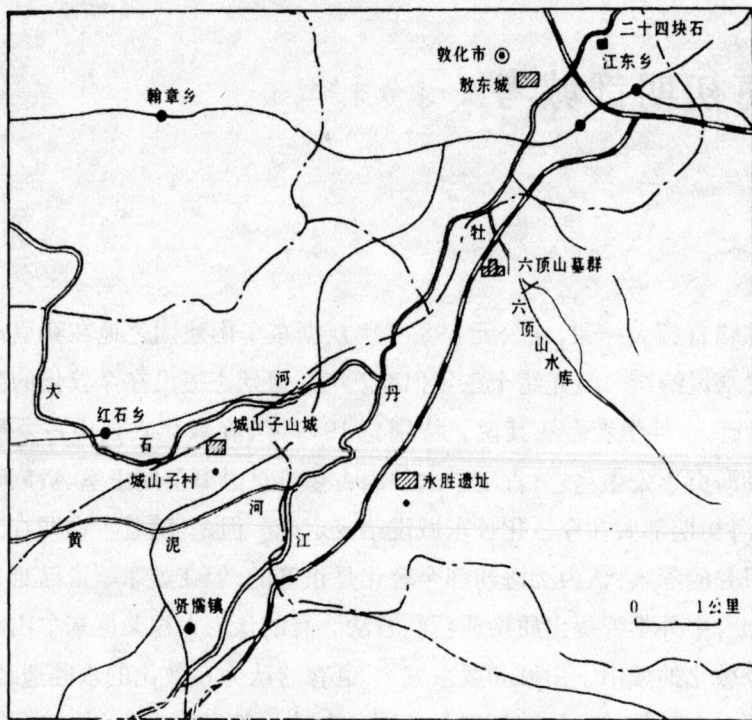

从"以所统为忽汗州"的记载可知,大祚荣据东牟山建国之地,在忽汗州境内。又从渤海上京"直旧国三百里,忽汗河之东"的记载可知,这里所说的旧国⑥即指旧都,亦即大祚荣据东牟山建国之地。又从渤海上京(今黑龙江省宁安市渤海镇)"在忽汗河之东"的记载可以证实忽汗河即今牡丹江,而不是其它江河。因为今渤海镇(渤海上京)就在今牡丹江之东,这是推定忽汗河即今牡丹江、忽汗州在今牡丹江流域的可靠根据。东牟山在忽汗州境内,忽汗州在忽汗河流域,则东牟山必在今牡丹江流域求之。

从天宝末年(756年),北迁后的渤海上京(今渤海镇)"直旧国三百里"的记载可知,旧国当在上京之南三百里处的牡丹江上游一带。曹廷杰认为

"遍考此外(即鄂多哩城之外)距东京城(即上京)三百里者,别无城基可当。"从渤海上京到旧国,即从今宁安市到敦化市之间的公路上,有许多古城和驿站(二十四块石)遗址⑦,可证这是一条古代交通道,即唐代从营州(今辽宁省朝阳市)到渤海上京的陆路交通道。从营州"至安东都护府(今辽阳市)五百里","自都护府东北经古盖牟(今沈阳陈相屯塔山山城)、新城(今抚顺市高尔山城),又经渤海长岭府(今吉林省桦甸县苏密城)千五百里至渤海王城"⑧。今敦化正在这条交通道上,而且也和渤海上京"直旧国三百里"的记载相符。故《吉林通志》卷24,关于"鄂多哩城(今敦化敖东城)在今宁古塔(今黑龙江省宁安市)西南三百余里"的记载是符合文献记载的。

关于东牟山在桂娄故地还是挹娄故地的问题。《旧唐书·渤海靺鞨传》载:"祚荣遂率众东保桂娄之故地,据东牟山,筑城以居之。"《新唐书·渤海传》则云:"高丽灭,率众保挹娄之东牟山。"从上述大祚荣建国当时管辖的地区为忽汗州来看,大祚荣据东牟山建国之地在忽汗州,即今牡丹江上游一带。如想搞清忽汗州境内的东牟山是桂娄故地,还是挹娄故地的问题,应首先搞清高句丽建国后形成的五部和肃慎、挹娄故地当今何地的问题。

《好太王碑》云:高句丽"始祖邹牟","出自北夫余","南下路由夫余奄利大水","然后造渡于沸流谷忽本西城山上而建都焉"。高句丽的始祖邹牟(朱蒙)由北夫余(即夫余,在今吉林市)南下到忽本(即卒本、卒本川)、沸流谷(即沸流水,今富尔江、浑江),即今辽宁省桓仁县五女山城和下古城子一带建国。高句丽建国后,征服邻近各部,后又迁都到国内(今集安),逐渐形成以桂娄部为中心的高句丽五部。所谓桂娄故地,即高句丽故地,只能在今桓仁、集安境内,而不可能在今敦化或其它地区。《新唐书·渤海传》载:"以肃慎故地为上京。"《张建章墓志》云:忽汗州"州即挹娄故地"。《新唐书·地理志》载:"渤海王城,城临忽汗海,其西南三十里有古肃慎城。"由此可知,大祚荣据东牟山建国之地在忽汗州,忽汗州在忽汗河即今牡丹江流域,这里是肃慎、挹娄故地。今牡丹江流域并无高句丽时代的遗迹、遗物,不可能是高句丽五部之一的桂娄部故地。据此可知,《新唐书·渤海传》将《旧唐书·渤海靺鞨传》中的"桂娄故地"的东牟山,修改为"挹娄之东牟山"是正确的。

有的认为"唐朝明明知道当时渤海的国都所在地并不是原高句丽五部的桂娄部所在地,却封高王的嫡子为桂娄郡王,这正是因为唐人知道他们就是高句丽人。"⑨但笔者认为唐封大武艺为桂娄郡王,并不等于认为他是高句丽人。如"靺鞨酋帅突地稽",隋"封扶余侯"⑩,但不等于认为突地稽为扶余人。封爵和族属没有必然的联系。又有的认为大祚荣是高丽别种,又是高丽(即高句丽)旧将,这是大祚荣为高丽人的可靠证明。笔者认为大祚荣是高丽别种,是指曾依附于高丽的白山靺鞨人⑪,而不是高丽人。大祚荣当过高丽将领,但不等于他是高丽人。如李正己是高丽人,李怀光是渤海靺鞨人,黑齿常之是百济人,他们都在唐朝当过重要官员⑫,但他们都不是汉人,可知官员职务和族属是两回事,唐朝的官员不一定都是汉人,高丽的旧将或官员也不一定都是高丽人这是历史事实,不是主观意图或曲解所能改变的。

靺鞨人大祚荣,率众在肃慎、挹娄故地,即靺鞨人的故乡建国,而不是在高句丽桂娄部的故地即高句丽人的故乡建国,这一事实就可证实渤海国是靺鞨人,而不是高丽人建立的。如果渤海国是高丽(即高句丽)人建立的,不可能不在高丽故地建国,而逃亡到异族的肃慎、挹娄故地建国。当时的肃慎、挹娄故地还是靺鞨人的住地,并没有被高丽即高句丽征服,高丽人怎有可能在肃慎、挹娄故地建国呢?

二、大祚荣建都之地在今敦化,但不在敖东城

曹廷杰推定大祚荣据东牟山建国之地,在今敦化是符合文献记载的,但推定在今敦化的敖东城并不符合考古资料的实际。据载,曹廷杰当时只知道敦化有一座敖东城古城,还不知道敦化境内其它古城的分布情况。随着考古调查的深入和新发现,进一步明确了敦化境内古城的分布情况,发现了比敖东城规模更大、地表遗物更丰富的渤海遗址和城址,这就使大祚荣建都之地的敖东城说产生了动摇。通过考古调查对比,敦化敖东城,不论从城的

规模或城内的遗物,以及城的形制来看,都不可能是渤海的初期都城。

第一,据《吉林省文物志》、《敦化市文物志》和考古调查报告可知,敖东城是敦化市内较小的一座古城。它有内、外二城,外城长方形,周长1200米,内城为正方形,周长320米,平面呈回字形,南、北、西墙各设有马面。南墙有瓮门,城外有护城河。《敦化市文物志》载:"历年来,出土了一批珍贵的文物,如铜钱、石臼、陶器、兵器、铁锅、车穿、砖、瓦等。有些遗物,都带有明显的渤海早期特征。"因为对城内遗物缺乏描述,如铜钱的时代、砖瓦的纹饰形制等,很难说"有些遗物都带有明显的渤海早期特征"。又据有的调查报告载:"从地表上采集到含有粗砂砾的沙质陶片、辽白釉划花瓷盏残片和黄釉陶片等。以前曾出土过铁釜、铁镰、铁镞,以及唐、宋钱等。"据此认为"出土的夹砂黑陶片,系渤海的遗物,而辽瓷、宋钱则为辽、金时期沿用的佐证"⑬。在这里所说的渤海遗物,仅举出"含有粗砂砾的沙质陶片"。又有的调查报告载,在敖东城内采集到"石臼、白瓷片、青瓷片、陶片(为细泥灰黑或灰褐陶片)"。外城城墙"夯土层中露出白瓷片及带口沿的陶片等,特别是白瓷片是珍贵文物"⑭。"在城内曾拾得渤海早期夹砂双唇直腹罐,城墙夯土层里也偶见同类陶片"⑮。1978年,笔者在调查敦化境内的古城时,曾和敦化县文物管理所所长刘忠义同志调查过敖东城,并没有看到可以确认为渤海时期的遗物,在外城南墙的夯土层中确看到夹杂着夹砂陶片和一些白瓷片。当地群众说,在城内挖菜窖时,曾挖出过"崇宁重宝"。从已发表的文物志和调查报告以及笔者在敖东城内看到的遗物,除夹砂陶片、夹砂双唇直腹罐可定为渤海遗物外,还未发现可定为渤海时期的典型遗物。因为城内开发较早,很少见到砖瓦遗物。

从敖东城城墙夯土层内夹杂着的一些白瓷片来看,敖东城的建筑年代,当在辽金时代,而不会在渤海的初期。因为渤海的大小古城遗址,除辽和金沿用者外,并未见过瓷片。特别是从敖东城城墙夯土层中发现的一些瓷片来看,很难说是渤海时代,特别是渤海初期的城址。渤海一般京城的规模,如中京(今和龙西古城)周长2700米,东京(今珲春八连城)周长2800米,而敖东城外城的周长才仅为1200米,在渤海城址中属于中型城址的规模。从敖东城的规模(较小)和砖瓦遗物(较少)的情况来看,均难以推定为渤海初期的都城。

第二，敖东城的平面呈回字形，有的认为这是唐代中期以后才出现的形制。也有的认为回字形城"本滥觞于五代，而完成于宋代，五代以前，没有这种城的平面形制"⑯。从敖东城的形制也难以推定为渤海初期的城址。敖东城内除夹砂陶片、夹砂双唇直腹罐外，迄未发现过渤海的典型遗物，推定敖东城为渤海城址还缺乏可靠的物证。

第三，敦化市境内"共有江东乡、官地镇、海青房、腰甸子4处"二十四块石遗址。这是渤海时代从上京到旧国的驿站遗址⑰。江东乡二十四块石在敖东城东南1公里处，如果敖东城是渤海的初期都城，不可能在其附近修筑驿站。因为这些驿站是从渤海上京到旧国途中供来往官员食宿的馆舍。驿站馆舍间的距离，一般约在15～30公里之间，没有在渤海初期都城附近修筑驿站的必要。敖东城附近的二十四块石（即驿站）遗址，可以说是敖东城不是渤海初期都城的一个佐证。

三、永胜遗址和城山子山城是渤海初期的都城

大祚荣据东牟山建国之地，即渤海初期的都城在今敦化，但不在敖东城，而在永胜遗址和城山子山城。这里距江东乡二十四块石为12.5公里（有的记为22.5公里系误），正是一站的路程。

有的根据《旧唐书·渤海靺鞨传》关于大祚荣"据东牟山，筑城以居之"的记载，认为其建都之地应有山城，因此推定敦化市西南12.5公里的城山子山城为渤海的初期都城。据《敦化市文物志》载：城山子山城在敦化市贤儒乡城山子村。在牡丹江（忽汗河）上游的支流大石河（认为即奥娄河）南岸的孤山上。城山子山城大体呈椭圆形，围绕在山腰间，周长2000米左右，城墙是土石混筑，有东、西二门和马面。城内有50多个半地穴房屋遗址。在东、西门附近均有贮水池。城的中部有一长达百余米的平地。城内外曾出过矛头、铁刀、铁镞、开元通宝等。山城内的穴居房址和《魏书·勿吉传》所载：勿吉"筑城穴居"。以及《旧唐书·渤海靺鞨传》所载：靺鞨"无屋宇，

并依山水,掘地为穴"的习俗相符。城山子山城的地理形势(在牡丹江上游的西岸及其支流大石河的南岸)和《新唐书·渤海传》关于"保太白山之东北,阻奥娄河,树壁自固"的记载相符。这是推定城山子山城为渤海初期都城的根据之一。笔者认为城山子山城的规模以及山城内的遗物较少,特别是不见砖瓦遗物的情况,不可能是渤海初期都城的所在地,但不否定它是渤海初期都城的一部分,只能说是渤海初期都城的卫城。有的认为城山子山城和敖东城是渤海的初期都城⑱。如上述,敖东城还没有可靠的遗物证实为渤海城址,而且规模也较小,不具备都城的规模和条件。特别是距城山子山城较远(12.5公里),难以成为敖东城的卫城。据已知的山城和平原城之间的距离,一般均在2.5公里到5公里之间,相距不会太远。因此,笔者认为城山子山城不可能与敖东城组成渤海初期的都城。

笔者认为今牡丹江上游西岸的城山子山城和牡丹江上游东岸的永胜遗址,隔牡丹江东西相距5公里。一为山城,一为平原城,两者构成渤海初期的都城。

永胜遗址在今敦化市南约12公里,在江东乡永胜村北1公里的农田里,是在牡丹江上游宽广的冲积平原上。永胜遗址之北偏东3公里为六顶山渤海墓群。永胜遗址是1974年发现的,在这以前的地方志等书均无记载,不为史学界所知。据《敦化市文物志》载:永胜遗址南北长1000多米,东西宽700多米,周长3400米。其规模略大于渤海的中京和东京。永胜遗址地表上的砖瓦块最为密集,是敦化市境内规模最大、砖瓦等遗物最多的遗址。在这一遗址内有5处建筑址,在大量的砖瓦块中,有板瓦、筒瓦、瓦当、方砖、长砖、鸱吻等。这些都是敦化市境内其它城址和遗址中少见的。"在建筑址上,采集一块瓦当,从残留的纹饰迹象辨认,近于饕餮纹。这种瓦当,在六顶山第一墓区曾出土一完整件,直径14厘米、厚2厘米。此处遗址内散布着大量的陶片和一些铜钱。陶片多为灰色,有少量红色的,泥质素面,外面有明显的轮弦纹痕迹。铜钱有唐的开元通宝和宋的崇宁重宝等。"笔者在2001年5月3日和市领导等一些同志考察永胜遗址时,在地表上至今还能看到大量的砖瓦块。瓦块多为灰色,瓦块的凸面为素面,凹面为布纹。这样的灰色瓦块,在渤海和辽、金城址中都有,单凭这些无纹饰的瓦块很难说是渤海或辽、金的遗物。但在这一遗址上,笔者还采集到一块红褐色的绳纹板瓦块,与在六顶山渤海墓群附近采集到的瓦块相同。这样的瓦块可以肯定是渤海初期的瓦块,而不是辽、金时代的瓦块。关于永胜遗址遗物的分布情况,有的记载:"在建筑群的附近,散存有大量的建筑构件和生活器皿残片。建筑构件既有渤海早期的绳纹板瓦,亦有辽、金时期的滴水(檐瓦)。另外,还采集到唐开元通宝和宋崇宁重宝等等"[19]。以上所记,在永胜遗址地表上采集到的板瓦块,特别是红色的绳纹板瓦块,是推定永胜遗址为渤海初期城址的可靠根据。辽、金时期的滴水(檐瓦)是辽、金沿用的物证。

从永胜遗址的规模(周长 3400 米)、5 处建筑遗址,以及地表上散布的大量砖瓦块来看,永胜遗址原来当有城墙建筑。据调查可知,原来有城墙,今已不见的情况很多。有的地方或地方志,虽有某某古城之名,但今已不见城址。从永胜遗址的规模和地表上散布的大量砖瓦遗物推测,原来当有城墙的修筑,这只有待今后的考古发掘来证实和论定。关于鄂多哩城即敖东城的位置,有在今牡丹江西岸和两岸的不同记载[20],当以两岸为正。

从敦化市境内分布的古城、古遗址的规模和遗物来看,推定永胜遗址和城山子山城为渤海初期都城,较过去推定在敖东城和城山子山城,或推定在永胜遗址更符合文献记载和考古调查资料的实际。

(原刊于《北方文物》2002 年第 3 期)

【作者简介】

李健才,男,1920 年 10 月生,1952 年东北师大历史系本科毕业,1953 年东北师大历史系研究生肄业,吉林省文物考古研究所研究员。

注释

① 曹廷杰:《东三省舆地图说》渤海建国地方考。

②⑬ 刘忠义、冯庆余:《渤海东牟山考》,《松辽学刊》1981 年第 1 期。

③⑲　李强:《渤海旧都即敖东城置疑》,《东北亚历史与文化》第 375~379 页,辽沈书社 1991 年 12 月出版;侯莉闽、李强:《渤海初期通往日本陆路部分的研讨》,《北方文物》1994 年第 4 期。

④　宋基豪著、常白衫译:《渤海的初期都城及其迁都过程》,《历史与考古信息·东北亚》1998 年第 1 期。

⑤　《大明一统志》卷 25,辽东都指挥使司条"东牟山在沈阳卫东二十里"。丁谦:《唐书北狄传考证》,认为东牟山即今老岭。《辑安县志·地理篇》认为"辑安城北有东牟山"。《满州源流考》据《大明一统志》将东牟山推定在承德县(今沈阳)城东 20 里的天柱山。

⑥　刘晓东:《渤海"旧国"诹议》,《学习与探索》1985 年第 2 期。他认为"旧国不是特定的专用地名,而是故国、故土、故乡之意。但在这里的旧国即指旧都(今敦化)。晚唐诗人温庭筠《送渤海王子归本国诗》中的旧国,则指渤海上京。"

⑦⑰　王承礼:《吉林敦化牡丹江上游渤海遗址调查记》,《考古》1952 年第 11 期。李健才:《东北史地考略》(续集),《二十四块石考》,吉林文史出版社 1995 年出版。

⑧　《新唐书·地理志》引贾耽道里记。

⑨　朴时亨:《为了渤海史的研究》,载李东源译:《渤海史译文集》第 12 页,黑龙江社会科学院历史所 1986 年出版。

⑩　《册府元龟》卷 990,外臣部,唐高祖武德二年十月条。

⑪　李健才:《唐代渤海王国的创建者大祚荣是白山靺鞨人》,《民族研究》2000 年第 6 期。

⑫　《旧唐书》,卷 124《李正己传》、卷 121《李怀光传》、卷 109《黑齿常之传》。

⑬　王承礼:《吉林敦化牡丹江上游渤海遗址调查记》,《考古》1962 年第 11 期。

⑭⑯　单庆麟:《渤海旧京城址调查》,《文物》1960 年第 6 期。

⑮　李殿福、孙玉良:《渤海国》第 71 页,文物出版社 1987 年出版。

⑳　丛佩远、赵鸣岐编:《曹廷杰集》上,第 166~168 页及 167 页注⑦,中华书局 1985 年版。

渤海的族属与政权

20 世纪 90 年代以来中国学者对渤海国民族与政权的研究

冯海英等

20 世纪 90 年代以来,中国学者对于渤海国历史的研究形成新的高潮,内容涉及政治、经济、文化、军事等各个方面,其中很多学者对于渤海国民族与政权的研究比较关注。笔者在广泛搜集 20 世纪 90 年代以来大量渤海史研究成果的基础上,筛选出中国学者有关这方面有代表性的论文,进行了系统地归纳整理,简要介绍如下。

一、民族问题

孙进己在《渤海民族的形成发展过程》(《北方文物》1994 年第 2 期)一文中,介绍了渤海国民族归属的三种观点:"一是认为渤海国的主体民族是靺鞨族,主此说者占中国学者的极大多数,其代表者有王承礼、朱国忱、魏国忠、日本的池内宏等。二是认为渤海国的主体民族是高句丽人,主此说者大都为朝鲜学者、韩国学者,也有部分日本学者赞成此说,其代表者有朴时亨、白鸟库吉、李龙范、卢泰敦等人。三是认为渤海国的主体民族是渤海族,主此说者为中国部分学者,其代表者有崔绍熹、孙秀仁、干志耿、孙进己等人。"作者对前两种说法,提出了许多质疑,进行了细致地推敲,认为:将渤海的主体民族单称为靺鞨是不妥当的。作者力主"渤海主体民族渤海族说"这一观点,并提出了三点根据。关于历史上是否形成过"渤海族",也有学者提出异议。金香在《渤海国时期形成过渤海民族吗?》(载《北方文物》1990 年第 4 期)一文中,对于"渤海国时期形成过渤海民族"这一观点提出了质疑。作者引用渤海国建国之初、渤海国中期以及渤海国后期的史实说明,渤海国在其存续期间形成"渤海族"的说法是不能成立的。

关于渤海国的民族归属问题,中国学者中大多数都赞同"渤海国的主体民族是靺鞨族"这一观点,且多主张是粟末靺鞨。如刘毅的《渤海国族源考——以中国、日本、朝鲜史料为据》(《日本研究》1998 年第 4 期)一文,依据中国、日本及朝鲜诸史料,并结合考古资料,对渤海国族源问题进行考证。得出结论:"《新唐书·渤海传》当视为研究渤海史之可信资料。其所言'渤海本粟末靺鞨',系研究渤海国族源问题之凭证。大量史料表明,靺鞨即渤海,渤海即靺鞨。渤海国族源'靺鞨说'足资首肯"。魏国忠、郝庆云在《渤海建国前史事考》(《学习与探索》2001 年第 1 期)一文中指出,696 年"营州之乱"前,当地已拥有 6 万左右人口的靺鞨人,并已形成为一支潜在的政治势力。为了寻求出路,他们卷入了"营州之乱",并在大祚荣的领导下于 697年乘机东奔、走上自主发展的道路。"东奔"队伍的组成是:一是乞乞仲象父子所领的附高丽的靺鞨诸部(即所谓的"高丽别种");二是比羽死后其余众的绝大部分(新书即谓"祚荣即并比羽之众");三是营州一带的高丽余种即高丽遗民。此外还有当地汉人、奚人及契丹人等。所以,东奔队伍的主体及主导势力亦应为靺鞨人,或确切说是粟末靺鞨。是粟末靺鞨人创建了渤海国。魏国忠、郭素美在其《论渤海主体民族的族属问题》(《社会科学战线》2001 年第 3 期)一文中,依据经过鉴别的中外文献史料并结合国内外的考古资料,探赜索隐,去伪存真,论证了渤海国的主体民族只能是靺鞨(或确切说是粟末靺鞨)而绝非高句丽族或高句丽遗民,说明渤海国是靺鞨人的国家而绝不可能是高句丽人的国度。郝庆云在《简述渤海国主体民族的族属》(《黑龙江民族丛刊》2003 年第 2 期)一文中,也从对渤海国主要居民的族属以及国号的分析这两方面进行论述,得出结论:渤海国的主体民族只能是靺鞨,或确切说是粟末靺鞨。武玉环在《渤海与高句丽族属及归属问题探析》(《史学集刊》2004 年第 2 期)一文中,对于"渤海的建国者及主体民族的族属"以及"高句丽的族属"进行了详尽地介绍。文中指出:渤海的建国者大祚荣及主体民族为粟末靺鞨人。而高句丽应属东北夷中貊族的一个支系。因此,渤海与高句丽在族属上分别属于肃慎族系和秽貊族系,它们在血缘上是不同质的民族,相互之间没有必然的联系和承袭关系。渤海国是由粟末靺鞨人所创立的地方民族政权,而不是高句丽人创立的国家。

"渤海国的主体民族是靺鞨族"一说中,还有个别学者主张是靺鞨族中的其他部人,而非粟末靺鞨人。如李健才在其《唐代渤海王国的创建者大祚荣是白山靺鞨人》(《民族研究》2000 年第 6 期)一文中指出,《旧唐书》所说的"渤海靺鞨大祚荣者,本高丽别种也",是指"素附于高丽"的白山靺鞨人,而不是"每寇高丽"的粟末靺鞨人,更不是高丽人。杨军在其《粟末靺鞨与渤海国》(《中国边疆史地研究》2005 年第 3 期)一文中指出:粟末靺鞨被高句丽打败以后,主体部分降隋进入中原,后随安史乱军南下居于华北地区,多融入汉族之中。粟末部的主体部分未参与大祚荣的东迁建国。虽然渤海王室是"粟末靺鞨附高丽者",但这只是粟末部的一小部分。虽然起领导作用的是"粟末靺鞨附高丽者",但粟末部在东迁靺鞨人中所占的比例是很小的。在其另一篇题为《靺鞨诸部与渤海建国集团》(载《民族研究》2006 年第 2 期)的文章中,作者又进一步指出:渤海建国集团主要由原伯咄、安车骨、拂涅、白山等四部靺鞨人构成,粟末靺鞨与高句丽人所占比例皆不大。认为渤海建国集团以粟末人为主体的传统认识是不正确的。

关于史书中所涉及的"别种"、"土人"等提法,国内学者也发表了多篇论文,阐明各自的观点。在傅朗云所撰写的《渤海"土人"新释》(《黑龙江社会科学》1999 年第 3 期)一文中,作者认为,"土人"绝非"高丽人",而是靺鞨、高丽之外的"土著"——世世代代生息在这块土地上的居民。渤海王国以"大蕃"之"蕃"缓读为"渤海"作国名和新形成族体的族名,取"大"为王族姓氏。渤海族及其别支才是渤海"土人"。杨军在其《渤海"土人"新解》(《北方文物》2006 年第 2 期)一文中从渤海建国集团的族属构成出发,分析"土人"的族属。证实日本史书《类聚国史》"靺鞨多,土人少,皆以土人为村长"的"土人",是指渤海建国初期在政治生活中起主导作用的粟末靺鞨人。"土"人的称呼,可能源自粟末靺鞨人的自称——粟末。指出"虽然粟末靺鞨在人数上不一定占多数,却在渤海建国集团中发挥着主导作用"。姚玉成《"别种"探微》(《北方文物》2000 年第 1 期)一文用大量的史实证实,别种仅是古代史家为区别历史上联系密切、关系复杂的各族而使用的一个习惯性概念,主要是针对历史上活动区域相近或相同、习俗相近的两族易混淆而难以分辨的客观情况所采取的一种模糊的区别方式,并无特殊意义。不要以此作为族属争论的工具。姜守鹏《再谈渤海国的族属问题》(《社会科学战线》2001 年第 3 期)一文中,作者指出,现代某些学者把自己的概念说成是新罗人的概念,再由这个所谓的新罗人的概念引出新罗人认为渤海国是和自己同族的高句丽人,这种观点是站不住脚的,是不尊重历史的表现。雷一杰在其《从"别种"透析渤海的族属及其归属》(《东北史地》2007 年第 5 期)一文中指出,引起渤海族属及其归属争议的主要原因是对《旧唐书》所记"别种"的不同解读。文章通过对文献记载的"别种"的释义,发现"别种"与其"母族"在时间上既可统一又可不统一,不可单纯用"别种"作为判断族属之标准,而要结合当时文化背景作一综合考察。在此基础上,作者结合当时的文化背景,对日本所见的渤日交往的国书,以及新罗上唐朝皇帝的表文加以分析,对古代日本、新罗对渤海的认识进行了介绍,从而得出渤海政权属唐朝羁縻政策统治下的地方民族政权。

还有许多学者从渤海王族大氏的族属入手,对渤海民族归属进行了分析和探讨。朱国忱、魏国忠、刘晓东在《论渤海族源与大氏族属问题》(《高句丽渤海研究集成 4》,孙进己、孙海主编,哈尔滨出版社 1997 年 11 月版)一文中指出,大祚荣之"高丽别种",主要指大祚荣及其一族,并非指被高丽统治的全部靺鞨人。靺鞨人附高丽者而有"高丽别种"称呼的仅是一部分,他们之中有高丽化或半高丽者,大氏一族属之。所以大祚荣及其家族的正胤源流和部族血统是靺鞨,而非高丽。张碧波在《渤海大氏考》(《学习与探索》1998 年第 5 期)一文中指出,渤海史研究的关键需要弄清渤海大氏的源流。大氏所领导的粟末靺鞨集团之所以被李唐王朝封为渤海郡王,进而封为渤海国王,就因为大氏为东夷族系,曾活动于山东东北部渤海沿岸,这一地区在汉代设渤海郡。李唐王朝遵循中华传统文化,追本溯源,尊崇大祚荣为首的大氏族团的"得姓之地"、氏族发祥地——即在汉所设之渤海郡之故地,故封以渤海国王。古有大人国,古史上东方大人国即渤海大氏的故国。大氏族团由山东半岛经海路到达辽东半岛、朝鲜半岛北上,来到东北地区与东北古族肃慎——靺鞨族团融合,接受李唐王朝的册封与节制,在国家制度、文物典章、政治机构及行政设施等方面均以李唐文化为依归。此外,又接受室韦、契丹以及突厥文化的影响。以大氏族团为首领的渤海国既不是哪个政权的继承者,也不是独立于李唐王朝之外的国家。作为唐代东北地方自治政权,受唐朝的册封,向唐朝称臣,受唐朝节度,形成具有地方特色的民族文化,成为中华历史的一个重要组成部分,成为中华文化史的一个重要组成部分。

虽然国内学者对于渤海国民族问题论述的角度不同,侧重点也不一样,得出的结论也不尽相同,但有一点是一致的,那就是:无论渤海国的主体民族是靺鞨族(包括主流观点的粟末靺鞨和非主流观点的其他靺鞨)也好,还是渤海族也好,都认同渤海国是中国古代边疆的少数民族建立的地方政权。

二、政权问题

中国绝大多数学者在他们的研究成果中,都根据中外史料对渤海国政权问题的相关记载进行了有益的探讨,从而得出结论:渤海国是隶属于当时唐朝统治的地方政权,渤海国的历史归属于中国。

如王成国在其《渤海是继承高句丽的国家吗?》(《社会科学战线》2001年第6期)一文中,作者以澄清史实为目的,根据相关史料记述为依据,以遗址考古发掘材料为佐证,着重讨论渤海与高句丽有无继承关系问题,提出了一些自己的观点。作者依据史实,针对支撑外国学者"渤海是高句丽的继承国"这一主张的四个论据进行了一一否定,总结出:渤海非但不是高句丽的继承国,且也不是与高句丽同源同宗的民族。但二者却是同源于中国东北的古代民族。

张碧波在《关于渤海王室高句丽意识的考辨》(《北方论丛》2002年第1

期)一文中指出,关于渤海是否是高句丽的继承国、渤海王室是否存在高句丽意识问题是渤海史研究的重点问题,也是国际学术界争论的焦点与热点。因为它是关乎渤海主体民族的归属与政权的性质的大问题。得出结论:渤海的主体民族及其领袖大祚荣为中国东北地区的粟末靺鞨族,渤海为唐朝的一个边疆州、一个地方政权。

郭素美在其《渤海国历史的归属》(《北方论丛》2002 年第 2 期)一文中介绍到:唐代渤海国疆域地跨今我国东北的东南部、朝鲜半岛的东北部及俄罗斯的滨海地区。故有关国家的学术界都从其今日的疆域出发,把渤海国的历史看做是其本国历史的一部分。但是,考察渤海国的历史,我们就可看到:渤海国的创建者大祚荣及渤海的主体民族都是我国古代的靺鞨人;大祚荣等人又是在当时中国土地上建立起自己的政权;渤海国是当时唐朝管辖之下的地方政权,是与唐亲睦和好、"车书一家"的国中之"国";渤海国故地的大部分一直还在历朝历代我国故有的版图,而其主体民族的大多数后裔,最后又多融入于汉族之中。由此证明,渤海国的历史归属中国。

魏存成在其《渤海国是隶属于唐王朝的民族地方政权》(《新长征》2002 年第 3 期)一文中,作者引用大量的史实,阐述了以下几个观点:一、渤海国是以靺鞨族为主体建立的地方政权;二、渤海国是唐王朝边疆地区的一个州,渤海王十分重视和主动接受唐王朝的册封,并多次派遣王弟、王子、使臣到唐王朝宿卫、朝贡;三、渤海国的统治制度和机构是模仿唐王朝而建立的,其政治中心始终在我国今天境内;四、渤海国的文化具有鲜明的唐中原文化的影响和风格。通过以上归纳和分析,证明以靺鞨族为主体建立的渤海国,作为唐王朝边疆地区的一个州,确实是隶属于唐王朝的民族地方政权,由于其全面学习中原的先进制度和文化,而很快发展为富有大唐风韵的"海东盛国"。

肖红《从渤海国和中央皇朝关系的演变看渤海国的归属性质》(《北方文物》2004 年第 1 期)一文中指出:渤海王国其大部分领土在我国传统疆界之内,因此应属我国地方政权是肯定的,但它在几百年中和中央皇朝的关系屡经变化,因此其归属程度和性质也屡有变化,文章从以下四个阶段探讨这种变化,使我们得以正确认识其不同时期的归属程度和性质。一、渤海建国前渤海先人和唐皇朝的关系;二、渤海国建立过程中与唐皇朝的关系;三、渤海前期与唐皇朝的关系;四、渤海后期和唐皇朝的关系。得出结论:从渤海国200余年历史看,渤海始终主要位于我国传统疆域之内,始终朝贡于唐,受唐管辖,一直是唐的藩属和地方政权,因此渤海国始终是我国的一部分。

武玉环《渤海与高句丽族属及归属问题探析》(《史学集刊》2004年第2期)一文中的后半部分,对"渤海政权的归属"以及"高句丽政权的归属"进行了详细地介绍。指出:从渤海与高句丽的族属与归属上看,渤海与高句丽属于不同的族系,二者之间没有血缘上的联系,它们同为中原王朝统辖下的地方民族政权。渤海国是由粟末靺鞨人所创立的地方民族政权,而不是高句丽人创立的国家。渤海民族政权建立后,就与唐王朝保持着册封与朝贡的藩属关系,是唐王朝属下的地方民族政权。渤海国与高句丽同为唐王朝属下的东北地方民族政权。

魏存成《唐鸿胪井刻石与渤海政权的定名、定位及发展》(《吉林大学社会科学学报》2006年第1期)一文指出,698年,中国东北的古老民族靺鞨族联合其他民族在以中国东北地区为主的广大地区建立政权。713年唐遣使崔忻对其册封,第二年崔忻返程路过旅顺,凿井刻石,即唐鸿胪井刻石。这是中原王朝册封东北地方政权——渤海国最重要的历史实物见证,也是研究大唐帝国与当时东北亚地域的民族关系价值极高的刻石题铭碑之一。这件碑刻字数虽少,但所透视出的历史背景和承载的历史内涵则是非常丰富的。通过这次册封,该政权被正式定名为渤海,定位为唐王朝的一个边疆州和都督府,从此其政治、经济、文化诸方面开始了全面发展。

对于国外学者提出的渤海与新罗是朝鲜历史上的"南北朝"的观点,国内学者发表了多篇文章予以反驳。王健群在其《南北国时代论"纠谬"》(载《社会科学战线》1995年第2期)一文中,首先就"南北国时代论"的形成和发展做一扼要概括,接着又列举出"南北国时代论"的论点和论据。论点即:渤海是高句丽的继承者,渤海的历史应写进朝鲜历史中。此外,作者还归纳出五点论据。在文章最后,作者依据史实,对"南北国时代论"者所持各种论据加以剖析,批判其错误所在。张碧波在《评"南北国时代论"》(载《黑龙江民族丛刊》1998年第3期)一文中指出,正确认识高句丽、渤海文化史,是中华历史研究以及朝鲜史研究的重要课题。文章主要分成三个部分,对"南北国时代论"作了较全面的考论。

综上所述,自 20 世纪 90 年代以来,中国学者对渤海国民族与政权进行了比较系统地研究,澄清了基本的史实,我们由衷地希望,今后能有更多的中国学者从民族学、考古学、文化人类学等方面入手,继续深入研究渤海国的民族问题;从渤海国与唐王朝在政治、经济、文化、心理等诸多方面的渊源与联系入手,继续在渤海国政权问题上进行综合性的全面研究,以期在这一问题上能够拿出更多令人信服的、具有创新性的研究成果。由于我们的资料来源及水平有限,难免会有所遗漏,敬请广大读者批评指正。

(原刊于《东北史地》2008 年第 6 期)

【作者简介】

冯海英,吉林省社科院图书馆馆员;

肖莉杰,吉林省社科院图书馆初级馆员;

霍学雷,吉林省社科院图书馆馆员。

渤海民族的形成发展过程 | 孙进己

关于渤海史的研究，近年以来一直是东北亚各国学术界颇为关注的问题。但迄今为止各国学者对渤海史的研究，大都仅注重渤海国史的研究，而忽视了渤海民族史的研究。中国已出版的几本渤海史专著，都是渤海国史而没有一本渤海族史[①]，仅仅发表了一些关于渤海国族属的文章。但对渤海国是否存在一个主体民族及其形成发展过程，却至今未得到充分论证。本文就是为促进渤海民族史的研究而撰写，并拟在此基础，于近年撰写一部渤海民族史。

一、渤海国的主体民族

关于渤海国的主体民族，国内外学术界已有长期的争论。大致有 3 种观点：一是认为渤海国的主体民族是靺鞨族，主此说者占中国学者的极大多数，其代表者有王承礼、朱国忱、魏国忠、日本的池内宏等[②]。二是认为渤海国的主体民族是高句丽人，主此说者大都为朝鲜学者、韩国学者，也有部分日本学者赞成此说，其代表者有朴时亨[③]、白鸟库吉[④]、李龙范[⑤]、卢泰敦[⑥]等人。三是认为渤海国的主体民族是渤海族，主此说者为中国部分学者，其代表者有崔绍熹[⑦]、孙秀仁、干志耿[⑧]、孙进己[⑨]等人。此三说之争论已有相当长的时间，至今尚无定论。由于前两说都否认渤海民族的存在，如该两说成立就没有撰写本文的必要。因此不能不再回顾一下此问题。同时，我认为这一问题所以长期不能定论,也正与本文所提出的渤海民族形成发展问题长期未能真正阐明有关。所以,找出此问题长期争论的症结所在,进一步探讨很有必要。

首先,关于渤海国主体民族靺鞨说。其主要根据是:第一,在《旧唐书》及《册府元龟》等书中通常把渤海与靺鞨连称,把渤海看作靺鞨的一种。第二,《新唐书》等书明确记载:"渤海本粟末靺鞨附高丽者"。第三,据《类聚国史》等书的记载,靺鞨占渤海人口的大多数。但在这里必须首先弄清几个问题。

其一,靺鞨究竟是一个民族还是一个种族?在渤海建国前靺鞨是否可能成为一个统一的民族?根据世界各国民族的形成过程,在原始社会阶段,只存在许多分散的部落,在原始社会末期才由这些部落先形成一些部落联盟,进入阶级社会时,又由这些部落联盟转化成一个由共同地域、共同语言、共同经济、共同文化形成的民族。在此以前出现于史的一些庞大的族体,诸如靺鞨、肃慎、女真、秽貊、山戎等都只是一些种族共同体。靺鞨既是一个种族共同体而不是一个民族共同体,当然就不能认为靺鞨是渤海国的主体民族。

其二,是否靺鞨人全体都成为渤海的主体民族?从《隋书》的记载,我们知道靺鞨有七部,从《新唐书》的记载看,靺鞨更有二十余部。而建立渤海国的仅是粟末靺鞨,顶多再加上白山靺鞨和扶余靺鞨。靺鞨的其他各部如拂捏、铁利、越喜、挹娄、黑水等部,都在渤海国成立后,长期与渤海靺鞨并见于史。其中有些靺鞨部落虽在渤海国后期成为渤海国的一部分,但并未融入渤海族之中,在渤海国之后又作为独立民族而出现于史。如拂捏在辽金称为兀惹,铁利于辽金或称铁骊,挹娄于辽金称胡里改,安车骨于辽金称完颜等。就连渤海建国初,就已纳入渤海国版图的肃慎,即隋唐称为号室部者,在辽金时也以女真之名复独立见于史,说明它并未融入渤海族之中。至于靺鞨中的黑水、思慕、郡利、窟说、莫曳皆诸部,则终渤海国之世,始终未成为渤海国的一部分。这样看来,既然靺鞨种族的大部分人并未成为渤海民族的一部分,真正成为渤海民族的仅是靺鞨中的一小部分,认为靺鞨是渤海的主体民族之说就显然无法成立。只能说靺鞨中的粟末、白山、扶余等部才是渤海的主体民族。而这三个部如果说在渤海建国初期是各自分立的,但在渤海国后期就已经无法区分,已融为一体了。在渤海国后期和辽代,已再看不到这个名称再见于史籍。应该说这时已出现一个新的族体。这个新的民族,既不包括靺鞨全体当然不能称为靺鞨,又不仅包括粟末靺鞨一部,因此也不能称为粟末靺鞨,只能称之为渤海族了。

其三,从各书的记载看,渤海建国后肯定有不少高丽遗人投入渤海国中,这部分高丽人以后不再独立成为一个民族而出现于渤海及辽金史籍中,可以肯定他们已融入了渤海民族中,这样渤海的主体民族单称为靺鞨,就更不妥当了。

其次,关于渤海国的主体民族高丽说。其主要根据是:第一,《旧唐书·渤海靺鞨传》载:"渤海靺鞨大祚荣者,本高丽别种也。"他们认为既然大祚荣是高丽别种,因此不可能是靺鞨人,而应该就是高丽人[10]。第二,《续日本纪》卷 10 载:"武艺启……复高丽之旧居,有扶余之遗俗。"他们据此认为,既然渤海复高丽旧居,那么渤海人就不能不是高句丽人。[11]第三,《续日本纪》中,渤海国王大钦茂自称高丽国王,日本也称之为高句丽王,因此可以认为渤海王国实际上是高句丽遗民成功地利用靺鞨族实现光复的国家[12]。第四,《类聚国史》卷 193 记载,渤海国的被统治民族是靺鞨,统治民族是土人。这个与靺鞨人相对称而属于当地土居之人的土人,必定是高句丽人[13]。第五,《松漠纪闻》所载:渤海右姓中有高氏是高句丽人[14]。第六,《三国遗事》载大祚荣是高丽旧将,因此大祚荣是高句丽人[15]。论据虽然罗列了不少,却都是经不起推敲的。

其一,渤海称"高丽别种",虽然可认为与高丽人有一定关系,但显然与高丽人不是同义词,否则直称为渤海者高丽人即可,何必要称为别种?卢泰敦认为,"'别种'显然指与某一作为基准的族有某种族属上亲缘关系的集团。"[16]这说法是可以成立的,但进一步推论大祚荣既作为高丽别种,就"很可能是居住在粟末水流域边境地带的高句丽人",却缺乏逻辑上的必然性。而且直接和《新唐书·渤海传》所载"渤海本粟末靺鞨附高丽者"相矛盾。至于朴时亨指责《新唐书》为谬传[17],在没有有力的史料证据以前,任意否定历史记载,这种做法显然不是治史的严肃态度。对"高丽别种"的解释,我认为只能有以下几种：或者粟末靺鞨本身是秽貊系的，因此和高句丽属于异种同类；或者粟末靺鞨由于附于高句丽，受高句丽人影响及融入了一定高句丽的血统，因此得称为"高丽别种"。

其二，所谓复高丽之旧居就是高丽人之说更为牵强。在历史上民族迁徙是经常之事。鲜卑人居匈奴故地，乌桓人居鲜卑故地，女真人迁入中原，汉人迁居东北，如果要把这些新迁到各地的另一民族都认为就是当地原有民族的后代，历史岂非变成一笔糊涂账了。因此，有些学者虽然引了大量史料，说明在当时不少人心目中认为渤海和高丽有承袭关系，但也只能证明渤海是建立在高丽故地的国家，而无法证明渤海人就是高丽人的后裔。

其三，所谓既然大钦茂自称高丽王，因此渤海人就应是高丽人，也是站不住的。慕容氏是鲜卑人，并未因为他们建立了燕国，就成为战国姬姓燕的后代。匈奴人刘渊建立了汉，也并未因此成为汉族刘邦的后代。拓跋部建立了北魏，也不等于和战国的魏是同族。羯族的石勒建立了赵，也不等于他就和战国的赵同族。沙陀族的李克用建立了后唐，也没人因此认为他是唐代李渊的后代。对这样充斥史籍的事例都视而不见，所作的推论只能说是对中国历史太不了解的结果。

其四，所谓土人是高句丽人说。从《类聚国史》的记载看，土人既与靺鞨人相对称，当然不可能是靺鞨人，但也并不能因此就推论土人一定是高丽人。这一记载是公元796年所记，当时渤海建国已近百年，渤海已经形成自己的民族，为什么土人不能是渤海人，而非要是已亡国100多年的高句丽人呢？

其五，所谓渤海高姓后裔应是高句丽人。如果渤海人都姓高，当然这一推论是可以成立的。但大家都知道，渤海人除王族为大氏外，右姓除高以外，还有张、杨、窦、乌、李等。现在还没有史料可证这些姓的人都是高丽人。因此，渤海人有高姓的记载：只能证明高丽人是渤海人的一部分，不能证明渤海人的主体民族就是高丽人，也不能证明渤海人都是高丽人。

其六，关于大祚荣是高丽旧将，因此就是高丽人说。《三国遗事》出书时间太晚，史料价值不高。有人推算大祚荣死时为开元七年（719年），距离高丽亡时（668年）已51年，除非大祚荣死时已在70岁以上，他是不大可能曾为高丽旧将,说其父乞乞仲象曾为高丽旧将还勉强可以。但即使承认大祚荣是高丽旧将,也证明不了大祚荣就是高句丽人。唐将中有高句丽人、百济人、契丹人,并非有人因为他们是唐将,就认为他们是唐人,至于他们的子孙融入汉人中,是以后的事了,至少当时他们还不是唐人。在许多民族国家中,用异族为将的情形太多了,都没有因此就改变他们的民族成分,凭什么大祚荣是高丽旧将就一定是高丽人呢?实际上所谓大祚荣是高丽旧将说,只不过是《新唐书》中大祚荣本粟末靺鞨附高丽者的另一种表述方法而已。

最后,关于渤海主体民族渤海族说。我是力主这一说法的。归纳主张此说者的根据有:第一,渤海国是一个多民族国家,它既有大祚荣所属的粟末靺鞨,又有另一个靺鞨部落即乞四比羽所属之部,此外还有高丽余种,以后又兼并了肃慎、秽貊、夫余、越喜、拂捏、铁利、挹娄、沃沮、率宾等部之地。这些民族以后不少不再见于历史,无疑是融入渤海族之中了。第二,辽亡后渤海人作为一个独立的民族见于史籍,而和契丹、女真等族并列。当时既不称这批人为高丽,也不称这些人为靺鞨,表明已由靺鞨和高丽融合成了渤海民族。第三,从渤海族的民族特征看,都是既有靺鞨的因素,又有高丽的因素。主张渤海主体民族为靺鞨说和高丽说者,或强调渤海文化中的靺鞨因素,或强调渤海文化中的高丽因素,但谁也不能否认另一种因素的存在。事实上渤海文化是由多种文化融合而成,渤海民族也是由多数民族融合而成。

但此说也有许多不足之处,主要在于至今还没有清楚论述渤海民族的形成过程。对渤海民族的形成过程,过去崔绍熹曾首先提出了"大祚荣建国的过程,也就是渤海族初步形成的过程"。"在渤海国二百多年的历史中,这些部族在统一的国家里共同地生活,完全融成一个巩固的共同体,再分辨不出是哪一个部族了。"孙秀仁、干志耿认为:"可将渤海族的形成过程概括为两个阶段。第一阶段,隋末唐初……这是渤海族形成的决定性开端。第二阶段,是渤海国存在的二百余年期间,……六部靺鞨及各族遗裔又相当多地加入了渤海族的行列。"这两说基本上是一致的,都把渤海族的形成大大提前了。渤海建国时,大祚荣虽并了乞四比羽的靺鞨人及来附的高丽遗人,但决不等于当时他们就能融合成一个民族。建国前形成的只是粟末靺鞨民族。同时,以上两说又都把渤海民族的正式形成时间推得过晚,似乎把渤海国存在的 200 多年都算了进去。两说也没有说明在渤海形成过程中不同时期渤海民族包括的不同成分。我在《东北民族源流》一书中虽讨论了在渤海族形成过程中,不同时期加入渤海族的不同成分,但只是从族源角度谈的。没有具体地论证渤海民族的形成过程。只约略提出乞四比羽所领的靺鞨部是在渤海建国后加入渤海族的,并认为《类聚国史》所说的土人是指渤海族,即认为渤海族在公元 8 世纪已形成,高丽人已加入渤海族中,并提出了渤海以后虽征服了许多部落,他们却并未加入到渤海族中。

关于渤海族的民族特征,崔绍熹和我的文章中都未很好讨论,只有孙秀仁、干志耿等在文中论述了这个问题,但也仍显得不够。因此,渤海国的主体民族为渤海族说,也就长期未为学术界普遍接受。要使此说成为定论,必须再探讨渤海民族的形成过程。

二、渤海民族的形成过程

渤海民族的形成过程是贯穿渤海民族史的中心问题,也是渤海国史中的一个关键问题,这个问题和渤海民族的消亡过程联系起来,就构成渤海民族发展的全过程。

我认为渤海民族的形成过程应该分成三个阶段。第一阶段是粟末靺鞨民族的形成阶段。第二阶段是渤海靺鞨民族的形成阶段,大约到公元 8 世纪初。第三阶段是渤海族的形成阶段,大约到 8 世纪后期。9 世纪初期,渤海国又征服了海北诸部,进入了渤海民族发展的新阶段。本来有可能又融入一批新的民族成分,但由于渤海国在 10 世纪为契丹所灭,这一过程就夭折了。许多新征服的民族并未融入渤海族,而独立了出去。原来形成的渤海族也分为三部分。一部分渤海人投奔新罗,以后融入于新罗族中;一部分留居故地与女真人杂居,以后融入于女真族中;大部分则迁居辽宁,于辽金史籍称为渤海族,以后融入于汉族之中。因此,10 世纪以后,渤海族进入了分化消亡时期。但渤海族真正同化于各族中,是在 12 世纪以后,到 13 世纪这一同化过程才基本完成。渤海族不再见于史籍了,偶而见史也已作为汉人八种之一。现将这一发展过程论述于下：

第一阶段，粟末靺鞨民族的形成过程。粟末靺鞨之名最早见于史籍，是在《隋书》中。它是作为靺鞨七部之一而被载于史的。但实际上所谓粟末靺鞨并不是一个部落，而是由八个部落组成的部落联盟。据《太平寰宇记》卷71引《北蕃风俗记》载："初开皇中（6世纪末），粟末靺鞨与高丽屡战不胜，有厥稽部渠长突地稽率厥稽部、勾使来部、窟突使部、越稽蒙部、越羽部、破奚部、步步括利部，凡八部，胜兵数千人。自扶余城西北，举部落向关内附，处之柳城，乃燕郡之北。"这是记载了粟末靺鞨还分八部的唯一史料。有人认为以上八个部是个氏族⑱。但我推算了一下粟末靺鞨的总人数。据《隋书·靺鞨传》所载："粟末部……胜兵数千"，而白山等部胜兵并不过"三千"，似乎粟末部胜兵要超过"三千"。对照《旧唐书·渤海靺鞨传》所载："编户十余万，胜兵数万人。"大致可以推算出粟末靺鞨人数应该有万余家，八部每部平均有千余家。《旧唐书·靺鞨传》又载："有酋帅突地稽者，隋末率其部千余家内属。"这不可能是八部的总人数，因为千余家不可能有胜兵数千，因此应该是一个部落的人数。从这些记载看，在隋开皇中，粟末靺鞨应该是由八个部落组成的部落联盟，而未形成为一个统一民族。

粟末靺鞨八部形成为一个民族，是在公元7世纪时。《北蕃风俗记》虽载："凡八部胜兵数千人，自夫余城西北，举部落向关内附。"但据《新唐书·渤海传》所载："渤海本粟末靺鞨附高丽者，姓大氏。"《旧唐书·渤海靺鞨传》所载："渤海靺鞨大祚荣者，本高丽别种也。高丽既灭，祚荣率家属徙居营州。"则可以认为隋开皇中粟末靺鞨并未全部迁徙到辽西，还有一部分留居松花江流域附于高丽，是在高丽灭亡后始迁居辽西。因此，应该说粟末靺鞨全部聚集一起，是在668年高丽亡后，到696年大祚荣率部东奔时，粟末靺鞨应该已经凝集成一个民族了，而不再是八部的部落联盟了。

关于粟末靺鞨的种族族属问题，我曾在《渤海的族源》及《东北民族源流》中加以论述⑲。我认为它应该起源于秽貊。理由是：第一，粟末靺鞨在《旧唐书》中被称为"高丽别种"，在《武经总要》中又被称为"扶余别种"。粟末靺鞨降隋封为夫余侯，并自称"有扶余之遗俗"。这说明了粟末靺鞨和高丽、夫余有共同的种族血缘关系，应该都属于秽貊种。第二，《隋书·靺鞨传》称"自拂捏以东,矢皆石镞,即古之肃慎也。"这说明在拂捏以西的粟末部不应列入肃慎后裔之中。第三,《新唐书·室韦传》载:"其语言,靺鞨也。"《魏书·室韦传》:"语与库莫奚、契丹、豆莫娄同。"这说明靺鞨或至少称靺鞨中的一部分,语言应该和室韦、契丹、奚、豆莫娄一样同属蒙古语族。第四,渤海人的姓氏和女真族—满族姓氏完全不同。渤海人是经常姓名连用,女真人却有姓而常不用,也证明粟末靺鞨不是肃慎—勿吉系而属秽貊系。

　　但以后有一些新的史料发现,有人引证了李谨行的碑文云"其先盖肃慎之苗裔,涑末之后也"[20]。这就为粟末靺鞨是肃慎后裔说提出了有力的根据,使我的度地稽李谨行一系属秽貊说难以成立了。但不能不考虑到《旧唐书》所载的是"渤海靺鞨大祚荣者,本高丽别种也。"《新唐书》也称:"渤海,本粟末靺鞨附高丽者,姓大氏。"则似乎李氏和大氏是属于两支,是否有可能前者为肃慎系,后者则属秽貊系呢?又从考古文化看,所谓勿吉文化的分布,只到达粟末水(今松花江北流段)下游的榆树老河深及永吉杨屯。但是据《新唐书·黑水靺鞨传》所载:"其著者曰粟末部居最南,抵太白山,亦曰徒太山,与高丽接,依粟末水所居。"则粟末部的分布要比永吉南得多,达到今桦甸等地。根据《桦甸县文物志》的记载,这一带所发现的渤海以前的文化是属于西团山文化系统的,而西团山文化已被学者论定为秽貊文化。这一带并无勿吉文化的分布。因此,粟末靺鞨的大部分还是不属于肃慎系统。对照《魏书·勿吉传》所载:"自云其国先破高句丽十落。"这高句丽十落按地理位置看,正应在今吉林市以北等地求之。能否说粟末靺鞨中有一部分为勿吉所征服,而以勿吉人为其酋长,他们屡与高丽战,不胜即投奔隋。而未为勿吉所征服的粟末靺鞨人继续附于高丽,至高丽灭始西迁辽西呢?这样,粟末靺鞨就是由肃慎、秽貊两系混杂而成,至渤海建国时始融合成一个统一的民族。根据民族发展的一般理论,作为最早的民族共同体的部落是由同一血缘组成的,组成部落联盟的各部通常也属于同一种族,但也开始杂入了不同血缘的部落。因此部落联盟转化为民族,正是由血缘共同体转化为地域共同体,这是伴随着国家的形成而出现的。粟末靺鞨民族正是这样形成的。

这时形成的是粟末靺鞨民族,而不是渤海民族。认为渤海民族形成于这时显然是不确切的,但粟末靺鞨既然是以后形成渤海民族的主体,则把这一阶段看作渤海民族形成的起点还是可以的。既然这时只形成了粟末靺鞨民族,而未形成渤海民族,就这阶段而言,说渤海国的主体民族是粟末靺鞨,无疑是正确的。相反要说这阶段渤海国的主体民族已是渤海民族,却反而不妥当了。这也是渤海国主体民族为渤海族说的疏误之处。但同时也必须指出,这时并未形成统一的靺鞨民族,因为靺鞨种的其他族这时都未融入进来,他们大都还根本与渤海国无关。所以渤海建国时主体民族为靺鞨说是不能成立的。

第二阶段,渤海靺鞨民族的形成。大祚荣最初建国时,与他一同奋斗的还有一个乞四比羽率领的靺鞨部。《旧唐书·渤海靺鞨传》载:"契丹李尽忠叛,祚荣与靺鞨乞四比羽各领亡命东奔,保阻以自固。"《新唐书·渤海传》亦载:"万岁通天(696 年)中,契丹尽忠杀营州都督赵翙反,有舍利乞乞仲象者与靺鞨酋乞四比羽及高丽余种东走,度辽水,保太白山之东北,阻奥娄河树壁自固,武后封乞四比羽为许国公,乞乞仲象为震国公,赦其罪。比羽不受命,后诏玉钤卫大将军李楷固、中郎将索仇击斩之。是时仲象已死,其子祚荣引残痍遁去。楷固穷蹑,度天门岭。祚荣因高丽、靺鞨兵拒楷固,楷固败还。于是契丹附突厥,王师道绝,不克讨。祚荣遂并比羽之众,恃荒远,乃建国,自号震国王。"从以上两段记载看,乞四比羽和乞乞仲象所率领的显然分属两部。乞乞仲象是大祚荣之父,他们当然是粟末靺鞨,乞四比羽应该是靺鞨的另一部。我在《东北民族源流》一书中曾提出乞四比羽应是靺鞨中的白山部。这里对此说拟作进一步论证。

关于白山靺鞨,史书记载不多,《隋书·靺鞨传》载:"其七曰白山部,在粟末东南,胜兵并不过三千,……然其国悬隔,惟粟末、白山为近。"《旧唐书·靺鞨传》载:"其白山部素附于高丽,因收平壤之后,部众多入中国。"《新唐书·黑水靺鞨传》亦载:"白山本臣高丽,王师取平壤,其众多入唐。"从以上这些记载可以确定白山靺鞨在唐灭高丽后,其众都入唐了,人唐后迁到何处不见记载。但唐代西迁的靺鞨部仅粟末部和白山部两部。既然乞乞仲象、突地稽属粟末靺鞨部,乞四比羽所属的靺鞨部就很可能是白山靺鞨。以前我对粟末靺鞨东走保东牟山建国颇感疑惑。此地并非粟末故地，为何于此地建国呢？以后才想到旧国（今敦化）正为白山靺鞨故地。建国于白山靺鞨故地，当与乞四比羽所属之靺鞨部为白山部有关。同时，对《新唐书·渤海传》的下列记载，也有了新的理解。该传载："以肃慎故地为上京，曰龙泉府，领龙、湖、渤三州。其南为中京，曰显德府。"据此，在过去我都误解为中京应和上京一样是肃慎故地。但现在仔细品味却并非如此，这里只记载了以肃慎故地为上京，上京之南的中京为何部故地，却并未明说。此处行文明显与后文以夫余故地置扶余府、鄚颉府，以越喜故地置怀远府、安远府，以挹娄故地为定理府、安边府的行文不同，以上这些记载很清楚，是以一部置两府。而以肃慎故地置的却应理解为仅是上京，其南的中京则并非肃慎故地而应为白山部故地。这和过去对白山部活动地区的认识也是一致的。据《新唐书·黑水靺鞨传》所载："粟末之东曰白山部。"粟末部在今桦甸等地，其东之白山部正应在今敦化、安图、和龙等地。这正是渤海中京的所在地区。统观《新唐书》前后文，对各府为何部故地都有记载，而仅对中京及郢、铜、涑三州为何部故地，未加说明。郢、铜、涑三州为粟末故地，已无疑问；中京故地为白山故地，也可肯定。这正好证明了这两部是渤海本族，所以没有必要说明这两地区是以何部故地所置。

关于白山靺鞨的种族族属，我过去曾提出有可能是属秽貊种的。从白山靺鞨分布范围中的考古文化看，也可证明这点。据《安图县文物志》、《和龙县文物志》、《敦化市文物志》等书的介绍，只有敦化市东北角一部分地区分布的文化和宁安莺哥岭文化相同，应属肃慎文化；而敦化的大部分地区及安图、和龙两县分布的渤海以前的考古文化都属秽貊系的文化。

因此，白山靺鞨和粟末靺鞨都属于秽貊系，两者属于同种同语，两者在故地都曾接受高句丽文化影响，迁到辽西后又都接受了唐文化的强烈影响。以后一起东走建立渤海国。所以两部应该较容易融合成一族。既然白山靺鞨已和粟末靺鞨融合成一个新的民族，这个新的民族再称为粟末靺鞨显然已不妥当，但称之为靺鞨也不妥，因为并非所有靺鞨部落都已融入进来。当时，拂捏、铁利、越喜、挹娄、黑水等部还未隶属于渤海，而是作为渤海以外的民族直接朝贡于唐。当时肃慎部虽已隶属于渤海国中，但是似乎始终未融入渤海族中。渤海国亡后,肃慎又以女真之名单见于史,肃慎、朱虑真、女真都是一音之转。肃慎之没有与粟末靺鞨、白山靺鞨融合,这应该与他们属另一种族系统有关。《太平寰宇记》卷175称:"汩咄、安车骨与号室等部,亦因高丽破后奔散微弱,今无闻焉。纵有遗人,并于渤海编户。"但似乎也未融入渤海,建立金国的完颜部似乎即安车骨之后。

所以,新形成的民族开始还被称为靺鞨,但以后就改称渤海靺鞨了。据《册府元龟·外臣部》所载,开元五年(717年)还称靺鞨(即指渤海)来朝。但以后拂捏靺鞨、越喜靺鞨、铁利靺鞨等部朝贡于唐,渤海单称靺鞨就显得难于区别。因此在开元九年(721年)就出现了渤海郡靺鞨之称以与其它靺鞨区别。以后开元十二年、十四年、十七年、十九年、二十三年、二十五年、二十六年、二十八年、二十九年都有渤海靺鞨之名见于史。最后直到大历四年(769年)和七年(772年)还有渤海靺鞨之名见于史。《新唐书·渤海传》称:"睿宗先天中,遣使拜祚荣为左骁卫大将军、渤海郡王,以所统为忽汗州,自是始去靺鞨号,专称渤海。"这里可能有误,似乎最初并非去"靺鞨"之号专称"渤海",而是在"靺鞨"之称上加了一个渤海,称为渤海靺鞨。这一称呼保持了相当一个时期,所以《旧唐叙》也立了《渤海靺鞨传》,《新唐书》才改为《渤海传》,可见专称渤海是以后一个阶段的事。

从粟末靺鞨改称渤海靺鞨,应该是渤海民族形成发展的第二阶段,但也可以说到8世纪中期,真正的渤海民族还未形成。

第三阶段,渤海族的正式形成。渤海本来是国称,但以后逐渐成为了族称。渤海为什么由国称变为族称,又是何时由国称变为族称,族称为什么又由渤海靺鞨改称渤海,这些问题都是迄今尚未为人们认真阐明的问题。

从《新唐书》的记载看,是在唐拜大祚荣为渤海郡王后,"自是始去'靺鞨',号,专称渤海。"但从《册府元龟·外臣部·朝贡》所载看,渤海之称始见于开元十年(722年),这是在唐封大祚荣为渤海郡王后9年,这似乎与《新唐书》所载相一致。但以后仅开元十三年、开元二十七年见过两次渤海之名,更多的还是使用渤海靺鞨之称。直到天宝五年(746年)以后,始经常使用"渤海"之称,如天宝六年、八年、九年、十二年、十三年,大历二年、八年。但渤海靺鞨之称在大历四年、七年、八年还出现过3次。尤其是大历八年(773年),"渤海"之称与"渤海靺鞨"之称同见。但从大历八年(773年)以后,就再见不到渤海靺鞨之称了。从"渤海靺鞨"之称改为"渤海",虽然经过一个相当长的时期,但无疑有它的必要性,否则是不会改的。这样改的唯一原因,只有渤海民族中所包括的成分已有了新的内涵不再局限于靺鞨,才有这必要。这就是说,从渤海建国以来,渤海人中不断融入了一些非靺鞨的成分,如高丽人、沃沮人等。这些原来不是靺鞨人的,现在融合到渤海靺鞨中,如果融进的非靺鞨人仅是少数人,当然不会影响到固有的族称。但高丽、夫余、沃沮、秽貊这几个部分究竟不是小数量。从以后渤海国所建的15府来说,以高丽故地置两府,以夫余故地置两府,以沃沮故地置南京南海府,以秽貊故地置东京龙原府,共6个府,占15府的2/5。如果在15府中除去以后实际上并未融入渤海族的铁利、拂捏、率宾、挹娄及去向不明的越喜等所建的7个府,在所余的8个府中占了5个府,即超过一半以上。占这样大比例的新的民族共同体,再称为渤海靺鞨,确实是不合适了,所以自然而然改称渤海。即使暂时由于习惯还沿用了一个时期渤海靺鞨之称,但最终还是被渤海之称所代替了。因此,"渤海"代替"渤海靺鞨",是民族融合的必然趋势。

有人提出疑问:"拓跋鲜卑建立的魏朝存在了170年,并没有形成一个魏族;契丹人建立的辽朝,延续了229年,如包括西辽则300多年,并没有形成一个辽族;女真人建立的金朝,延续了120年,并没有形成一个金族;蒙古人建立的元朝前后存续了160多年,并没有形成一个元族;满族人建立的清朝延续229年,如包括后金则300多年,也没有形成一个清族。那么粟末靺鞨人建立的存续229年的渤海国是否例外地形成了一个渤海族呢?"[21]但如认真分析一下以上各族发展的历史,就会发现这里存在几种不同的情况,拓跋族、契丹族、女真族、蒙古族、满族都未能把大量的本民族以外的民族——汉族,融入到自己民族中去,而是相反全部或相当部分融入了汉族,所以他们没有可能形成一个新的民族,而渤海族却是融入了大量的其他民族,所以它才形成为一个新的民族渤海族。不考虑各个民族发展的具体过程,牵强类比是不行的。

如果说渤海国晚期(9世纪),渤海还同时作为国称和族称,但渤海国亡后,渤海就仅作为族称了。渤海国亡后的渤海人再称为渤海国人已不行了,因为国已不存在。渤海国亡后的渤海人也并非渤海国遗人之意,因为并非所有的渤海国人以后都被称为渤海人,铁利人在渤海国后期是渤海国人,但是渤海国亡后却被称为铁骊人,而与渤海人并见于史。挹娄人在渤海国后期曾被吞并,以之置定理府、安边府,当然是渤海国人,但渤海国亡后也以五国部或胡里改人,而与渤海人并见于史。其他如渤海国中的拂捏,辽金称兀惹,而不称渤海人。渤海国中的肃慎,辽金称女真,而不称渤海人。渤海国中的率宾,辽金称率宾,而不称渤海人。这样看来不是所有的渤海国遗人在国亡后都称为渤海人,这渤海人只能指渤海族。渤海族的形成与否是历史中的客观存在,是不以任何个人意愿为转移的。

或者有人会认为,辽金史书中的渤海人所指的是粟末靺鞨,而不是新融合形成的渤海族。但首先它并不叫粟末靺鞨或者靺鞨,而是叫渤海人。其次,并非粟末靺鞨的高丽人竟也列入于渤海人之中。如辽代的高模翰,金初的高永昌,文献中都称他们为渤海人,但他们明显是高丽人的后裔。这也说明了辽金时期的渤海人是一个融合各族形成的新民族。又如《宋史》载:"定安国,本马韩之种,渤海遗黎。"有人据此说定安国是高句丽人,显然是无中生有[22]。马韩人与高句丽人毫无关系,当然定安国人也不大可能是马韩人。但无论定安国的种族来源是什么,但他们自己承认是"渤海遗黎",而并未自称"高丽遗黎",显见他们承认自己是渤海族了。辽金时期的渤海人,包括哪些人,不包括哪些人,在当时是有明确界限的。这只能说当时已有一个渤海族客观存在,否则这样一个称为渤海人的群体是什么呢?

渤海作为族称出现于史的过程,应该也就是渤海族形成的过程,这个过程的起点或许可以从渤海建国时,高丽人等成为渤海国民的一部分时开始。但由于当时高丽等族还未融入粟末靺鞨,只能说这一融合过程已经开始。到大历八年(773年)以后已专称渤海,而不再称渤海靺鞨时,这一融合过程应该说已完成。可以作为佐证的是《类聚国史》的记载"其百姓者,靺鞨多,土人少。皆以土人为村长,大村曰都督,次曰刺史。"这项记载是公元796年的情况,正好是在大历八年以后已专称渤海时的记载,更可以互相印证,以说明这个土人正是指的新形成的渤海族。渤海族当时是统治民族,肃慎、拂捏、铁利、率宾等靺鞨部落是被统治民族。称渤海国的统治民族——渤海族为土人,是可以理解的。相反,要说土人是高丽人才不好理解。为什么渤海建国后百余年还称高丽人为土人? 为什么粟末靺鞨建国,却全部以高丽人为都督、刺史,而不以粟末靺鞨人为之? 有人认为"渤海民族是渤海国盛晚期才能形成出来的,而《类聚国史》说的是初期的状况"㉓。但《类聚国史》所记载的已距渤海建国 100 多年了,应该说已是盛期,虽不是晚期,也非初期。此时渤海族应该已经形成。

第四阶段,渤海民族的发展阶段。进入 9 世纪渤海国的疆域有了进一步扩大。《新唐书·渤海传》载:"仁秀颇能讨伐海北诸部,开大境宇。"大仁秀是在公元 819～839 年时间在位,所云讨伐海北诸部,应该指的是忽汗海(今镜泊湖)以北的挹娄等部。(按:挹娄等部在公元 8 世纪还不臣附于渤海,而直接朝贡于唐。)铁利、拂捏两部是在开元和天宝年间停止向唐朝贡,虞娄、越喜是在贞元十八年(802 年)最后一次朝唐。而黑水靺鞨是在元和十年(815 年)终止朝唐。《太平寰宇记·勿吉》载:"及渤海寝强,黑水亦为其役属。"因此,可以认为渤海国征服靺鞨诸部,是个逐渐的过程,大概首先是拂捏、铁利,其次是越喜、挹娄(即虞娄),最后是黑水。大仁秀时所讨伐的应该是挹娄、黑水等部。

渤海国疆域的进一步扩大,与渤海族的形成有关,有了这样强大的主体民族才有可能吞并更多的部落。但也由于吞并了更多的部落,渤海国内的民族矛盾加剧,到 10 世纪初,导致渤海国为契丹所灭。如果不是这样快的被灭亡,如果面对的不是异种的肃慎系诸部,渤海有可能进一步融合这些民族,使渤海民族进一步扩大。但由于渤海国的灭亡,这一过程终止了。

但在这一时期渤海的政治、经济、文化得到了巨大发展。"数遣诸生诣京师太学,习识古今制度"是在此时;厘定官制设置 5 京 15 府,亦在此时;传留下来的一些渤海人的文学作品,也大都作于此时。渤海国的这些发展也应视作渤海族的发展,因为渤海国的先进部分都是渤海族的。

第五阶段,渤海族的分化。公元 926 年,渤海国为契丹所灭,渤海国遗民迁徙各处,开始了渤海族的分化过程。

首先,渤海国新征服的拂捏、挹娄、铁利、黑水诸部纷纷独立。这些族不再成为渤海国人的一部分。

其次,渤海国早就征服的肃慎、安车骨、伯咄等部,也纷纷独立,而以女真、安车骨等名独立见于史。

第三,已经融为一族的粟末、白山、高丽、夫余、沃沮、秽貊诸部,他们并未分别独立见于史籍,但作为渤海族的一部分,或投奔高丽,或被迁辽东,或留居故地。我在《东北民族源流》一书中经考证得出结论:"渤海人迁居辽东、辽西、东蒙的,总数为十万户以上,占渤海总户数编户十余万的极大部分。""渤海人徙居朝鲜,总数当不超过三万户,仅占渤海国总人数十余万户的一小部分。""渤海族留居故地,以后加入女真族的不会超过一万户。"渤海人在这时期明显的分化为三大支。但他们并未保留各自的族籍,逃奔高丽的不仅是高丽人,也有渤海王族大儒范、世子大光显等人。迁到辽东的也并非都是原有的粟末靺鞨人大氏等,也还有高正祠、高保义、高徒焕、高模翰等高丽后裔。因此,这是统一的渤海族分化为部分,而不是未融合的各族分投各处。渤海人在这一时期迁徙各地,分别和其他各族杂居,就为下一时期渤海人的分别融入各族创造了条件。

第六阶段,渤海族的消亡。如果说在辽代,渤海族还刚刚分迁各地和其他各族杂居一定时期,他们还未融入这些民族,但到金代,他们已逐渐融入其他各族之中。迁居朝鲜半岛和留居故地的渤海人,如何融入朝鲜族及女真族之中,缺乏文献记载,因此难于查考。但迁到辽宁、东蒙的渤海人在金代逐渐融合于汉族之中,都能在文献中找到记载。

一是逐步向中原迁徙,更进一步杂居于汉人中,促进了渤海人的汉化。《松漠纪闻》载:"渤海人于东京者,至是甚蕃,户五千余,胜兵三万。金人虑其难制,频年转戍于山东,每次所徙不过数百户,至熙宗皇统元年(1141 年)则尽驱以行,于是渤海人始微弱不能复振矣。"《金史·兵志》载:"熙宗皇统五年又罢辽东汉人、渤海猛安谋克承袭之制。"以后渤海人就和汉人一样同为州县编户了。《金史·熙宗纪》也载:"天眷元年(1138 年)诏百官诰命,女直、契丹、汉人各用本字,渤海同汉人。"表明了渤海人的进一步汉化,完全接受了汉字。因此,在金亡以后北方民族大融合中,渤海人就作为汉人八种之一,融入于汉族之中。渤海人不再作为一个民族而存在了。

三、渤海民族的民族特征

渤海族的民族特征问题是迄今为止讨论得很不够的。不承认渤海已形成为一个民族者,当然不会论证此事。承认已形成渤海族者又大都未涉及这一关键问题,仅孙秀仁、干志耿虽讨论了这一问题,但仍有很多问题未能阐明。

首先,必须指出民族特征是随着民族的形成而形成的。渤海建国时所形成的既只是粟末靺鞨,所具备的就只能是粟末靺鞨的民族特征。真正渤海民族的民族特征,只有在渤海民族形成后才具备。

其次,渤海族和渤海国有别,虽然渤海族融进了渤海国中的不少民族,但渤海国自始至终还一直是多民族国家,迄渤海国灭亡为止,在渤海族以外还有很多民族未融入渤海族,因此,不能把渤海国和渤海族混同,渤海国的地域不就是渤海族的地域,渤海国的语言不就是渤海族的语言。我们还需认真分析渤海族的地域、语言、经济、文化究竟是什么样的。

第三,渤海民族是在古代形成的,它不属于资本主义时期所形成的民族。这种民族有人称之为古代民族,有人称之为部族。它和资本主义时期所形成的近代民族,虽然同属民族共同体范畴,有民族共同体的共性,但又有区别。照搬资本主义时期形成的民族特征,并直接套用到渤海民族身上,这显然是不合适的。

下面试论述我对渤海族民族特征的一些看法:

其一,渤海族共同地域的形成。有人把《新唐书》所载的渤海国各种物产的分布地域都作为渤海族的统一经济地域内的区域分工,显见是不妥当的,渤海族的地域没有如此宽广。至少象以拂捏故地置的东平府,铁利故地置的铁利府,挹娄故地置的定理府、安边府,率宾故地置的率宾府,由于这些地区的民族都未融入渤海族,因此他们的活动地域不应算入渤海族地域内。此外,以越喜故地置的安远府、怀远府,由于越喜部是否入渤海族还不清楚。肃慎故地置的上京龙泉府,也由于肃慎未融入渤海族,不能全部算入。因此，真正渤海族的地域应该主要是渤海的五京及长岭府、扶余府、鄭颉府以及郿、铜、涑三个独奏州，即渤海国的南部、西部地区。同时，作为民族地域有一个特点，即打破了过去的部落血缘联系，以地域组织代替血缘组织。渤海族的这一转化应该是已到渤海国后期才基本完成。这是融入渤海族的各部分长期交错杂居逐步融合而成。

其二，渤海族的共同语言。孙秀仁等论述了渤海国境内有两个语系，一是秽貊语，一是肃慎语。又提出了"在渤海新族形成过程中，这两支人又都同样是以接受汉文化为其融合的共同纽带的"。"汉语、汉字成为唯一可以沟通渤海境内各族的语言和文字。"㉔但事实上所谓两个语系是就渤海国而言，肃慎语系的各族似乎基本上没有加入到渤海族之中，拂捏、铁利、挹娄、率宾、肃慎都属肃慎语系，但未加入渤海族，高丽、夫余、沃沮、秽貊都属秽貊语系，栗末、白山前面已论证，虽称为靺鞨，也基本上属秽貊系。因此，在渤海族之中和在渤海国中不同，总体来说应属秽貊语一个系统，少量说肃慎语的加入，没有必要采用一种新的语言，渤海族虽是汉化相当深，已经主要以汉字作为通用的书面语言，但似乎还很难认为渤海族的通用口头语言也都是用汉语。应该肯定他们主要还使用本民族的口头语言。同时，一些渤海自创的文字的出现和当时新罗使用吏读文字的记载，使人不能不联想渤海也有类似的吏读文字，即用汉字标音来表达其本民族的语言，对汉字无法标出的某些音，则用一些自创的文字来表达。这问题还有待研究。

其三，关于渤海族的共同经济。如认为作为古代民族的渤海族已经形成民族的统一市场，显然是不可能的。作为古代民族的共同经济，主要表现为一个民族基本上属于共同经济类型。在渤海国境内的各族无疑是多种经济类型并存，既有农业，又有畜牧、狩猎。但渤海族似乎都已进入农业经济范畴。凡是我们论证已经加入渤海族的诸地区，基本上都属农业地区。当然这不排除作为农业经济的辅助成分而存在的其他经济类型，但可以肯定渤海族已不存在其它独立经济类型。

其四，表现为共同文化的共同心理。从宗教伦理来说，渤海族在汉文化强烈影响下，已完全接受了儒家的思想，同时又从汉族间接引进了佛教。从已发现的各种资料看,似乎在渤海族中萨满教已失去了地位,这是和肃慎—女真族不同的。渤海族文化的各方面也显然接受了汉文化的强大影响,又多少吸收了一些高丽文化、夫余文化,因此自称有"夫余之旧俗"。《新唐书》亦载其"余俗与高丽、契丹略等"。渤海的歌舞也似乎主要接受了唐和高丽的影响。建筑、服饰都是如此。当然不能完全排除肃慎—勿吉系统的影响。但显见在渤海文化中,肃慎勿吉文化系统的因素不占主要地位。在渤海考古中早就提出一个问题,即考古学上所称的渤海文化,并未在渤海国所有地区发现,而主要是发现于渤海的五京地区。这只有一种解释,即所谓渤海文化,并非渤海国的文化,而仅是渤海族的文化。渤海国作为一个多民族国家,它的文化是复杂多样的。现今所称的渤海文化,只是渤海族的文化,它只分布在渤海族的活动范围内。而渤海国其他族的活动地就分布的是其他族的文化,因而就见不到渤海文化了。因此考古学上渤海文化的形成,也应该表明了渤海族的形成,反映了渤海族的共同民族心理。

总之,关于渤海民族的民族特征,涉及到许多方面,对这个问题的研究尚刚刚开始。但只有在跳出过去仅限于笼统研究渤海国疆域、经济、语言、文化的传统,进一步研究渤海国各族不同的分布地域、不同的经济发展水平、不同的语言族系、不同的文化内涵,才能使我们对渤海国这一个多民族国家有进一步认识,对渤海族的民族特征有进一步认识。这些需要用一本书才能阐明,已不是仅用一篇文章就能阐明的了。我希望将来在研究渤海民族史时,能得到大家的帮助。

（原刊于《北方文物》1994 年第 2 期）

【作者简介】

孙进己,男,1931 年生,1957 年毕业于东北人大历史系,辽宁省社会科学院历史所研究员。

注释

① 王承礼:《渤海简史》,黑龙江人民出版社 1984 年版;朱国忱、魏国忠:《渤海史稿》,黑龙江省文物出版社编辑室 1984 年版;李殿福、孙玉良:《渤海国》,文物出版社 1987 年版。

② 池内宏:《关于渤海的建国者》,《满鲜史研究·中世》第 1 册。

③⑰ 朴时亨:《为了渤海史的研究》,《历史科学》1962 年第 1 期。

④ 白鸟库吉:《关于渤海国》,《史学杂志》第 44 编,第 12 号。

⑤ 李龙范:《渤海王国的社会构成与高句丽遗裔》,《韩国史》卷 3,汉城探求堂 1981 年。

⑥⑯ 卢泰敦:《渤海的居民构成和族源》,《韩国古代的国家和社会》,历史学会 1985 年。

⑦ 崔绍熹:《渤海族的兴起和消亡》,《辽宁师院学报》1979 年第 4 期。(本文是提交韩国汉城渤海史国际学术会议的论文。

⑧㉔ 孙秀仁、干志耿:《论渤海族的形成与归向》,《学习与探索》1982 年第 4 期。

⑨ 孙进己等:《渤海的族源》,《学习与探索》1982 年第 5 期。

⑩⑪⑫⑬⑭⑮ 见③④⑤⑥。

⑱ 冯继钦:《靺鞨族共同体类型及其特征初探》,《北方文物》1986 年第 2 期。

⑲ 孙进己:《东北民族源流》,黑龙江人民出版社 1987 年版。

⑳ 刘晓东、程松:《突地稽事迹考略》,《北方文物》1985 年第 3 期。

㉑㉒ 金香:《渤海国时期形成过渤海民族吗?》,《北方文物》1990 年第 4 期。

㉓ 优翰:《渤海国——多民族的国家》,《东北亚历史与文化》,辽沈书社,1992 年版。

渤海国族源考

——以中国、日本、朝鲜史料为据　刘　毅

七世纪末,大祚荣"渡辽水,保太白山之东北,阻奥娄河,树壁自固"①,在今中国东北地区,建渤海国。后经略二百余年,遂以"海东盛国"之名,称誉东亚。

近年,有关渤海国之研究,颇热于日本、韩国、朝鲜及俄罗斯诸国。然论及渤海国族源问题却多有异议。择其要者,大致有二:一是以大祚荣系"高丽别种"而论之"高句丽说"②;与之相反,则是以大祚荣"本粟末靺鞨"为椐的"靺鞨说"③。

本文拟以中国、日本、朝鲜的现存史料为据,对渤海国族源问题进行一番考察,并就教于学者同仁。

一

持"高句丽说"的学者的主要依据是《旧唐书》有关渤海国的文字。《旧唐书·北狄·渤海传》云:"渤海靺鞨大祚荣者,本高丽别种也。"文中"高丽别种"一句,颇易理解为"高丽之种",此即"高句丽说"之滥觞。

主张"靺鞨说"的学者则更注意《新唐书》的有关记载。《新唐书·北狄·渤海传》首句明言:"渤海本粟末靺鞨,附高丽者、姓大氏",文中认定创建渤海国的民族是"粟末靺鞨",其首领大祚荣曾有过"归附"高句丽的一段历

史。这便是"靺鞨说"的主要论点。

以上不难看出,两说的论据,抑或两说的对立皆源自中国史料《旧唐书》和《新唐书》迥然有别的文字记载。为此,我们有必要考察一下两唐书的成书过程。

《旧唐书》始修于后晋天福五年(940年),初由张昭远、贾纬、赵熙、郑受益、李为光等为编修,宰相赵莹为监修,后吕埼、尹拙等亦参与编撰。开运二年(945年)全书编撰完成,因赵莹已迁任昌军节度使,遂以时任宰相刘昫之名刊行。

该书前半多采用官修实录,国史旧本,宜有史料价值。但后半,如《本纪》杂采各书、冗长失当;《列传》事实不详、多有疏漏,此为历代史家之定评。究其原因,一是修史时间尚短(前后仅5年),难以广集钩沉,疏于辨证考据;二是编撰时正值五代战乱,众多史料散佚,难以收录。因之,该书从北宋至明代,约五百年间为史家所左,难为信史。至明代嘉靖年间(1552—1556年),闻人铨集得两种宋绍兴残本,以之补修校刻,《旧唐书》始见流传。清乾隆年间正式列入"二十四史"。

《新唐书》始修于北宋庆历四年(1044年)。宋仁宗以"刘昫等所撰唐书卑弱浅陋",诏端明学士宋祁等重修唐书。因工程冗繁,又令翰林院学士欧阳修为监修,并执笔修定本记。至嘉祐五年(1060年),前后费时十七年,最终成书。

该书广泛采用宋代重新收集的各种史料、文档及笔记、小说、碑记、家谱、杂史等,对旧书进行校正补遗,首创《兵》、《仪卫》、《选举》三志,并增撰各表,又专立《藩镇传》记述沿革。其列传、天文历志、地理、食货、艺文志等为史家所称道,以为信史。但因欧阳修、宋祁等系文坛名士,其文亦有"仿春秋之笔法","事于褒贬笔削"的缺点。

从两唐书的编撰过程看,《新唐书》可称为《旧唐书》的改定版。且从修史时间、史料搜集等角度看,《新唐书》均优于《旧唐书》。因之,自1060年《新唐书》正式刊行以降,其作为新版的官修唐史而广泛流传,并受到史家的好评。

文征明在《重修唐书序》中说:"以宋景文、欧阳文忠皆当代大手笔,故朝野尊信而旧书遂废不行。"以简洁明了的语言,说明了两唐书兴废之原因,令人信服。

清代学者赵翼是著名的史学史专家,以毕生之精力研究正史,习如考证补遗。其在《二十二史劄记》中有如下之精论:

"宋仁宗以刘昫等所撰唐书卑弱浅陋,令翰林学士欧阳修、端明殿学士宋祁刊修。曾公亮提举其事。十七年而成二百二十五卷。修撰纪志表,祁撰列传故事。……祁奉诏修唐书十余年,出入卧内尝以稿,自随为列传百五十卷。论者新书事增于前,文省于旧……至宋时文治大兴,残编故册次第出见。观新唐书芸文志所载,唐代史实无虑数十种,皆五代修唐书时,所未尝见者。据以参考,自得精详。……是刊修新书时,又得诸名手似助,宜其称良史也"。④详尽考证了《新唐书》增补之据由,对其作为"良史"之范,亦给予极高之评价。

金毓黻先生是现代中国研究渤海史的权威学者。众所周知,在其名著《渤海国志长编》中,所撰"世纪"(卷三)、"年表"(卷五)、"大事表"(卷七)、"职官考"(卷十五)、"地理考"(卷十四)、"族俗考"(卷十六)、"食货考"(卷十七)等,均依《新唐书》之史料逐一考证而成。新中国成立后,金毓黻先生功业不辍,在《关于渤海国的三个问题》一文中,进一步指出"新唐书谓'渤海本粟末靺鞨,附高丽者、姓大氏',其论万确"。⑤再次肯定《新唐书·渤海传》的权威性。

新中国成立后,渤海国史研究进入了一个新的历史时期。迄今为止,已公开出版渤海国研究专著、资料汇编十数部,发表学术论文数千篇,并取得重大考古发现多处。纵观以上成果,其显著特点之一便是首肯《新唐书·渤海传》的史料价值。这也是大多数中国学者持渤海国族源"靺鞨说"的原因之所在。

二

新、旧两《唐书》不仅在成书特点及史家评价方面存在颇大差异,倘以

具体内容而论,两相比较,择其要者如次:

第一,《旧唐书》有关"夷"、"狄"(中国历代官修正史对异族之称谓)及羁縻诸藩所列之"传",因史料阙如,乃至内容多有疏漏,甚至讹错相生者,史家早有定评。其中尤可罗雀者,当推将日本记事分为"倭国传"与"日本传",乃成其错之典例。

查《旧唐书》卷一九九上·东夷传中,先立"倭国传",开篇云"倭国者,古倭奴国也";继之又列"日本传",云"日本国者,倭国之别种也。"表明撰史者于日本历史沿革事颇为不详,致成混乱。何以如此?欲简言论之。

众所周知,唐代以前的中国官修正史从《魏志·倭人传》至《隋书·东夷传》,有关日本的记载颇多且详,均以"倭"谓之。及至唐代,由于日本遣唐使团之派遣,中日两国关系发展到前所未有之水平。与此同时,"日本"之国名亦开始出现于中国史料中。成书于宝龟至建中年间(780 年前后)唐人柳芳所撰《唐历》一书,尽管年久失佚,然于日本史书《释日本纪》中尚存部分内容。其中有关日本之称谓,乃明言"日本国者、倭国之别名也"⑥,此为一例。杜佑(735~812 年)系唐代著名史家,其历时 36 年所撰《通典》为后世人奉为史论之精典。该书卷帙浩繁,几达二百余卷,所叙所论之事始自黄帝、唐虞之代,迄于唐天宝年间。该书有关唐代典章制度及社会风俗之论述尤为详实,为后代史家所称道。《通典》卷一八五·边防上载:"倭,一名日本",亦对日本历史之沿革有明晰而准确之记录。

以上两书均系早于《旧唐书》而刊行之史料,且出于同时代唐人之手,颇具史料价值。反观《旧唐书》将倭与日本分而立传,视为异类,当知刘昫等修《旧唐书》时恐未得参考两书。其因略如前述,一是《旧唐书》成书于五代,时值战乱,大量史料散佚;二是该书撰写时间仅五年,于中国历代正史所费之功难以企及,急功近利,必致粗漏。

两相比照,《新唐书》却将《旧唐书》分立"倭国传"和"日本传"之误予以纠正,而以"日本传"专而述之。日本学者增村宏论及此事时认为"《新唐书·日本传》之记述,系参考了当时的新史料,即日本僧侣大周然所撰《日本年代记》之故"⑦。此论似可证明,《新唐书》有关异族之"传",乃参考、补遗了大量有价值之资料。因之,其内容、史料价值远比《旧唐书》为高,并具有准确性和权威性。

第二，《新唐书·渤海传》收录、补充了《旧唐书·渤海传》中许多未见之资料，亦为史家所认同。金毓黻在《渤海国志长编》中指出"新唐书·艺文志、乙部史录、地理类张建章渤海国志三卷，为旧书经籍志所不载。盖其书晚出，为刘昫等所未见也。……取材视旧书为多、盖多取材于张氏。"⑧认为《新唐书》关于渤海国的记载乃取材于张建章所撰《渤海国记》。

1956 年，北京市德胜门外出土了《张建章墓志铭》。据该志所载，张建章(806～866 年)字会主，中山北平人(今河北省完县东北)。曾任幽州卢龙节度押奚、契丹两蕃副史，摄蓟州刺史、正议大夫兼御史大夫等职。唐文宗太和六年、渤海国咸和三年(832 年)，渤海国王大彝震遣司宾卿贺守谦出使幽州。翌年(833 年)，作为回礼，张建章访渤海。"癸丑秋，方舟而东，海涛万里。明年秋杪，达忽汗州。"即张建章于唐太和八年(834 年)抵达渤海国上京龙泉府。张氏在渤海受到很高的礼遇，"彝震重礼留之，岁换而返。"张氏返唐幽州复命时，渤海国王大彝震举行盛大宴会，"以丰货宝器、名马、文革以饯之"。

此次出使渤海国，给张建章留下了深刻印象。返唐后，将滞留渤海时"凡所笺、启、赋、诗"整理成稿，"又著《渤海记》，备尽岛夷风俗、宫殿、官品，当代传之。"可见《渤海国记》的大体内容，及其在唐太和年间广为传播的情况。

关于张建章其人其事，《北梦琐言》一书亦有记载。北宋人孙光庭所撰《北梦琐言》卷十三："张建章为幽州行军司马，后历郡守，尤好经史，聚书至万卷，所居有书楼，但以披阅清静为事。经涉之地，无不理焉。"北宋人钱易《南部新书》丙："张建章，四镇之行军司马也。曾赍戍命往渤海"。南宋人王应麟所撰《玉海》，系一部颇受史家推崇之史书。《玉海》十六地理类、异域图书条载"张建章《渤海国记》三卷"，言其书成于"太和中"。官修正史《宋史》之王溥传、艺文志中亦有张建章及其所著《渤海国记》的记载。

《张建章墓志铭》与有关史料相印证，足信《新唐书·渤海传》之内容为《旧唐书·渤海传》所无。其有关渤海国族源、政治、经济、文化、社会风俗的记录皆源自张建章出使渤海国的亲历记，是为对《旧唐书·渤海传》的补遗与订正,并具有无可置疑的权威性。

第三,《新唐书》有关渤海记事就内容而言,无论是典章制度,还是地理、风俗,均比《旧唐书》详而且新。

《新唐书·渤海传》云:"初,其王数遣诸生诣京师太学,习识古今制度,至是遂为海东盛国。地有五京、十五府,六十二州。以肃慎故地为上京,曰龙泉府……"记录了渤海仿唐"习识古今制度"及地方建制的详细情况。而这些,都是《旧唐书》所不及者。

渤海国"五京、十五府、六十二州"的建制,在《辽史、地理志》中有明确记载可考。金毓黻在《渤海国志长编》中说"渤海传既列举其京、府、州之名甚晰,辽史地理志更将诸州所属县名采撷差备,依此求此,固可得十之七八。然辽灭渤海之后,改建东丹,悉将其民迁徙他地,或仍其旧称,或易以新名,核其性质,实同侨置。"并详细考证出"五京、十五府、六十二州"的地理方位。此外,日本学者津田左右吉《渤海考》、乌山喜一《渤海史考》、和田清《渤海国地理考》、白鸟库吉《关于渤海国》、原田淑人、驹井和爱《东京城》,及近代朝鲜学者丁镛《大韩疆域考》等,均就"五京"及渤海地理进行了详细考证,并与考古发掘相印证,确认了《新唐书·渤海传》所录之渤海地理准确无误。

第四,《旧唐书·渤海传》首句云:"渤海靺鞨大祚荣者,本高丽别种也。"有关"别种"一词,曾引起各种歧见。日本学者增村宏在考证大量唐以前中国史籍的基础上,指出:"检证各史籍'别种'之用语,可得出如下之结论:该词多用于唐代史书,在此基础上成书之《旧唐书》亦多用,颇为引人注目。多用'别种'一词系唐代史书之特点。'别种'非该民族或国人之自称,而是中国方面(包括编撰史书者)之判断。"此论明矣。刘昫等人撰《旧唐书》因袭唐人习惯于称"别种"之例,仅系撰史者之"判断",而非渤海人之"自称"。与之相反,《新唐书·渤海传》取材于张建章聘渤而撰之《渤海国记》,而张氏滞留渤海一年有余,有关渤海之族源、历史之沿革必得渤海人之自言、"自称"。因此,言"渤海本粟末靺鞨"。该说可视为对《旧唐书》编撰者主观"判断"的重要订正,它不仅符合重修《新唐书》的宗旨,而且亦与史实相符。

　　《新唐书·渤海传》云："睿宗先天中,遣使拜祚荣为左骁卫大将军、渤海郡王,以所统为忽汗州,领忽汗州都督,自是去靺鞨号、专称渤海"。这则资料透露了两条信息:一是渤海国初期(先天中为公元713年左右)曾自号"靺鞨";二是此次册封后,渤海国名方有专称。

　　当时的唐人亦是只知靺鞨,不称渤海。上述册封之事,因1906年在旅顺口黄金山发现"鸿胪井栏题记"而得以证实。册封使崔訢(《旧唐书》称崔祈)返唐途经辽东半岛后,为纪念此事,凿井纪存。其碑文为"敕侍节宣劳靺羯使鸿胪卿崔忻井两口永为记验"。现该碑存于日本。

　　以上史料与文物之吻合,证明"靺鞨"即是渤海,"渤海"亦是靺鞨。《新唐书·渤海传》言"渤海本粟末靺鞨"之定评无误。

三

　　现存渤海史料除两唐书外,大多存留于日本史籍中。且由于日本史料大量记载渤海聘日之详情,有关渤海之典章、官制、社会风俗、经济文化的资料就显得弥足珍贵。以日本史料与两唐书有关渤海记事相验,可证《新唐书·渤海传》的信凭度及权威性远在《旧唐书·渤海传》之上。亦可印证渤海族源之辩,当以《新唐书》为准。

　　众所周知,渤海立国二百余年间,国王谱系计十五代而终。然《旧唐书·渤海传》无第四代王大元义和第五代王大华玙的记载,且自第十一代王大彝震而后,谱系阙如,杳无文字。而《新唐书·渤海传》却多有补遗,不仅有大元义与大华玙谱系相继之录,更有第十二代王大虔晃与第十三代王大玄锡相续之文。《新唐书·渤海传》载:"彝震死,弟虔晃立,死。玄锡立。咸通时,三朝献。"

　　《日本三代实录》卷二·贞观元年五月十日乙丑条录有"虔晃启、孟冬渐寒。伏惟……"之上表文。另,《类聚国史》卷一九四全文收录了渤海国第十二代王大虔晃的国书。

　　《日本三代实录》卷二十一、《类聚国史》卷一九四,均录有贞观十四年五月十日渤海国中台省之牒状，其文曰"玄锡敬。季秋极冷。伏惟。天皇起居万福。此即玄锡蒙恩……(后略)"对第十三代王玄锡遣使骋日之事亦有明确记载。

上引日本史料似可印证，《新唐书·渤海传》补《旧唐书》所遗之例，均为信史。

尤可提及者，《新唐书》所录渤海官制颇详，而《旧唐书》则片字皆无，兹录如次："官有宣诏省，左相、左平章事、侍中、左常侍、谏议居之。中台省，右相、右平章事、内史、诏诰舍人居之。政堂省，大内相一、居左右相上、左、右司政各一，居左右平章事之下，以比伏射、左、右允比二丞。左六司，忠、仁、义部各一卿，居司政下，支司爵、仓、膳部，部有郎中、员外。右六司、智、礼、信部，支司戎、计、水部、卿、郎准左，以比六官。中正台，大中正一，比御史大夫，居司政下。少正一。又有殿中寺宗属寺，有大令。文籍院有监。令、监皆有少。太常、司宝、大农寺，寺有卿。司藏、司膳寺，寺有令、丞。胃子监有监长。巷伯局有常侍等官。其武员有左右猛贲、熊卫、罴卫、南左右卫·北左右卫，各大将军、将军一。大抵现象中国制度如此。"

查日本诸史料，似可一一与之印证。综而记之，如下：

1. 中台省(渤海国三省之一，相当于唐中书省，系主要行政机关)实录：《续日本纪》卷二十二·天平宝字三年十二月丙辰(二十四日)条载渤海使高南申呈渤海国"中台省牒状"；《续日本后纪》卷十一、《类聚国史》卷一九四·承合九年三月乙丑(六日)条有渤海使贺福延呈"中台省牒状"；《续日本后纪》卷十九、《类聚国史》卷一九四·嘉祥元年三月戊辰(十四日)条载渤海使王文炬呈渤海国"中台省牒状"；《日本三代实录》卷二、《类聚国史》卷一九四·贞观元年五月十五日乙丑条有渤海使乌孝慎呈"中台省牒状"；《日本三代实录》卷二十一、《类聚国史》卷一九四·贞观十四年五月十八日丁亥条载渤海史杨成规进"中台省牒状"'《日本三代实录》卷三十一、《类聚国史》卷一九四·元庆四月十八日己丑条记渤海使杨中远呈"中台省牒状"。上述日本史籍中不仅记载渤海使所呈"中台省牒状"之事，而且详录了部分"牒状"之全文，为研究渤海国公文之体例、格式留下了难得的第一手资料。

2. 政堂省左允、孔目之职:《续日本纪》卷二十四、天平宝字七年一月丙午(三日)条录存渤海国大使王新福聘日之事,王的官职为"行政堂左允"。日本学者大多认为"行政堂"即政堂省之前身;《类聚国史》卷一九四、《日本逸史》卷二十九·弘仁十二年十一月乙巳(十三日)条记渤海国使王文炬职称"政堂省左允";《续日本后纪》卷十一、《类聚国史》卷一九四·承和九年三月乙丑条录有渤海使贺福延之职为"政堂省左允";《日本三代实录》卷二十一、《类聚国史》卷一九四·贞观十四年五月十八日丁亥条载渤海国使杨成规之职"政堂省左允";《日本三代实录》卷三十一、《类聚国史》卷一九四·元庆元年四月十八日巳丑条中渤海国史杨中远职称"政堂省孔目"。

3. 信部(工部)郎中、少卿等:《类聚国史》卷一九三·殊俗部渤海上·延历十五年四月戊子(二十七日)条录渤海使吕定琳之职为"工部郎中"。如所周知,渤海之信部乃仿唐之工部所设,此处称"工部",恐系早期涉外之称;《类聚国史》卷一九四、《日本逸史》卷三十四·天长三年五月戊寅条载渤海使高承祖之职为"信部少卿"。

4. 文籍院少监:《日本三代实录》卷四十三、《类聚国史》卷一九四·元庆七年五月二日丁卯条录渤海使裴廷页之职为"文籍院少监";《日本纪略》卷二十、宽平四年正月甲寅条载渤海使王龟谋之职为"文籍院少监"。

5. 司宾少令:《续日本纪》卷三十四·宝龟七年十二月乙巳条录渤海使史都蒙聘日,其职"司宾少令";《续日本纪》卷三十五·宝龟九年九月癸亥条载渤海使张仙寿之职"司宾小令"。(按:此处"小"字疑为"少"字之误。)

6. 左熊卫都将、右猛贲卫少将等:《类聚国史》卷一九三·殊俗部渤海上·延历十七年十二月壬寅条载渤海使大昌泰之职为"左熊卫都将";《日本三代实录》卷二十一、《类聚国史》卷一九四·贞观十四年五月十五日甲申条记渤海副使李兴晟之职为"右猛贲卫少将"。

《新唐书·渤海传》是中国正史中最早、亦是最为详细记载渤海国官制的史料。从以上统计中不难看出,其所载之官制大都能与日本史料相印证,足以说明《新唐书》堪称信史。以此推论,《新唐书》明言渤海族源"本粟末靺鞨"是无可置疑的。

在日本有关渤海的记事中,最有名者,当举《类聚国史》卷一九三·殊俗部渤海上·延历十五年四月戊子(二十五日)条:"渤海遣使献方物,其王启曰,(中略)又传奉在唐学问僧永忠等所附书。渤海国者,高丽之故地也,天命开别天皇七年,高丽王高氏,为唐所灭也,后以天之真宗丰祖父天皇二年,大祚荣始建渤海国,和铜六年,受唐册立其国,延袤二千里,无州县馆驿,处处有村里,皆靺鞨部落。其百姓靺鞨多土人少,皆以土人为村长。大村曰都督,次曰刺史,其下百姓皆曰首领。土地极寒,不宜水田,众颇知书,自高氏以来朝贡不阙。"

这段被日本学者称为日本史料中最为详细记载渤海"沿革记事"之资料,因其明确载有渤海建国年代、居民构成及社会关系、地理风俗等事,历来为中外学者所重视。

延历十五年即公元798年,当为唐德宗贞元十二年、渤海康王正历三年,此时距渤海大祚荣建国整整百年。从"无州县驿馆"看,《新唐书·渤海传》所言"地有五京、十五府、六十二州"应为公元九世纪以后的情况。即渤海建国百年时,政治、社会、经济仍不发达,国家形态尚有明显的部落联盟特点。"处处有村里,皆靺鞨部落,其百姓者靺鞨多土人少",勿庸讳言,就辞意而言系指渤海地方村落及主要居民均为靺鞨。也就是说,直至八世纪末,日本人亲眼所见的渤海国社会结构系由"皆靺鞨部落"所构成。同证,直至九世纪初,渤海国的原住民仍以靺鞨人为主,也就是说,渤海国族源非靺鞨莫属。

四

遍查朝鲜有关史料,特别是18世纪以前之古籍,难觅任何渤海与高句丽有族缘关系的记载。相反,渤海即靺鞨之记载却明晰可见。

早在高句丽末期,百济、靺鞨与高句丽在今东北地区与朝鲜半岛北部便成三方鼎立,竞争雄长之势。朝鲜著名史籍《三国史记》卷二十二·高丽本纪十·宝臧王十四年(655年)春正月条载"先是我与百济、靺鞨侵新罗北境……"。同书仪凤二年(677年)丁丑春二月条记"以降王为辽东州都督,

⋯⋯王至辽东,谋叛,潜与靺鞨通。⋯⋯开耀元年(681 年),召还邛州,⋯⋯散徙其人于河南,陇右诸州,贫者留安东城傍,旧城往往灭于新罗,余众散入靺鞨及突厥,高氏君长遂绝”。

以上二则史料记载着高句丽灭亡前后其旧部与靺鞨之关系,知颇多高句丽余众“散入靺鞨”。如以此断言,则散入“突厥”者尚不知何解？断不能因高句丽灭国后大批旧部投奔突厥而言高句丽与突厥有族源关系。

渤海建国后(698 年),朝鲜史料仍有渤海、靺鞨的记载。《三国史记》卷八·圣德王三十三年(734 年)春正月条有:“教百官亲入北门奏对。入唐宿卫左领军卫员外将军金忠信上表曰,臣所进止,令臣持节本国,发兵马讨除靺鞨,有事叙奏者⋯⋯。”记叙了唐廷欲令新罗发兵攻渤海靺鞨之事。

《三国史记》卷三十七·杂志六中有:“(高句丽)其地多入渤海靺鞨,新罗亦得其南境。”可见当时的新罗人亦是将靺鞨称为渤海的。

渤海第十四代王大玮瑎四年(唐乾宁四年,897 年),渤海与新罗使节因席次之上下尊卑,而在长安发生有名的“争长事件”。椐史料记载:渤海王子大封裔赴唐朝贡,适逢新罗使者亦至长安。依旧例,唐廷接见诸藩使节时,新罗位于渤海之上。然此次大封裔言渤海强盛、新罗势弱之由,要求列席位于新罗之上。新罗使者据理力争,言新罗为唐之旧藩,例来保持良好之关系,断然不能居渤海之次。双方唇枪舌战,互不相让。唐廷诸臣朝议未定,遂上奏唐昭宗定夺。唐昭宗钦定,依例不变,新罗仍居上位。新罗孝恭王闻讯,命崔致远上表,称颂唐昭宗之圣明。此文名《谢不许北国居上表》,收录于庐国慎、徐居正所编之《东文选》中。现节录于兹:

“臣某言。臣得当蕃宿卫院状报。去乾宁四年七月内。渤海贺正王子大封裔进状。请许渤海居新罗之上。伏奉敕旨。国名先后。比不因强弱而称朝制等威。今岂以盛衰而改。宜仍旧贯。准此宣示者。⋯⋯臣谨按渤海之源流。句丽未灭之时。本为疣赘部落。靺鞨之属。寔繁有徒。是名粟末小蕃。曾遂句丽内徙。其首领乞四比羽及大祚荣等。至武后之际。自营州作孽。始称振国。⋯⋯后至先天二年。方受大朝宠命。封为渤海郡王。⋯⋯”⑨。

此表文对渤海虽用辞不恭,且多有轻侮之意,然确以极简明之语,详述了"渤海之源流"、族源之沿历、建国之始祚及与高句丽之关系。文中明确指陈渤海之族属"是名粟末小藩","（高）句丽末灭之时,本为疣赘部落",大氏之祖"曾遂（高）句丽内徒"。倘将此文字与《新唐书、渤海传》比照,与"渤海本粟末靺鞨,附高丽者,姓大氏"之说如同出一辙。该表文表明,新罗从未视渤海与高句丽同族。反之,却明示粟末靺鞨即为渤海之族属。

综上,本文依中国、日本及朝鲜诸史料,并结合考古资料,对渤海国族源问题进行考证。简言之,《新唐书·渤海传》当视为研究渤海史之可信资料。其所言"渤海本粟末靺鞨",系研究渤海国族源问题之凭证。大量史料表明,靺鞨即渤海,渤海即靺鞨。渤海国族源"靺鞨说"足资首肯。

（原刊于《日本研究》1998 年第 4 期）

【作者简介】

刘毅,男,1949 年 6 月生,辽宁大学日本研究所教授、博士生导师,大连大学人文学院特聘教授,中国日本史学会副会长。

注释

① 《新唐书·北狄·渤海传》

② 持该说者多为朝鲜、韩国学者。

③ 中国学者大多持"靺鞨说"。

④ 清·赵翼《二十二史剳记》,中华书局点校本。

⑤ 金毓黻:《关于渤海国的三个问题》,《历史教学》1956 年 4 月号。

⑥ 引自《释日本纪》卷一、题解。

⑦ 增村宏:《新旧两唐书之日本传之探讨》,载于《内田吟风博士颂寿纪念·东洋史论集》,同朋舍 1978 年出版。

⑧ 金毓黻:《渤海国志长编》,卷十九、丛考。

⑨ 庐思慎、徐居正:《东文选》,学习院大学影印本。

唐代渤海王国的创建者
大祚荣是白山靺鞨人　　李健才

唐代渤海王国的创建者大祚荣是靺鞨人还是高丽人的问题，中外史学界已发表了大量的论著，众说纷纭。中国学者根据《新唐书·渤海传》等书所载："渤海，本粟末靺鞨附高丽者，姓大氏"，认为大祚荣是粟末靺鞨人，两唐书都肯定了渤海是靺鞨人建立的国家，认为渤海王国是唐朝的地方民族政权，是中国历史的组成部分。朝鲜学者和韩国部分学者根据《旧唐书·渤海靺鞨传》等书所载："渤海靺鞨大祚荣者，本高丽别种也"，认为别种就是高丽人。因此，认为渤海是高丽人创建的国家，渤海王国的建立，是高丽（高句丽）的复国，渤海历史是朝鲜历史的组成部分。日本学者多数和中国通说相同，认为"高丽别种"即"本粟末靺鞨附高丽者"，渤海王国是靺鞨人建立的，[①]但也有少数学者认为是高丽人建立的。[②]个别日本学者，如津田左右吉则认为大祚荣既不是高丽人，也不是粟末靺鞨人，而是白山靺鞨人。[③]笔者赞同其说，并提出以下几点补充和看法，目的是抛砖引玉，请方家批评指正。

笔者认为，要搞清渤海大祚荣的族属问题，首先要对《新唐书·渤海传》有一正确理解，而正确理解《新唐书·渤海传》的关键，在于要搞清以下几个问题。

一、白山靺鞨、粟末靺鞨的地理位置及其与高丽的关系

隋、唐时代，高丽（高句丽）北与靺鞨接。[④]搞清白山、粟末两部的地理

位置及其与高丽的关系,对理解两唐书关于渤海大祚荣的族属问题有重要帮助。

第一,白山靺鞨在高丽辖境内的东北部,"素附于高丽"。隋、唐时代,靺鞨"白山部,在粟末东南"。⑤"马砦水,一名鸭绿水,水源出东北靺鞨白山"。⑥据此可知,白山靺鞨在今长白山附近,当今吉林省东部延边地区和今朝鲜半岛的东北部。这一地区,早在汉、魏时代,为玄菟郡辖境内的沃沮居地。高句丽太祖大王四年(56 年),将其版图扩张到沃沮地区以后,沃沮"遂臣属句骊"。⑦汉、魏时代的高句丽"东与沃沮,北与夫余接"。⑧汉、魏时代,挹娄还在北沃沮之北。⑨正始五年(244 年),曹魏派幽州刺史毋丘俭征高丽,攻陷丸都(今集安)。正始六年(245 年),再次东征,高句丽王位宫(即东川王优位居)逃到买沟即北沃沮。毋丘俭遣玄菟太守王颀追击,"过沃沮千有余里,至肃慎氏南界"。⑩可知曹魏军队已到达北沃沮即今图们江流域。到南北朝时代,挹娄称勿吉,这时,北方的勿吉南下进入沃沮故地。到隋、唐时代,勿吉称靺鞨,为白山靺鞨居地。勿吉即靺鞨,与高句丽辖境内的原居民沃沮、高句丽长期以来融合在一起,成为高句丽(高丽)辖境内的属民。因此,"其白山部素附于高丽",⑪或"白山本臣高丽",⑫常随从高丽进攻新罗、百济或隋、唐。隋文帝开皇十八年(598 年),高丽王元(婴阳王)"率靺鞨之众万余骑寇辽西,营州总管韦冲击走之"。⑬贞观十九年(645年),唐军进攻安市城(今辽宁省海城市东南的英城子屯高句丽山城)时,"高丽北部傉萨高延寿、南部傉萨高惠贞引兵及靺鞨众十五万来援"。⑭当进攻时,"每战,靺鞨常居前",⑮充当挡箭牌。"白山(靺鞨)本臣高丽,王师取平壤,其众多入唐。汨(伯)咄、安居骨等皆奔散,寝微无闻焉,遗人迸入渤海"。⑯"高丽既灭,祚荣率家属徙居营州"⑰由此可知,白山靺鞨因"素附于高丽",或"本臣高丽",所以常随高丽出征,高丽灭亡后,白山靺鞨与大祚荣同时徙居唐代营州(今辽宁省朝阳市)。靺鞨的其他各部皆奔散无闻,留在原地者,后来成为渤海的编户。

《旧唐书》所谓:"渤海靺鞨大祚荣者,本高丽别种也",明确指出大祚荣是靺鞨人,这里所说的"高丽别种",是指长期以来,居住在高丽辖境内依附或臣属于高丽的白山靺鞨人。朝鲜学者有的认为高丽别种,就是高丽人,如此,则高丽和别种就无区别了,显然是错误的。也有的根据朝鲜史料关于大祚荣是"高丽旧将"[18]的记载,作为推定大祚荣是高丽人的论据,也是难以令人信服的。唐朝的高仙芝是高丽人,黑齿常之是百济人,他们都在唐朝担任过重要官职,[19]但他们都不是汉人。大祚荣曾是高丽旧将,但不等于他就是高丽人。从文献记载来看,除白山靺鞨以外的其他靺鞨各部,特别是从南北朝到隋、唐,长期以来和高丽对峙的粟末靺鞨,和"高丽别种"以及"附高丽"的问题联系不上。中国史学界的通说,是根据《新唐书·渤海传》关于"渤海,本粟末靺鞨附高丽者,姓大氏"的记载,认为粟末靺鞨是附高丽者,大祚荣是粟末靺鞨人的附高丽者,即高丽别种。这一通说并不符合粟末靺鞨的实际。

第二,粟末靺鞨依粟末水以居,与高丽邻接,"每寇高丽",从未依附过高丽。为了正确理解《新唐书·渤海传》的记载,必须搞清粟末靺鞨和高丽的关系,是依附还是对峙的问题。

汉、魏时代,高句丽"北与夫余接"。[20]到隋、唐时代,高句丽的北界已推进到粟末水(今北流松花江,亦称第二松花江)一带。这时高句丽的北界,已不再是"北与夫余接",而是北与靺鞨接,[21]或"北至旧夫余"[22]了。因为410年,高句丽已攻占了东夫余即夫余,故这时称"旧夫余"。

在汉、魏时代,夫余周围各族尚未发展壮大,还无力攻灭夫余,所以"其国殷富,自先世以来未尝破坏"。[23]从西晋到南北朝时代,中原战乱,东北各族乘机兴起,互相攻伐。夫余在西方的鲜卑、前燕,南方的高句丽,北方的勿吉相继进攻下走向衰亡。夫余在285年和346年,先后两次,由于鲜卑慕容廆和前燕慕容皝遣其世子儁与恪的大举进攻,夫余王和大批部众被掠走,夫余初居鹿山的王城(在今吉林市龙潭山山城、龙潭山车站附近和东团山山城一带)被夷平。[24]346年,夫余"西徙近燕",[25]其王城西迁到今农安县。[26]西迁后的夫余,在前燕的卵翼下,日趋衰落。到405年,高句丽在和前燕、后燕争夺辽东、玄菟两郡获胜后,[27]高句丽好太王乘夫余西迁后部落衰散、东方夫余故地空虚而无防御之机,在410年,大举北上进攻东夫余。东夫余之名始见于414年建立的《好太王碑》,这一东夫余是指在346年西迁夫余之东的夫余,亦即北夫余。[28]这从好太王攻占了东夫余以后,派遣的镇守官员不是东夫余守事,而是北夫余守事的[29]记载可以得到证实。410 年,夫余前期的王城即初居鹿山的王城,被高句丽攻占以后,成为高句丽防御北方靺鞨南下的军事边防重镇(今吉林市龙潭山高句丽山城)。

高句丽攻占东夫余以后,西迁到今农安县一带的夫余仍然存在,北魏高宗太安三年(457 年),还有"于阗、扶余等五十余国各遣使朝献"[30]的记载就是明证。当高句丽攻占东夫余,将其北界推进到粟末水(今北流松花江)流域时,居住在难河下游(今东流松花江下游)的勿吉[31]兴起,大举南下进入粟末水以北的夫余故地,并攻占了高句丽的一些部落,[32]南与高句丽(高丽)相接。到 494 年,勿吉进攻夫余,这一夫余即"西徙近燕"在今农安一带的夫余。"夫余为勿吉所逐",[33]夫余王率妻孥逃到高句丽,[34]夫余遂亡。勿吉攻占今农安县一带的夫余以后,今农安以东的夫余故地(即东夫余)仍为高句丽占据。勿吉在 494 年所灭的夫余并不包括在 410 年被高句丽攻占的东夫余故地。

高丽(高句丽)荣留王(建武)十四年(唐太宗贞观五年,631 年)春二月,"王动众筑长城,东北自扶余城,西南至海,千有余里,凡一十六年毕功"。[35]据考古调查得知,这一长城在今农安东部通过,直到今北流松花江南岸德惠县松花江乡的老边岗屯。[36]今农安在高丽千里长城之外,这和《辽史·地理志》东京道通州条和龙州黄龙府条所载,黄龙府是渤海的扶余府、夫余国王城(指西迁的夫余王城),而不是高句丽扶余城的记载相符。从高丽千里长城的方位、走向可知,高句丽攻占东夫余之地,是在今农安以东和北流松花江以南。

南北朝时代的勿吉,到隋、唐时代称靺鞨,居住在粟末水(今北流松花江)以北、高丽千里长城以西,即今农安县一带。据《新唐书·黑水靺鞨传》载:靺鞨七部之一的"粟末部,居最南,抵太白山,亦曰徒太山,与高丽接,依粟末水以居"。粟末靺鞨"胜兵数千,多骁武,每寇高丽"。[37]在边境地带经常和高丽作战。"开皇(581—604 年)中,粟末靺鞨与高丽战,不胜,有厥稽部渠长突地稽者,率忽使来部、窟突始部、悦稽蒙部、越羽部、步护赖部、破奚部、步步括利部,凡八部,胜兵数千人,自扶余城西北举部落向关内附,处之柳城"。[38]隋代的柳城即唐代的营州,在今辽宁省朝阳市。隋炀帝伐高丽时,即"及辽东之役,突地稽率其徒以从。每有战功,赏赐甚厚"。㊙唐高祖武德二年(619 年)十月,"靺鞨酋帅突地稽遣使朝贡。突地稽者,靺鞨之渠长也。隋大业(605—618 年)中,与兄瞒咄率其部内属于营州。瞒咄死,代总其众,拜辽西太守,封扶余侯"。㊵从上述突地稽率部众"自扶余城西北举部落向关内附"的记载可知,粟末靺鞨的突地稽所领各部是在高句丽扶余城(今吉林市龙潭山高句丽山城)的西北,而高句丽的扶余城则在粟末靺鞨部的东南,正当今吉林市龙潭山高句丽山城。把高句丽的扶余城推定在其他各地者,均和在粟末靺鞨东南的记载不符。在今吉林市西北的北流松花江(粟末水)北岸的永吉县乌拉街杨屯大海猛、㊶榆树县大坡乡后岗大队老河深、㊷农安县北部松花江南岸,㊸均发掘出土渤海前期的粟末靺鞨墓群和文化遗物。这都可以证实,隋、唐时代,粟末靺鞨是在高句丽(高丽)北部的边境上,即今吉林市西北和今北流松花江一带,而不是在高句丽(高丽)的辖境内。粟末靺鞨隔江与高句丽对峙,经常发生战争。在今北流松花江沿岸的吉林市龙潭山山城、东团山山城以及九站南山城等高句丽山城就是防御北方粟末靺鞨南下的军事边防城。

南北朝时代的勿吉即隋、唐时代的靺鞨,居住在粟末水(今北流松花江)以北、今农安县(西迁夫余的王城,494 年被勿吉占据)以西之地。这一时期的高句丽,占有粟末水以南、高丽千里城以东的夫余故地。在高句丽的这一辖境内,尚未发现靺鞨遗址、遗物,就是粟末靺鞨并未进入高句丽境内与高丽混居的明证。所谓浮渝靺鞨就是进住夫余故地(即今农安一带)的粟末靺鞨。所谓粟末靺鞨、白山靺鞨、浮渝靺鞨都是以靺鞨的住地而命名的靺鞨各部。所谓浮渝靺鞨即涑沫(粟末),㊹不是夫余族而是靺鞨族,不是秽貊族系,而是肃慎族系。

第三,从南北朝时代的勿吉到隋、唐时代的靺鞨,有的南下进入沃沮故地,即今长白山一带,史称白山靺鞨,居住在高句丽辖境内,"素附于高丽",或"本臣高丽"。南进到粟末水流域者称为粟末靺鞨,分布在高句丽的边境上,与高句丽邻接,和高句丽(高丽)形成对峙局面,"每寇高丽"。有人认为粟末靺鞨和高丽处于敌对关系的是少数,而多数还是处于依附关系。但这只是主观推论,并无文献记载的根据。唐高宗乾封三年(668 年)二月(三月改元总章元年），派李勣、薛仁贵进攻高丽北部边防重镇的扶余城（今吉林市龙潭山高句丽山城）时，大破高丽军，"杀获万余人，遂拔扶余城，扶余川四十余城，乘风震慑，一时送款"。[45]在这一扶余城下，胡三省注云："扶余国之故墟，故城存其名"。[46]由此可知，高句丽的扶余城即夫余初居鹿山的王城。[47]高句丽从410年攻占东夫余即夫余王城，到668年被唐军攻陷，城废至今，高句丽（高丽）占据扶余城长达258年之久。当唐军大举进攻高丽扶余城时，只有高丽军抵抗，而无靺鞨人参加，也是粟末靺鞨人从未依附于高丽的明证。

白山靺鞨和粟末靺鞨在对隋、唐关系方面也不相同。粟末靺鞨曾从隋、唐军征高丽，"每有战功"，而白山靺鞨则是随从高丽共同进攻隋、唐军。文献所载，向隋、唐朝贡的靺鞨即粟末靺鞨，而不是臣属于高丽的白山靺鞨。《通志》卷194，勿吉（一曰靺鞨）传载："隋开皇初，靺鞨国有使来献，谓即勿吉也。……其国西北与契丹接"。可知来献者的靺鞨即粟末靺鞨。又据《唐会要》卷96，靺鞨条载："靺鞨远来，盖突厥服之所致也"。这是向唐朝贡者是与突厥邻近的靺鞨，即粟末靺鞨，而不是远离突厥的白山靺鞨。

在隋、唐时代，先后逃往营州（即柳城，今辽宁省朝阳市）的粟末靺鞨和白山靺鞨，是创建渤海王国的两大靺鞨部落集团。渤海王国的创建者大祚荣是素附于高丽的白山靺鞨人，而不是和高丽对峙的粟末靺鞨人。粟末靺鞨是在隋代，由于在粟末水和高丽战，不胜，才从粟末水逃到柳城（营州）去的，而白山靺鞨和大祚荣则是在唐灭高丽以后，才从高丽逃亡到营州去的。从两者逃亡的原因和出发地来看，身为"高丽别种"和"高丽旧将"[48]的大祚荣，只能是在高丽境内素附于高丽的白山靺鞨，而不可能是在高丽边境上同高丽对峙的粟末靺鞨。因此，把高丽别种和高丽旧将的大祚荣推定为白山靺鞨人，比推定为粟末靺鞨人更符合文献记载的实际。

二、对两唐书渤海传如何理解的问题

中国史学界的通说，对《新唐书·渤海传》的记载是肯定的，认为"渤海,本粟末靺鞨,附高丽者",即《旧唐书》的"渤海靺鞨大祚荣者,本高丽别种也"。朝鲜学者则认为《旧唐书》关于"大祚荣者,本高丽别种也"的记载是正确的,而《新唐书》的记载是歪曲事实,并不可靠。日本有个别学者则认为《新唐书·渤海传》中的"渤海,本粟末靺鞨附高丽者"的记载"是否可信,令人怀疑"。笔者认为对旧、新唐书的理解产生分歧的原因,在于对粟末靺鞨和白山靺鞨对高丽的关系(见上述)没有清楚的认识。笔者认为《旧唐书》所说的是大祚荣的族属问题,而《新唐书》所说的则是创建渤海王国的族属问题。两唐书所说的主题不同,不是意义相同的记载。《新唐书》应句读为"渤海,本粟末靺鞨附高丽者,姓大氏"。意即渤海王国是由粟末靺鞨和附高丽者(即高丽别种,亦即素附于高丽的白山靺鞨)两大靺鞨部落集团创建的,其领导人姓大氏即大祚荣。这样理解才符合上述文献记载的实际。因为如上所述,粟末靺鞨从未依附或臣服过高丽。《旧唐书》明确指出渤海是由高丽别种大祚荣和粟末靺鞨乞四比羽即由粟末靺鞨和白山靺鞨(即附高丽者或高丽别种)两大部落集团共同创建的(详见下述)。

有人认为,897年新罗孝恭王上唐昭宗的《谢不许北国居上表》明确指出渤海原为粟末靺鞨。但从其内容来看,并非如此。《谢不许北国居上表》云:"臣谨按渤海之源流也,高丽未灭之时,本为疣赘部落,靺鞨之属。实繁有徒,是名粟末小蕃,尝逐句丽内徙。其首领乞四比羽及大祚荣等,至武后临朝之际,自营州作孽西逃,辄据荒丘,始称振国"。[49]其中所说的渤海王国的创建者,并非只是粟末靺鞨即所谓"粟末小蕃",还有疣赘部落,即依附于高丽的白山靺鞨,高丽把白山靺鞨有时诬称为疣赘部落或高句丽残孽。[50]特别是从其首领乞四比羽和大祚荣的族属来看,决非同属粟末靺鞨。关于这一问题,《五代会要》卷30渤海条有明确记载:"有高丽别种大舍利乞乞仲象,与靺鞨人乞四比羽走保辽东,分王高丽故地"。如上所述,这里所说的高丽别种,即"素附于高丽"的白山靺鞨,靺鞨人乞四比羽,即粟末靺鞨人乞四比羽。粟末靺鞨的部分部落,在隋代,从粟末水流域投奔隋朝,安置在柳城,白山靺鞨部分部众中的大祚荣,在高丽灭亡后,也逃奔到营州(即原柳城)。靺鞨的两大部落集团在营州会聚在一起。

三、渤海王国是靺鞨人建立的国家

第一,渤海王国的创建者大祚荣是白山靺鞨人。万岁通天年间(696年),先后逃亡到营州的粟末靺鞨和白山靺鞨两大靺鞨部落,分别在高丽别种乞乞仲象和靺鞨酋乞四比羽的领导下,乘契丹人李尽忠在营州叛乱之际,"各领亡命东奔,保阻以自固"。[51]在东奔过程中,乞四比羽被追击的唐军杀害,乞乞仲象病死,乞乞仲象之子大祚荣嗣立,"因并有比羽之众,其众四十万人"。[52]到这时,靺鞨的两大部落统归大祚荣领导。"祚荣合高丽、靺鞨之众以拒楷固,王师大败,楷固脱身而还"。[53]这里所说的高丽即高丽别种,亦即"素附于高丽"的白山靺鞨。这里所说的靺鞨即粟末靺鞨。如《旧唐书·渤海靺鞨传》等书均载:"渤海靺鞨大祚荣者,本高丽别种也"。而《五代会要》卷30渤海条则书:"渤海靺鞨,本高丽种,唐总章中,高宗平高丽,徙其人散居中国,置州县于辽外,就平壤城置安东都护府以统之。至万岁通天中,契丹李万荣(当为李尽忠、孙万荣之误)反,攻营府,有高丽别种大舍利乞乞仲象,与靺鞨人乞四比羽走保辽东,分王高丽故地"。很明显,其中的"本高丽种",即高丽别种之误。而且渤海靺鞨也不都是高丽别种,所谓高丽别种是指大祚荣或素附于高丽的白山靺鞨。大祚荣率部众打败李楷固的唐军以后,遂率众"保挹娄之东牟山",[54]"据东牟山,筑城以居之"。[55]武则天圣历元年(698年),"乃建国,自号震国王"。[56]渤海初都之地的东牟山即今吉林省敦化市贤儒乡的城山子山城和敖东城,即所谓旧国之地。旧国不是特定的地名,而是故国、故土、故都之意。唐玄宗先天二年(713年)二月,遣郎将崔忻赴靺鞨(羯),册封大祚荣为"左骁卫大将军、渤海郡王。以所统为忽汗州,领忽汗州都督。自是始去靺鞨号,专称渤海"。[57]成为唐朝的地方民族政权,先后归唐朝的营州都督、幽州都督、营州平卢军使、平卢节度使、淄青平卢节度使管辖。

第二,渤海建都之地是靺鞨及其先世的故乡而不是高丽及其先世的故乡。渤海王国的都城主要在东牟山(即所谓的旧国之地)(698年至天宝中,

即约在 750 年）、上京（今黑龙江省宁安县渤海镇）。特别是在上京的时间
（756—758、793—926 年）最长。而在中京（742—755 年）、东京（985—993 年）
的时间才仅数年。渤海初都之地，即所谓渤海旧国之地，和上京之地，均为靺
鞨及其先世肃慎、挹娄故地。《新唐书·渤海传》载："以肃慎故地为上京"。
《张建章墓志》载："明年（834 年）秋，达忽汗州，州即挹娄故地"。中京（今吉
林省延边地区和龙市西古城子）、东京（今珲春八连城）原为北沃沮故地，汉代
玄菟郡辖境，后为高句丽辖境。从南北朝到隋、唐时代，先后是勿吉、靺鞨居
地。渤海王城均建立在靺鞨及其先世的故乡，而不是高句丽（高丽）人的故
乡，由此可证渤海王国是靺鞨人而不是高丽人建立的。如果说渤海王国是高
丽人建立的，则不可能把王城即都城建立在异族即靺鞨人的发祥地。

　　第三，旅顺黄金山麓的"鸿胪井刻石"是"敕持节宣劳靺羯使"（羯、鞨音
同），而不是宣劳高丽使，称靺羯（鞨）而不称高丽，中外史籍均称渤海靺鞨，
而不是渤海高丽，都可以确证渤海王国是靺鞨人而不是高丽人建立的国家。

　　第四，《五代会要》（卷 30，渤海）等书均载：渤海"其俗呼其王为可毒
夫，对面呼圣王，笺表呼基下，父曰老王，母曰太妃，妻曰贵妃，长子曰副王，
诸子曰王子。代以大氏为酋长，终唐室朝贡不绝"。[58]但高丽并没有这一习
俗，都可证实渤海王国是靺鞨人而不是高丽人建立的国家。

　　第五，朝鲜学者有的认为渤海王国的建立，是高丽的复国，但文献记载
的是：高丽灭亡，"余众不能自保，散投新罗、靺鞨，旧国土尽入于靺鞨，高氏
君长遂绝"。[59]从"旧国土尽入于靺鞨，高氏君长遂绝"的记载来看，渤海王
国的建立，不是高丽的复国，而是高丽的灭亡，是继高丽之后，由靺鞨人在我
国东北地区建立的另一个地方民族政权。

（原刊于《民族研究》2000 年第 6 期）

【作者简介】

　　李健才，男，1920 年 10 月生，1952 年东北师范大学历史系本科毕业，
1953 年东北师范大学研究生肄业，吉林省文物考古研究所研究员。

注释

① ［日］和田清:《渤海国地理考》,《东亚史研究》(满洲篇),开明堂,昭和32年,第55—117页;
  ［日］池内宏《渤海の建国について》,《满鲜史研究》(中世)第1册。

② ［日］白鸟库吉:《关于渤海国》,《史学杂志》第44编第12号,1932年12月。

③ ［日］津田左右吉:《渤海考》、《勿吉考》附录:关于夫余城,《满鲜地理历史研究报告》第1册
  (1915年)。(邢玉林译,载《民族史译文集》第13辑,中国社会科学院民族研究所,1985年

④ 《旧唐书》卷199上,高丽传;《新唐书》卷220,高丽传。

⑤ 《隋书》卷81,靺鞨传。

⑥ 《通典》卷186,边防2,东夷、高句丽。

⑦ 《后汉书》卷85,东沃沮传。

⑧ 《三国志》卷30,魏书·高句丽传。

⑨ 《三国志》卷30,魏书·东沃沮传。

⑩ 《三国志》卷28,魏书·毋丘俭传。

⑪ 《旧唐书》卷199下,靺鞨传。

⑫ 《新唐书》卷219,黑水靺鞨传。

⑬ 《隋书》卷81,高丽传。

⑭ 《新唐书》卷220,高丽传。

⑮⑯ 《新唐书》卷219,黑水靺鞨传。

⑰ 《旧唐书》卷199下,渤海靺鞨传。

⑱ 《三国遗事》卷1,靺鞨渤海;李承休《帝王韵记》;韩致奫《海东绎史》卷11,渤海,均称大祚荣为
  高丽旧将。

⑲ 《旧唐书》卷104,高仙芝传;《旧唐书》卷109,黑齿常之传。

⑳ 《三国志》卷30,魏书·高句丽传、魏书·夫余传。

㉑ 《旧唐书》卷199上,高丽传;《新唐书》卷219,黑水靺鞨传。

㉒ 《北史》卷94,高句丽传。

㉓ 《三国志》卷30,魏书·夫余传,裴注引《魏略》。

㉔ 《晋书》卷108、109,慕容载记;李健才《东北史地考略》(续集),第99—111页。

㉕ 《资治通鉴》卷97,晋纪19,东晋穆帝永和二年正月。

㉖ 李健才:《东北史地考略》,第17—25页。

㉗ 《资治通鉴》卷114,晋纪736,安帝义熙元年正月戊申条;《周书》卷49,高丽传。

㉘ 《好太王碑》;李健才《东北史地考略》(续集),第1—14页。

㉙ 《集安县文物志》第 122～127 页, 冉牟墓墨书。

㉚ 《魏书》卷 5, 北魏高宗文成帝本纪, 大安三年十二月。

㉛ 《北史》卷 94, 勿吉传。北魏时代的难河指今嫩江、第一松花江及黑龙江下游。参见李健才《东北史地考略》第 131—132 页。

㉜ 《魏书·勿吉传》载:"其国先破高句丽十落"。

㉝ 《魏书》卷 100, 高句丽传;《北史》卷 94, 高丽传。

㉞ 《三国史记》卷 19, 高句丽本纪, 文咨明王三年(494)二月。

㉟ 《三国史记》卷 20, 高句丽本纪, 荣留王(建武)十四年春二月。

㊱ 李健才:《东北史地考略》(续集), 第 77～82、88～90 页。

㊲ 《隋书》卷 81, 靺鞨传;《北史》卷 94, 勿吉传。

㊳ 《太平寰宇记》卷 71, 河北道·燕州条引隋《北蕃风俗记》。

㊴ 《北史》卷 94, 勿吉传;《隋书》卷 81, 靺鞨传。

㊵ 《册府元龟》卷 970, 外臣部。

㊶ 吉林市博物馆编《吉林史迹》, 吉林人民出版社, 1984 年, 第 20～22 页。

㊷ 吉林省文物考古研究所编《榆树老河深》, 文物出版社, 1997 年, 第 120 页。

㊸ 《农安县文物志》, 第 60～67 页。

㊹ 《旧唐书·地理志》载:慎州(隶营州)所领涑沫靺鞨乌素固部落, 即黎州(隶营州)的浮渝靺鞨乌素固部落。

㊺ 《旧唐书》卷 83, 薛仁贵传。

㊻ 《资治通鉴》卷 201, 高宗总章元年(668)二月壬午。

㊼ 李健才:《东北史地考略》(续集), 第 99～111 页。

㊽ 《三国遗书》卷 1, 渤海;李承休《帝王韵记》;韩致奫:《海东绎史》卷 11《渤海》, 均称大祚荣为高丽旧将。

㊾ 孙玉良编著《渤海史料全编》, 第 400 页, 引《东文选》卷 33, 表笺。

㊿ 《三国史记》卷 46, 崔致远传载:"高句丽残孽, 北依太白山下, 国号为渤海"。

51 《旧唐书》卷 199 下, 渤海靺鞨传。

52 《新五代史》卷 74《四夷附录·渤海传》;《五代会要》卷 30, 渤海载:"并有比羽之众, 胜兵丁户四十余万"。

53 《旧唐书》卷 199 下, 渤海靺鞨传;《新唐书》卷 219, 渤海传。

54 55 56 《新唐书》卷 219, 渤海传。

57 《旧唐书》卷 199 下, 渤海靺鞨传。

58 这一习俗亦见《新唐书·渤海传》、《旧五代史·渤海靺鞨传》。

59 《通典》卷 186, 边防 2, 东夷·高句丽。

论渤海主体民族的族属问题 | 魏国忠　郭素美

迄今为止,中外学者在渤海国的"族属"问题上,虽论述多多,但始终是其说不一,争议甚大。尽管有些学者们在争论中用词含混、隐晦甚至于节外生枝或故弄玄虚,而把问题搞得越来越复杂化了。不过,说来说去,争论的实质仍旧还是渤海国主体民族的族属究竟是哪一个民族的这个老问题。为了恢复历史的本来面目并使问题尽早得到解决,本文依据经过鉴别的中外文献史料并结合国内外的考古资料,探赜索隐,去伪存真,论证了渤海国的主体民族只能是靺鞨(或确切说是粟末靺鞨)而绝非高句丽族或高句丽遗民,说明渤海国是靺鞨人的国家而绝不可能是高句丽人的国度。

我们之所以这样立论,并不仅仅因为在渤海国辽阔的土地上"处处有村里,皆靺鞨部落①,即靺鞨人在全国居民中占了绝大多数;而且由于渤海自建国伊始就以"靺鞨"为国号,靺鞨人始终作为统治民族而在国中居于统治地位。为了说清楚这个问题,就要从大祚荣之率众东奔谈起。因为正是696年营州之乱后出现的新形势,才迫使他率众"亡命东奔"而开始了渤海的建国过程。所以,大祚荣一家的族属和其所率队伍的构成情况及主导所在,就成为认识和解决渤海国主体民族问题的关键。

首先必须明确当时营州一带靺鞨人的领袖及率领这些人"东奔"的头头究竟是谁?据《旧唐书·渤海靺鞨传》载:"祚荣与靺鞨乞四比羽各领亡命东奔",知当时当地靺鞨人的领袖分别是大祚荣与乞四比羽;但据《新唐书·渤海传》载:"舍利乞乞仲象者,与靺鞨酋乞四比羽及高丽别种东走,……是时仲象已死,其子祚荣引残痍遁去"(《五代会要·卷30·渤海》的记载略同），则知与乞四比羽齐名的另位领袖是乞乞仲象，只是在仲象去世后，大祚荣才承袭其父为领袖。

其次，需要搞清比羽和仲象所统率的都是哪些部众？关于前者，两唐书渤海传及有关古籍的记载均确指为靺鞨之众，故学界对此向无疑义。问题是比羽所统是靺鞨人中的哪些部分？韩国学者卢泰敦对此论述甚详，他根据崔致远的《谢不许北国居上表》的如下记载："按渤海之源流也，句丽未灭之时，本为疣赘部落，靺鞨之属，实繁有徒，是名粟末小蕃，尝逐句丽内徙。其首领乞四比羽及大祚荣等，至武后临朝之际，自营州作孽而逃，辄据荒丘"[②]而认定"乞四比羽集团是粟末靺鞨出身"，并谓"唐军攻陷平壤以后，为了封锁抗唐的高句丽遗民的后路，于669年强迫大批高句丽豪强和反唐集团徙居唐内地，乞四比羽集团就是这时作为其封锁政策的一环随同迁往营州的。668年以后，粟末靺鞨诸部落的动向并不一致，乞四比羽集团之所以成为强迁对象，就是因为他们深深地卷入了高句丽的抗唐战争，具有强烈的反唐倾向"[③]。卢氏之谓"乞四比羽集团"出自粟末靺鞨，当然没有问题，但是，细考《谢不许北国居上表》的那段引文并证以当时的有关史事，则可以断言，他的其它推论不能成立。因为假若如其所言乞四比羽真的"逐句丽内徙"于营州一带，那岂不是与大祚荣集团同样是所谓的"高丽别种"了吗？但两唐书的记载却明谓他是"靺鞨"或"靺鞨酋"，而不是"高丽别种"，足见其推论纯系错误。而乞四比羽集团既然不是高丽灭亡后才迁去的"高丽别种"，就必定是在这以前即隋后期到唐初期陆续徙于营州一带的靺鞨，其中既包括突地稽所率领的"粟末靺鞨"八部的大部分后裔，也有可能包括唐初以来陆续内附的其他靺鞨部落。不过，从各方面情形判断，他应是武德六年（623年）突地稽率本部（厥稽部）500户迁居幽州后继续留在当地的"粟末靺鞨"其他七部后裔的领袖。

至于仲象所领，中外学者间的意见则大相径庭。本来，问题并不复杂。虽然，两唐书《渤海传》关于"大氏"族属的记载在字面上存在着差异：如《旧唐书》称"渤海靺鞨大祚荣者，本高丽别种也"，《新唐书》则谓"渤海，本粟末靺鞨附高丽者，姓大氏"；但实际上并不矛盾。因为不光是新书明谓大氏出自粟末靺鞨；就是旧书的记载也是称大祚荣为靺鞨的，即只要客观地进行分析,就不能不看出:不论后半句谓语成分中的"高丽别种"作何解释,单就前半句主语成分中的限制词"渤海靺鞨"而言,大祚荣的族属确为靺鞨无疑。所以,新书中所谓的"粟末靺鞨附高丽者",恰恰就是旧书中"高丽别种"的实际所指。何况,《旧唐书·渤海靺鞨传》紧接这句话后又载:"高丽既灭……";随后又有"祚荣合高丽、靺鞨之众以拒楷固"和"靺鞨之众及高丽余烬稍稍归之"之谓。勿须赘言,在其作者的意识里,"高丽别种"之与"高丽"和"高丽余烬"二者间是有严格区别的。而且,从前述的《谢不许北国居上表》中"靺鞨之属,……粟末小蕃"的记载知,与渤海同时代的新罗人,认定大氏的族属就是曾经依附于高句丽(即"疣赘部落")并被称之为"粟末小蕃"的"靺鞨之属";当然,也就是《新唐书·渤海传》所谓的"本粟末靺鞨附高丽者"了。这样看来,前述卢泰敦的那段推论,对乞四比羽集团虽是张冠李戴,而于大祚荣集团倒真的是对号入座、恰当不过。当然,也就无异于表明,连持"高句丽"说的这位韩国学者,实际上也是把"高丽别种"集团作为"粟末靺鞨"来看待的。这毫不奇怪,因为只要不带任何偏见,任何学者都足以从《谢不许北国居上表》的前述引文中得出大祚荣集团就是"粟末靺鞨"人的这一正确推论的。

故综上所述,《旧唐书·渤海靺鞨传》和《唐会要》等有关史书所谓的"高丽别种",实际上还是靺鞨之众,其与乞四比羽所领不同者在于,他们是高丽灭亡后被唐朝强徙于营州一带的那些曾经依附于高丽的靺鞨诸部之人。

可是,由于大家都知道的原因,即正如有学者所指出:"在这里,甚至把研究者所属国家和民族的利害关系也都加进来",④卢先生却还是把大祚荣所领说成是高句丽人。

不止于此,有的学者更在"高丽别种"一词上大做文章,既毫无根据地指责《新唐书》的上述记载为"伪造"和"杜撰",又对被其所认为"足以凭信"的史书——《旧唐书·渤海传》的前述记载断章取义,竟无视那句话主语成分中的"渤海靺鞨"一词的存在,偏偏对谓语成分中的"高丽别种"情有独钟,其研究结果居然得出:"这个所谓的别种,并不是什么别的种族,而是同一种族"即"大祚荣也就是高句丽人(按:指'高句丽族')"⑤的结论。不止于此,在这位学者看来,渤海王室"不仅是高句丽人,而且也可以看成是直接继承高句丽王室血统的家族出身"。⑥或许是这种说法太离谱了吧! 就连主张"高句丽"说的韩国学者宋基豪先生也指出其"过分在'高丽别种'上执着'高丽'一词。就拿《旧唐书》来说,不只有'高丽'一词,其后还附有'别种'一语。不但如此,在它的前面还有'渤海靺鞨'这一限定词,不考虑这些是不行的",从而否定了这一违反历史的推论,并肯定了"大祚荣集团原是粟末靺鞨族"的这一事实。

可是,宋先生在谈到这里后,笔锋一转,又谓:"到大祚荣阶段,已不单是在政治上隶属高句丽,而是在高句丽化上有了进展。这一事实,可通过用全然不同的方式表现同样隶属于高句丽的乞四比羽而得到确认。此外,还须考虑渤海史中出现的对高句丽的归属意识乃至继承意识;于是,大祚荣一家在"移入高句丽内地之后"就发生了变化,即"既不是纯粹靺鞨人,也不是纯粹高句丽人",而变成了二者之间的"中间性存在",并由于"他的高句丽归属意识更为强烈"而应该"看成靺鞨系的高句丽人"。⑦当然,其所领的"高丽别种"也就是"高句丽遗民集团"⑧了,从而又回到了"高丽别种"就是"高句丽人"的立场。只是,其与其前辈们不同者,这里的"高句丽人"指的是高句丽国之人,而不是高句丽族人;即虽承认大氏一家及其所领的"高丽别种"们为靺鞨族人,但却是高句丽国的靺鞨族人,因而还是高句丽国之人或高句丽国遗民。

然而,这同样不能成立,因为它既不合乎逻辑,更有悖于历史实际。其一,说乞四比羽曾"隶属于高句丽"是没有根据的,查现有的史料,只有前述的《谢不许北国居上表》中的某些文字似有可能给人以这种错觉,但也仅仅是错觉而已,根本说明不了乞四比羽曾"隶属于高句丽"而不足为据;其二,怎能因为乞四比羽所领是靺鞨人而就得出了"乞乞仲象的集团可能由高句丽遗民形成主轴"的认识? 两者之间并无必然的联系,可以说是风马牛不相及,岂能作为论据;其三,那个所谓的"中间性存在"和"高句丽归属意识更为强烈"的"高句丽化"问题,就更难以令人理解和苟同了。

诚然,"高丽别种"们曾被迫沦为高丽的属部且被驱使为战争工具,大祚荣之父(甚或连他本人?)也确有可能担任过高句丽的将领或将军,故在半个多世纪时间里完全有可能受其影响而在某种方面趋于"高句丽化"。然而，事实表明，他们并没有"化"成高句丽人，而是恰恰相反，从大氏一族及其最初所领之仅仅被称为"高丽别种"的史实本身来看，即足以证明于此。否则的话，刚去渤海灭亡不久的五代人和宋人何必不直称其为"高丽余烬"或"高丽余种"或者高句丽遗民？显而易见，在他们看来，"高丽别种"与"高丽余烬"或"高丽余种"之间在族属方面是相区别的。所以，正如有学者所指出："从众多的史料可知，在民族同化方面，靺鞨族在高句丽存在时期，始终没有被高句丽族所同化，历史的发展并未给靺鞨族融入高句丽族提供什么机会。⑨况且，随着高丽的灭亡，原来的附属关系和屈辱遭遇也就都成为了过去，怎能设想在这样的形势下，这个在历史上曾同高句丽人长期"敌对"、只因战败而被迫沦为属部和"附庸地位"并被驱使"充当高句丽人的挡箭牌"和"一直受种族歧视"及"残酷剥削"⑩的民族，竟能在徙居营州并与早年徙入当地的大量同族人团聚近 30 年后，居然还留恋前此的附属关系和屈辱遭遇而同"高丽余烬"或"高丽余种"们一样，具有对高句丽国的"更为强烈"的"归属意识"而自认为是高句丽国人？！实在是匪夷所思，莫明其妙，故所谓的"靺鞨系的高句丽人"，说，与"高丽别种"即高句丽族的见解实质上并无多大区别，只是说法不同罢了，而且同样是主观臆度，不能服人。

这里不得不提到的是，宋氏还把乞乞仲象和大祚荣父子名字的演变作为"高句丽化"程度的一个重要例证："乞乞仲象姓虽大氏，他的名字却同儿子的方式不一样。尽管还不知道他的名字究竟是靺鞨式还是高句丽式，但乞乞仲象与大祚荣的关系却可同靺鞨式名字的突地稽与中式名字的他的儿子李谨行的关系相对比的。因此，单从名字来看，也可推知乞乞仲象的高句丽化同大祚荣相比是远远不及的"。不过，据《五代会要·卷30·渤海条》对"大舍利乞乞仲象"一词的注解："'大'，姓；'舍利'，官；'乞乞仲象'，名也"，知"乞乞仲象"为这位靺鞨人的原名；又据《辽史·国语解》，知"舍利"系契丹人的官名，故乞乞仲象之得此官称，必来自于 696 年的参预营州契丹暴动之后。所以，其得此姓氏与其依附于高句丽时期全然无关，同样，祚荣之名也大体上在其父得姓后而由原来的名字改成这个汉式名字，故也与所谓的"高句丽化"无涉。尽管在另一篇题为《渤海历史研究的几个问题》的论文中，宋先生还曾把"大"翻译为"巨大"、"伟大"、"高大"、"年长"，把它和高句丽古象形文字"gou"（汉语拼音，中国字"高"）相通，高具有"高大"、"崇高"、"最高"、"上层"等意义；认为象形文字的"大"作为渤海统治集团的族姓，具有"巨大"、"伟大"、'高大"、"年长"等意义，"完全符合他们在高句丽大家庭中曾占据的崇高社会地位"，但，这其实不过是对从前李朝启蒙学者及朴时亨之说的重复和补充罢了，并无多少新意。故遭到了俄罗斯学者的批驳："尽管象形文字'大'在某种程度上其语义与'高'相通，但无论是在字形上，还是在语义上，它又区别于后者，即仿佛与高句丽的'高'处于对立状态"。⑪既然根本不存在所谓"高句丽式"名字的可能性，当然，在这个问题上也就谈不上什么"高句丽化"了。

　　至于把大氏所领视为"高句丽遗民集团"说，就更经不起历史的推敲和检验了，因为其立论的重要前提之一竟是当时营州地区的"高句丽遗民并没有另外维持过独立的集团"，⑫然而，《新唐书·渤海传》明载：契丹"反，有舍利乞乞仲象者，与靺鞨酋乞四比羽及高丽余种东走"。文中的"高丽余种"显指当时当地的高丽遗民，而其既能与另两支势力一道"东走"，则必有相当可观的数量。唯其如此，在后来的天门岭东之战中，祚荣才能够"合高丽、靺鞨之众以拒楷固"，⑬否则这些"高丽"之众从何而来，难道说是从天而降不成？况且，就是宋氏本人在同书第一章第一节的行文中也已承认："当时在营州除大祚荣一行外，还有其他高句丽人，……另外还有高句丽兵"。故营州乱前，当地除"靺鞨"和"高丽别种"二集团外，无疑还存在着高句丽遗民的"集团"，这是无论如何也否定不了的客观事实。而正是这真正高句丽遗民集团的存在，又进一步地否定了"高丽别种"等于高丽遗民或"高句丽遗民集团"的可能性。

　　同样，把"高丽别种"即"大祚荣的种族系统"说成是"高句丽系"或"松花江出身的高句丽乡下佬大祚荣"⑭，也是缺乏证据和论证的。如所谓"属于秽貊系"并在"种族系统"方面与高句丽人"一脉相通"的白山部和粟末部靺鞨人的后裔之到了高句丽时代可视为高句丽百姓，"并不是迫于高句丽的压力暂时臣属或者依附于高句丽的"说法，就是想当然的臆度之词。如果真如这位学者所说的话,那么,与高句丽人在"种族系统"方面"一脉相通"的粟末部靺鞨人突地稽等,何必不去"臣属或者依附"于高句丽? 反而率八部之众迁居辽西,足证根本就不是那么回事。至于所谓"高句丽临近崩溃时靺鞨还和高句丽人共命运"表明,这些靺鞨人"与高句丽王室间有着源远流长的历史共同体意识"⑮之谓,就更是不着边际了。因为高丽灭亡前夕内讧不已,四分五裂,连其最高官员莫离支泉男生都"走保国内城,率其众与契丹、靺鞨兵内附"⑯于唐朝;及至灭亡之际,更是树倒猢狲散,文武大员纷纷出降,包括守城大将都"开城门为内应"⑰于唐军了。试问在这样的形势下,前此被迫依附于高句丽的靺鞨人,怎么可能继续心甘情愿地与其"世仇""共命运"并存在着"源远流长的历史共同体意识"?! 故这种说法于理不通。

上述问题既明,则"亡命东奔"队伍的构成情况及其主导所在,也就昭然若揭了。

关于队伍的组成是:一是大祚荣父子所领的高丽灭亡后被迫强徙到营州一带的"高丽别种"集团。鉴于唐灭高丽后为防范其遗民的反抗而强遣其强宗大族于中原各地时,应是分散安置而绝不可能在一地"消化"太多数量,故能够就近安置在营州一带者充其量不过数千人罢了。当然,"尝逐句丽内徙"即与这些高丽人一道被迫徙置于营州一带的"高丽别种"数量同样不会很大,既便是加上迁移后二三十年中的自然增长部分,其总数也就是数千人左右罢了;二是原乞四比羽所领的自隋末唐初以来主动入徙营州一带的靺鞨诸部之众的后裔,据考证,粟末七部后裔总数约为 4 万人左右,再加上乌素固和愁思岭部落的后裔约数千人,在这支队伍中显然占了绝大多数;三是高丽余种也即高丽遗民,其数量(加上迁移后二三十年中的自然增长部分)与"高丽别种"们大体相当或略多一些,总数不会比"数千人左右"多的太多。此外,还不能排除卷入乱事的一部分汉人之追随大氏东奔的可能性。即由于处理营州乱后事宜的武懿宗之流的滥杀无辜,"所至残酷",并"奏河北百姓从贼者请尽诛之",⑱显然在当地汉人胁从者中造成莫大的恐惧和不安,致使其中的许多人不得不忍痛出走,而前此当地边民与靺鞨人等的融洽关系及共同参预乱事的遭遇,再加上大祚荣本人的声望,均足以使他们把加入亡命东奔行列作为最佳的选择，只是其数量远较前二者为少罢了。同样，也不能排除卷入乱事的契丹或奚人之参预东奔的可能性，在面对唐军讨伐和屠戮的情势下，其中与靺鞨人关系较好的人们作出这样的选择显在情理之中，只是其数量似较汉人为少罢了。总之，这几部分人合计不过数千人左右。如果将上述的各族人众作一比较的话，则可以大致推定，靺鞨人（含"高丽别种"们）约占队伍总数的四分之三多些，高丽遗民以及汉人、契丹和奚人等约接近四分之一。

至于"东奔"队伍的领导集团，除以大祚荣一家及其所部的主要成员为核心外，原比羽麾下的一些头面人物无疑也构成了重要的角色，这就使靺鞨人在领导集团中占据了大多数并成为主体无疑；尽管如此，鉴于高丽遗民之在不久后的天门岭东之战中所起的关键作用，故其上层人物中肯定也会有一些人跻身于队伍的领导层中，只是其数量和地位都不能与靺鞨人相提并论。至于汉人及其他的"少数民族"人士的比重则更少得可怜了。故上述的一切也就决定"东奔队伍的主体及主导势力应为靺鞨人，或确切说是粟末靺鞨人"。[19]

然而，持"高句丽说"的学者们却不是这样看的。其中以宋基豪先生的论述最具代表性。在《渤海政治史研究》第一章第二节中称：高句丽遗民曾主导了渤海的建国，对此可从许多方面得到确认。其一是几乎所有文献在说明建国过程时，都认为并非乞四比羽而是乞乞仲象或大祚荣是其主体。尤其是乞四比羽中间死亡，他所率领的靺鞨人都归属了大祚荣，因此在两个集团中，渤海的正统当然只能属于大祚荣率领的高句丽遗民。

其二是渤海统治阶层的姓氏构成。渤海的建国集团似在定居东牟山后，才形成统治阶层的核心。因此，通过流传至今的渤海统治层的姓氏，分析高句丽和靺鞨系的比率，便可反推出高句丽人和靺鞨人在建国集团所占的比率。当然，在200余年间，渤海贵族集团内会有很多变化，却也可能估计出大致情况。

据《松漠纪闻》，除渤海王室大氏外，作为权势贵族不过高、张、杨、窦、乌、李等几姓。现在所知的渤海人，包括遗民在内，共380名。其中，大氏117名，高氏63名，张氏20名，杨氏8名，乌氏13名，李氏21名，窦氏则一名也没有。从唐朝有窦氏姓,而渤海全然不见的事实来看,很有可能指的是贺氏。而贺氏被确认者为 4 名。在全体 380 名中,作为 65% 的 246 名因是王室和权势贵族,故上开书著的记载与历史事实亦相符合。此外,王氏为30 名。从数字来看,位大氏之后,故顺序为高、王、李、张、乌、杨、贺氏。

其中,大氏占全体的 30%。他们在血统上虽为靺鞨系,却已发展为高句丽化的大祚荣后裔。而高氏虽在全体中 16.5%,但在权势贵族中则占47.5%。这表明,在权势贵族中,高氏占绝对优势。……纵然如此看这两个姓氏,也不能否认在渤海上层中高句丽系人物形成主轴。此外,其余的权势姓氏也很有可能是高句丽系统的人。因此,渤海贵族几乎是由高句丽系人物形成,如果参考前面的建国记事,便越发有这种可能性。

其三是《入唐求法巡礼行记》说高句丽遗民像过去高句丽那样建立了新国家。而这里却全然不曾谈到靺鞨人。在渤海的建国中,之所以不提有相当数量的靺鞨人参加进去,似也因为高句丽系的人物形成了重轴。……[大祚荣]的势力开始时并不很大,《入唐求法巡礼行记》说仅 1000 名高句丽遗民建立了渤海便表明了这一情况。

一如以上所考,渤海历史的性质,不能仅按大祚荣的出身便作出决定,亦应考虑到引率着渤海的贵族集团。这一贵族的主体,便是建国集团的后裔。建国集团由靺鞨及高句丽人两个种族构成,在这里高句丽人掌握着主导权。通过对建国记事或渤海统治阶层姓氏的分析,便能确认这一点。其结论就是"渤海便是由靺鞨系高句丽人大祚荣和支持他的一批高句丽系人物掌握主导权的国家"。

乍看,宋氏的论述不无道理,但仔细考究则似是而非。其一是如前文所论证(在下文中还将有补证出现),在"东奔"集团中作为核心部分的大祚荣所领的"高丽别种",其实还是靺鞨人,尽管已有一定程度的高句丽化,但并没有"化"成为高句丽人,故"渤海的正统当然只能属于高句丽遗民"说不能成立。其二是宋氏虽着重论述了"渤海统治阶层的姓氏构成",但依据的《松漠纪闻》一书作者洪皓所居冷山并非渤海腹地,且成书于渤海灭亡 200多年后,其所记六右姓只能是来自传闻,难以反映渤海贵族姓氏的全貌。至于所谓的"高"氏虽可能来自高句丽系统,却也未必尽是高句丽人;"其余的权势姓氏也很有可能是高句丽系统的人",尤难令人置信,因为靺鞨人本来是没有姓氏的,其后逐渐有了姓氏,大体上也和女真人一样,以部名为氏并渐渐简化为单姓,《太平寰宇记》卷71转引的隋《北蕃风俗记》曾记载,在开皇年间"厥稽部渠长突地稽者,率忽使来部、窟突始部、悦稽蒙部、越羽部、步护赖部、破奚部、步步括利部,凡八部胜兵数千人,自扶余城西北举部落向关内附,处之柳城"。而此八部中,除突地稽所在的厥稽部已被唐廷赐姓为李氏外,忽使来部的"忽使来"极有可能就是后来"乌"姓的由来,越羽部则可能与"杨"姓或"刘"姓(李谨行之妻即为刘氏,尽管不知其族属为何族,但鉴于谨行墓志中载另一妻子为临汾郡夫人傅氏即汉人,则刘氏有可能为靺鞨)有关……,故其余的权势姓氏绝不可能都"是高句丽系统的人",所谓的"渤海贵族几乎是由高句丽系人物形成"说不能成立。其三,《入唐求法巡礼行记》相关记载是:"老僧等语云:'新罗国昔与渤海相战之时,以是日得胜矣,仍作节乐而喜舞,永代相续不息,'……其渤海为新罗罚,才有一千人向北逃去,向后却来依旧为国,今唤渤海国之者是也"。显而易见,只要不存先人之见,无论如何也不会从中得出"高句丽遗民像过去高句丽那样建立了新国家"和"仅1000名高句丽遗民建立了渤海"国的这一认识的。

此外,还须看到,"高丽别种"与高丽遗民们虽同样被迫徙于营州,但到达后的境遇却大不相同:理由之一,在这之前,靺鞨人内徙于营州一带至少有了100年左右的历史,不光是人数众多,数以万计,且由于隋、唐两朝的笼络、重视和突地稽、李谨行父子等几代人的经营,已形成为不可忽视的潜在势力,如《旧唐书·靺鞨传》明载:谨行"麟德中,历迁营州都督。其部落家僮数千人,以财力雄边,为夷人所惮",故当大祚荣父子等人到达后想必是有所依靠而不至于感到孤单,即与内徙者们声气相投、互为攀附,结果使靺鞨人的实力比前更大;反之,前此的营州一带基本上没有高丽人移居,故当这批高丽遗民到达后不能不有形只影单之感,其所面临的困难可以想见,加之,历史上与靺鞨人之间的"世仇"和积怨,不会不在人多势众的靺鞨人面前感到畏惧和气馁。其二,当时当地的靺鞨人由于长期的汉化——早在隋末即已"悦中国风俗,请被冠带",⑳故至"高丽别种"们徙居近30年后,其文明程度和整体素质已不在高丽"余种"或"余烬"们之下,在他们中间能文能武、"骁勇善用兵"者颇有人在,甚至涌现出包括乞四比羽和乞乞仲象、大祚荣父子在内的领袖群体和卓越人物,而在这之前,还曾出现过瞒咄、突地稽、李元正(系突地稽的长子,袭为燕州刺史)、李谨行、李思敬、李秀等等的知名人物以及不让须眉的女英雄,如谨行妻刘氏,曾留守伐奴城,"高丽引靺鞨攻之,刘氏环甲帅众守城,久之,虏退。上嘉其功,封燕国夫人",[21]可谓英雄辈出,代有才人;反之,在697年离开营州前的二三十年间,当地的高句丽人虽是一个相对独立的群体,但竟然没有产生一位值得史书记载的卓越人物——尽管有学者声称:"当时在营州除大祚荣一行外,还有其他高句丽人,如王思礼、李正己、高仙芝等人",[22]不过,他肯定是搞错了,因为:三人中的王思礼虽是"营州城傍高丽人也",[23]但成长和供职于河西、陇右一带,上元二年(761年)死,其生平事迹与营州无涉;高仙芝,"少随父至安西",[24]供职于西域各地,后回内地死于安史之乱,生平事迹同样与营州地区无涉;李正己,"本名怀玉,生于平卢",[25]且年仅49岁即于建中二年(781年)死去,更与营州毫无瓜葛。这种情况虽未必使营州一带的高丽人完全陷入了群龙无首的境地,却也因为缺乏强有力的领导核心而难以形成大的气候,故在"东奔"之际面临的危急关头,竟不得不投靠乞乞仲象和祚荣父子的麾下,也即反而依附于多年前的属众——"高丽别种"了。真可以说是三十年河东,三十年河西,其与"高丽别种"们的主从关系竟然发生了倒置。不言而喻,在这样的背景下,高句丽遗民集团是无论如何也不可能在"东奔"队伍和建国活动中掌握了"主导权"的。

靺鞨人既是"东奔"队伍的主体和主导势力,当然,也就成为大氏建国集团的主体或主导势力无疑。而在后来的200多年间,尽管渤海国的统治集团曾不时地出现了某些变化,但从王室始终都是大氏,以及大氏一族在迄今所知的380名渤海人(包括遗民在内)中竟占117名之多而且始终在王廷中居于核心地位的事实来看,靺鞨(或确切说是粟末靺鞨)之作为统治民族和主体民族的这一点显然没有改变;反之,高氏官员中的职位最高者,在中央不过是"六部"中的"少卿"("副部长"),地方上则是州的刺史,武官最高者用散位为辅国大将军、实职则只是郎将而已,显与所谓的贵族集团或"主导"地位无涉,岂能作为渤海国的主体民族或主导势力来看待。而这一切又为下述的文献古籍和考古资料所充分印证。

从现有的文献资料看,最早涉及到这个问题的是唐时的官方文献《唐六典·卷4·尚书礼部》㉖的记载:"凡四蕃之国,经朝贡已后,自相诛绝及有罪见灭者,盖三百余国。今所在者有七十余蕃,谓三姓葛逻禄、……远蕃靺鞨、渤海靺鞨、室韦……各有土境,分为四蕃焉"。这是由唐玄宗本人亲自主持编撰的大型政典,时去册封渤海仅仅二十多年时间,其史料价值无疑具有最高权威性。因为众所周知,渤海国一名系来自于唐玄宗之册封大祚荣为"渤海郡王";又,在此稍前,宰相张九龄在为唐玄宗所起草的《敕新罗王金兴光书》中,就已使用了"渤海靺鞨"这一概念,同样显指渤海国无疑。而从这一词组的组成来看,"渤海"指的是国号,"靺鞨"则系族名,二者联在一起的字面含义恰恰就是"渤海国这支靺鞨";也即与"远蕃靺鞨"有所区别的另一支"靺鞨"。鉴于当日唐朝与渤海之间关系的密切,如唐中宗刚一遣使前往"招慰",大祚荣就"遣子入侍"于唐廷,首位"侍子"即其次子大门艺"充质子至京师,开元初还国",留在长安达六七年之久;而玄宗的册封又是大祚荣政权立即改国号为渤海的原因,"自是每岁遣使朝贡",㉗双方人员间更是频繁来往。凡此足见,当时的唐廷对渤海国主体民族族属的了解是清楚和确切的,绝不至于出现偏差和错误。因此,《唐六典》记其为"渤海靺鞨"必为可靠的史笔,其真实性勿庸置疑。由此可见,在唐人的心目中,渤海是靺鞨人的国家,当然,其主体民族也就是靺鞨了。

又,成书于8世纪末期的《通典》的记载也提供了这方面的重要佐证。朝鲜学者朴时亨先生就曾提到:"最早记载渤海的中国文献是《通典》,它是唐朝中叶两国对峙时期(785—804年)编撰的。《通典》只在《州郡典》里用了一次'渤海'的称号,其余一律用'靺鞨'二字"㉘来称呼渤海。尽管朴氏在这里所用的"最早"之说显然不准,但认为《通典》一书,"用'靺鞨'二字"称呼渤海国则是经得起历史推敲的确论。如该书《卷172·州郡二·序目下大唐》载:"高宗平高丽、百济,得海东数千里,旋为新罗、靺鞨所侵,失之";《卷186·边防二》又谓高句丽灭亡后,"其余类有酋长钳牟岑者,率众叛,立高藏外孙安舜为王。令左卫大将军高偘讨平之。其后,余众不能自保,散投新罗、靺鞨,旧国土尽入于靺鞨",显而易见,这里文中所提到的"靺靺"，就是渤海国。因为《旧唐书·靺鞨传》明载："其白山部素附于高丽,因收平壤之后,部众多入中国。汩咄咄、安居骨、号室等部,亦因高丽奔散微弱,后无闻焉,纵有遗人,并为渤海编户",即在高丽灭亡到渤海国建立前后期间,除渤海国所出自的粟末部以及"唯黑水部全盛"外,其他诸部都已迅速衰落下来,而黑水部人又绝不能隔着渤海据有高丽故地,故《通典》中提到的这个"靺鞨"只能是"渤海靺鞨"即渤海国。这就进一步表明,当时的唐人的确把渤海国称之为"靺鞨",而这自然也就意味着渤海国为靺鞨人的国家,主体民族为靺鞨。

尤其重要的是,上述的推论得到了考古资料的印证。这就是著名的《鸿胪井栏石刻》上的文字。原来开元二年(714年)夏,唐鸿胪卿崔訢在完成册封靺鞨首领大祚荣的使命后的归途中,在都里镇即今旅顺口附近的马石山(今黄金山)下凿井刻石为念,从而留下了著名的《鸿胪井栏石刻》的三行文字,全文是:

> 敕持节宣劳靺羯使
> 鸿胪卿崔忻井两口永为
> 记验开元二年五月十八日。

不言而喻,文中的"靺羯"即靺鞨,正是崔訢所出使册封的对象,而以情理言之,崔訢及其随员等人,无论如何也不会连其所出使册封对象的族属都弄不清楚的,当然,在他们刚刚履行完使命的归途中,也是绝对不可能在刻石留念之际把大祚荣政权的名字误写为"靺羯"的,这也就有力地反证在他们出使其地之前,大祚荣政权的国号必为"靺鞨"即"靺羯"无疑,从而印证了《新唐书·渤海传》中关于大祚荣政权"自是始去靺鞨号,专称渤海"的记载。因此,"敕持节宣劳靺羯使鸿胪卿崔忻"这13个字就成为了确凿证实大氏政权之为靺鞨人国家的最为珍贵的第一手资料。

尽管如此,有的学者却置这一切于不顾,竟煞有介事地宣称:"唐人虽称渤海为'靺鞨',但另一方面,却知道他们不是靺鞨人,而是高句丽人",因为"对唐人来说,高句丽一词成了引起恐怖之感的禁忌",故"采用含有蔑视意味的'靺鞨'一词代替高句丽这一称呼",并以唐朝在719年之册封大祚荣嫡子"武艺为桂娄郡王"一事,作为"唐人虽称渤海为'靺鞨',……却知道他们不是靺鞨人而是高句丽人"的"确凿的证据"。㉙不过,这些说法纯系强加于唐人,毫无任何根据:第一,如果真的如其所言,大祚荣等是高句丽人的话,那么,就不能不对唐朝的蔑称其为"靺鞨"感到愤慨而拒绝这一称呼。可是历史表明,事情完全不是这样。因为在唐、渤关系中是唐廷采取主动在先,即为结成反击突厥的联合战线和"旁结诸蕃",乃于神龙三年(707年)派侍御史张行岌来"招慰"大祚荣。㉚勿须多言,从唐人方面来说,在有求于渤海的形势下,不能不谦恭谨慎、说尽好话,是绝对不会"用含有蔑视意味的"措辞来"刺激"和得罪大祚荣等人的。而从大祚荣当即"遣子入侍"的结果来看,"招慰"无疑获得圆满成功,这既反证了唐人之以"靺鞨"称呼大祚荣政权根本就不具有"蔑视"的意味,也有力地证实该政权的主体和主导只能是靺鞨而绝非高句丽人,当然,这也就为大祚荣政权之最初称作"靺鞨国"提供了有力地证明。第二,从当时的情况分析,唐朝之册封大祚荣嫡子武艺"为桂娄郡王",无非是在自己力不从心、已无法控制高丽故地大部分地区的情况下,只好默认或承认渤海国已占有高丽故地北境的既成事实,并以此作为其笼络渤海王廷以进一步增进双方亲睦和好关系的重要手段,因之,无论如何,也都绝不可能成为唐人知道渤海人"不是靺鞨人而是高句丽人"的"确凿的证据"的。

　　此外,还需指出的是,对唐以后的史家们以及当时日本、新罗人来说,既没有必要忌讳"高句丽"这一"恐怖的代名词",也绝不至于继续以蔑视的口气称呼渤海国为"靺鞨"了,然而,他们居然也和唐人一样地视渤海为靺鞨人的国家。足证这位学者的上述说法实是厚诬了唐人。

　　最早为渤海国历史立传的《旧唐书·渤海传》也载:"渤海靺鞨大祚荣者,本高丽别种也"。关于这段话的确切含义,已如前文所述,即建立渤海的这支"靺鞨",虽因为与高句丽人有关而被称为高丽别种,但又毕竟是"靺鞨"族中的一支,足证《旧唐书》的编纂者们同唐人一样,视渤海为靺鞨人的国家,这无疑反映了五代时期中原地区史家们的认识。查《旧唐书》修成于开运二年(945年),时去渤海国灭亡还不到20年时间,其记载应该是可信的,乃至连对有关史书往往持怀疑态度的朴时亨先生也不否认它的可靠性。

其后不久,成书于 961 年的《唐会要》也载:"渤海靺鞨本高丽别种,后徙居营州,其王姓大氏"。大体上同时成书,而且编者为同一人的《五代会要》也称:"渤海靺鞨,本高丽种。唐总章中,高宗平高丽,徙其人散居中国,……有高丽别种大舍利乞乞仲象,与靺鞨反人乞四比羽走保辽东"。文中虽使用了"高丽种"的概念,但联系其下文中的文字——"高丽别种大舍利乞乞仲象"以及《唐会要》的记载一并考虑,可以断定,"高丽种"必为"高丽别种"之误,从而表明,宋初的史家和五代史家们一样地视渤海为靺鞨人的国家。当然,其言外之意,渤海的王族大氏和主体民族也就是靺鞨了。又,成书于 974 年的《旧五代史》以及稍后的《册府元龟》等书,也都称渤海国为"渤海靺鞨"或"靺鞨'。而 1060 年成书并同样为渤海立传的《新唐书》,则在《卷 219·北狄传》中进一步记载:"渤海,本粟末靺鞨附高丽者,姓大氏",尽管其行文中在粟末靺鞨后面缀了个"附高丽者"四字,却毫不影响作者之视大氏为粟末靺鞨人以及粟末靺鞨是渤海国的主体民族、渤海国是靺鞨人国家的立意。总之,这些史书都相当客观地反映了宋代的史家们之同前代人一样,认为渤海是靺鞨人的国家,渤海国的主体民族和王族大氏是靺鞨人。

不仅如此,就连与唐人同时的邻国日本和新罗人也像唐人那样地称渤海国曰靺鞨。如日本古籍《续日本纪·卷 8》元正天皇养老四年(720 年)正月丙子条即明载:当时的日本朝廷曾派"遣渡岛津轻津司、从七位、诸君鞍男等六人于靺鞨国"。鉴于六七世纪以来,即有"肃慎"人一再地越海到达日本诸岛,以及当时日本与大陆和朝鲜半岛之间交往和联系的扩大;又鉴于日本古籍《类聚国史·卷 193·殊俗部》记载渤海国曰:"其国延袤二十里,无州县馆驿,处处有村里,皆靺鞨部落",而其所反映的又显然是渤海国初建时期的情况;加之,当时的东北亚地区除"渤海靺鞨"之外,并无其它以"靺鞨"为名的"靺鞨国"存在,所以,文中的这个"靺鞨国"显指渤海国无疑。而这也就无异于表明,假若当时的日本方面不知道渤海国曾以此为名的话,是无论如何也不会杜撰出这个国名的。足证当时的日本人曾把渤海国视为靺鞨人的国家,当然,也就视其主体民族为靺鞨了。

遗憾地是,这条非常重要的史料长期以来遭到了学者们的冷落,尽管十多年前孙玉良先生就曾著文以引证,也未能使情况有所改变。究其原因,无非是与有关日本史书的一些记载发生了矛盾遭致怀疑:其一是《续日本纪》记载大武艺在致日本的国书中"复高丽之旧居,有扶余之遗俗"之语,曾被一著名学者用来作为渤海人就是高句丽人的证据:即"既然'复高丽之旧居'是渤海,那么渤海人就不能不是高句丽人,况且他们还追宗溯祖,提起昔日'扶余之遗俗',可见他们分明是高句丽人"。[31]其说虽曾在国外学术界产生了很大的影响,实际上确是误导了读者。姑且不论上述的所谓推论是何等的牵强附会,因为正如学者们所指出大武艺在这里显然是在向日方炫耀其国势强大;就从大武艺国书的口气来分析吧,也绝对不像是在"溯祖追宗",否则他何必不在"高丽"和"扶余"二词之前加上"我(吾)祖"或"先祖"的字样,而竟如此的毫无避讳地直称其"祖"之名号,岂不是过于不敬其祖而在日本人面前大跌眼镜了吗?其二是日本古籍中一再提到"渤海国者,旧高丽国也"并出现"高丽国王大钦茂"之类的记载,于是使一些学者误认渤海国就是高句丽的继承国,并成了大钦茂自称高丽人的重要"证据"。实际上日本古籍中的此类记载,不过是真实反映了当时日方为迫使渤海称藩而玩弄的一场场政治骗术,岂能引以为据?况且退一步来说,如果大钦茂真的像他们说自认是"高句丽继承国的国王"并且"对内对外"都自称了"高丽国王"的话,那么,为什么仅仅"称"了不过20年的时间就不再"称"了?这岂不是太令人费解了!再者,如果渤海国真的像他们所说的是"高句丽继承国"的话,那么,为什么又只有大钦茂自称"高丽国王"?而无论是在他之前的祖父祚荣、父亲武艺,还是在他之后的子孙们即其他诸王们却没有一个自称"高丽国王"?难道说他们一个个地都"忘记"了祖宗和宗源不成?这岂不是荒谬绝伦到了极点?!其三是大钦茂在771年给日本的国书中"明确宣布渤海王室是'天孙'即天帝的子孙"。这曾被认定为"他不仅是高句丽人,而且也可以看成是直接继承高句丽王室血统的家庭出身"[32]的另一重要根据,但同样是牵强附会的无稽之谈。正如有学者所指出:首先,"我国古代帝王早在很多世纪前就以'天子'自居了,故'天子'并非高句丽王之专有称号;其次,"帝王是天子,其子孙同样是天子,并没有排辈为'天孙'

（或"天重孙"、"天玄孙"）的情况，不仅中原没有，渤海、高句丽也没有"。[33]
至于日本史籍中关于日皇指责大钦茂"虚陈天孙"之谓究竟该做何解释，还
是让我们来看看光仁天皇给大钦茂国书的原文吧："今省来启，顿改父道，
日下不注官品姓名，书尾虚陈天孙僭号"。[34]显而易见，这是指责他不肯向日
本称臣，从而意味着大钦茂在国书中确实"僭称"了帝王之号并有可能自称
了个类似"天孙"的什么称呼。由于"'天孙'见于《日本书记》、《古事记》，
所指即神话中的'天津彦彦火琼琼杵尊'，被认为是日本皇室之祖"，"日本
皇室一向是自视为'天孙'的"，[35]因之，不能不对大钦茂"虚陈天孙"之
举予以谴责。不过，似还存在着另种可能性，即鉴于此前慕施蒙聘日时，
所带的国书中因为"无称臣名"已经遭到指责了，故以处事灵活机智而
见称的大钦茂，又不大可能用这样一个并不习惯的称呼去刺激对方，从日
方之仅仅说是"虚陈"而非"自谓"似乎也暗示了这种可能性的存在，
所以，很可能用了个别的什么称呼，却同样由于"僭称"天孙而遭致了
日方的谴责。但是，无论如何，有一点是明明白白的，即不管大钦茂是否
真的自称了"天孙"，却都与他是否是高句丽人或高句丽王室血统之间毫
无任何必然联系。因为，最高统治者之称"天子"也好，"天孙"也好，
都无外乎是标榜自己的"受命于天"即所谓的"君权神授"，这在古代东
方的国家中具有相当普遍的共性，而绝不是某个民族所独有的特征，故正
像朱蒙之父解慕漱被称为"天地之子"而不能说高句丽王室来自于汉朝
统治者的血统一样，也不能因为大钦茂的"虚陈天孙"而就认为他是日
本皇室的后裔，更何况"天孙"一语于朱蒙之间并不存在任何关联，迄
今为止还没有任何记载称呼他为"天孙"的。

　　宋基豪先生在《渤海国的国际地位》一文中又称："1988年，在咸镜南道
新浦市梧梅里庙谷遗址发现过高句丽金铜板，其上有'大王'、'天孙'的称
号"，并把这看作是渤海王室"援用高句丽的先例"而"称天孙"的"直接证
据"。[36]尽管我们没有机会看到这个金铜板，但据《朝鲜遗址遗物图鉴》四，
《高句丽篇》，外国文综合出版社，1990年第281页上所载该铜板文字的
全文：

□□□□□□□□三轮垂世耳

□所阶是故如来唱圆教于金河

□神之妙宅现闍维□□□□□

□□后代是以□□慧郎奉为圆觉

大王谨造兹塔表刻五层相轮相辅

愿王神昇兜率查觐弥勒天孙俱会

四生蒙庆于是颂曰

圣智契真妙应群生

形言辉世□育道成

迷□□□禀生死形

□神会性则登圣明

□和三年岁次丙寅二月廿六日

□戌朔记首㊲

可以断言,这是佛徒们为了祈求佛祖保佑而修造的,从文中的"愿王神昇兜率查觐弥勒天孙俱会"之句分析,这里的"天孙"是和"弥勒"相对应的,而"王"即"大王"在祈愿者们的希望中是有机会见到"天孙"和"弥勒"的,因之,"天孙"和"王"(即"大王")之间毫无对应的味道,也就是说,在这里,"王"(即"大王")并不是"天孙"的代表或象征。当然,这件所谓的"高句丽金铜板"的影印件也就无法成为宋先生所说的"直接证据"了。

尤其重要的是,"靺鞨国"这条史料的真实性得到了日本考古资料的证实。1666年在日本宫城县多贺城市发现的"多贺城古碑",上刻140个汉字,其中就有"多贺城……去靺鞨国三千里"的内容。(按:"多贺城始建于8世纪初,并一直沿用到11世纪中叶")从碑文末尾书有"天平宝字六年十二月一日"知,该石碑系立于公元762年的十二月一日,而恰恰就在此前的四、五年间,先后既有杨承庆(758年)、高南申(759年)王新福(762年)等3位渤海大使率团访问日本,也有日本的遣渤海使玲璆(760年)、高丽大山(761年)以及其迎藤原河清使高元度自渤海率团回国;加之,"从今天日本的多贺城出发经由日本海直达当时渤海国的都城,即今天黑龙江省宁安市渤海镇,恰为三千里的距离,与碑文所记'去靺鞨国界三千里'的记载相合",㊳所以,碑文中所提到的"靺鞨国"就是渤海国无疑。虽然,当时的日本朝廷已改称渤海国为"高丽国"或二种称呼混用,但因为其目的在于对渤海人施加压力,其使用范围极可能只限于朝廷内接待渤海使节的场合,而无需通用于全境各地,故作为当时日本北方重要边城的多贺城人,完全有可能按照其对渤海国的固有称呼而在城碑上留下了这一记录,这也就为当时的日本人之称呼渤海国为"靺鞨国"提供了确凿的物证。同样,新罗人也作如是观,其最直接有力的证据就是崔致远的《谢不许北国居上表》的前述记载:"按渤海之源流也,句丽未灭之时,本为疣赘部落,靺鞨之属,实繁有徒,是名粟末小蕃,尝逐句丽内徙"。不言而喻,由于这通表文是崔氏代其国王所起草的官方文书,故在起草的前前后后其内容不能不经过王廷有关人员的授意和定夺,当然也就足以代表了新罗王廷的意见;又因为这通表文是新罗王廷呈给唐廷的谢表,当然也就如宋基豪先生所言,"说慌[或造假]是不容易的",㊴故其权威性同样不能置疑。而推究这些文字,只要不带任何偏见,就不难发现,它所代表的新罗官方的看法竟和当时的唐廷以及日本人的看法大体一样,即以明白无误的措辞宣称"渤海之源流"来自于"靺鞨之属",也就是认定渤海国的主体民族为靺鞨或确切说是粟末靺鞨。因之,那种认为"在新罗人看来,渤海并不是与自己没有什么因缘的靺鞨人的国家,而是自己的同族——高句丽人建立的终将统一的近亲国家"㊵的说法不能成立。

当然,也许会有人拿出下面的几条"史料"来证实新罗人之视渤海国为高句丽人所建立:一是崔致远在《新罗王与唐江西高大夫相状》中所载:"惟彼句丽,今为渤海";二是崔氏在《与礼部裴尚书瓒状》中称:"句丽既息狂飙,劣收遗烬,别谋邑聚,遽窃国名,则知昔之句丽,则是今之渤海"㊶;三是他在《上太师侍中状》中谓:"高句丽残孽类聚,北依太白山下,国号为渤海"㊷;四是朝鲜古籍《三国遗事》所引的《新罗古记》关于"高丽旧将祚荣姓大氏,聚残兵,立国于太白山南,国号渤海"的记载。单就字面而言,这几条"史料"似言之凿凿,或把渤海国说成是高句丽人所建立的国家,或者说就是前此的高句丽的继承国;但实际上这些所谓的"根据"在如前所述的文献记载和考古资料面前都是经不起推敲的,同样无助于他们的立论。众所周知,崔致远虽是当时新罗末叶的知名文士和诗人,但却不是个历史学者。他12 岁入唐留学,中举后即留唐任职,光启元年(885 年)约 28 岁时回国,曾留在王廷担任侍读兼翰林学士、但不久即遭到排挤而出为外任。因"自伤不偶,无复仕进意,逍遥自放,山林之下,江海之滨,⋯⋯皆游焉之所,最后带家隐加耶山海印寺,与母兄浮图贤俊及定玄师结为道友,栖迟延仰,以终老焉"。㊸勿须赘述,这样的经历使他对渤海的史事不可能了解很多,也就难怪其在史论中常常带有诗人的浪漫色彩而不免于致误。如三"状"中的前二状系成文于他尚在唐朝、未返新罗之前,故其所谈渤海就是从前的高丽之谓,显然反映的是他个人的看法,难免因为不了解情况而误信了某些传闻之辞,其中有误在所难免;而《上太师侍中状》虽成于再度入唐之时,但漏洞更多,如文中的"伏闻东海之外有三国,其名马韩、卞韩、辰韩。马韩则高丽,卞韩则百济,辰韩则新罗也。高丽、百济全盛之时,强兵百万,南侵吴越,北扰幽、燕、齐、鲁,为中国巨蠹"之谓,姑且不论马韩、卞韩、辰韩何时分别建国而成其为"三国",就说"马韩则高丽"吧,显与高丽之由来南辕北辙;而"[百济]南侵吴越,[高丽]北扰幽、燕、齐、鲁"之语,更是与史实完全相悖。既然如此,文中的"高句丽残孽类聚,北依太白山下,国号为渤海"之谓又明显与包括《谢不许北国居上表》在内的众所周知的史料相牾,当然也就同样有可能出自于传闻之讹。故此三"状"实难作为信史考虑,其史料价值根本不能同《谢不许北国居上表》中的前述有关记载相提并论。至于王氏高丽时期一然和尚之编纂《三国遗事》一书,虽旨在劝导人们相信和皈依佛教而编造了许多神话故事,但毕竟对历史上的"遗事"进行了一番搜集和整理,并在考订方面下了不小的功夫。尤其应该指出的是,恰恰是他本人对所谓《新罗古记》以及《三国史》的记载是持有怀疑的态度的。为了便于人们理解一然的本意,这里有必要转录下其"靺鞨渤海"条的有关记载:"《通典》云:渤海本粟末靺鞨,至其酋祚荣立国,自号震旦。先天中,始去靺鞨号,专称渤海。开元七年,祚荣死,谥为高王。⋯⋯后唐天成初,契丹攻破之,其后为丹所制《三国史》云:'仪凤三年高宗戊寅,高丽残孽类聚,北依太伯山下,国号渤海。开元二十年间,明皇遣将讨之。又圣德王三十二年玄宗甲戌,渤海靺鞨越海侵唐之登州,玄宗讨之'。又《新罗古记》云:'高丽旧将祚荣姓大氏,聚残兵,立国于太白山南,国号渤海'。按上诸文,渤海乃靺鞨之别种,但开合不同而已。按《指掌图》,渤海在长城东北角外"。[44]尽管今人已不知道其所谓的"《通典》云:渤海本粟末靺鞨"出自何处,但一然无疑是相信这个"《通典》"的记载的,故作了渤海本粟末靺鞨的记述,而且,他虽然在附注中收录了《三国史》和《新罗古记》的上述记载,但对其所云显然是有所保留的,惟其如此,才在后面的按语中进一步确认"渤海乃靺鞨之别种"的结论。可是持"高丽"说的学者们大都无视一然和尚的考异和结论,却对夹注中的文字大感兴致,竟无保留地引以为据,不能不说是有失于轻率。当然,也有个别学者,是看出了一然和尚的本意的,但或因不合乎其胃口而无端予以指责和批判,说他是"恣意下了不正确的结论。这是由于受了被歪曲的中国史料的迷惑";[45]或者声称"他也认为渤海不是纯粹靺鞨而是高丽别种的中间性的存在",以作为所谓的大祚荣是"靺鞨系的高句丽人"的根据,[46]从而造成了新的误导。故综上所述,所谓的这四点根据都不足为据。而且,退一步来说,就算是大祚荣真的出任过"高丽旧将",又能说明什么问题呢?那同样证明不了他就是高句丽人或具有强烈的"高句丽归属和继承意识"的"靺鞨系高句丽人"。

最后,还须明确的是渤海人最初的自称究竟是啥?我们的回答:是靺鞨而不可能是别的什么,其直接的证据就是大祚荣政权最初以"靺鞨"作为国号。长期以来,研究渤海史的学者们已习惯于把渤海的前身称呼为"震国"或"振国",虽然,金毓黻先生在《渤海国志长编》曾指出大祚荣政权"仍称靺鞨",却未引起学者们的注意;后又有学者明确指出:"当时真正广为通行的正式国号还是'靺鞨国',[47]但同样没有产生多大反响。直到90年代初,金香女士著文《渤海国曾经称过'震国'吗》,[48]进一步对这种普遍公认的说法进行了质疑和驳斥,强调大祚荣政权最初的国号只能是靺鞨国,才逐渐引起了人们的重视,但迄今为止仍没有成为史界的共识。我们认为其说是值得赞同的确论,理由是:一方面,不仅有前述《新唐书·渤海传》中关于"自是始去靺鞨号,专称渤海"即明谓渤海国在接受唐朝册封前的正式国号是靺鞨的记载为证;而且,从中外文献古籍和石刻碑文中所反映的当时唐、日本和新罗的人们均曾称呼渤海国为"渤海靺鞨"或"靺鞨"的史实来判断,《新唐书》的这一记载无疑得到了确凿的印证,其真实性已无可怀疑;另一方面,大祚荣政权初建之际以"靺鞨"为号,也完全符合我国北方诸民族政权普遍以其主体民族之名为号的惯例,鉴于渤海国"处处有村里,皆靺鞨部落",靺鞨人显然是其人口中占绝大多数的民族,加之,王族又出自于粟末靺鞨,所以,大祚荣政权最初以"靺鞨"为国号也就成为了顺理成章之举。当然,这也就为渤海国主体民族之为靺鞨说提供了极其重要的论据。

(原刊于《社会科学战线》2001 年 3 期)

【作者简介】

魏国忠,男,1937 年生于哈尔滨,1960 年毕业于北京大学历史系并获学士学位。先后在黑龙江大学、黑龙江省博物馆、省文物管理委员会和黑龙江省社科院从事历史教学、研究与文物保护工作,任黑龙江省社科院历史研究所研究员、渤海史研究室主任。

郭素美,女,1950 年生,1982 年毕业于哈尔滨师大历史系,黑龙江省社会科学院历史研究所渤海史研究室主任、副研究员。

注释

①　日本古籍《类聚国史》卷 193,殊俗部。

②　《东文选》卷 33,表笺,日本·东洋文化研究所本,以下简称《居上表》。

③　卢泰敦:《渤海的居民构成和族源》,《韩国古代的国家和社会》,历史学会编,1985 年,见李东源译本《渤海史译文集》第 214 页。

④⑦㉒㊴㊻　宋基豪:《渤海政治史研究》第一章第一节,一潮阁,1995 年,见严长禄译稿。

⑤⑥⑩㉘㉙㉛㉜㊵㊺　朴时亨:《为了渤海史的研究》,《历史科学》1962 年第 1 期,见李东源:《渤海史译文集》第 19 页,第 4 页,第 5 页,第 17 页,第 15~17 页,第 3 页,第 3~4 页,第 3 页,第 40 页附注 20。

⑧⑫　《渤海政治史研究》第一章之第二节。

⑨　刘子敏:《东北亚"金三角"沿革开发史及其研究》第 253 页,黑龙江朝鲜民族出版社 2000 年。

⑪ э·B·沙弗库诺夫著,宋玉彬译《客观的态度——韩国研究者著作中的过国》,《东北亚考古资料译文集》渤海专号,北方文物杂志社,1998 年,第 35 ~ 36 页。

⑬ 《旧唐书》渤海靺鞨传,《新唐书》渤海传同,惟"众"作"兵"。

⑭ 韩圭哲:《渤海的对外关系史》第一章第三节 2,《大祚荣的出身——高丽别种说和粟末靺鞨说》,见李东源译稿。

⑮ 《渤海的对外关系史》第一章第二节,见李东源译稿。

⑯ 《新唐书》卷 110,泉男生传。

⑰ 《旧唐书》卷 199 上,高丽传。

⑱ 《资治通鉴》卷 206,唐记 22。

⑲ 魏国忠等《渤海建国前史事考》,《北方文物》2001 年 1 期。

⑳ 《隋书》卷 81,靺鞨传。

㉑ 《资治通鉴》卷 202,唐纪 18。

㉓ 《旧唐书》卷 110,王思礼传。

㉔ 《旧唐书》卷 104,高仙芝传。

㉕ 《旧唐书》卷 124,李正己传。

㉖ 影印日本近卫刊本。

㉗ 《旧唐书》渤海靺鞨传。

㉚ 魏国忠:《大祚荣遣子侍唐时间考》,《北方文物》1985 年第 4 期。

㉝ 金香:《关于"天孙"的理解》,《北方文物》1988 年第 2 期。

㉞ 《续日本纪》卷 31,宝龟三年二月二十八日条。

㉟ 刘振华:《渤海大氏王氏族属新证——从考古材料出发的考察》,《社会料学战线》1981 年第 3 期。

㊱ 宋基豪著,李云铎译《渤海国的国家地位》,《东北亚考古资料译文集》(渤海专号)第 170 页,北方文物杂志社,1998 年。

㊲ 在日本朝鲜社会科学者协会历史部会编《高句丽·渤海和古代日本》第 191 页,雄山阁,考古学选书 38,1993 年 5 月;文中倒数第 2 行的方框内被编者们补入了"太"字,倒数第 1 行的方框内则被编者们补入了"甲"字。

㊳ 王禹浪:《黑龙江流域与日本东北及北海道的古代文化文流》,《学习与探索》1998 年第 5 期。

㊶ 《孤云集》卷 l。

㊷㊸ 《三国史记》卷 46,崔致远传。

㊹ 《三国遗事》纪异卷 1,靺鞨渤海。

㊼ 刘振华:《渤海史识微》,《学习与探索》1982 年第 6 期。

㊽ 《渤海史学术讨论会论文集》,1900 年。

简述渤海国主体民族的族属 ｜郝庆云

关于渤海国的族属，中外学者争议甚大。尽管问题被搞得越来越复杂，我则坚持认定渤海国的主体民族只能是靺鞨，或确切说是粟末靺鞨，而绝非高句丽族或高句丽遗民。之所以如此，并不仅仅因渤海国"其国延袤二千里，无州县馆驿，处处有村里，皆靺鞨部落，其百姓者靺鞨多，土人少"。[①]即靺鞨人在全国居民中占了绝大多数，而且由于渤海自建国伊始就以"靺鞨"为国号，靺鞨人始终作为主体民族而在国中居于统治地位。《新唐书·渤海传》记载：大祚荣政权在接受唐朝的册封后，"自是始去靺鞨号，专称渤海"，明谓其此前的国号就是"靺鞨"。而这一记载又显然得到了有关文献古籍和考古资料的印证。

一

从现有的文献资料看，最早涉及这个问题的是唐时的官方文献《唐六典卷4·尚书礼部》（影印日本近卫刊本）的记载："凡四蕃之国，经朝贡已后，自相诛绝及有罪见灭者，盖三百余国。今所在者有七十余蕃，谓三姓葛逻禄、……远蕃靺鞨、渤海靺鞨、室韦……各有土境，分为四蕃焉"。这是由唐玄宗本人亲自主持编撰的大型政典，时去册封渤海仅仅二十多年时间，其史料价值无疑具有权威性。众所周知，渤海国一名系来自于唐玄宗之册封大祚荣为"渤海郡王"；又，在此稍前，宰相张九龄在为唐玄宗所起草的《敕新罗王金兴光书》中，就已使用了"渤海靺鞨"这一名词，显然指渤海国无疑。而从这一词组的组成来看，"渤海"指的是国号，"靺鞨"则系族名，二者联在一起的字面含义恰恰就是"渤海国这支靺鞨"；也即与"远蕃靺鞨"有所区别的另一支"靺鞨"。鉴于当时唐朝与渤海之间关系的密切，如唐中宗刚一遣使前往"招慰"，大祚荣就"遣子入侍"于唐廷，首位"侍子"即其次子大门艺"充质子至京师"，开元初还国，留居长安达七八年之久；而玄宗的册封又是大祚荣政权立即改国号为渤海的原因，"自是每岁遣使朝贡"②，双方人员间更是频繁往来。可见，当时的唐廷对渤海的主体民族族属的了解是清楚和确切的，决不至于出现偏差和错误。另外，《新唐书·渤海传》记："渤海，本粟末靺鞨附高丽者。"据金毓黻先生考证，欧阳修和宋祁在撰写《新唐书·渤海传》时，参考了张建章的《渤海国记》，张建章曾以瀛州司马名义，应聘出使渤海国，写成此书。因此《新唐书》所记渤海的历史较为可靠。《新唐书·渤海传》还记，"高丽灭，（大祚荣）率众保挹娄之东牟山，……乃建国。"挹娄故地在不咸山（今长白山）北牡丹江上中游。《晋书·肃慎氏传》亦记："挹娄在不咸山北。"大祚荣从营州出逃，到挹娄故地保其先祖发祥地，足证渤海建国者大祚荣乃挹娄之后裔靺鞨人。因此，当时的唐朝视渤海为靺鞨人的国家，其主体民族是靺鞨。

又，成书于 8 世纪末的《通典》的记载也提供了这方面的重要佐证。朝鲜学者朴时亨就曾提出"最早记载渤海的中国文献是《通典》，它是唐朝中叶两国对峙时期（785—804 年）编撰的。《通典》除在《州郡典》利用了一次"'渤海'的称号，其余一律用'靺鞨'二字"③来称呼渤海。尽管朴氏在这里所用的"最早"之说显然不准，但认为《通典》一书"用'靺鞨'二字"称呼渤海国则是可信的。如该书《卷172·州郡二·序目下大唐》载："高宗平高丽、百济，得海东数千里，旋为新罗、靺鞨所侵，失之"；《卷186·边防二》又谓高句丽灭亡后，"其余类有酋长钳牟岑者，率众叛，立高藏外孙安舜为王。令左卫大将军高偘讨平之。其后，余众不能自保，散投新罗、靺鞨旧国土尽入于靺鞨"，显而易见，文中所提到的"靺鞨"，就是渤海国。因为《旧唐书·靺鞨传》明确记载："其白山部素附于高丽，因收平壤之后，部众多入中国。汩咄咄、安居骨、号室等部，亦因高丽奔散微弱，后无闻焉，纵有遗人，并为渤海编户"，即在高丽灭亡到渤海建立前后，除渤海所出自的粟末部以及"唯黑水部全盛"外，其他诸部都已迅速衰落下来，而黑水部人又决不能隔着渤海据有高丽故地，故《通典》中提到的这个"靺鞨"只能是"渤海靺鞨"即渤海国。这就进一步表明，当时的唐人的确把渤海国称为"靺鞨"。

尤其重要的是，上述的推论得到了考古资料的印证。这就是开元二年（714 年）夏，唐鸿胪卿崔忻在完成册封靺鞨首领大祚荣的使命后的归途中，在都里镇，即今旅顺口附近的马石山（今黄金山）下凿井刻石所留下著名的《鸿胪井栏石刻》的 3 行文字，全文是：

> 敕持节宣劳靺羯使
> 鸿胪卿崔忻井两口永为
> 记验开元二年五月十八日。

不言而喻，文中的"靺羯"即靺鞨，正是崔忻所出使册封的对象。而以情理言之，崔忻及其随员等人无论如何也不会将其所出使册封的对象的族属都弄不清楚。当然，在他们刚刚履行完使命的归途中，也是绝对不可能在刻石留念之际把大祚荣政权的名字误写为"靺羯"的，这也就有力地反证了在他们出使其地之前，大祚荣政权的国号必为"靺鞨"即"靺羯"无疑，从而印证了《新唐书·渤海传》关于大祚荣政权"自是始去靺鞨号，专称渤海"的记载。因此，"敕持节宣劳靺羯使鸿胪卿崔忻"这 13 个字就成为证实大氏政权之为靺鞨人国家的最为确凿珍贵的第一手资料。

二

不仅如此，与渤海人同时的邻国日本和新罗人也像唐人那样地称渤海国曰靺鞨。如日本古籍《续日本纪·卷 8》元正天皇养老四年（720 年）正月丙子条即明确记载：当时的日本朝廷曾派"遣渡岛津轻津司、从七位、诸君鞍男等六人于靺鞨国"。鉴于六、七世纪以来，即有"肃慎"人一再地越海到达日本列岛,以及当时日本与大陆和朝鲜半岛之间交往和联系的扩大;加之,当时的东北亚地区除"渤海靺鞨"之外,并无其他"靺鞨"为名的"靺鞨国"存在。所以,文中的这个"靺鞨国"显指渤海无疑。而这又表明,假如当时的日本方面不知道渤海国曾以此为名的话,是无论如何也不会杜撰出这个国名的。可见,当时的日本人曾把渤海国视为靺鞨人的国家,当然,也就视其主体民族为靺鞨了。无独有偶,这条史料的真实性还得到了日本考古资料的证实。1666 年,在日本宫城县多贺城发现的"多贺城石碑",上刻140 个汉字,其中就有"多贺城……去靺鞨国界三千里"的内容。按"多贺城始建于 8 世纪初,并一直沿用至 11 世纪中叶",从碑文末尾书有"天平宝字六年十二月一日"知,该石碑系立于公元 762 年的十二月一日,而恰恰就在此前的四五年间,先后既有杨承庆(758 年)、高南申(759 年)、王新福(762年)等 3 位渤海大使率团访问日本,也有日本的遣渤海使玲璆(760 年)、高丽大山(761 年)以及其迎藤原河清使高元度自渤海率团回国;加之"从今天日本的多贺城出发经由日本海直达当时渤海国的都城,即今天黑龙江省宁安市渤海镇,恰为三千里的距离,与碑文所记'去靺鞨国界三千里'的记载相合"④,所以,碑文中所提到的"靺鞨国"就是渤海国。而这又进一步证明当时的日本人曾把渤海国视为靺鞨人的国家,当然,其主体民族也就是靺鞨了。

同样,新罗人也作如是观,其最直接有力的证据就是朝鲜古籍《东史纲目》中保存的新罗王于唐乾宁四年(897 年)致唐朝的《谢不许北国居上表》,上言"臣谨按渤海之源流,句丽未灭之时,本为疣赘部落,靺鞨之属,实繁有徒,是名粟末小蕃,尝逐句丽内徒"。不言而喻,由于这通表文是崔致远代其国王所起草的官方文书,故在起草的前前后后其内容不能不经过王廷有关人员的授意和定夺,当然也就足以代表了新罗王廷的意见;又因为这通表文是新罗王廷呈给唐廷的谢表,当然也就如宋基豪先生所言,"说谎或造假是不容易的"。⑤崔致远,新罗人,十二岁入唐求学,僖宗乾符元年(874年),"一举及第",历任宣州漂水县尉,侍读兼翰林学士,回国后入郡太守,"尝奉使如唐",著有《崔致远文集》。⑥他认为渤海属于粟末靺鞨,不会有错。而推究上述文字,只要不带任何偏见,就不难发现,它所代表的新罗官方看法竟和当时的唐廷以及日本人的看法大体一样，即以明白无误措辞宣称"渤海之源流"来自于"靺鞨之属"，也就是认定渤海国的主体民族为靺鞨或确切说粟末靺鞨。

唐以后的史家们也大体上和唐人一样地视渤海为靺鞨人的国家。

最早为渤海国历史立传的《旧唐书·渤海传》载："渤海靺鞨大祚荣者，本高丽别种也"。不过，恰恰是"高丽别种"这四个字引发了族属问题的激烈争论，并成为高丽说学者们主要根据，他们把所谓的"高丽别种"说成是高句丽族或高句丽遗民。然而，把"别种"说成是"本种"，显然于理不通。在中国古代文献中，"别种"是有其既定含义的，就如同"别族"一样，是另一种族的意思，它与"另种"、"另族"相同。"别种"既不是"同种"也不是同种的后裔或同种的分支、旁支。同种的后裔、分支、旁系是"分种"，而不是"别种"。正如马长寿在《北狄与匈奴》所言"有一部分不与匈奴同族，但因他们从前是组成匈奴国家的部落或部族，所以称'匈奴别种'。"[⑦]周一良先生指出："今按'别种'之称犹'别部'，为政治上相统属，而种族上十九不相同之部落。"[⑧]另外，只要客观地分析一下，就不难看出不论后半句谓语成分中的"高丽别种"作何解释，单就前半句主语成分中的限制词"渤海靺鞨"而言，大祚荣的族属只能是靺鞨。是知《旧唐书》编纂者同唐人一样，视渤海为靺鞨人的国家，这无疑反映了五代时期中原地区史家们的认识。查《旧唐书》修成于开运二年(945 年)，时去渤海灭亡不到 20 年时间，其记载应该是可信的，乃至连对史书往往持怀疑态度的朴时亨先生也不否认它的可靠性。

其后，成书于 961 年的《唐会要》也载："渤海靺鞨本高丽别种，后徙居营州，其王姓大氏"。大体上同时成书而且编者为同一人的《五代会要》也称"渤海靺鞨，本高丽种。唐总章中，高宗平高丽，徙其人散居中国，……有高丽别种大舍利乞乞仲象，与靺鞨反人乞四比羽走保辽东"。文中虽使用了"高丽种"的概念，但联系其下文中的文字"高丽别种大舍利乞乞仲象"以及《唐会要》的记载一并考虑，可以断定，"高丽种"必为"高丽别种"之误，从而表明，宋初的史家和五代史家们一样地视渤海为靺鞨人的国家。当然，其言外之意，渤海的王族大氏和主体民族也就是靺鞨了，成书于 974 年的《旧五代史》以及稍后的《册府元龟》等书，也都称渤海国为"渤海靺鞨"或

"靺鞨"。而 1060 年成书并同样为渤海立传的《新唐书》,则在《卷 219·北狄传》中进一步记载:"渤海,本粟末靺鞨附高丽者,姓大氏",尽管其行文中在粟末靺鞨后面缀了个"附高丽者"四字,却毫不影响作者之视大氏为粟末靺鞨人以及粟末靺鞨是渤海国的主体民族、渤海国是靺鞨人国家的立意。总之,这些史书都相当客观地反映了宋代的史家们同前代人一样,认为渤海是靺鞨人的国家,渤海国的主体民族和王族大氏是靺鞨人。

最后,还须明确的是渤海人最初的自称究竟是什么? 答案是靺鞨而不可能是别的什么,其直接的证据就是大祚荣政权最初以"靺鞨"作为国号。长期以来,研究渤海史的学者们已习惯于把渤海的前身称呼为"震国"或"振国",虽然,金毓黻先生在《渤海国志长编》中曾指出大祚荣政权"仍称靺鞨",却未引起学者们的注意;后又有学者明确指出"当时真正广为通行的正式国号还是'靺鞨'",但同样没有产生多大反响。直到 90 年代初,金香女士著文《渤海国曾经称过'震国'吗?》⑨进一步对这种普遍公认的说法进行了质疑和驳斥,强调大祚荣政权最初的国号只能是靺鞨国,才逐渐引起了人们的重视,但迄今为止仍没有成为史学界的共识。我们认为其说是值得赞同的确论,理由是:一方面,不仅有前述《新唐书·渤海传》中关于"自是始去靺鞨号,专称渤海"即明谓渤海国在接受唐朝册封前的正式国号是靺鞨的记载为证,而且,从中外文献古籍和石刻碑文中所反映的当时唐、日本和新罗人们均曾称呼渤海国为"渤海靺鞨"或"靺鞨"的史实来判断,《新唐书》的这一记载无疑得到了确凿的印证,其真实性已无可怀疑;另一方面,大祚荣政权初建之际以"靺鞨"为号,也完全符合中国北方诸民族政权普遍以其主体民族之名为号的惯例,鉴于渤海国"处处有村里,皆靺鞨部落",靺鞨人显然是其人口中占绝大多数的民族,加之,王族又出自于粟末靺鞨,所以,大祚荣政权最初以"靺鞨"为国号也就成了顺理成章之举。当然,这也就渤海国主体民族之为靺鞨说提供了极其重要的论据。

（原刊于《黑龙江民族丛刊》2003 年第 2 期）

【作者简介】

郝庆云,女,1963年生,史学博士,哈尔滨学院历史系副主任,副教授,主要从事东北民族文化史研究。

注释

① 《类聚国史》,卷193殊俗渤海上。

② 《旧唐书》,渤海靺鞨传。

③ 朴时亨:《为了渤海史的研究》,《历史科学》,1962年第1期。

④ 王禹浪:《黑龙江流域与日本东北及北海道的古代文化交流》,《学习与探索》,1998年第5期。

⑤ 宋基豪:《渤海政治史研究》,1995年。

⑥ [高丽]金富轼:《三国史记》,崔致远传。

⑦ 马长寿:《北狄与匈奴》,三联书店,1962年。

⑧ 周一良:《论宇文周之种族》,《历史语言研究所集刊》,1939年第7期。

⑨ 《渤海史学术讨论会论文集》,1990年。

渤海与高句丽族属及归属问题探析 ｜武玉环

渤海与高句丽的族属与归属问题,在国际史学界存在较大分歧与争议。一些国外学者主张渤海是高句丽人创建的国家,渤海在其居民、领域、主权等一切方面,都是高句丽的继承者,①这是违背历史实际的,为了还历史的本来面目,特撰此文。

一、渤海的建国者及主体民族的族属

关于渤海的建国者及主体民族的族属,目前国内外史学界有以下几种看法:一是认为渤海属高句丽族,而高句丽属朝鲜史的范围,渤海史应放在朝鲜史范围内。②韩国、朝鲜的学者李龙范、朴荣海及日本的白鸟库吉持这一观点。二是认为渤海的建国者与主体民族为女真人,日本稻叶岩吉持这种观点。③三是认为大祚荣为靺鞨白山部人,白山部曾依附于高句丽政权,日本的和田清、津田左右吉持此种观点。④四是认为大祚荣及主体民族为粟末靺鞨人,李殿福、孙玉良等持这种观点。⑤我同意第四种看法,即渤海的建国者大祚荣及主体民族为粟末靺鞨人,其理由如下:

1. 根据中国史书《隋书》、《旧唐书》、《新唐书》等记载,渤海的建国者大祚荣及主体民族为粟末靺鞨。《隋书·靺鞨传》:"靺鞨,在高丽之北,邑落俱有酋长,不相总一。凡有七种:其一号粟末部,与高丽相接,胜兵数千,多骁武,每寇高丽中"。《隋书》是中国较早记载靺鞨的官修史书,有相当的可信度。从中可知：粟末部为靺鞨的七部之一，独立于高句丽政权之外，并常与高句丽发生争斗，说明它与高句丽不是同一族属。《新唐书·渤海传》："渤海，本粟末靺鞨附高丽者，姓大氏。高丽灭，率众保挹娄之东牟山。地直营州东二千里"。"万岁通天中，契丹尽忠杀营州都督赵翙反，有舍利乞乞仲象者与靺鞨乞四比羽及高丽余种东走，渡辽水，保太白山之东北，阻奥娄河，树壁自固。武后封乞四比羽为许国公，乞乞仲象为震国公……是时，仲象已死，其子祚荣引残痍遁去……。祚荣即并比羽之众，恃荒远，乃建国，自号震国王"。根据以上记载可知：(1)粟末部后来依附于高句丽；(2)高句丽灭亡后，以渤海粟末部为主的大氏一族，率众到东牟山。其首领为靺鞨人乞乞仲象与乞四比羽。上文中的"舍利乞乞仲象"，舍利是北方民族中的官称。据《辽史·国语解》："舍利，契丹豪民要裹头巾者，纳牛驼十头，马百匹，乃给官名曰舍利"。(3)舍利乞乞仲象死后，其子大祚荣联合乞四比羽，建立渤海国。《旧唐书·渤海靺鞨传》也记载："祚荣骁勇善用兵，靺鞨之众及高丽余烬稍稍归之，圣历中，自立为震国王"。以上都说明大祚荣是靺鞨人，他率领靺鞨之众建立了渤海国，也有一部分亡国后的高句丽遗民进入渤海国中，但其主体民族与统治民族为粟末靺鞨。

2. 关于《旧唐书·渤海靺鞨传》中"渤海靺鞨大祚荣者，本高丽别种"之说辩误。有些学者根据别种一词，就认为大祚荣是高句丽人，"而别种两字纯属多余"。[⑥]我认为别种二字正透露了大祚荣族属的真实信息。别种为另一种类，即不属高句丽同一种类之意。把这段话联系起来看，大祚荣为渤海靺鞨人，是高句丽别种。为什么这段话会出现前后矛盾的现象，据《旧唐书·靺鞨传》、《唐会要》等书记载，"其白山部，素附于高丽，因收平壤之后，部众多入中国，汩咄、安居骨、号室等部，亦因高句丽破后奔散微弱，后无闻焉，纵有遗人，并为渤海编户"。可知，靺鞨各部曾依附于高句丽，当然属高句丽的别种，别种在这里为别部之意。但是，在高句丽灭亡后，他们都先后成为渤海编户。这就是渤海靺鞨大祚荣，本高丽别种的内在原因。既然是依附于高句丽别种的靺鞨人，就谈不上渤海的始祖是高句丽人了。渤海的始祖是高句丽人，纯属牵强附会。正确的说法是，渤海始祖大祚荣是依附于高句丽的靺鞨人。而依附于高句丽的其他各部靺鞨人，也"并为渤海编户"。成为渤海建国的主体民族。

3. 根据外国史书的记载,大祚荣及渤海主体民族为粟末靺鞨。日本史书《类聚国史》载:"天皇二年(698 年),大祚荣始建渤海国,其国延袤二千里,无州县馆驿,处处有村里,皆靺鞨部落。其百姓者靺鞨多,土人少,皆以土人为村长"。上面文中说明了两个问题:一是大祚荣所建渤海国,皆"靺鞨部落",即主体民族为靺鞨人。这里的"皆"为都、全部之意。文中的"靺鞨多,土人少"也说明渤海国以靺鞨为主。二是担任渤海国职官的,多为靺鞨人。即文中的"其百姓者,靺鞨多,土人少"。百姓,史书中解释为百官之意。在《诗·小雅》郑玄笺中为:"百姓,百官族姓也"。在奴隶社会中,有姓氏的只有官吏、奴隶主与平民,因此"百姓"即为"百官"之意。文中的"土人"应作何解释,史界看法不一,有人认为土人即当地人,为高句丽人,渤海皆以高句丽人为村长。但是用高句丽的遗民统治靺鞨人,即用亡国后的遗民管理占统治地位的民族,在历史上不曾见。如辽金元史上的契丹部落、女真的猛安谋克、元的蒙古部落都是以本族人治理本族人,还未见到用契丹遗民统治女真猛安谋克,或用女真遗民统领蒙古部族的现象。"土人"即便是高句丽人,也只能以高句丽遗民统领高句丽遗民,而不能统领靺鞨人。更不可能用少数高句丽土人统治绝大多数的靺鞨人。村长为地方上最基层的官员,即便用高句丽土人为村长,在村之上还有镇、邑落、城、县、州、府乃至中央政权机构,上述这些机构中的官员以渤海人为主,因此在渤海国中占统治地位的仍是渤海人,但不排除也有少数高句丽遗民担任中央或地方的官员。

又据高丽史籍《三国遗事》卷一《靺鞨渤海》条引《通典》:"渤海本粟末靺鞨,至其酋祚荣立国,自号震旦。先天中,始去靺鞨号,专称渤海"。上文中明确指出渤海原本为粟末靺鞨,大祚荣为粟末靺鞨之酋长,建国后才专称渤海。高丽史籍《三国遗事》为高丽人所撰,说明高丽人中也有人坚持渤海人即粟末靺鞨这一观点。

4. 判定一个民族及族属的依据,是从共同的语言、共同的地域、共同的经济生活、共同的习俗、共同的心理素质等几个方面综合判定,而不能仅仅依据是否双方曾有过隶属关系来判定。⑦有的学者依据粟末靺鞨曾臣属高句丽王朝,据此认为渤海国应为高句丽继承国,并属同一族属。这种看法是片面的,不正确的。一个民族曾依附或隶属于另一个民族政权,这在历史上是常有的现象。例如契丹族曾隶属于唐王朝,女真族曾隶属于辽王朝,蒙古族曾隶属于辽金王朝及清王朝,满族曾隶属于明王朝。但是,不能据此就认为契丹与汉族为同一族属,女真与契丹为同一族属,蒙古与女真、满族为同一族属,满族与汉族为同一族属。靺鞨曾依附于高句丽,见于《旧唐书》与《新唐书》等史籍中。《旧唐书·靺鞨传》记载:靺鞨"其国凡为数十部,各有酋帅,或附于高丽,或臣于突厥……其白山部,素附于高丽,因收平壤之后,部众多入中国。汩咄、安居骨、号室等部,亦因高丽破后奔散微弱,后无闻焉,纵有遗人,并为渤海编户。"而《新唐书·渤海传》则记载:"渤海,本粟末靺鞨附高丽者,姓大氏。高丽灭,率众保挹娄之东牟山,地直营州东二千里。"上述史料是说渤海白山部、粟末部曾附于高(句)丽。但是与上述史料记载不同的是《新唐书·李谨行传》与《册府元龟·外臣部》:"李谨行,靺鞨人,父突地稽,部酋长也。隋末,率其属千余内附。居营州。授金紫光禄大夫,辽西太守,武德初,奉朝贡,以其部为燕州。"李谨行,唐麟德年间,历迁营州都督,因征战有功,曾授予他为镇国大将军,行右卫将军,封燕国公。乾封元年(666年),唐发兵征高句丽,"左监门将军李谨行殿而行"。可知,突地稽率领下的粟末靺鞨,于隋开皇九年(589年)南迁内属,并没有"附于高句丽"。因此,高句丽亡后,这支粟末靺鞨得以保全、发展、壮大。李谨行并率兵参加了征伐高句丽的战争。这支粟末靺鞨人,成为渤海建国的主要力量。

二、高句丽的族属

关于高句丽的族属,学界分歧较大。目前有以下几种看法:一为高句丽源于高夷说。[⑧]高夷最早见于先秦史籍《逸周书》。晋人孔晁解释为"高夷,东北夷高句丽"。高句丽最初称高夷,由高夷人为主体构成高句丽。二为高句丽源于夫余说。[⑨]主要依据《魏书·高句丽传》:"高句丽者,出于夫余"。《隋书·东夷传》:"高丽之先,出自夫余,夫余王曾得河伯女……"。三为高句丽源于秽貊说。[⑩]主要依据《后汉书·高丽传》:"高丽……为貊"。《册府元龟》

卷 89 称其为"东夷小貊"。四为高句丽源于炎帝说。主要依据为：高为东夷族系中之高夷，"丽"与"莱"音互通互转，高句丽一称，实际上是高莱或介莱的转写。"莱即东夷族系中之族称。高句丽民族，由高（介）、莱两族的各一部分组成。介即上古之介族，姜姓，炎帝裔。莱即上古强族莱夷，其为姜姓，炎帝裔。其族属当然为炎帝族系。"⑪五为高句丽起源于商人说。"夫余，高句丽；秽、貊、朝鲜，乃至后来的女真人，都与商人有着血肉的联系。"高句丽作为商人的后裔，一直保持着商人的风俗习惯和政治经济生活特色。⑫

我个人认为，高句丽应属东北夷中貊族的一个支系。理由是：先秦史籍《逸周书》是较早记载高句丽史事的史书，应取时间最早的史料为依据。但"东北夷"又较概括，东北夷中具体为哪一支系，《逸周书》没有明确记载。后来的史书《后汉书》中称其为"秽貊"。《册府元龟》、《南齐书》称其为"东夷小貊"。据此可知秽与貊为东夷同一族系中的两个分支，高句丽应属貊族支系。而正式称其为高句丽，是在汉武帝元封三年（前 108 年）《后汉书·高句丽传》："汉武帝灭朝鲜，以高句丽为县，使属玄菟"。《汉书·地理志》："玄菟，乐浪，武帝时置，皆朝鲜，秽貊，句丽蛮夷"。那么，在武帝设高句丽县之前，已在此居住着句骊、秽貊、朝鲜等民族。这在我国考古调查中已被证实。在辽东两江、两河流域的青铜文化和铁器文化，是高句丽的涓奴部和桂娄部活动的中心地区，即东夷小貊。由此印证了高句丽属于东夷小貊。因此汉武帝才在高句骊人的聚居地置高句丽县，行使对高句丽人的管辖权。就连北朝鲜的史书《朝鲜通史》中也认为："在这三族中，韩族和秽族更为接近，秽族形成古朝鲜，貊族形成扶余和高句丽，韩族则形成了辰国"。因此，高句丽应属貊族。

综上所述，渤海与高句丽在族属上分别属于肃慎族系和秽貊族系，它们在血缘上是不同质的民族，相互之间没有必然的联系。

三、渤海政权的归属

渤海是中国东北古老的民族之一，很早就活动于中国东北地区。渤海民族属于中国东北古老的民族肃慎族系中的靺鞨族,建国后又融入了一部分汉人、高句丽人等,从而形成了一个新的民族——渤海族。渤海民族政权建立后,就与唐王朝保持着册封与朝贡的藩属关系。是唐王朝属下的地方民族政权。其根据是:

1. 开国伊始,渤海就接受唐王朝的册封,承认是唐王朝属下的地方民族政权。唐中宗即位,遣侍御使张行岌招慰之,大祚荣遣子入侍。唐玄宗先天二年(713年),派遣使臣崔忻册大祚荣为渤海郡王,忽汗州都督。"自是始去靺鞨号,专称渤海"。唐朝承认渤海政权并与其建立了藩属关系。崔忻回程路经旅顺黄金山时,在山麓凿井两口,并刻石题名:"敕持节宣劳靺羯使,鸿胪卿崔忻井两口,永为记验。开元二年五月十八日。"此石刻是唐朝册封大祚荣,渤海民族政权隶属唐王朝管辖的实物见证。渤海立国229年,传15代王,每代王都主动派使臣去中原王朝朝贡,接受中原王朝的册封。渤海的中央、地方的政治制度完全仿照唐朝制度,始终与唐王朝保持密切的政治、经济、文化联系。接受册封,就是表示渤海承认其臣属于唐王朝,是唐王朝属下的臣子。

2. 中原王朝派节度使行使管辖权。《旧唐书·地理志》:"平卢节度使,镇抚室韦、靺鞨,统平卢、卢龙二军"。

3. 渤海政权派遣质子入朝宿卫。据《册府元龟》卷974记载,开元六年(718年),靺鞨渤海郡王大祚荣遣其男述艺来朝,唐朝授怀化行左卫大将军、员外郎、置留宿卫。渤海各代王子、王弟都先后前来唐朝,入朝宿卫。以恪尽臣子对皇上的忠心。

4. 渤海政权遣使向唐朝献。渤海每年向唐王朝朝贡,唐王朝让户部掌管靺鞨之贡献。《大唐六典》卷3《尚书户部》:"郎中、员外郎,掌领天下州县户口之事,远夷则控契丹、奚、靺鞨、室韦之贡焉"。开元七年(719年)八月,"大拂涅靺鞨遣使献鲸鲵鱼睛、貂鼠皮、白兔、猫皮。"此后每年都定期或不定期向唐朝贡。以尽藩属之责。进献的方物有鹰、马、海豹皮、乾文鱼、玛瑙杯、昆布、人参、朝霞绸、鱼牙绸、牛黄、金银、金银佛像、白附子、虎皮等。

5. 渤海有协助唐朝出兵征讨的义务。《册府元龟》卷986记载,唐玄宗开元八年(720年),遣左骁卫郎将摄郎中张越使于靺鞨,以奚及契丹背恩义讨之。穆宗敕渤海王子:"举国内属,遣子来朝。祗命奉章,礼无违者。夫人修职贡,出锡爵秩,兹惟旧典,举而行之。"说明唐王朝对渤海国恪尽臣子之责是满意的。同时也说明渤海是唐王朝属下的地方民族政权,它与唐王朝的关系是藩属关系。

四、高句丽政权的归属

高句丽政权是中国东北秽貊族系中的貊族,联合其他民族共同建立的地方民族政权。高句丽政权从没有独立于中原政权之外,它是中原政权管辖下的地方民族政权。体现在以下几方面:

1. 高句丽族是活动在中国东北地区内的少数民族。秽貊族最早见于史书记载的是《逸周书》。晋人孔晁解释为"高夷,东北夷高句丽"。《后汉书》中称其为"秽貊"。《册府元龟》、《南齐书》称其为"东夷小貊"。据此可知秽与貊为同一族系中的两个分支,高句丽应属秽貊族系中的貊族支系。而正式称其为高句丽,是在汉武帝元封三年(前108年),《后汉书·高句丽传》:"汉武帝灭朝鲜,以高句丽为县,使属玄菟"。是以地名"高句丽县"而出现在史籍中,之后变为族名,为东北夷高句丽的族称。

2. 高句丽建国后,高句丽政权所建立的都城没有超出中国当时的疆域之外。从建国时的辽宁桓仁的纥升骨城(五女山城)到集安的国内城及朝鲜半岛的平壤城,都曾分别隶属于汉四郡、唐安东都护府及唐府州的管辖范围内。

3. 高句丽每年定期或不定期向中原的汉朝、前燕、北魏、隋朝与唐朝朝贡,并接受中原王朝的册封。据《三国史记·高句丽本纪》记载:"入汉朝贡,光武帝复其王号"。"遣使如汉,贡献方物,求属玄菟"。即使迁都平壤后,仍旧向中原朝贡:文咨明王元年(492年),"魏孝文帝遣使拜王为使持节、都督辽海诸军事、征东将军、领护东夷中郎将、辽东郡开国公、高句丽王。赐衣冠、服物、车旗之饰。又诏王遣世子入朝"。婴阳王二年,"遣使入隋,奉表谢恩,进奉,因请封王。帝许之。三月,册封为高句丽王,仍赐车服。"

高句丽荣留王七年(624 年),唐朝册封高句丽王为上柱国、辽东郡公、高句丽国王。唐太宗说:"高句丽,本四郡地耳"。"今辽东诸城,本皆中国郡县"。说明高句丽王是中原王朝所封的地方政权的最高首领,因此高句丽王主动接受中央王朝的册封,并每年向中原王朝朝贡,其政权自始至终都是古代中国境内的地方民族政权。

4. 中原王朝始终对高句丽所在的地区实行有效的行政管辖。自高句丽建国伊始,中原王朝已对东北地区实行了有效的行政管辖。汉武帝元封三年(公元前 108 年),西汉先后在东北和朝鲜半岛设玄菟、乐浪、临屯、真番四郡。后来玄菟郡的郡址迁移到高句丽县,而高句丽建国就在玄菟郡内。高句丽政权属汉代玄菟郡、辽东郡的管辖范围。魏晋时期,在辽东仍设郡县,高句丽王被封为辽东郡公。隋唐时期,在东北设羁縻府州。高句丽王仍被封为辽东郡公、高句丽国王。高句丽政权所在的东北地区乃至朝鲜半岛,自汉代以来就属于中国领土的的管辖范围。

综上所述,渤海与高句丽在族属上分别属于肃慎族系和秽貊族系,他们在血缘上是不同质的民族,相互之间没有必然的联系和承袭关系。因此,渤海不是高句丽的继承国。渤海国是由粟末靺鞨人所创立的地方民族政权,而不是高句丽人创立的国家。渤海国与高句丽同为唐王朝属下的东北地方民族政权。

(原刊于《史学集刊》2004 年 4 月第 2 期)

【作者简介】

武玉环,女,1950 年生,吉林省长春人,历史学博士,吉林大学文学院历史系教授、博士生导师。

注释

① [朝]朴时亨:《为了渤海史的研究》,李东源:《渤海史译文集》,黑龙江社会科学院历史所,1986

年,第 2~37 页。

② 李龙范:《渤海王国的社会构成与高句丽遗裔》、朴时亨:《为了渤海史的研究》,李东源《渤海史译文集》,第 144 页、第 2 页、第 37 页,黑龙江社会科学院历史所,1986 年 7 月。

③ [日]稻叶岩吉:《读金静庵渤海国志长编有感》,《青丘学丛》23。

④ [日]津田左右吉:《渤海考》,《民族史译文集》(第 13 集),中国社会科学院民族研究所历史研究室资料组编译本,1985 年。

⑤ 李殿福、孙玉良:《渤海国》,文物出版社 1987 年,第 2 页。

⑥ [韩]李龙范:《渤海的成立及其文化》,李东源《渤海史译文集》,黑龙江省社会科学院历史所,1986 年。

⑦ [朝]朴时亨:《为了渤海史的研究》,李东源《渤海史译文集》,黑龙江社会科学院历史所,1986 年。

⑧ 刘子敏:《高句丽历史研究》,延边大学出版社,1996 年。

⑨ 王健群:《高句丽族属探源》,《学习与探索》1987 年第 6 期。

⑩ 张博泉:《东北地方史稿》,吉林大学出版社 1985 年 11 月,第 79 页;王绵厚《秦汉东北史》,辽宁人民出版社 1994 年 8 月,第 58 页。

⑪ 李德山:《高句丽族称及其族属考辩》,《社会科学战线》1992 年,(1)。

⑫ 耿铁华:《中国高句丽史》,吉林人民出版社,2002 年,第 46 页。

渤海"土人"新解 | 杨 军

日本史书《类聚国史》卷193《殊俗部·渤海上》记载渤海国："延袤二千里，无州县馆驿，处处有村里，皆靺鞨部落，其百姓者，靺鞨多，土人少，皆以土人为村长。"与靺鞨对称的"土人"究竟指何民族，学者间分歧很大。日本学者石井正敏认为这段记载只能反映9世纪前半叶以前渤海的沿革①。韩国学者宋基豪认为该史料所反映的是8世纪初以前的事实②。可以肯定，这段史料反映的是渤海建国初期的史实。因此，本文试从渤海建国集团的族属构成出发，分析"土人"的族属。

《旧唐书》卷199下《渤海靺鞨传》称大祚荣为"高丽别种"，"与靺鞨乞四比羽各领亡命东奔"。《新唐书》卷219《渤海传》称大祚荣为"粟末靺鞨附高丽者"，"与靺鞨酋乞四比羽及高丽余种东走"。虽然由营州东奔的队伍人数有限，但两唐书的记载却表明，其内部可以分为两个集团，即：大舍利乞乞仲象与大祚荣父子所部、乞四比羽所部。

《太平寰宇记》卷71"河北道燕州"条引《北蕃风俗记》："开皇中（581—600年），粟末靺鞨与高丽战，不胜，有厥稽部渠长突地稽者，率忽使来部、窟突始部、悦稽蒙部、越羽部、步护赖部、破奚部、步步括利部，凡八部，胜兵数千人，自扶余城西北举部落向关内附，处之柳城。"可见，粟末靺鞨的主体部分在隋代就已经迁入辽西了。《新唐书》卷39《地理志三》"幽州幽都县"条："隋于营州之境汝罗故城置辽西郡，以处粟末靺鞨降人。武德元年（618年）曰燕州，……六年（623年）自营州迁于幽州城中。以首领世袭刺史。贞观元年（627年）省怀远。开元二十五年（737年）徙治幽州北桃谷山。天宝元年(742年)曰归德郡。……建中二年(781年)为朱滔所灭。"《旧唐书》卷39《地理志二》"燕州"条的记载与此大体相同。武德六年(623年)这部分粟末靺鞨就已经离开营州了。有的学者根据《新唐书·李谨行传》"累迁营州都督。家童至数千,以财自雄,夷人畏之",认为李谨行任营州都督时,粟末部又迁回营州③。但此后李谨行任"积石道经略大使""上元三年(676年),破吐蕃于青海"④,如果粟末部曾追随首领李谨行迁回营州,那么,在李谨行改任之后,他们也势必追随李谨行离开营州。李谨行生前曾封"燕国公",显然是因为他是粟末部"世袭刺史"的首领,而死后"赠幽州都督",表明其所领部落仍留居幽州。据《旧唐书》卷199下《靺鞨传》的记载,在李谨行去世(682年)以后,其部"或有酋长自来,或遣使来朝贡,每岁不绝",显然并未随大祚荣东迁。自623年以后,突地稽所统粟末靺鞨未再回到营州,697年自营州东迁的靺鞨人中不包括这部分粟末靺鞨。

随突地稽降隋内附的粟末靺鞨共8部,再加上乌素固部⑤,粟末靺鞨共9个部落内属。虽然不是粟末靺鞨的全部,但肯定也是其主体部分。除主体部分降隋以外,粟末部也有一部分依附于高句丽。直至高句丽灭亡以后,这部分粟末人才直接隶属于唐王朝。为区别于隋代内附的粟末部,史书才将这部分粟末人称为"粟末靺鞨附高丽者"⑥。据《新唐书》卷219《渤海传》的记载可知,领导建立渤海国的大祚荣即出自这部分靺鞨人⑦。有的学者认为,大祚荣属于白山靺鞨⑧,这与《新唐书》的记载是不吻合的。因此,由营州东奔的队伍中,大舍利乞乞仲象与大祚荣父子所统率的,就是曾经依附高句丽的粟末靺鞨人。

从《隋书》卷81《靺鞨传》"自拂涅以东,矢皆石镞,即肃慎氏也"的记载分析,靺鞨七部中,拂涅、号室、黑水三部的居住地才是肃慎—挹娄系部族的故地,白山部是进入高句丽境内的靺鞨部落,因此才"素附于高丽"⑨。伯咄、安车骨、粟末则是进入夫余故地的靺鞨部落。

据《新唐书》卷219《渤海传》,渤海国在夫余故地分设二府:扶余府、鄚颉府。《三国史记》卷37《杂志六》引贾耽《古今郡国志》:"渤海国南海、鸭渌、扶余、栅城四府,并是高句丽旧地也。"⑩称扶余府是高句丽旧地,却未提到鄚颉。因此,渤海扶余府所辖,当是从前高句丽人所占据的夫余故地。渤海三独奏州之一的涑州，“近涑沫江”[11]，当是粟末部故地。因为渤海国的建国者大祚荣出自粟末部，才给予粟末故地这种特殊地位。则鞅颉府所辖，就是伯咄、安车骨二部的旧地。鞅颉无疑是“靺羯”的音转，证明自高句丽控制该地区的靺鞨各部以后，直至渤海建国，伯咄部与安车骨部被统称为靺鞨。两唐书都强调乞四比羽是“靺鞨酋”，与大祚荣不是同部，即不属于粟末靺鞨。朝鲜学者多认为大祚荣是高句丽人，与乞四比羽族属不同，因此两唐书才特别标出乞四比羽为靺鞨人[12]。中国有的学者认为乞四比羽属于白山靺鞨[13]，有的认为属于粟末靺鞨[14]，都不准确。乞四比羽应是原伯咄部或安车骨部的首领，因唐代将二部统称为靺鞨，乞四比羽才被称为“靺鞨酋”。因此，由营州东奔的队伍中，乞四比羽所统率的是部分原伯咄靺鞨与安车骨靺鞨。

大祚荣所部自营州出发，渡辽水，而后“保阻以自固”[15]，与李楷固交战失利，乞四比羽战死。大祚荣率粟末部与乞四比羽的残部越过天门岭（即今张广才岭）[16]，之后，打败尾随而来的李楷固，“保挹娄之东牟山”[17]建国。大祚荣“保阻以自固”的地点在张广才岭以西，这里正是粟末、伯咄、安车骨等部的旧地。显然，自营州出逃的大祚荣与乞四比羽两部靺鞨人，其目的地是其故地。由于他们从营州出逃时人数有限，所以一直未与唐军交战，直到逃回故地，得到当地部众的支持后，才“树壁自固”，并与李楷固交战。在与李楷固首次交锋失利以后，大祚荣“引残痍遁去”[18]，越过天门岭向东迁徙。直至此时，大祚荣的队伍始终是以粟末、伯咄、安车骨三部靺鞨人为主，并没有高句丽人。由于乞四比羽去世，队伍并归大祚荣领导，因而，虽然粟末靺鞨在人数上不一定占多数，却在渤海建国集团中发挥着主导作用。

现藏日本仓敷市大原美术馆的咸和四年铭碑像的铭文中提到“前许王府”[19]，有的学者根据《新唐书》卷219《渤海传》武则天曾封乞四比羽为许国公的记载，认为渤海国的许王府“为肯定与尊崇共同建国的乞四比羽及其族众而设”[20]。如果这种说法能够成立[21]，则可以证明，在渤海建国以后，其建国集团中原大祚荣所统粟末部与原乞四比羽所统伯咄部、安车骨部之间的分别仍旧存在。在渤海立国初期，在其政治生活中发挥主导作用的是原大祚荣统率下的粟末靺鞨人。

据《新唐书》卷219《渤海传》，在渤海国后来设立的五京十五府中，上京龙泉府为肃慎故地，定理府、安边府为挹娄故地，率宾府为率宾故地，东平府为拂涅故地，铁利府为铁利故地，怀远府为越喜故地。鄭颉府虽为夫余故地，但夫余亡后即为靺鞨七部的粟末部、伯咄部、安车骨部所占据。傅斯年认为，因为挹娄人征服了沃沮人并袭有其名称，挹娄才改称勿吉[22]，那么，在秽貊故地的东京龙原府和沃沮故地的南京南海府应该也有部分靺鞨人居住。再加上都城所在中京显德府，人的分布区在五京十五府中至少占十一府。我们还可以肯定，三独奏州之一的涑州设在粟末靺鞨故地[23]。可见，《类聚国史》"处处有村里，皆靺鞨部落"的记载无疑是正确的。而控制这些靺鞨人村落的，只能是在渤海建国初期在政治生活中发挥主导作用的粟末靺鞨人。粟末靺鞨主体部分迁入中原，追随大祚荣建国的粟末靺鞨人数并不多，在靺鞨人中所占比例很小，这也就是《类聚国史》所说的："靺鞨多，土人少，皆以土人为村长。"

率粟末靺鞨八部迁入中原的突地稽，其子李谨行的墓志铭称："其先盖肃慎之苗裔，涑沫之后也。"[24]证明粟末靺鞨也可以简称为"涑沫"，这是粟末靺鞨人的自称。"土"与"涑沫"音近，《类聚国史》中"土人"的"土"，很可能源自粟末靺鞨人的自称"涑沫"。"粟末"、"涑沫"，显然是对同一非汉语词汇的不同汉字译写。《类聚国史》的上述记载来自"在唐学问僧永忠等所附书"，侨居中国的日本僧人对这一非汉语词汇使用另外的汉字译写，也是完全可能的。

（原刊于《北方文物》2006年第2期）

【作者简介】

杨军，1967年生，辽宁朝阳人，历史学博士，吉林大学文学院历史系教授，博士生导师。

注释

① ［日］河上清：《渤海的地方统治体制初探》,《东北地方史研究》,1985 年第 3 期。

② ［韩］宋基豪：《渤海的地方统治及其实况》,杨志军主编《东北亚考古资料译文集》(高句丽、渤海专号),第 167 页,北方文物杂志社,2001 年版。

③ 董万仑：《东北史纲要》,第 146 页,黑龙江人民出版社,1987 年版。

④ 《新唐书》卷 110《李谨行传》。

⑤ 《旧唐书》卷 39《地理志二》"慎州"条："武德初置,隶营州,领涑沫靺鞨乌素固部落。"乌素固部不见于突地稽所率领的靺鞨八部,应是唐武德初年内属的又一粟末靺鞨部落。

⑥ 《新唐书》卷 219《渤海传》。《新唐书》于此不取《旧唐书》卷 199 下《渤海靺鞨传》"渤海靺鞨大祚荣者,本高丽别种也"之说,显然是因为"别种"一词语义含混。

⑦ 《新唐书》卷 219《渤海传》"渤海,本粟末靺鞨附高丽者,姓大氏",应理解为,渤海国王室大氏"本粟末靺鞨附高丽者",而不是指渤海的建国集团全部出自"粟末靺鞨附高丽者"。

⑧ 日本学者津田左右吉首倡此说,支持此说的中国学者以李健才为代表。参见［日］津田左右吉著、邢玉林译《渤海考》、《勿吉考》,《民族史译文集》(第 13 集),中国社会科学院民族研究所1985 年版;李健才《唐代渤海王国的创建者大祚荣是白山靺鞨人》,《民族研究》2000 年第6 期。

⑨⑮ 《旧唐书》卷 199 下《渤海靺鞨传》。

⑩ ［韩］李丙焘译注：《三国史记》(下册),第 236 页,汉城,乙酉文化社 1983 版。

⑪⑰⑱ 《新唐书》卷 219《渤海传》。

⑫ 沈仪琳：《朝鲜史学界关注渤海史研究》,《国外社会科学》1992 年第 4 期。

⑬ 孙进己：《渤海民族的形成发展过程》,《北方文物》1994 年第 2 期。

⑭ 李健才：《唐代渤海王国的创建者大祚荣是白山靺鞨人》,《民族研究》2000 年第 6 期。

⑯ 谭其骧主编《〈中国历史地图集〉释名汇编·东北卷》,第 126～127 页,中央民族学院出版社1988 年版。朝鲜学者认为,天门岭是今辽宁昌武西部山岭。但其认为,在天门岭战役后,大祚荣部才渡过辽水,这显然与两唐书的记载不符。参见［朝鲜］朝鲜社会科学院历史研究所著、严圣钦译《渤海史》,《民族史译文集》(第 13 集),第 110 页,中国社会科学院民族研究所1985 年。

⑲ 参见宋基豪著、李云铎译《渤海国的国家地位》,杨志军主编《东北亚考古资料译文集》(渤海专号),第 171 页,北方文物杂志社 1998 年版;李殿福：《渤海咸和四年铭文佛龛考释》,《社会科学战线》1994 年第 3 期。

⑳ 张碧波：《说渤海史一段公案——渤海许王府考辨》,《哈尔滨学院学报》2001 年第 6 期。

㉑ 有的学者认为,这件铭碑像可能是伪制品。姚玉成：《"渤海咸和四年铭佛龛"质疑》,《北方文物》1999 年第 3 期。

㉒　傅斯年：《东北史纲》，第 119 页，国立中央研究院历史语言研究所 1931 年版。

㉓　[韩]宋基豪：《六顶山古墓群的性质与渤海建国集团》，杨志军主编《东北亚考古资料译文集》

（第四辑），第 244 页，北方文物杂志社 2002 年版。

㉔　马驰：《〈新唐书·李谨行传〉补阙及考辨》，《文博》1993 年第 1 期。

靺鞨族起源发展的考古学观察 | 魏存成

靺鞨族是中国东北地区一古老的少数民族,靺鞨族起源、发展,一直到唐代建立渤海政权,历代文献中都有一些记载,但只靠文献有诸多问题还难以确认,而近年来先后开展的大量的调查发掘工作,大大充实了以往的文献研究,有不少问题得到突破和解决,有的问题虽然一时还无法定论,但是也提出了值得思考的线索。

一、先秦肃慎及相关遗存

靺鞨族在先秦时被称为肃慎或息慎。唐代杜佑《通典》记:"古之肃慎,宜即魏时挹娄,……后魏以后曰勿吉国,今则曰靺鞨焉。"[①]《史记·五帝本纪》记虞舜时,"南抚交阯、北发、西戎、析枝、渠廋、氐、羌,北山戎、发、息慎,东长、鸟夷,四海之内咸戴帝舜之功",息慎者,郑玄注"或谓之肃慎,东北夷",[②]说明早在夏商之前,肃慎可能已在东北出现,而且与中原发生了联系。

周代肃慎与中原的交往又有发展。《国语·鲁语》记:"仲尼在陈,有隼集于陈侯之庭而死,楛矢贯之,石砮,其长尺有咫。陈惠公使人以隼如仲尼之馆,问之。仲尼曰:'隼之来也远矣,此肃慎氏之矢也。昔武王克商,通道于九夷百蛮,使各以其方贿来贡,使无忘职业,于是肃慎氏贡矢、石砮,其长尺有咫。先王欲昭其令德之致远也,以示后人,使永监焉,故铭其栝曰肃慎氏之贡矢,以分大姬,配虞胡公而分封诸陈。古者分同姓以珍玉,展亲也;分异姓以远方之职贡,使无忘服也,故分陈以肃慎氏之贡,君若使有司求诸故府,其可得也。'使求,得之金椟,如之。"

周武王死后,殷纣王之子武庚联合管叔、蔡叔叛乱,成王命周公率兵"伐诛武庚、管叔,放蔡叔",之后又"东伐淮夷,残奄",肃慎派人庆贺,于是"王赐荣伯作贿息慎之命"。③

此时期肃慎所在的方位,《左传》中有明确的记载,昭公九年(公元前533年),"周甘人与晋阎嘉争阎田。晋梁丙、张趯率阴戎伐颍。王使詹桓伯辞于晋,曰:'我自夏以后稷,魏、骀、芮、岐、毕,吾西土也。及武王克商,蒲姑、商奄,吾东土也;巴、濮、楚、邓,吾南土也;肃慎、燕、亳,吾北土也。吾何迩封之有?'",④由此说明肃慎已在周的北部疆域内。

《山海经·大荒北经》记:"大荒之中,有山名曰不咸。有肃慎氏之国。"⑤后来《晋书·肃慎氏传》仍言肃慎在不咸山北。不咸山,即今长白山。此时肃慎的活动地区距长白山不远。

关于商周时期的肃慎遗存,曾有学者提出是吉林西团山文化,但学术界多不认同。后来有不少学者举出镜泊湖南端的莺歌岭遗址,尽管该遗址发掘面积不大,文化性质仍需继续探讨,但其中的发现是值得重视的。⑥

莺歌岭遗址分上下两文化层,下层属于新石器文化,时代在商周之前;上层也尚未发现铜器。上层的房屋为长方形或方形半地穴式建筑,穴坑土壁内侧又筑有石墙,并发现双排柱洞。出土的陶器以夹砂黑灰陶和磨光黑灰陶为主,手制,多为素面,少量仅见不整齐的划纹和划纹组成的大方格纹。典型器物有折唇深腹罐和齿状花边的筒形罐,发现多件形象生动的陶塑动物猪和狗。石器以磨制为主,另有压制,种类有斧、锛、矛、形式多样的镞和一些形状不同的刮削器,同时出土精致的骨器和牙、蚌器,采集遗物中还发现陶网坠、石锄、石磨棒、齿轮状花边石器等。由此说明当时渔猎经济仍相当重要,同时饲养家畜,农业和定居生活也已开始。

与莺歌岭上层相同的文化类型,在牡丹江流域的宁安牛场、大牡丹等处皆有发现。该地区同以后挹娄的活动地区相比,显得偏南,但和上述文献记载还是基本相符的。莺歌岭遗址上层的时代,碳14年代测定距今3025 ±

90 年(树轮校正为前 1240 ± 155 年)和 2985 ± 120 年(树轮校正为前 1190 ±
145 年),正好是商周之际。

二、汉魏晋南北朝时期的挹娄、勿吉及其遗存

自《后汉书》、《三国志》开始,作为东夷中的一族,挹娄被单独列传。其
后,《晋书》又名其肃慎,《魏书》改称勿吉。在这些列传中,该族所在的方
位、地区和物产、习俗等,都有了比较明确的记载。

《后汉书》成书时间晚于《三国志》,对此两书的记载是一致的,《三国
志》记:"挹娄在夫余东北千余里,滨大海,南与北沃沮接,未知其北所极。
其土地多山险。……处山林之间,常穴居,大家深九梯,以多为好。"

《晋书》记:"肃慎氏,一名挹娄,在不咸山北,去夫余可六十日行。东滨
大海,西接寇漫汗国,北极弱水。其土界广袤数千里,居深山穷谷,其路险
阻,车马不通。夏则巢居,冬则穴处。"

《魏书》记:"勿吉国,在高句丽北,旧肃慎国也。……去洛五千里。自
和龙北二百余里有善玉山,山北行十三日至祁黎山,又北行七日至如洛瓌
水,水广里余,又北行十五日至太鲁水,又东北行十八日到其国。国有大水,
阔三里余,名速末水。其地下湿,筑城穴居,屋形似冢,开口于上,以梯出入。
……国南有徒太山,魏言'大白',……去延兴(471—476 年)中,遣使乙力
支朝献。太和(477—499 年)初,又贡马五百匹。乙力支称:初发其国,乘船
泝难河西上,至太省泝河,沉船于水,南出陆行,渡洛孤水,从契丹西界达和
龙。自云其国先破高句丽十落,密共百济谋从水道并力取高句丽,遣乙力支
奉使大国,请其可否。"

上述记载中与挹娄有关的民族,《后汉书》、《三国志》和《晋书》首先都
提到夫余。此时期夫余的中心在今第二松花江中游地区。

其次提到的是沃沮。《后汉书》和《三国志》同样设沃沮传,沃沮有东沃
沮、北沃沮、南沃沮之称,据考证,东沃沮为统称,其北部为北沃沮,南部为南
沃沮。《后汉书》记:"东沃沮在高句骊盖马大山之东,东滨大海,北与挹娄、

夫余,南与油涉貊接。其地东西夹,南北长,可折方千里。"《三国志》记:"东沃沮在高句丽盖马大山之东,滨大海而居。其地形东北狭,西南长,可千里,北与挹娄、夫余,南与涉貊接。"《后汉书》所记"其地东西夹,南北长,可折方千里",比《三国志》所记"东北狭,西南长,可千里"明确。

1977 年,吉林大学考古专业师生与黑龙江省考古队共同发掘了黑龙江省东宁团结遗址,该遗址下层命名为团结文化,而且被确认为北沃沮遗存。据研究,该文化的分布,北边没有越过兴凯湖,南边至朝鲜咸镜北道中部。其主要特征是:一、陶器壁较厚,夹砂,手制,火候不高,呈红褐、灰褐至黑褐色,素面,常见的器物有瓮、罐、豆、碗、甑等,圆柱状耳和乳状耳流行,豆分为高圈足和柱把两种;二、磨制石器继续流行,包括斧、锛、刀、镰、镞、矛等,出现斧、镰、锥铁工具;三、房址为长方形或近方形半地穴式,斜坡门道或无门道,有的构筑曲尺形取暖烟道(火炕);四、团结遗址下层的碳14测定年代为:公元前 420±105 年,公元前 150±100 年,公元前 110±105 年,公元 65±85 年,而且发现西汉五铢钱。[⑦]根据夫余和沃沮的活动地区推算,汉魏时期,挹娄所在应是西起张广才岭北段和小兴安岭,东至日本海,包括三江平原及其周围山地在内的广大地区。

《晋书》和《魏书》无沃沮传,《晋书》记肃慎在不咸山北、即长白山北,《魏书》记勿吉在高句丽北。《晋书》、《魏书》不设沃沮传,说明其不再独立存在,其南部大半归高句丽所有,而北部被挹娄、勿吉所占,因而勿吉与高句丽则直接相接,乃有勿吉与百济并力共击高句丽之谋。勿吉与高句丽接壤的地区在延边一带。

北魏时勿吉族的活动中心,上引《魏书·勿吉传》通过记载中原到勿吉的往返路线则更为明确。对此,金毓黻已予考证:和龙,即今朝阳;洛瓌水、洛孤水,即西辽河上游;太鲁水,太洳河,即今洮儿河;难河,即今嫩江,嫩江先后与洮儿河、第二松花江合流后,继续东北流去形成松花江主流,最后注入黑龙江,可统称为难河;《魏书》所记勿吉国内大水速末水,即此松花江主流。北魏使者松花江乙力支"初发其国,乘船泝难河而上",视江水流向也只能是主流松花江。[⑧]因此,这时勿吉族的活动中心是在主流松花江流域。

关于挹娄、勿吉的考古遗存,近年已陆续有所发现。原苏联远东考古学中定名的"波尔采文化",已被学术界定为挹娄文化遗存。该文化分布于黑龙江中下游地区,其年代共发表了六个数据,我国学者认为偏早,先后提出其早期大概不会早于汉代和"把波尔采文化定为汉代(公元前2—公元2世纪)较合适"的基本相同的看法。⑨1974年发掘的黑龙江省绥滨县蜿蜒河遗址,文化特征则与"波尔采文化"相似,喇叭口球腹罐、斜壁碗和侈口深腹罐是它们共有的典型陶器。其中喇叭口球腹罐最具特色,形体高大,"波尔采文化"出土的一件小型的高42厘米,蜿蜒河遗址出土的一件高56厘米,造型比前者显得略瘦一些。"波尔采文化"出土的一种角状单把罐在蜿蜒河遗址中不见。蜿蜒河遗址的碳14测定年代,先前发表的经树轮校正距今1900±100年,后来发掘报告发表的是距今2010±85年和1950±85年(公元前90—公元130年)。⑩

与"波尔采文化"和蜿蜒河遗址年代相当或稍晚的还有绥滨四十连遗址、黑龙江左岸俄罗斯伯力以西大萨马卡河口的布拉戈斯诺文遗址、黑龙江省萝北团结墓葬、抚远三角洲黑瞎子岛(乌苏里岛)上的科尔萨科沃早期墓葬和绥滨同仁遗址一期等。常见陶器是喇叭口大罐、深腹筒形罐、斜壁碗和斜口箕形器。其中喇叭口大罐最具特色,可以看出它与上述喇叭口球腹罐属于同类器物,高度大都在30厘米以上,有的超过40厘米,高领,展沿,腹身上鼓下收,由原来的球形变为倒梯形,所以整体瘦高;口沿做法有敞口,又增加了盘口,而且都饰有附加堆纹,敞口者是在口沿外侧的下边粘贴一圈泥条,附加堆纹饰在此泥条上,盘口者是在口沿内侧又立贴一圈泥条,附加堆纹饰在原口沿上;大罐的肩部和上腹部普遍地刻印纹饰,常见的有弦纹、短斜线纹、指甲纹、水波纹等,有的还间衬四组或五组双乳丁纹。深腹筒形罐与喇叭口大罐相比,多数是领粗矮,口沿外展程度小,口径一般不大于腹径,腹部微鼓呈筒形,大底,也有的和喇叭口大罐器形相同或相近,但是其通高大都在20厘米以下,大小和喇叭口大罐明显有别;深腹筒形罐口沿外侧下边都饰有附加堆纹,做法与喇叭口大罐的敞口纹饰相同,肩部和上腹部也刻印着与喇叭口大罐基本相同的纹饰;就整体造型而言,此深腹筒形罐与"波尔采文化"和蜿蜒河遗址出土的侈口深腹罐应有一定关系。各遗址、墓葬的碳14测定年代,绥滨四十连遗址有三个,距今一为2115±80年,树轮校正为 2090 ± 95 年,二为 2075 ± 85 年,树轮校正为 2050 ± 100 年,三为 1720 ± 80 年,树轮校正为 1660 ± 90 年;布拉戈斯诺文遗址为公元 370 ± 20 年;萝北团结墓葬为公元 344—531 年;科尔萨科沃早期墓葬为公元 540 年;同仁遗址一期距今 1420 ± 80 年,树轮校正为 1355 ± 85 年。⑪年代自汉代开始,一直延续到整个南北朝时期,甚至到唐初。

最近同仁遗址的发掘报告在 2006 年第 1 期《考古学报》上也发表了。⑫这是在上述同类遗存中,继萝北团结墓葬报告之后又发表的一篇重要报告,而且有明确的层位关系。该遗址分为一、二两期,一期又分为早晚两段。其碳 14 测定年代,一期早段距今 1420 ± 80 年,树轮校正为 1380 ± 80 年(公元 599—684 年),比上述过去发表的数字稍有区别,明确进入隋唐;一期晚段距今 990 ± 80 年,树轮校正为 960 ± 80 年(994—1186 年);二期距今 845 ± 80 年,树轮校正为 820 ± 80 年(1131—1277 年)。报告发表的一期陶器,比过去介绍得全面,主要器类仍是喇叭口大罐(盘口)、深腹筒形罐、斜壁碗和斜口箕形器。从地层叠压打破关系来看,同属一期从早段到晚段,跨越几百年,陶器中所反映的的文化面貌仍延续未变,而到了二期,即发生了明显改变,横耳器在此地流行开来。

另外值得注意的是,近年在松花江下游与完达山之间的广大丘陵地区还发现了几百座内部分布有众多半地穴居住址的聚落遗址和山城。其中 1981 年发现的双鸭山市滚兔岭遗址(三面环水,一面残留墙垣)于 1984 年进行了发掘,出土的陶器有小底鼓腹直领罐、角状单把罐、口沿下饰附加堆纹的筒形罐、斜壁碗、敛口钵等,以前两种最具特色。该遗址碳 14 测定年代距今 2140 ± 70 年和 1955 ± 70 年。再就是规模很大的友谊县凤林古城,自上个世纪 80 年代发现以来进行了多次调查,1994 年和 1998 年先后进行了两次发掘。其早期遗存与滚兔岭文化性质接近,晚期遗存则是一种新的文化类型,现已被命名为凤林文化,其中除保留一些早期滚兔岭文化的因素外,还可看出上述团结文化的影响,主要表现除陶器外,还有设曲尺形烟道(火炕)的半地穴居住址。在属于晚期遗存的凤林古城东城墙中,出土木炭的碳 14 测定年代距今 1735 ± 89 年。⑬同时期发掘的还有双鸭山市保安村城址。⑭

这些聚落遗址和山城的特点,与《魏书·勿吉传》所记勿吉"筑城穴居"的习俗相符合。类似山城在黑龙江沿岸的俄罗斯境内也有不少发现。⑮

三江平原及周围山地,幅员辽阔,从目前发现来看,这个时期整个地区的文化面貌既有共同的因素,也有不同的因素,起码松花江南北两侧就有区别。如果说这些都属于挹娄、勿吉遗存范畴的话,那么又说明勿吉在南迁之前就已存在不同的部落或群体。其中松花江北侧的几处遗址、墓葬,自汉至唐文化面貌一脉相承,长期延续下来,文献记载自北朝末期开始这里是勿吉、靺鞨七部之一黑水部的活动地区,所以该地区隋唐时期的遗迹则是黑水部的遗迹。

三、勿吉族南下及粟末靺鞨部遗存

从上引《魏书·勿吉传》知道北魏太和(477—494 年)中,勿吉族活动中心在主流松花江流域,其实此时其势力已开始南迁,并逐步接近原夫余中心故地。此事可见《魏书·高句丽传》的记载,其曰:"正始(504—508 年)中,世宗于东堂引见其使芮悉弗,悉弗进曰:'高丽系诚天极,累叶纯诚,地产土毛,无愆王贡。但黄金出自夫余,珂则涉罗所产。今夫余为勿吉所逐,涉罗为百济所并,国王臣云惟继绝之义,悉迁于境内。二品所以不登王府,实两贼是为。'""夫余为勿吉所逐",具体发生在哪一年,《魏书》没有记载,而在《三国史记·高句丽本记》中有明确记载,即文咨王三年(494 年),其曰:"文咨王三年二月,扶余王及妻孥以国来降。"

夫余始见于《史记·货殖列传》,⑯《后汉书》、《三国志》、《晋书》皆设有夫余传,因为北魏时夫余灭亡,所以《魏书》不再设夫余传。汉魏时期的夫余活动中心,《三国志·夫余传》记:"夫余在长城之北,去玄菟千里,南与高句丽,东与挹娄,西与鲜卑接,北有弱水,方可二千里。"据考证,此时玄菟郡郡治在沈阳或抚顺附近,玄菟之北千里,约今七百里,即第二松花江中游的吉林地区。⑰《三国志·夫余传》还记:"其印文曰'濊王之印',国有故城名濊城,盖本濊貊之地。"这里既记濊,又记濊貊,实际是濊,说明夫余之前,这里原是濊地。

过去在吉林市已发现多处汉代的遗址、墓葬和多件陶器、铁器，[18]近年又在永吉杨屯和榆树老河深发现了具有明确叠压关系的汉代文化遗存，即下层是西团山文化遗存，中层是汉代文化遗存，上层是靺鞨文化遗存。[19]对于下层的西团山文化，过去有的学者主张是肃慎文化遗存，现在则多倾向是濊的文化遗存。杨屯中层文化遗存，发掘者曾提出应是中原迁入的汉人文化遗存；榆树老河深中层文化遗存主要是墓葬，数量相当多，发掘者提出是鲜卑墓葬。但是已有不少学者认为包括榆树老河深中层在内的吉林地区的这种汉代文化遗存，应是夫余文化遗存，这样说并不否认中原汉文化对夫余的影响，或者会有部分汉人迁居此地。

永吉杨屯和榆树老河深的上层靺鞨遗存主要是墓葬，而与这两处墓葬各种特征相同的还有永吉查里巴墓群。[20]这三处墓葬以竖穴土坑为主要形制，使用木质葬具，流行二次葬习俗并常见火烧迹象，这些情况在萝北团结墓葬中都有所发现，说明这是靺鞨族的原有葬俗，而且在文献中也有类似记载。[21]与此同时，在老河深中层墓葬中，使用的同样是竖穴土坑墓，木制葬具和火烧迹象也有发现，特别是呈梯子形的木制葬具和在木制葬具一端隔出边箱的做法，又分别见于老河深上层墓葬和查里巴墓葬，说明夫余葬俗对靺鞨、渤海也有影响。出土的陶器中，上述主流松花江下游流行的喇叭口大罐，在永吉杨屯和榆树老河深的墓葬中还有发现，而原有特征则明显减弱退化。深腹筒形罐则是最主要的器类，其口沿做法，除原有的附加堆纹仍在流行外，又出现了双唇、方唇、圆唇等不同形式，肩部和上腹部的原有纹饰也逐渐消失。其他还出现了鼓腹罐、瓶、壶等器物，其中鼓腹罐的数量仅次于深腹筒形罐，其特征，腹鼓呈球形，底较大，口部的做法，多是束颈侈口，口沿稍外卷，少量是直口、敛口。这种鼓腹罐在夫余之南的高句丽、以及辽西三燕和辽宁境内诸多汉代遗存中是经常看到的。深腹罐类皆属于夹砂陶，鼓腹罐类则多属于泥质陶。夹砂陶多为褐色或以褐色为主，制法也多为手制，有的辅以轮修。泥质陶多为灰色或以灰色为主，制法则为轮制或手制轮修。另外，金属随葬器物的种类和数量也增加了许多，主要是生产工具、兵器、包括精美带具在内的生活用具和装饰品等。三处墓葬的时间，永吉杨屯的碳

14 年代测定树轮校正距今 1535±85 年,同时有的墓中还出土了背带甲纹的"开元通宝";榆树老河深的一座墓葬填土中出土了北周"五行大布"铜钱;永吉查里巴的碳 14 年代测定距今 1545±95 年,树轮校正 1480±105 年,同时在有的墓中也出土了背带甲纹的"开元通宝"铜钱。由此看来,这三处墓葬自北朝到唐持续了相当长的时间,其上限正好与勿吉族南下、夫余被逐而灭亡的时间同时。

此后不久,勿吉改称靺鞨,《隋书》始为靺鞨立传,《北史》仍是《勿吉传》。在《隋书·靺鞨传》和《北史·勿吉传》中都记载该族有七部,内容也相同。而在《魏书·勿吉传》中还无此七部之记载,说明此七部是从五世纪末勿吉向南发展之后逐渐形成的。七部之中的粟末部,"居最南,抵太白山,亦曰徒太山,与高丽接,依粟末水以居",㉒此粟末水即第二松花江。所以,包括上述三处墓葬在内的此时期吉林地区的靺鞨遗存属于粟末部遗存。勿吉族南下粟末水,夫余王及其王室投奔高句丽,但其居民随之迁徙的并不会多,大量留在当地的居民必然和勿吉族融合,所以粟末部中含有众多的夫余人口是毫不奇怪的,《旧唐书·地理志》对居于慎州的靺鞨,先记涑沫靺鞨,又记浮渝靺鞨,并非没有道理;㉓而且上述三处墓葬中已显示出原当地夫余墓葬的影响。与此相似,位于粟末部东南的白山部,近年不少学者提出应包括原沃沮人口在内,同样是不难理解的。

值得注意的是,1938 年俄国人 K.A. 热烈兹涅柯夫在哈尔滨市东侧的阿什河右岸发现了一处墓地,从出土的陶器来看,其年代与上述墓地的上限年代大体相当。1957 年黑龙江省博物馆在哈尔滨市东北、松花江南侧的宾县老山头遗址,同样发现了一件时代较早的红褐色深腹筒形罐,手制,口沿下有锯齿状的附加堆纹,同时还有一些类似口沿陶片。㉔由此推想,粟末部本部可能是原来居住在主流松花江下游及黑龙江中游地区的挹娄、勿吉族中的某些部落或群体溯松花江而上,经阿什河、拉林河流域到达第二松花江中游地区的。

在阿什河、拉林河流域之东与张广才岭主脉之间,还有一条南北流向的蚂蚁河,自蚂蚁河流域向南经拉林河上游地区,也可进入吉林地区,因此以后要注意发现蚂蚁河流域的类似遗迹。

四、以粟末靺鞨部为主体建立渤海政权

勿吉、靺鞨族南迁之后，自北朝至隋与中原来往不断，"然其国与隋悬隔，唯粟末、白山为近。"[25]"开皇中，粟来（粟末，笔者注）靺鞨与高丽战，不胜。有厥稽部渠长突地稽者，卒（率，笔者注）忽赐来部、窟突始部、悦稽蒙部、越羽部、步护赖部、破奚部、步步括利部，凡八部，胜兵数千人，自扶馀城西北齐（举，笔者注）部落向关内附。处之柳城，乃燕都之柳城，在燕都之北。"[26]度地稽被拜为右光禄大夫，与边人来往，"悦中国风俗，请被冠带，帝嘉之，赐以锦绮而褒宠之。"[25]对此，《旧唐书·靺鞨传》具有同样记载："有酋帅突地稽者，隋末率其部千余家内属，处之于营州，炀帝授突地稽金紫光禄大夫、辽西太守。武德初，遣间使朝贡，以其部落置燕州，仍以突地稽为总管。……贞观初，拜右将军，赐姓李氏。寻卒。子谨行，伟貌，武力绝人。……累授镇军大将军，行右卫大将军，封燕国公。永淳元年卒，赠幽州都督，陪葬乾陵。"近年李谨行墓志在乾陵出土，其曰"公讳谨行，字谨行，其先盖肃慎之苗裔，涑沫之后也。"[27]由此可知，自隋代始，营州则集聚了大量粟末靺鞨人，并迅速接受了中原先进的思想和文化。

唐灭高句丽后，又有一部分靺鞨人及高句丽人迁居营州。营州是唐王朝通往东北和对东北各少数民族进行统治的咽喉要地。武则天年间，契丹首领李尽忠率众反唐，杀营州都督赵翙，于是趁此战乱，迁居营州的靺鞨人和高丽人东走，而称王建国。对此，《旧唐书·渤海靺鞨传》和《新唐书·渤海传》记载有所区别。

起兵首倡者，《旧唐书》记是大祚荣和乞四比羽，《新唐书》记是乞乞仲象和乞四比羽，大祚荣是乞乞仲象之子。大祚荣姓氏之来源，金毓黻考证："乞乞仲象本与乞四比羽同族，而仲象附于契丹，官大舍利，其子祚荣遂以大为氏，非其固有之姓也。"[28]

大祚荣的族属，《旧唐书》言"本高丽别种也"，其意不确，"别种"也有不同之理解；而《新唐书》改为"渤海，本粟末靺鞨附高丽者，姓大氏"，说明

了渤海大氏的确切族源不仅是靺鞨,而且是粟末部,同时也说明了它曾与高句丽的关系,应以《新唐书》为准。大祚荣一家迁居营州不是在隋代,而是在高句丽灭亡之后。

　　大祚荣"率众保挹娄之东牟山","筑城以居之",此地据考证是在牡丹江上游之敦化,这里属挹娄故地,《旧唐书》记"桂娄"有误。㉙之后渤海又经中京、上京、东京,最后定都于上京。因此,迄今除上述第二松花江流域外,在牡丹江流域和图们江流域等广大地区发现了多处墓葬、城址、遗址等渤海遗迹。墓葬的形制结构,竖穴土坑还保留一段时间,后来受高句丽墓葬影响,经竖穴石圹逐渐转变为石室,而墓葬中出土的陶器,最常见的和最有代表性的仍然是深腹筒形罐,学术界习惯称为靺鞨罐,前边已经谈到,这是由粟末部及其前身部落或群体一直延续下来的代表性器物,由此也证明,渤海的原始文化主要的是继承靺鞨几部中的粟末部文化。

　　由于粟末部接受中原先进思想文化在靺鞨各部中最早,大祚荣在建立政权的过程中虽然与唐王朝发生了摩擦,但是他建立政权,"自号震国王",分明是渊源于武则天曾封其父乞乞仲象之震国公,从中透露出他对唐王朝的想望。之后不久,"睿宗先天二年,遣郎将崔訢往册拜祚荣为左骁卫员外大将军、渤海郡王,仍以其所统为忽汗州,加授忽汗州都督"。这是《旧唐书·渤海靺鞨传》的记载。《新唐书·渤海传》是这样记载的:"睿宗先天中,遣使拜祚荣为左骁卫大将军、渤海郡王,以其所统为忽汗州,领忽汗州都督,自是始去靺鞨号,专称渤海。"先天二年,即开元元年(713 年)。该年崔訢去渤海,第二年返程路过旅顺,凿井刻石,即鸿胪井刻石。㉚通过这次册封,该政权被正式定名为渤海,定位为唐王朝的一个边疆州和都督府。㉛五十年后,宝应元年(762 年)唐王朝又诏以渤海为国,其地位得到进一步巩固和提高。在此过程中,唐王朝的多项制度和文化很快传入渤海,促进了渤海政治、经济、文化诸方面的全面发展。

(原刊于《史学集刊》2007 年 7 月第 4 期)

【作者简介】

魏存成,男,1945 年生,吉林大学边疆考古研究中心教授,博士生导师,吉林大学东北历史与疆域研究中心主任。

注释

① 《通典》卷 185,中华书局,1988 年。

② 《史记》卷 1,五帝本纪,中华书局,1959 年。

③ 《史记》卷 4,周本纪,中华书局,1959 年。

④ 顾宝田、陈福林注译《左氏春秋译注》,吉林文史出版社,1995 年,第 728 ~ 729 页。

⑤ 袁珂:《山海经全译》,贵州人民出版社,1991 年,第 317。

⑥ 黑龙江省文物考古工作队《黑龙江宁安县莺歌岭遗址》,《考古》1981 年第 6 期;王承礼:《渤海简史》,黑龙江人民出版社,1984 年;朱国忱、魏国忠:《渤海史稿》,黑龙江文物出版编辑部,1984 年(内部发行)。

⑦ 匡瑜:《战国到两汉的北沃沮文化》,《黑龙江文物丛刊》1982 年第 1 期;林沄《论团结文化》,《北方文物》,1985 年第 1 期;李强《沃沮、东沃沮考略》,《北方文物》,1986 年第 1 期。

⑧ 金毓黻:《东北通史》,社会科学战线杂志社,1980 年(翻印本),第 168 ~ 170 页。

⑨ 林沄:《肃慎、挹娄和沃沮》,《辽海文物学刊》,1986 年创刊号;冯恩学:《俄国东西伯利亚与远东考古》,吉林大学出版社,2002 年。"波尔采文化"的六个年代数据为距今 2930 ± 80 年(公元前 980 ± 80 年),2350 ± 40 年(公元前 400 ± 40 年),2470 ± 60 年(公元前 520 ± 60 年),2385 ± 75 年(公元前 415 ± 75 年),2280 ± 100 年(公元前 310 ± 100 年),2250 ± 20 年。

⑩ 杨虎、谭英杰、张泰湘:《黑龙江古代文化初论》,《中国考古学会第一次年会论文集》(1979 年),文物出版社,1980 年;黑龙江省博物馆、中国社科院考古研究所《黑龙江省绥滨县蜿蜒河遗址发掘报告》,《北方文物》2006 年第 4 期;杨虎、林秀贞:《试论蜿蜒河类型与波尔采文化的关系》,《北方文物》2006 年第 4 期。

⑪ 夏鼐:《碳 14 测定年代和中国史前考古学》附表,《考古》1977 年第 4 期;李英魁:《黑龙江萝北县团结墓葬清理简报》,《北方文物》1989 年第 1 期;黑龙江省文物考古研究所《黑龙江萝北团结墓葬发掘》,《考古》1989 年第 8 期;菊池俊彦著,于建华、丰收译《黑龙江笋北县靺鞨遗迹》,《北方文物》1992 年第 2 期;谭英杰、赵虹光:《黑龙江中游铁器时代文化分期浅论》,《考古与文物》1993 年第 4 期;赵虹光、谭英杰:《再论黑龙江中游铁器时代文化晚期遗存的分期——科尔萨科沃墓地试析》,《北方文物》2000 年第 2 期。

⑫ 黑龙江文物考古研究所《黑龙江绥滨同仁遗址发掘报告》,《考古学报》,2006 年第 1 期。

⑬ 谭英杰、孙秀仁、赵虹光、干志耿:《黑龙江区域考古学》,中国社会科学出版社,1991 年;黑龙江省文物考古研究所《黑龙江省双鸭山市滚兔岭遗址发掘报告》,《北方文物》1997 年第 2 期;干志耿:《三江平原汉魏城址和聚落址的若干问题——黑龙江考古千里行随笔》,《北方文物》1999 年第 3 期;靳维柏、王学良、黄星坤:《黑龙江省友谊县凤林古城调查》,《北方文物》1999 年第 3 期;黑龙江省文物考古研究所《黑龙江省友谊县凤林城址 1998 年发掘简报》,《黑龙江省友谊县凤林城址二号房址发掘简报》,《考古》2000 年第 11 期;田禾:《凤林文化浅析》,《北方文物》2004 年第 1 期;黑龙江省文物考古研究所《七星河——三江平原古代遗址调查与勘测报告》,科学出版社,2004 年;黑龙江省文物管理委员会《黑龙江省友谊县凤林古城址的发掘》,《考古》2004 年第 12 期。

⑭ 黑龙江省文物考古研究所《黑龙江省双鸭山市保安村汉魏城址的试掘》,《考古》,2003 年第 2 期。

⑮ E. N. 杰列维杨科著,林树山、姚凤译《黑龙江沿岸的部落》,吉林文史出版社,1987 年。

⑯ 《史记》卷 129,货殖列传:"夫燕亦勃、碣之闲一都会也。——北邻乌桓、夫馀,东缩秽貉、朝鲜、真番之利。"

⑰ 李健才:《东北史地考略》,吉林文史出版社,1986 年,第 17 ~ 25 页。

⑱ 吉林省考古研究室、吉林省文物工作队《统一的多民族国家的历史见证——吉林省文物考古工作三十年的主要收获》,《文物考古工作三十年》,文物出版社,1997 年。

⑲ 吉林市博物馆《吉林永吉杨屯大海猛遗址》,《考古学集刊》(第 5 集),科学出版社,1987 年;吉林省文物工作队《考古学集刊》(第 7 集),科学出版社,1991 年;吉林省文物考古研究所《榆树老河深》,文物出版社,1987 年。

⑳ 吉林省文物考古研究所《吉林永吉查里巴墓地》,《文物》,1995 年第 9 期。

㉑ 《旧唐书》卷 199 下,靺鞨传,"死者穿地埋之,以身衬土,无棺敛之具,杀所乘马于尸前设祭。""死者穿地埋之",可以理解为土坑墓。对照《新唐书》卷 219 黑水靺鞨传,知道《旧唐书》所说的"靺鞨",是指黑水靺鞨,黑水靺鞨活动地区仍在勿吉南迁之前的区域,所以其风俗习惯更便于长期得以沿袭。另据《晋书》卷九十七《肃慎氏传》所记"交木作小椁"和《史记》卷二《夏本纪》注中引《括地志》所记"交木作椁",又知靺鞨族原是有木椁葬具的。

㉒ 《新唐书》卷 219,黑水靺鞨传,中华书局,1975 年。

㉓ 《旧唐书》卷 39,地理志二,"慎州武德初置,隶营州,领涑沫靺鞨乌素固部落。""黎州载初二年,析慎州置,处浮渝靺鞨乌素固部落,隶营州都督。

㉔ K·A·热烈兹涅柯夫著,孙秀仁译《阿什河下游河湾地带考古调查收获》,《黑龙江文物丛刊》,1983 年第 2 期;赵善桐《黑龙江宾县老山头遗址探掘简报》,《考古》,1962 年第 3 期。

㉕ 《隋书》卷 81,靺鞨传,中华书局,1973 年。

㉖ 《太平寰宇记》卷七十一"河北道"之二十"燕州"条,注引隋《北蕃风俗记》,见清纪昀等编撰

《四库全书》,台湾商务印书馆影印文渊阁本,第 469 册,第 580 页。

㉗ 中国文物研究所、陕西省古籍整理办公室编《新中国出土墓志》(陕西[壹]),文物出版社 2000
年,上册 85 页有拓片,下册 96~98 页有碑文。

㉘ 金毓黻:《渤海国志长编》卷 19,引自王承礼、张中树点校《渤海国志三种》第 613 页。此渤海国
志三种,指唐宴《渤海国志》、黄维翰《渤海国记》和金毓黻《渤海国志长编》,天津古籍出版社,
1992 年。

㉙ 同上,第 613~641 页。

㉚ 鸿胪井刻石原在大连旅顺口区黄金山北麓,20 世纪初被日本海军作为日俄战争的战利品盗运
日本,现放在东京千代田区皇宫内建安府的前院。被一起盗运走的还有于 1895 年由清前任山
东登、莱、青三州长官安徽省贵池县人刘含芳修筑的遮盖在刻石顶上的方形石亭,所以有人将
刻石和石亭合称为"唐碑亭"。刻石为褐红色珪岩,宽 3 米、厚 2 米、高 1.8 米,碑文刻在左上
角,其曰:"敕持节宣劳靺鞨使鸿胪卿崔忻井两口永为记验开元二年五月十八日"。文献所记
崔訢,此刻为崔忻,学术界多认为应以刻石为准。

㉛ 忽汗州又称"渤海都督府"。据《新唐书》卷 43 下,地理志七下,唐王当时在边疆少数民族地区
"即其部落列置州县。其大者为都督府,以其首领为都督、刺史,皆得世袭",统称"羁縻州",
"渤海都督府"则是其中之一。

关于渤海国及渤海
遗民研究的几个问题 | 都兴智

渤海国是唐代武则天统治时期,在中国东北地区以粟末靺鞨为主体所建立的一个少数民族地方政权,天显元年(926年)被辽太祖灭掉,这个政权在历史上存在了二百多年。渤海政权灭亡后,辽于其旧地建东丹国。天显四年(929年),辽太宗将东丹国首都从今黑龙江省宁安县南迁到今辽阳市,其国民也被迁到了辽东、辽西及内蒙地区。渤海政权虽然已经灭亡,但其遗民作为一个特别的民族共同体曾长期彪炳史册,其世家大族成员和杰出的人物在辽金元三代历史上都曾产生过重要的影响。国内外学术界对渤海国的历史极为关注,研究成果也比较多。但在许多具体历史问题的看法上仍存在着分歧意见,本文仅就目前学界关于渤海国史及渤海遗民研究中几个有争议的问题谈谈自己的看法。

一、关于渤海的国号问题

关于渤海政权的国号问题,学界历来有不同看法。大祚荣接受唐朝册封之前,其国号到底是什么? 以往的研究者基本有"震国"和"靺鞨"两种说法。"震国"之说源于两《唐书》大祚荣"乃建国,自号震国王"(《旧唐书》震国王作"振国王")和新罗崔致远《谢不许北国居上表》的相关记载。"靺鞨"说则根据《新唐书》、《玉海》、日本《多贺城碑》及旅顺《鸿胪井刻石》等。

目前国内学术界赞同"靺鞨"说的学者比较多。最早以金毓黻先生为代表："祚荣自立为震国王，仍号靺鞨，是为建国之始。"①其余如"大祚荣自立为震国王，仍称靺鞨。"②"大祚荣在接受唐朝册封而改称渤海之前以靺鞨作为正式的国号"③。笔者认为，这两个称号在大祚荣政权建立初期应该是都存在的，"震国"系大祚荣自称，而"靺鞨"则是唐朝及其他周边民族对这个政权的称呼。"震国"之号显然是得之于"震国王"的称号，而大祚荣的震国王无疑又源于唐朝政府册封他父亲乞乞仲象的爵名震国公。《易·说卦》："万物出乎震，震，东方也。"震国，东方之国的意思。大祚荣既然自称震国王，称其政权为震国，这是顺理成章的事情。但由于他的"震国王"是自封的，没有得到唐朝政府的承认，属于非法的，所以唐朝当然也不会承认"震国"之号，而以族名称其政权为靺鞨国。

关于"渤海"这一国号，则来源于唐朝册封大祚荣渤海郡王的爵名。有的学者认为，"渤海"系"靺鞨"音转而来，即主"音转说"。如金毓黻先生说："若以声韵学考之，渤与靺为同部字，海与鞨为同声字，唐人或以靺鞨二字音近渤海，遂以渤海郡王封之欤？此只姑备一说，未可视为定论也。新书谓自是始去靺鞨号，专称渤海。盖以靺鞨为勿吉译音之变，又为中国所加夷人之称，大氏觉其非雅词，故以音近之渤海二字代之也。"④"渤海王族大氏出自古真番族。番即渤。"⑤"考'震'与'渤海'其名，应取之肃慎、靺鞨义美的近音。"⑥"渤海乃靺鞨之别种，但（读音）开合不同而已。"⑦有的学者则主"郡望说"。如"唐之封其为渤海，因其祖先大庭氏原乃居于山东高苑及河北河间一带，为汉、刘宋时渤海郡之地，故封大祚荣为渤海国（郡）王，以崇其祖先之地望。"⑧"渤海之大氏，亦如渤海蓨县之高氏，世封渤海（郡王），从汉至唐，均遵从溯本求宗之中华文化之本义，尊其祖先之地望，这正是渤海国号由来的文化根源。"⑨

"音转说"立论的根据是"靺鞨"二字读作 mohe，而实际上"靺鞨"是女真语"勿吉"一词的不同汉字音译，应读 mojie，故音转说是不能成立的。笔者赞同"郡望说"。郡望观念形成于魏晋，至隋唐时期，以郡望封爵基本已经制度化了。如王氏以太原和琅琊、李氏以陇西、张氏以清河、刘氏以彭城、赵氏以天水、其例不胜枚举。但对少数民族的上层分子封爵时，则与汉族大姓略有不同：有的因地封爵，如封高句丽王为辽东郡公，封新罗王为乐浪郡公，封契丹首领李失活为松漠郡王，封奚族首领为饶乐郡王，封百济王为带方郡王等；有的则比附他们已改的汉姓封爵，如唐朝曾封沙陀贵族李克用为陇西郡公和陇西郡王，就是比附汉族李姓的郡望。

　　渤海国大祚荣出自粟末靺鞨部，其故乡在今北流松花江流域，与渤海及汉、刘宋的渤海郡可以说毫无关系，之所以被封为渤海郡王，应该是一种对汉姓的比附。那么比附的是哪个姓氏呢？前引有的学者推测大祚荣是古大庭氏之后，并认为大祚荣与乞乞仲象不是血缘父子，大祚荣是乞乞仲象的养子。大祚荣封渤海郡王是因其先祖起源于汉代渤海郡之地[⑧]。这种观点，笔者不敢苟同。这位学者认为大祚荣父子非血缘关系，其立论的依据有两条：一是大祚荣姓大氏，而乞乞仲象与乞氏比羽都有姓"乞"氏，二者姓氏不同；二是大祚荣建国后没有追尊其父谥号。其实这两条依据都是站不住脚的。乞乞仲象和乞氏比羽皆应是人名，而非姓乞氏。大祚荣的姓氏无疑得自于其父乞乞仲象曾任契丹大舍利的官号，即"以官为氏"。唐朝册大祚荣封爵为渤海郡王，同时任命他的行政职务是忽汗州都督府的都督。习惯上虽称渤海为"国"，实际上大祚荣只是唐朝东北地区的一名地方官，也没有登基作皇帝，怎敢随便僭制追谥其父祖呢？大祚荣死后追尊"高王"，那也只能是"私谥"，则非公开之事。故以此来推断大祚荣是乞乞仲象养子的说法是不能使人信服的。至于大祚荣为古大庭氏后裔之说，恐怕也是一种推测。胡三省注《资治通鉴》引《风俗通》曰："大姓，大庭氏之后，大款为颛顼师。"可见大庭氏是传说中三皇五帝时期的一个古老姓氏，其族属虽说是东夷，但其活动地区是否在后来汉、刘宋的渤海郡之地，这是很难确定的事情，更何况要证明粟末靺鞨贵族家庭出身的大祚荣，与古大庭氏之间的继承关系，既缺乏文献依据，也找不到考古资料的证明。作为地名的渤海，汉魏以后是高氏和封氏的郡望，我个人认为，唐朝之所以封大祚荣为渤海郡王，是比附了汉姓高氏，因为"大"和"高"在字义上有相通之意。这就好像后来辽代封契丹耶律氏以周人漆水为郡望一样，也是一种比附。

二、关于渤海民族共同体问题

　　关于渤海国民是否在历史上形成了一个新的民族共同体:渤海族,这个问题在学术界已基本取得了共识,多数学者都赞同渤海族一说。但关于渤海国民的主体成分是什么,渤海族都包括了哪些民族和部族成分,其形成的时间等问题目前还存在不同看法。比如主体成分问题,学术界就有三种说法:多数中国、日本和前苏联学者主靺鞨说;南北朝鲜学者则主高句丽说;少数中国学者又提出"渤海族说"⑩。关于高句丽说,已经有许多论著进行有力的批驳,故在此不赘。至于"渤海族说",也还有些值得商榷之处,因而笔者赞同靺鞨说。但有一个问题不得不加以说明,许多论著在论述渤海国民"主体成分"时,往往说成是"主体民族",这就混淆了一个基本概念。因为从民族学的理论角度来说,在渤海政权建立之前,靺鞨各部并未统一,是以部落形式存在的,所以不应该称其为靺鞨族。准确的表述应该是"渤海国民的主体成分是靺鞨人"。

　　渤海政权建立之初,其国民主要由三部分人组成:第一部分就是粟末靺鞨的大祚荣部,即其父乞乞仲象旧部;第二部分为靺鞨乞四比羽旧部。有的学者推断,乞四比羽部很可能是白山靺鞨的后裔;第三部分即所谓"高丽余烬",其族属应该是高句丽人。除这三部分之外,还有部分汉族人也加入其中。比如像后来辽金时期的辽东渤海大姓熊岳王氏,据其家谱记载,其先祖就是汉末寓居辽东的平原名士王烈。王烈裔孙,曾有人担任过高句丽的西部将,其子孙后来以文学成就著称于辽金元三代,王氏实际上是被渤海化了的汉人。他们很可能在渤海政权建立之初就加入其中。另外如渤海族中的杨姓、刘姓和裴姓,都是汉族常见的姓氏。特别是杨姓和裴姓成员,他们在辽金时期是辽东渤海族当中文化水平较高的一部分人,几乎与熊岳王氏不相上下,如杨朴、裴颙父子等。金宣宗的生母是辽阳刘氏,在一次观看马球比赛过程中被时任东京留守的金世宗相中,经世宗母李氏过目,遂为世宗嫡子允恭聘之。大定元年入东宫,成为太子妃,大定三年生下宣宗⑪。日本学者外山军治认为,宣宗生母刘氏系辽阳渤海人[12]。杨、裴、刘这几个姓氏的渤海人原来很可能也是辽东地区的汉族人。

渤海国民当中的高句丽人,有确切文献依据的就是辽阳张氏。如张浩"本姓高,东明王之后。曾祖霸,仕辽而为张氏"[13]。由此知辽阳渤海张氏是高句丽王族之裔,原姓高氏,后改姓为张。由此推知,辽东渤海族中的高姓原来应是高句丽人。

有学者认为:"渤海民族最早的形成,是在公元七世纪末叶。"[10]笔者认为,渤海国建立之初,并没有形成一个民族,渤海民族共同体的形成应在其第三代王大钦茂执政时期,即公元 8 世纪中叶(大钦茂继位于唐开元二十五年,死于贞元十一年,即 737 年—795 年)。需要说明的是,大仁秀"讨伐海北诸部,开大境宇"所征服的虞娄、铁利、拂涅、越喜等部,虽然一度归渤海政权统治,但后来他们又以部族的形式重新出现在史籍上,证明这些部族的绝大多数成员并没有融入渤海民族共同体之中。

三、关于东丹国遗民南迁问题

辽太祖天显元年(926 年)二月灭渤海,建东丹国。三月,从东丹国班师,在回军途中死于扶余府。人皇王在东丹,得知太祖驾崩的消息,立即回上京奔丧。由于应天太后述律平不喜欢耶律倍,所以身为皇太子的耶律倍没能继承契丹国皇位,而是由他的弟弟耶律德光登基作了皇帝,史称辽太宗。"太祖讣至,倍即日奔赴山陵,倍知皇太后意欲立德光,乃谓公卿曰:"'大元帅功德及人神,中外攸属,宜主社稷'乃与群臣请于太后而让位焉。"[14]

耶律德光即位后,耶律倍身处被怀疑的地位,一直留在上京,而没有回到东丹国。史书对这件事的记载讳莫如深,但从表面现象分析当时耶律倍之所以没能回到东丹,很可能不是他个人的本意,实际上是被太宗一直软禁在上京,而不允许他回东丹国。天显四年(929 年)在耶律羽之的建议下,辽太宗下诏将东丹国的都城南迁到今辽阳市,原渤海国的遗民也随之南迁,原渤海的旧州县或侨置到今辽东、辽西及内蒙地区,或废弃、或南迁后改为新名。

关于这次东丹国居民大规模南迁活动,史料中多有记载,历代学者也多有研究,但有些具体的问题至今仍存在着不同看法。如渤海遗民南迁时,东丹王耶律倍不在国中,他事先是否知道徙民之事? 过去的研究论著中多认为此事耶律倍不知详情,是辽太宗和耶律羽之在没有征得耶律倍同意的情况下实施徙民计划的。现在看来,这个问题应重新认识。《耶律羽之墓志》记:"天显四年己丑岁,人皇王乃下诏曰:'朕以孝理天下,虑远晨昏,欲效盘庚,卿宜进表'。公即陈:'辽地形便,可建邦家'。于是允协帝心,爰兴基构。公夙夜勤恪,退食在公,民既乐于子来,国亦期年成矣。"[15] 由此可知,耶律羽之给太宗所上关于南迁渤海遗民的奏表,应该是代表耶律倍的意见,并不是他背着东丹国王自作主张。

关于南迁的具体时间问题,《辽史·太宗纪》":天显三年(928 年)十二月,时人皇王在皇都,诏遣耶律羽之,迁东丹民以实东平,其民或亡于新罗、女真,因诏困乏不能迁者,许上国富民给赡而隶属之,升东平郡为南京"。"太宗既立,见疑,以东平为南京,徙倍居之,尽迁其民。"[14] 以往的许多论著都据此把渤海遗民南迁的时间笼统地定在天显三年。但据前引《耶律羽之墓志》所记却与《辽史·太宗记》记载略有出入。两相对照,知所谓"诏遣耶律羽之,迁东丹民以实东平"之诏,并不是太宗之命,而是东丹王下达的。辽朝南迁渤海遗民的时间应在天显四年,而不是天显三年。迁徙历时一年之久,据前引志文的记载推断,南迁遗民的工作大约到 930 年完成。

此次移民活动客观上也产生了很大的破坏作用,原因是契丹统治者为了防止渤海人眷恋故土,对原来的一些城镇进行焚烧和废毁,造成了许多繁华的城市顷刻间被夷为平地的残破景象。如原渤海的首都忽汗城中的宫殿、寺院和其它建筑,都是在这次迁徙活动中被焚毁的[16]。其它的中小城市也多在此次移民活动中遭到破坏。据外电报道,上个世纪 80 年代,曾在前苏联滨海地区的原始森林里发现了渤海时期的古城址,这不由得使人想起了"沧海桑田"的古代成语。当初人马喧闹的城市,今天都已变成了人烟罕至的原始森林,这是一个多么大的变化! 此次移民活动对原渤海统治区内经济和文化上产生的破坏更不言而喻了。

四、关于耶律倍出逃地点、东丹王宫和陵墓问题

东丹王耶律倍是一个受中原儒家文化影响很深的契丹王子。他"初市书至万卷,藏于医巫闾山绝顶之望海堂。通阴阳,知音律,精医药、砭熨之术。工辽汉文章,尝译《阴符经》"。⑭而且他还是一位历史上比较著名的书画家,尤善画本国人物和马,其《骑射图》、《猎雪骑》、《千鹿图》等,皆被北宋秘府收藏。至今在书画市场上,仍有不法之徒制造假书画,冒用李赞华(即耶律倍)之名,其在中国书画史上的历史地位由此可见一斑。

史料多记载,因述律平太后偏爱太宗,才使耶律倍失去做皇帝的机会。我认为耶律倍没能继承皇位,很可能与其父耶律阿保机有关。天显元年灭渤海,建东丹国,太祖命耶律倍为东丹国国王的安排,实际上就已经暗示,他将不把耶律倍作为皇位继承人了。这正如姚从吾先生所分析的那样,东丹国的设立,是由于辽太祖在立长子耶律倍为皇太子之后,发现他难当国家草创之际开拓疆土的大任,只有次子德光才是最理想的皇位继承人。因伐渤海,建东丹国,耶律倍为东丹王,意欲让他避皇位而守东疆,为次子德光登极预做安排⑰。辽太祖应天太后述律平所生三子,长为耶律倍,次为德光、季李胡。三兄弟性格各异,倍仁弱,德光强悍,李胡暴虐。"尝大寒,(太祖)命三子采薪。太宗不择而取,最先至,人皇王取其干者束而归,后至。李胡取少而弃多,既至,袖手而立。太祖曰:'长巧而次成,少不及矣'"⑱。这说明辽太祖早就认为太宗是个能成就大事业的人。太祖立东丹国时对耶律倍说:"此地濒海,非可久居,留汝抚治,以见朕爱民之心。"将要班师回朝时又对耶律倍说:"得汝治东土,吾复何忧。"耶律倍是绝顶聪明之人,他当时应该是已经完全明白了乃父的真正用意,故临别时作歌以献,"号泣而出"⑭。这一举动无疑是他当时复杂内心情感的一种真实表露。

耶律倍身为嫡长而未能继承皇位,故而心怀怨怼。加之太宗对他严加监视,"置卫士阴伺动静"⑭。他担心久处猜疑之地将有杀身之祸,于是决

定外逃别国,寻求政治避难。据《辽史》和《契丹国志》的记载,知耶律倍先后两次外逃才得以成功。第一次是太宗登极作皇帝,"突欲愠,帅数百骑,欲奔唐,为逻者所遏。后不罪,遣归东丹。"⑲耶律倍回到南迁的东丹国都城辽阳后,曾命王继远撰《建南京碑》,起书楼于西宫。

耶律倍王东丹时的宫殿旧址,就在今辽阳城东北隅。《辽史·地理志二》东京辽阳府:"天显三年,迁东丹国民居之,升为南京。……宫城在东北隅,高三丈,具敌楼南为三门,状以楼观,四隅有角楼,相去各二里。宫墙北有让国皇帝(即耶律倍)御容殿。大内建两殿,不置宫嫔,唯以内省使副判官守之。大东丹国新建《南京碑铭》,在宫城之南。"《辽东志》亦记:"东丹王宫,在辽阳城内东北隅。"

东丹国甘露五年(930年),耶律倍所作的《乐田园诗》传到后唐,唐明宗遣人跨海持密信到辽阳,招耶律倍投后唐。《乐田园诗》的具体内容已不得而知,但可以肯定,耶律倍在诗句中已明确流露出将要亡命异域的意图,不然唐明宗不会无缘无故派人前来相邀。于是耶律倍就做好出逃的准备,他以打猎为掩护,带领随从来到海边。当后唐的使者再次来到辽东时,耶律倍就对随从的臣僚们说:"我以天下让主上,今反见疑。不如适他国,以成吴太伯之名。"⑭当年十一月,耶律倍以船载宠妃高美人和珍本图书若干卷,带随从40人,浮海奔后唐。

关于耶律倍出逃的地点,洪皓《松漠纪闻》载:"旧为东京,置留守。有苏、扶等州。苏与中国登州、青州相直,每大风,隐隐闻鸡犬声。……人皇王不得立,鞅鞅,遂自苏乘筏浮海,归唐明宗,善画马,好经籍,犹以筏载行。"辽之苏州为今大连市金州城,扶州即复州,今瓦房店市复州城镇。由苏州海路去山东半岛的登州,从今旅顺口出发距离最近,其直线距离只有100多公里。洪皓是金初以奉使而见留的南宋使者,江南名士,他在东北地区生活了15年,他的记载当得之于民间的传说。如这一传说可信的话,那么耶律倍当年很可能是从今旅顺口一带登船逃往后唐的。

耶律倍在后唐生活了6年,他虽然身在异邦,但思亲之情难以释怀,经常派使者回国问候,有时还把重要的情报密告辽太宗。936年,耶律倍被后唐废帝李从珂杀害,年仅38岁。辽太宗灭后晋,将其尸骨归葬辽西医巫间山之阳,谥曰"让皇帝",号显陵,庙号义宗。

关于耶律倍的陵墓,《辽史·地理志二》:"显州奉先军,世宗置,以奉显陵者。显陵,东丹人皇王墓也。……大同元年,世宗亲护人皇王灵驾,归自汴京(应作洛阳),以人皇王爱医巫闾山水奇秀,因葬焉。"《辽东志·陵墓》:"显陵在医巫闾山,葬辽东人皇王突欲。"后晋出帝石重贵在其政权覆亡以后,全家被强迫迁往东北。《新五代史·晋家人传》记载,石氏在北迁途中,"自幽州行十余日,过平州,出榆关。又行七八日,至锦州。……又行五六日,过海北州,至东丹王墓,遣延煦拜之。又行十余日,渡辽水。"幽州为今北京市,平州即今河北卢龙县。榆关在今河北抚宁榆关村。锦州今锦州市。海北州,旧治在今辽宁义县西40里开州屯古城,位于医巫闾山之西。此地正与医巫闾山南坡的东丹王陵墓相近,故石重贵特命其子石延煦祭拜。金毓黻先生于1933年和1934年曾先后两次亲自到今北镇市(原北镇县)考察东丹王墓,当时墓已被毁,附近断碑残文仍可见"原系大辽东丹让国皇帝"字样[20]。但现在已经荡然无存了。

(原刊于《辽宁师范大学学报(社会科学版)》2008年3月第31卷第2期)

【作者简介】

都兴智,男,1950年生,辽宁省瓦房店人,史学博士,教授。

注释

① 《渤海国志长编》卷3,《社会科学战线》,1982年。

② 王承礼:《中国东北的渤海国与东北亚》,吉林文史出版社,2000年,第33页。

③ 魏国忠:《渤海国史》,中国社会科学出版社,2006年,第50页。

④ 金毓黻:《东北通史》,北京五十年代出版社,1980年,第258页。

⑤ 傅朗云、杨旸:《东北民族史略》,吉林人民出版社,1986年。

⑥ 刘振华:《渤海大氏王室族属新证——从考古材料出发的考察》,《渤海的历史和文化》,延边人民出版社,1992年。

⑦ 《三国遗事》卷1,吉林文史出版社,2003年。

⑧ 何光岳:《东夷源流考》,江西教育出版社,1990年。

⑨ 张碧波:《汉唐郡望观念与渤海大氏》,《学习与探索》2002年第1期。

⑩ 孙进己:《东北民族源流》,黑龙江人民出版社,1987年,第151页。

⑪ 《金史》卷64,后妃传(下)。

⑫ 外山军治:《金朝史研究》,李东源译,黑龙江朝鲜民族出版社,1988年。

⑬ 《金史》卷83,张浩传。

⑭ 《辽史》卷72,义宗倍传。

⑮ 《辽耶律羽之墓发掘简报》,《文物》,1996年第1期。

⑯ 朱国忱、魏国忠:《渤海史稿》。

⑰ 姚从吾:《论辽朝契丹人的世选制度》,《台湾大学文史哲学报》,1954年第6期。

⑱ 《辽史》卷72,章肃皇帝李胡传。

⑲ 《契丹国志》卷14,东丹王传。

⑳ 《东北通志》,北京五十年代出版社,1981年,第328页。

渤海的文化与对外交流

渤海与日本交聘中"高丽国"的辨析 | 程尼娜

　　唐代中国东北的渤海政权在与日本国交聘的初期,出现日本称渤海国为"高丽国"的现象,这一现象成为国内外学者关于渤海国是否为高句丽政权后继者的争论焦点之一。最近有学者发表文章认为"高丽国"是日本国为确立对渤海政权的君臣身份,强加给渤海政权的。[①]笔者认为这固然是其中因素之一,但渤海政权出于自身政治、经济利益的一些做法,也是日本国出现"高丽国"误解的因素之一。

一

　　"高丽国"是指古代中国东北秽貊族系人建立的地方政权——高句丽,公元前 37 年建国于东北的东南部地区,其后发展为横跨中国东北地区与朝鲜半岛北部地区的强大政权,公元 668 年唐灭高句丽,以其地建立安东都护府。30 年后,公元 698 年粟末靺鞨人大祚荣于"挹娄故地"建立渤海政权(初期称为震国、靺鞨国),后来逐渐发展占领了原高句丽的部分地区,其东南部亦达到朝鲜半岛的北部。秽貊族系的古高句丽人与肃慎族系的靺鞨人是两个邻近的不同的原始民族,这在国内外学界已基本达成共识。但渤海与高句丽政权在时间上前后相距不远,统辖地区又有重合部分,渤海政权的开创者大祚荣所在的靺鞨部落曾是高句丽政权属部，而且在渤海建国之初有许多高句丽遗民投奔渤海，高句丽王室的同姓高氏在渤海政权内成为地位较高的右姓，并受到重用。这些因素使人们在认识渤海政权与高句丽政权是否有承袭关系的问题上容易产生误解。

唐朝对于东北地区的藩属国渤海政权的族属是有清楚认识的。唐中宗时"使侍御史张行岌招慰，（大）祚荣遣子入侍"。（《新唐书》卷219《渤海传》）此时唐已从靺鞨王子的口中得知其政权是由靺鞨人建立。唐玄宗开元元年（713年）派遣鸿胪卿崔忻为"敕持节宣劳靺羯使"前往靺羯国，"拜祚荣为左骁卫大将军、渤海郡王，以所统为忽汗州，领忽汗州都督。自是始去'靺鞨'号，专称'渤海'"。[②]出自唐人之手的诏书、书籍（如杜佑《通典》）等都称其为靺鞨或渤海，未见到称渤海为高丽的现象。然日本国在与渤海交聘的初期却一度将渤海当作是高句丽的继承者，其中原因只要从渤海与日本交聘的起因及交聘的目的入手进行考察，便不难理解了。

渤海与日本交聘始于渤海第二代王大武艺时期。唐玄宗开元七年（719年），大武艺嗣位，采取积极扩大疆域的政策，统一了周边邻近地区靺鞨等土著部落。渤海的武力扩张对东北部的黑水靺鞨形成威胁，黑水靺鞨遣使到唐朝，请求置州设官，欲依靠唐朝的势力与渤海抗衡。黑水靺鞨的请求与唐朝统治者的愿望正相吻合。开元十三年（725年），"安东都护薛泰请于黑水靺鞨内置黑水军，续更以最大部落为黑水府，仍以其首领为都督，诸部刺史隶属焉。中国置长史，就其部落监领之"。（《旧唐书》卷199下《靺鞨传》）遏制了大武艺北进发展的策略，这使大武艺大为恼火，决意与唐朝相对抗。

为了寻求政治上的盟友，大武艺将目标投向海外的日本国。唐开元十五年，日本圣武天皇神龟四年（727年），大武艺"遣郎将高仁义，游（击）将军、果毅都尉德周、别将舍那娄等二十四人赍状，并附貂皮三百张奉送"。（《续日本纪》卷10《武王致日本圣武天皇书》）但是，高仁义率领的交聘团误入虾夷人领地，高仁义等十六人被害，首领高斋德等八人从虾夷人手中逃脱，携带国书来到日本。大武艺在国书中明确表示与日本国交聘的目的是"亲仁结援"，"永敦邻好"。（《续日本纪》卷10《武王致日本圣武天皇书》）

为达到这个目的,渤海王的确是费了一番心思,首次派往日本国的使团长官主要是武将,《续日本纪》卷十记载高仁义的官职为"宁远将军",其副职为游(击)将军、果毅都尉德周、别将舍那娄,表现出强烈的政治与军事结盟的意愿。同时,出于原高句丽政权与日本有多年的交聘关系,日本对高句丽的语言和国情比较熟悉的原因,渤海使团的长官与随从中多有原高句丽遗民,如高仁义、高斋德等。并且大武艺在国书中又言渤海国是"复高丽之旧居,有扶余之遗俗",希望日本国能够接纳渤海使者。

渤海使团历经艰险来到日本,虽然原长官高仁义身死虾夷,但带领使团到日本的高斋德仍是原高句丽遗民或后裔。日本国接纳了渤海使团,但也给日本人留下了错觉,认为"渤海郡者,旧高丽国也"。(《续日本纪》卷10)高斋德等渤海使者在日本受到友好的接待。次年,日本派从六位下引田虫麻吕为送渤海使,随高斋德一起来到渤海,并带来了日本国书,书中曰:"天皇敬问渤海郡王:省启具知。恢复旧壤,聿修曩好,朕以嘉之。宜佩义怀仁,监抚有境。沧波虽隔,不断往来。便因首领高斋德等还次,付书并信物:綵帛一十匹,绫一十匹,絁二十匹,丝一百绚,绵二百屯,仍差送使,发遣归乡。渐热,想平安好!"(《续日本纪》卷10《日本圣武天皇答武王书》)国书中所言"沧波虽隔,不断往来",表明日本愿与渤海交往,这正是大武艺所期待的。正因为渤海与日本建立了交往关系,大武艺才下决心发动了渤海历史上唯一一次对唐战争。

开元二十年(732年),"武艺遣其将张文休率海贼攻登州",(《新唐书》卷219《渤海传》)武艺亲自率军寇抄辽西郡县,"兵至马都山,屠城邑"。(《新唐书》卷136《乌承玼传》)翌年,唐玄宗发幽州兵征讨大武艺,又令新罗王侍子金思兰"往新罗发兵以攻其南境",(《旧唐书》卷199下《渤海靺鞨传》)黑水靺鞨与室韦部等亦派骑兵五千助唐,(《昌黎先生集》卷26《乌氏庙碑铭》)唐朝击退了大武艺的进攻。不久,大武艺向唐朝上表谢罪,得到了唐帝的宽恕。[③]

大武艺时期,渤海与新罗政权在大同江上游展开了争夺战,新罗圣德王"征何瑟罗道丁夫二千,筑长城于北境"。(《三国史记》卷8《新罗圣德王纪》)由于这次战争的影响,开元二十三年(735年),唐玄宗"赐浿江以南地境"与新罗,(《三国史记》卷8《新罗圣德王纪》)以牵制渤海。新罗占领浿江(今朝鲜半岛大同江)以南土地后,渤海与新罗关系更加敌对。另一方面,渤海与唐朝及周边的黑水靺鞨、室韦等民族的关系一时仍然较为紧张。在这种孤立的形势下,渤海与日本之间的交往关系越发显得重要。

二

开元二十五年(737年)大武艺卒,子大钦茂即位。唐遣使册封"钦茂为渤海郡王,仍嗣其父为左骁卫大将军、忽汗州都督。钦茂承诏赦其境内,遣使随(唐使)守简入朝贡献"。(《旧唐书》卷199下《渤海靺鞨传》)大钦茂在位期间,对唐朝谨守臣礼,"频遣使来朝,或间岁而至,或岁内二三至者"。并"求写《唐礼》、及《三国志》、《晋书》、《三十六国春秋》",积极输入中原文明。"迄帝世朝献者二十九。宝应元年(762年),诏以渤海为国,钦茂王之。"(《旧唐书》卷199下《渤海靺鞨传》、《唐会要》卷36、《新唐书》卷219《渤海传》)渤海终于从对唐战争的阴影中走出,重新得到唐朝的信任和赏识。国内政治稳定,经济发展,渤海国进入了迅速发展时期。

另一方面,大钦茂仍积极开展与日本的交往,即位后第二年,开元二十七年(739年)便派遣若忽州都督胥要德、云麾将军已珍蒙等出使日本,表达了"义洽情深,每修邻好"的意愿。(《续日本纪》卷13《文王致日本圣武天皇书》)大钦茂时期虽然与唐朝恢复了友好的臣服关系,但因为边界问题与东南部新罗政权的关系仍处于敌对状态。唐贞元六年(790年)新罗元圣王"以一吉湌伯鱼使北国",(《三国史记》卷10《新罗元圣王纪》)欲与渤海通好,但渤海反应较为冷淡。渤海一代与新罗政权关系似乎敌对时间长,通好时间短,这对渤海王国与日本交往的政策有着重要影响。渤海努力保持与日本友好的交往关系,其中一个重要目的即是为了对新罗形成一定的威胁。

渤海国在大钦茂时期,社会经济与政治迅速发展,逐步由落后的奴隶制度向唐朝的封建制度发展。渤海国是以靺鞨为主体民族,渤海中心地区的靺鞨人与边远地区的靺鞨人社会发展不平衡,他们居住在平原、山川、森林、河流等各种不同的地理环境下,其社会经济呈现出农、牧、狩猎、采集多种类型共存的复合型经济状况。这决定了渤海国对外经济交往活动十分频繁,形成了与唐朝、日本及邻近民族和政权之间的五条交通要道,在某种程度上说对外贸易活动直接关系到渤海经济的兴衰。在渤海对外贸易活动中,最重要的是唐朝,其次即是日本。因此经济利益又是渤海努力保持对日本交往的重要目的之一。

在大钦茂前期,渤海与日本交往的目的尚是以政治为主。大钦茂后期,逐渐转向以经济目的为主。这从渤海国派往日本使团长官的身份便可反映出来。大钦茂二十二年(759年)以前派遣到日本的渤海使团长官是以武将为主,如辅国大将军、行木底刺史杨承庆、归德将军杨泰师。二十五年以后,渤海使团的长官则转为以行政官员为主,如政堂省左允王新福、献可大夫、司宾少令史都蒙、匡谏大夫、工部郎中吕定琳等。9世纪以后,日本在经济贸易上开始限制与渤海进行交易,但却主张与渤海进行文化交流。于是渤海以有才华的文官为使团长官,可称为文化大使,如文籍监裴颐、文籍院少监王龟谋、裴璆(裴颐子)等人。(《渤海国志长编》卷7《大事表》)

由于渤海与日本交往具有政治和经济等方面的重大作用,在渤海与日本交往中除非重大原则问题以外,对一些无关紧要的问题,渤海王室往往权宜处之。如大钦茂时期,日本孝谦天皇欲使渤海对其称臣,在国书中称:"仍检高丽旧记。国平之日上表,文云:族惟兄弟,义则君臣。或乞援兵,或贺践祚。修朝聘之恒式,效忠款至恳诚"。(《续日本纪》卷19)对于日本要求渤海国称臣的原则问题,渤海王没有让步,采取回避的态度婉转地拒绝了日本。从大钦茂十六年到三十五年,约二十年间,日本不断地提出这个问题,并在此期间改称渤海王为高丽王,渤海使改称高丽使。但渤海王在国书中始终没有向日本称臣。由于渤海作为日本在大陆上的政治、经济伙伴,对日本有重要作用,大钦茂末年日本天皇在与渤海往来的国书中又恢复了"渤海国王"的称呼,并不再提让渤海称臣之事。

对于日本视渤海为高丽的后继者,渤海王室并没有特意去辨别,而是向日本提出依照高句丽旧例进行交聘活动,并利用这一点作为与日本拉近关系的手段。如渤海康王大嵩璘时期,日本打算将渤海与日本交聘的时间定为每六年一次。798 年康王致日本桓武天皇的国书中说："六年为限，窃惮其迟。请更觌嘉图，并回通鉴，促其期限，傍合素怀。然则，向风之趣，自不倦于寡情；慕化之勤，可寻踪于高氏。"（《日本逸史》卷7）以高句丽与日本交往的旧例向日本提出请求，不要限制交聘的年限。日本桓武天皇依其所请，"宜其修聘之使，勿劳年限"。（《日本后纪》卷8）可见渤海靠此手段是可以获利的。

由于上述原因，自渤海与日本交往初期以来，以高句丽后裔身份的官员为使团成员的现象，终渤海一代始终存在。据学者统计，渤海与日本交聘前后派遣使团 34 次。④据笔者所见的日本史书记载统计，渤海以高句丽后裔身份的官员为大使的有 7 次：

渤海与日本首次交聘，大武艺仁安八年（727 年）派遣的使团大使为宁远将军高仁义。

文王大钦茂大兴二十二年（759 年）派遣的使团大使为辅国大将军、玄菟州刺史高南申，副使高兴福（官职无载）。

大兴四十二年（779 年）派遣的押领使为高泮弼。

康王大嵩璘正历十五年（809 年）派遣的使团大使为和部少卿高南容，又有首领高多佛。

定王大元瑜永德元年（810 年）派遣的使团大使为高南容（再次出使日本）。

宣王大仁秀建兴五年（823 年）派遣的使团大使为高贞泰（官职无载）。

建兴七年（825 年）派遣的使团大使为正堂省少卿高承祖。

日本史书中关于渤海到日本交聘团的成员，一般只记载大使与副使的名字，对一般成员记载不多，在仅有的几次关于使团一般成员记载中都有高氏官员，如：

文王大钦茂大兴三十九年（776 年）派遣的使团，大使史都蒙、大判官高禄思、少判官高郁琳、判官高淑源、大录事史道仙、少录事高珪宣等。（《续日本纪》卷34）

僖王大言义朱雀二年（814 年）派遣的使团，大使王孝廉、副使高景秀、判官高英善、王升基、录事释仁贞、乌贤偲、译语李俊雄等。（《日本后纪》卷

24）

大彝震咸和十一年（841 年）派遣的使团，大使贺福延、副使王宝璋、判官高文暄、乌孝慎、录事高文寅、高平信、安欢喜。（《续日本后纪》卷 11）

大彝震咸和十八年（848 年）派遣的使团，大使王文矩、副使乌孝慎、大判官乌福山、少判官高应顺、大录事高文信、中录事多安寿、少录事李英真等。（《续日本后纪》卷 12）

尽管这是非常不完全的统计，但也可反映出在大钦茂时期使团成员中高句丽后裔身份的官员明显高于其他时期，这与大使的民族出身所反映的现象是一致的。日本方面迎送渤海使的官员有时也以流入日本的高句丽后裔来担任，如日本光仁天皇宝龟八年（777 年），渤海使"史都蒙等归蕃。以大学少允、正六位上高丽朝臣殿嗣为送使，赐渤海王书"。（《续日本纪》卷 34）

若将渤海政权派往日本的交聘使团成员与派往唐朝的朝贡团成员的民族身份相比较，可看出渤海派往唐朝使团的成员主要是以王室大氏贵族与靺鞨贵族为主，而高氏官员与汉姓官员的数量大致相当，数量都较少。渤海以唐朝为宗主国，接受唐朝的册封，担任唐朝的地方官官职，与唐朝有密切的朝贡、质子等政治关系。对渤海来说，对唐朝的朝贡远比与日本的交聘更为重要，派往唐朝的使团成员的身份更为尊贵和重要，应是渤海统治集团的主要成员，这在一定程度上可反映出渤海统治集团的民族构成。因此，这从另一方面说明渤海王以原高句丽遗民身份的官员出使日本，只是一种政治手段。

三

从渤海与日本交聘中"高丽国"的问题，又引发出关于渤海人是否存在"对高句丽的继承意识"问题，这是在讨论渤海族属或渤海是否为高句丽政权的后继者时必须辨析的问题。

这一问题的提出，主要是出于对渤海与日本之间往来国书内容的理解，故当深入剖析渤海王给日本天皇的国书中与"高丽"有关字句的含义。渤海国书中"高丽"一词首次见于《武王致日本圣武天皇书》,其中有"复高丽之旧居,有扶余之遗俗"的句子。从当时渤海政权的规模看,已经基本占据了原高句丽政权的部分故地。高句丽早期的居住地在浑江流域,东汉时期,高句丽西边占据了今辽宁新宾一带,北到辉发河流域和第二松花江上游,东至今吉林延边,南至清川江一带。⑤4、5世纪高句丽占领了乐浪、辽东郡,并将统治重心迁移到朝鲜半岛的大同江流域,但仍视浑江一带地区是其勃兴故地。渤海建国于靺鞨故地(长白山一带地区),武王大武艺时期"斥大土宇",其统辖地区"东境已越绥芬河达到沿海地区;东南逾图们江,南面逼近朝鲜半岛之大同江一线;西至北流松花江中下游地区"。⑥大武艺自称"复高丽之旧居",虽有些夸大但也基本符合事实。占领高句丽故地后,原居住在这里的居民大多成了渤海国民,其中当有许多高句丽的遗民,从此渤海国内"有扶余之遗俗",也是事实。在考古资料中渤海文化呈现出靺鞨、高句丽、汉等多种文化因素,这已成为国内外学界的共识(但是以哪种文化为主有分歧)。其中高句丽文化因素是渤海占领高句丽故地后才显现出来的,并不是渤海政权固有的文化。

韩国学者认为,渤海在"康王时代,也集中显示出对高句丽的继承意识",即指《康王致日本桓武天皇书》中有"慕化之勤,可寻踪于高氏"之句,认为"康王本身曾亲自显现这样意识一事,从阐明渤海人立场的这一点,不能不予以注目"。⑦实际上,康王在这里只是要求日本按照与高句丽交聘的惯例对待渤海,希望日本对待两个交聘国能一视同仁。这种外交要求在国与国的交聘中是常见的现象,并不能用外交上相互攀比的要求,来说明后者对前者有国家的继承意识。康王所追求的是国家的经济利益,而与所谓"继承国家意识"丝毫没有关系。

日本天皇称渤海为"高丽"首次出现在《日本孝谦天皇致文王书》,(《续日本记》卷19)目的是欲使渤海向日本称臣。此后在渤海文王大钦茂时期日本国家文书中将渤海王改称为"高丽王"。1966年在日本奈良出土一件木简墨书中有关于"高丽使"的记载:"依遣高丽使回来天平宝字二年十月廿八日进二阶叙。"⑧日本天平宝字二年即渤海文王大兴二十一年

（758年）。墨书木简正是这个时期这一历史事件的反映。考察日本史书中关于渤海王与渤海使改称为"高丽王"与"高丽使"的记载，都是日本方面对渤海王和渤海使的称呼，没有一处是渤海人的自称。在《续日本纪》卷二十二有一段记载，淳仁天皇天平宝字三年（759年）正月"高丽使杨承庆等贡方物，奏曰：高丽国王大钦茂言……"。这里关于奏言者的身份是日本人，还是渤海人的记载不清，似乎是日本人。至于渤海王大钦茂没有明确辨别自己不是高句丽王朝继承者的原因，已在前面论述，不再赘言。

另外，韩国学者还提出，日本朝廷于827年5月以高句丽后裔直道宿祢接待渤海使臣杨成规一行，"与761年向渤海派遣的日本大使高丽大山，以及777年派遣的高丽殿嗣均系高句丽系统之事相互关联。这些都是意识到渤海乃高句丽之后裔国家的行为"。⑨实际上，这是日本国对于渤海派遣的使团成员多有高句丽后裔的现象，作出的相应反应。至于日本国是否有渤海是高句丽的后裔国家的错误意识，在渤海统治者看来并不是首要的大事。前面已论述了在渤海与日本的交聘中，寻求政治利益与经济利益是其最重要的目的，对于日本的误解，渤海王采取了委婉的态度，即不明确否认，又坚持以"渤海"为国之根本，正是这种强烈的渤海意识使日本只是短时期内用"高丽"称呼渤海，在其政治目的无法达到的情况下，又恢复了渤海的称号。

综上所述，关于渤海与日本交聘中的"高丽国"问题，是有其复杂的历史背景的，应将其放在渤海与日本交聘的政治、经济环境中去考察，从双方的利益出发进行考察，就会对这个问题有一个客观的认识。至于"渤海对高句丽的继承意识"是在对上述问题没有清楚认识的情况下，提出的主观臆想，应予以纠正。

（原刊于《吉林大学社会科学学报》2001年7月第4期）

【作者简介】

程尼娜，女，1953年生，辽宁省沈阳人，吉林大学历史系教授。

注释

①⑧　魏国忠等：《关于渤日交聘中"高丽国"问题》，《北方文物》2001 年第 1 期，第 86～94 页。

②　在今辽宁旅顺发现"唐鸿胪井阑铭"："敕持节宣劳靺鞨使鸿胪卿崔忻，井两口，永为记验，开元二年五月十八日。"见《满洲金石志》卷一《唐·井阑铭》，罗福颐辑校，满日文化协会印行本。《新唐书》卷 219《渤海传》。

③　《文苑英华》卷 471《玄宗敕渤海王武艺书》中有"卿往者误计，几于祸成，而失道未遥，闻义能徙，何其智也。朕弃人之过，收物之诚，表卿洗心，良以慰意"之句。

④　王承礼：《渤海简史》，黑龙江人民出版社，1984 年，第 142 页。

⑤　张博泉、魏存成：《东北古代民族·考古与疆域》，吉林大学出版社，1997 年，第 356～357 页。

⑥　朱国忱、魏国忠：《渤海史稿》，黑龙江文物出版编辑室，1984 年，第 47 页。

⑦　宋基豪：《渤海政治史研究》一书的绪论与结语，《东北亚考古资料译文集·渤海专号》，北方文物杂志社，1998 年，第 30 页。

⑨　宋基豪：《日渤间往来国书中反映的内纷期渤海社会》，《东北亚考古资料译文集·高句丽、渤海专号》，北方文物杂志社，2001 年，第 192 页。

古代日本对靺鞨的认识 ｜ 马一虹

在古代中国东北地区对外关系史上，渤海国与古代日本的政治交涉和经济文化交流，占据着重要的地位，这是不争的事实。相形之下，此前或大体同时期的其它一些部族集团，如靺鞨与日本之间的往来与交涉的情况，都隐而不彰，非但如此，有些实际上并非关乎渤海的史事，也因此被系于渤海。本文试对日本史料中涉及"靺鞨"的记载摘出，并试对其性质作以讨论。

一、日本史料所见的"靺鞨"、"靺鞨国"

《续日本纪》（卷 8）元正天皇养老四年（720 年）正月丙子条载："遣渡岛津轻津司从七位上诸君鞍男等六人于靺鞨国。观其风俗。"该条史料记述的是奈良朝廷派遣渡岛的津轻地方的长官带领 6 名下属前往靺鞨国，考察风土民情。这是日本史籍中关于"靺鞨国"的最早记录。这条记事作为古代日本北方开发史上的著名事件，近年随着北方史研究的升温更被频频提起；不过，关于史料本身，还有许多不明之处。例如"渡岛津轻津司"，其所在位置至今没有能够确认，但其范围大体应不出日本海西岸偏北一带。靺鞨人海上航行到日本列岛在 8 世纪以前就已开始，并且已知当时的倭王权和靺鞨部族，已经通过阿倍比罗夫与所谓"肃慎"人的沉默贸易，发生了间接的关系①。按照中国史籍中"肃慎"与"靺鞨"两个古代部族间的承继关系，以及在日本正史中音训上的相似（アシハセ，相对应的汉字是"阿志婆世"），"靺鞨国"往往被视作北海道北部、东部，即所谓鄂霍次克文化圈一带②。

这一条史料还容易导致另一种解释，即渤海国的别称。因为，此时渤海建国已经20多年，并且这一时期的渤海，在唐朝常常因其部族名而被称做靺鞨，所以，这里的"靺鞨"似乎也不能排除是渤海的别称的可能性。果如此，则日本奈良朝廷派出使节的对象国似乎也可以指渤海③。当然，由于当时渤海对大多数靺鞨部尚未达成统一，所以此处的"靺鞨国"似乎还可能泛指渤海以及渤海领之外的其他靺鞨部④。

《日本书纪》没有使用"靺鞨"，而是以"肃慎"统称大陆北方部族。《续日本纪》没有沿用"肃慎"旧称，而恢复了靺鞨的本来名称。这其中，除去含有史籍编纂者接收到的来自大陆的新信息外，从"靺鞨"到"肃慎"，可能也不是简单的替换，其所指代的地域也可能发生了相应的变化。

首先值得注意的是，派往"靺鞨国"的诸君鞍男，其位阶是从七位上，这是非常低级的位阶。与此相对，728年，渤海第一次遣日本使团完成使命归国之际，日本政府派出从六位下引田朝臣虫麻吕为送渤海客使；740年，派出以从五位下大伴宿祢犬养为遣渤海使；758年，授予归国遣渤海大使小野朝臣田守从五位上，副使高桥朝臣老麻吕从五位下。此后日本派往渤海的使节团大使的官阶也均在六位以上⑤。据此可以推断，此次出访的目的地不大可能是渤海。

727年（日本神龟四年），渤海首次向日本派出使节团之际，日本的朝廷对渤海的记录是"渤海郡王使首领高齐德等八人，来著出羽国"，"渤海郡者，旧高丽国也"⑥。前者，即"渤海郡王使"，当是渤海使节对出羽的地方官的自我介绍。需要指出的是，渤海在与日本200多年的交往中，从未以"靺鞨国"自号过。后者"旧高丽国"当是史官对渤海前史的追溯，其根据很可能是渤海使节递交给日本天皇的国书内容⑦。如果720年诸君鞍男等为考察"风俗"而专程前去的"靺鞨国"就是渤海，那就不至于约70年后，《类聚国史》⑧才披露渤海建国初期的光景："渤海国者，高丽之故地也。天命开别天皇七年（668年），高丽王高氏，为唐朝所灭。后以天之真宗丰祖父天皇二（698年）年，大祚荣始建渤海国。和铜六年（713年），受唐册立其国。

延袤两千里,无州县馆驿,处处有村里,皆靺鞨部落。"如果"靺鞨国"就是渤海国,以上的情景,应是诸君鞍男受命观察风俗时就应当看到、并已为日本奈良朝廷所了解的。从这一处细节也可以看出,诸君鞍男等人所到之处很可能并不是渤海国。

在日本东北部宫城县,有著名的日本三古碑之一的多贺城碑⑨。多贺城建于神龟元年(724 年),为按察使兼镇守将军大野东人所建,碑立于天平宝字六年(762 年)。碑文刻记了多贺城的位置:"去京一千五百里;去虾夷国界一百廿里;去常陆国界四百十二里;去下野国界二百七十四里;去靺鞨国界三千里。"仅仅从里数上看,"靺鞨国"不可能在北海道,以多贺城为中心展开 3 千里半径,则恰好可以到达大陆和库页岛地区。

《令集解》公式令"远方殊俗"条载:"凡远方殊俗人,来入朝者,所在官司,各造图画,画其容状衣服,具序名号处所"⑩。以下是为"具序名号处所"所作的注释:穴记云,名号,谓其国号也。假靺鞨也。处,谓海中、山中之类。"《穴记》成书于延历十七年(798 年)以前,正值渤海对日本遣使最频繁时期,并且与日本第二部正史《续日本纪》几乎同时编纂完成。因此,广受注目。关于本条记事中的"靺鞨"是否指渤海,日本学界仍然持两种截然不同的看法。石井正敏认为,《穴记》为"远方殊俗人"作的注解是"非常参蕃人也",即指不经常来朝贡的蕃邦之人。而当时,渤海已经数度遣使到日本,尽管渤海的遣使是不定期的,但已不属于"非常参蕃人"之列。因此不赞成"靺鞨"即渤海说。石井氏还推测,此处的"靺鞨"很可能指的就是后文将讨论的两度去日本的"铁利靺鞨"⑪。我同意石井先生对"靺鞨"即渤海国见解的批判,不过"靺鞨"未必一定是指铁利人。至少,我们在《续日本纪》中看到,"铁利"之后,并不见跟缀"靺鞨"字样,看不到两者之间的对应关系。作为后世的研究者,我们当然知道铁利是靺鞨之一部,但问题是,铁利人也未必以"靺鞨"自称。《穴记》所见的"靺鞨",很可能来自另外的渠道。事实上,到 8 世纪结束前,在日本,已经有了"靺鞨(国)"的概念,如多贺城碑以及《类聚国史》中对靺鞨部落的描述。

根据以上讨论可知,720 年诸君鞍男等人所到之"靺鞨国",是指东北欧亚大陆地区靠近日本海的靺鞨部(如拂涅、虞娄、越喜等部)或库页岛附近早与日本有过交流的靺鞨部族的居住地区。虽然,诸君鞍男等对上述地区考察的结果与日本朝廷的对策,由于史书没有留下任何记载而无从了解,但是,这样一次小规模的航海行动,仍然说明日本的统治阶层对靺鞨部族的关注,并与靺鞨人世界发生了直接接触。

二、雅乐"新靺鞨"反映出的日本"靺鞨"观

在日本雅乐中,据称由朝鲜半岛传入的、包括"新靺鞨"、"大靺鞨"等曲名在内的"高丽乐"以及由渤海传入的"渤海乐"都在其中。奈良时代,"高丽乐"和"渤海乐"均被称为右方之舞[12]。9世纪以后,嵯峨天皇朝,对雅乐进行了整顿、改革,将渤海乐与三韩乐统称为"高丽乐"[13]。

其中,关于"新靺鞨"、"大靺鞨"等曲目是否属"渤海乐"[14],长期以来存在争议,争议的焦点在于日本史料中出现的"靺鞨"是指渤海以外的靺鞨部族,还是指渤海。近年,日本的雅乐及渤海史研究者多将"新靺鞨"、"大靺鞨"等系于渤海[15]。

根据12世纪成书的《舞乐要录》记载,延长六年(928年)的"相扑节"上演出了若干种乐舞,有"新鸟苏、绫切、皇仁、渤海乐、纳苏利、狛犬"等[16]。此后,"渤海乐"不复见于史籍。对此,有研究者指出可能是"新靺鞨"取代了"渤海乐"[17],也可能"新靺鞨"就是指渤海乐[18]。必须注意的是,"渤海乐"并非某一具体的舞乐曲名,而是9世纪乐制改革以前由渤海传入日本的乐曲总称。我们看到,在《舞乐要录》中,"绫切"是与"渤海乐"并列在一处的,而"绫切",又称"大靺鞨"[19]、"高丽女"、"爱嗜女"[20]。可见,以曲名的兴替嬗变来解释"新靺鞨"与"渤海乐"之间的关系是困难的。"新靺鞨"、"大靺鞨"等乐舞并不是渤海国的乐舞,而应当是渤海建国前靺鞨部族的乐舞。有资料证明,靺鞨部族是喜欢起舞壮志的;隋朝初年,靺鞨遣使朝贡,高祖设宴款待,席间,"使者与其徒皆起舞,其曲折多战斗之容"[21]。

以下要讨论"新靺鞨"到底是怎样一部乐舞。可资参考的史料主要有三条。

　　一条为 10 世纪前期,由源顺编纂的《倭名类聚抄·高丽乐》(卷四、曲调部、第49项目下)㉒:"新靺鞨[靺鞨二音末曷,蕃人出北土,见唐韵夕リト申夕リ。サレバ高麗ヨリ渡夕ル内ニハアラザルカ]"这句话的意思是,"新靺鞨"依《唐韵》发音末曷,乃北土蕃人所作,不可能是由高丽传入的。"新靺鞨"的注记,由两部分内容构成。

　　第一部分,是"靺鞨"二字的发音,依《唐韵》,作"末曷"。另据《乐家录·乐曲训法》卷 28,"新靺鞨"训读为"志牟真加"。新,读作"志牟"(shimu);靺鞨,读作"真加"(maka)。《教训抄》也将"末(靺)鞨"注音为"マカ"。按现代日语的音读原则,这里的"靺鞨"与中国史籍中的"靺鞨"即"末曷"是极为近似的。据日本学者的研究,《日本书纪》中出现的"肃慎",在日文中训读为"阿志婆世"(ashihase);既然在日本"肃慎"与"靺鞨"属于同一部族集团,则《续日本纪》养老四年条中的"靺鞨国",与多贺城碑中的"靺鞨国"亦应同样训读为"ashihase"㉓。如果上述结论成立,则这种情况表明,在古代日本对"靺鞨"这一概念的引入,可能存在过不同的渠道。

　　第二部分涉及到了"靺鞨"的属性与来源。靺鞨人出自北方;"新靺鞨"不是从高(句)丽传来的。"蕃人出北土"这一表述方式,并不是日本人的原创,而是来自中国的古典。南朝顾野王所著《玉篇》卷下革部第 423,有"靺"字与"鞨"字,两字相续。靺字下注云:"亡达切。靺鞨蕃人出北土";鞨字下注曰:"胡葛切,靺鞨"。顾野王是 6 世纪时的著名学者,兼通史地及文字学。《玉篇》成书于梁大同九年(543 年)。革部中有"靺鞨",注为北方的蕃人。从时间上看,《玉篇》中"靺鞨"出现的时间早于作为通说的 563 年(《北齐书》河清二年)。但《玉篇》从唐代至宋代,几经重修已非顾氏之旧。而且,书中间杂"肃慎"、"勿吉"和"靺鞨"等字样,作者对它们之间的谱系却未作任何解释。顾野王既是地理学家,又著有《舆地志》㉔,不会不知道靺鞨与前二者的关系,因此,靺鞨应为后人加进去的㉕。故而《玉篇》不能作为"靺鞨"初出的确证史料。"靺鞨,蕃人出北土"一句,很可能系唐人"重修"时所为㉖,又在汉籍大量流入日本的唐代,随《玉篇》辗转到了日本,被用来注解乐舞"新靺鞨"的发音。日本宫内厅书陵部所藏室生寺本《日本国见在书目录》中就记有"玉篇卅一卷(以下分字注)陈左将军顾野王撰"、

"玉篇抄十三卷"㉗。同一目录中,还可见"唐韻正义五卷"㉘。因此,《倭名类聚抄》将靺鞨二字训为"末曷",所依据的"唐韵"很可能就是这部《唐韻正義》。

在古代日本,"新靺鞨"被归入高丽乐,这是没有疑问的。但《倭名类聚抄》又说"新靺鞨"不是由高(句)丽传入日本的。尽管我们目前还不清楚"新靺鞨"与高丽乐有着怎样的内在关系,但是"新靺鞨"在表演时,乐舞起首由高丽笛独奏"高丽小乱声",然后由众多乐器合奏"高丽乱声"㉙,可知"新靺鞨"与高丽乐或者说高丽乐舞之间有着密切的关联,毋庸置疑。

按靺鞨部族活动于朝鲜半岛三国鼎立时代的末期和统一新罗时代,如果其舞蹈日后经由高(句)丽传至日本,或许能在三国时代或新罗时代的史料中寻得蛛丝马迹。然而,作为传世的朝鲜半岛最古的史书,《三国史记·杂志》㉚乐志部分对三国古代音乐史的记载实在是非常匮乏,而且其所依据的原史料也不是《三国史记》以前的朝鲜古史,而是中国正史的音乐志和东夷列传㉛。朝鲜半岛三国时代音乐志的原史料来自《隋书》、《北史》、《旧唐书》和《新唐书》㉜,并且没有添加进任何三国自己独有的资料。而在上述正史等的有关记载中,完全看不到任何涉及到"新靺鞨"的史料。

还有一种见解,认为"新靺鞨"可能是日本制造,在 11 世纪白河院天皇在位期间,由藤原朝臣俊纲所作㉝。

从上述情况看,或许存在这样一种可能:即"新靺鞨"舞蹈来自北方大陆靺鞨人居住的地区,传入日本后被再创作为乐舞,又以地域关系被划入高丽乐,配曲时也主要利用高丽乐中的表演要素和道具。因此,出现了"高丽乱声"等独奏或合奏曲目。

另一条在 1233 年成书的、现存最早的综合性乐书《教训抄》中㉞:"新末靺鞨别装束舞小曲。""此曲或书云,靺鞨芋田人名也。出北土靺鞨国名也。或曰件舞出彼国。"较之于《倭名类聚抄》,《教训抄》提供了有关"新靺鞨"的相对详细的信息:指出了"新靺鞨"的作者是北土靺鞨国的一个叫靺鞨芋田的人㉟;舞蹈是在靺鞨国编成的㊱。《教训抄》作者狛近真主张"新靺鞨"出自北土靺鞨国。值得注意的是,对"新靺鞨",狛近真也重在强调其首先是舞蹈而非乐曲。

第三条在成书于 17 世纪末的《乐家录·本邦乐》卷 31 条中[37]：新靺鞨者,靺鞨国之曲也。舞者自彼国来于中华,为礼拜舞踏之体云云。"在这则史料中,编撰者肯定了"新靺鞨"为靺鞨国之曲,舞蹈也出自靺鞨国,该国使者来到日本,在朝廷的礼仪场所表演乐舞[38]。

根据以上想做出以下推论："新靺鞨"是靺鞨部族传统的舞蹈,后来靺鞨人通过某种渠道(从其具体表演时借助许多高丽形式,推知可能是通过朝鲜半岛)将其带到日本;可能最初并没有这个明确的名字,后来在配曲时为了区别诸如"大靺鞨"等乐舞曲名,而被赋予"新靺鞨"之名。

"大宝令"以后,日本在律令制国家建设中,形成了一套双重的自我认知体制:一方面,日本不甘心进入以大唐为中心的册封体制中,对唐朝以邻国相称,追求对等外交的理想;但同时,日本的统治阶层又模仿大唐,设定了一套日本版的"华夷秩序"。即日本以"中华"自居,一厢情愿地将与其保持国交关系或往来的古代国家、部族,如高句丽、新罗、渤海、以及靺鞨部族等视为夷狄、蕃邦[39]。作为这一秩序的可视性表现,在一年中的重大节日或外交场合,都要上演这些夷狄、蕃邦的乐舞。事实上,除去前文提到的唐乐、渤海乐以及高丽乐外,还有从西域、印度传来的天竺乐、林邑乐等[40]。而上述种种来自所谓蕃土的音乐,绝大多数也都可以在中国正史四夷乐(四方之乐)中找到源头。如《新唐书·礼乐志》(卷 22)载:"周、隋与北齐、陈接壤,故歌舞杂有四方之乐。至唐,东夷乐有高丽、百济,北狄有鲜卑、吐谷浑、部落稽,南蛮有扶南、天竺、南诏、骠国,西戎有高昌、龟兹、疏勒、康国、安国,凡十四国之乐,而八国之伎,列于十部。"在上述十四国之乐中,没有见到与"靺鞨"有关的音乐。但是如同前文已提到的,靺鞨舞并不是没有在中原王朝的宴飨仪式上出现过。只不过,在中原王朝的乐舞系统中,比起以上"十四国之乐",靺鞨舞可能实在微不足道,故未被收录进去。

上述三条史料,都没有将"靺鞨"与渤海国扯在一起,可见,不管是因为日本人(统治阶层)固有的认知,还是由于时代的久远使得渤海国与日本密切交往的历史早已被淡忘,总之,在时人的眼中,"靺鞨"不就等于渤海国。而"蕃人出北土"、"舞者自彼国来于中华"等文句则表明,在渤海国之外,确实有靺鞨人来到日本,甚至可能也曾出现在朝廷的宴飨仪式上。

乐舞,不过是为日本朝廷的"华夷秩序"服务的工具而已。从这个意义上讲,"新靺鞨"是高(句)丽制造还是日本制造,都已经显得不重要了,关键是"靺鞨"在这里被赋予的是地理上的意义以及在日本统治秩序中的位置:在"北土",有日本的一个蕃邦。这才是最重要的。

（原刊于《北方文物》2004 年第 3 期）

【作者简介】

马一虹,女,1965 年生,黑龙江省依安人,历史学博士,中国社会科学院历史研究所副研究员。

注释

① 《日本书纪》齐明四年六月(660 年)条载:"三月,遣阿倍臣,(阙名)率船师二百艘,伐肃慎国。阿倍臣,以陆奥虾夷,令乘己船,到大河侧。于是,渡岛虾夷一千余,屯聚海畔,向河而营。营中二人,进而急叫曰,肃慎船师多来,将杀我等之故,愿欲济河而仕官矣。阿倍臣遣船唤至两个虾夷,问贼隐所与其船数。两个虾夷便指隐所曰,船甘余艘。即遣使唤。而不肯来。阿倍臣,乃积彩帛、兵、铁等于海畔,而令贪嗜。肃慎,乃陈船师,系羽于木,举而为旗。齐棹近来,停于浅处。从一船里,出二老翁,回行,熟视所积彩帛等物。便换着单衫,各提布一端,盛船还去。俄而老翁更来,脱置换衫,并置提布,乘船而退。阿倍臣遣数船使唤。不肯来,复于弊赂辨岛(弊赂辨,渡岛之别也)。食顷乞和。遂不肯听。据己栅战。于时,能登臣马身龙,为敌被杀。犹战未倦之间,贼破杀己妻子"。关于"肃慎"的所在地区及其属性,日本学界早有讨论,但仍认识不一:一种看法认为属通古斯,即肃慎——靺鞨说,一种看法主张属北海道地区的鄂霍茨克文化人。从结论上说,从结论上推测,此处的"肃慎"属于大陆北方靺鞨系统的人群集团的可能性更大。齐明年间发生的上述事件反映的是靺鞨人与日本列岛贸易交流的开始阶段的情况。

② 熊田亮介:《蝦夷と蝦狄——古代の北方问题についての觉书》,高桥富雄编《东北古代史の研究》,吉川弘文馆,1986 年,第 159—221 页;襄岛荣纪:《阿倍比罗夫の北征と东北アシア世界》,佐伯有清先生古稀记念会编《日本古代の传承と东アシア》,吉川弘文馆,1995 年,第 483—537 页。

③ 鸟山喜一:《渤海史上の诸问题》,风见书房,1968 年,第 232～234 页;酒寄雅志:《八世纪にお

ける日本の外交と東アジアの情勢》,《国史学》,(103),1977 年,后收入酒寄雅志著《渤海と古代の日本》,校仓书房,2001 年,第 197～234 页;新野直吉:《古代交易史上の日本海岸北部》,《日本海地域史研究》二,1981 年,第 1～28 页;孙玉良:《渤海史料全编》,吉林文史出版社,1992 年;徐德源等:《大钦茂王时期的渤日交往史事新探》,《日本研究》1993 年 4 期,第 63—69 页等。

④　平川南:《多贺城碑》,须藤隆等编集《新版古代の日本·东北·北海道》九,角川书店,1992 年,第 231～232 页。

⑤⑥　以上均参考《续日本纪》卷 10、卷 13、卷 21 等有关记事;卷 10,圣武天皇神龟四年九月、十二月记事。

⑦　《续日本纪》(卷 10)圣武天皇神龟五年(728 年)春正月甲寅条:"武艺忝当列国,滥总诸蕃。复高丽之旧居,有扶余之遗俗"。对此一段国书的分析,参考拙文《从唐、日本及新罗典籍中的有关称谓看三国对渤海的认识》,《欧亚学刊》,第 3 辑,2002 年,第 197 页。

⑧　日本《国史大系》,吉川弘文馆,1982 年版。

⑨　多贺城碑位于今宫城县仙台市靠近仙台湾附近。

⑩　《令集解·公式令·集解》(卷 31),新订增补国史大系版,吉川弘文馆。

⑪　石井正敏:《"续日本纪"养老四年条の"靺鞨国"——"靺鞨国"＝渤海说の检讨》,《アジア遊学》3,特集东アジアの遣唐使,勉诚出版,1999 年,第 80～82 页。

⑫　押田良久:《雅乐の种类》,《雅乐の招待》,共同通讯社,1984 年,第 162 页。当时,日本将外来舞乐分为左方之舞和右方之舞,其中,唐乐、林邑乐、天竺乐等统在左方之舞;高丽乐和渤海乐等则系在右方之舞中。

⑬　关于日本乐制改革的时期,目前学界意见不一,主张在嵯峨、仁明朝的说法比较有影响。参考增本喜久方:《雅乐传统音乐への新しいアプローチー》,音乐之友社,1982 年,第 197 页。

⑭　《歌舞品目·异域乐名》(卷 1),1822 年,据《续史籍集览》九册本,近藤出版部,1930 年;大槻如电:《舞乐图说》,1905 年,东京六合馆藏版 1927 年,第 90 页;"新订增补故实丛书"本,吉川弘文馆 1930 年,第 55 页。

⑮　荻美津夫:《古代艺能を通してみた日本と渤海の交流》,《环日本海论丛》,第八号,1995 年,第 242～243 页;酒寄雅志:《雅乐"新靺鞨"にみる古代日本と东北アジア》,武田幸男编《朝鲜社会の史的展开と东アジア》,山川出版社,1997 年,后收入《渤海と古代の日本》,校仓书房,2001 年。

⑯　《群书类丛·舞乐要录》上(卷 531),东京,续群书类丛完成会,1983 年,第 19 辑,第 152～178 页。

⑰　石井正敏:《"续日本纪"养老四年条"靺鞨国"》,《アジア遊学》三,勉诚出版 1999 年,第 91 页。

⑱㉙　酒寄雅志:《雅乐'新靺鞨'にみる古代日本と东北アジア》,《渤海と古代の日本》,校仓书房

2001 年,第 321 页。在这里,酒寄先生将"渤海乐"看作一部具体的乐舞了。

⑲㉞ 《教训抄》五,《续群书类丛》(卷 529),东京续群书完成会,1983 年,第 19 辑上,第 264 ~ 265 页。

⑳ 小野亮哉监修《雅乐事典》,音乐之友社 1989 年,第 36 页。

㉑ 《隋书·靺鞨传》(卷 81)。

㉒ 源顺撰《倭名类聚抄》,元和三年古活字版,20 卷本。

㉓ 儿岛恭子:《エミシ、エゲ、蝦夷、毛人の意味》,《律令制と古代社会》,东京堂出版 1984 年,第 320 ~ 321 页。

㉔ 今有王谟辑本,收入《汉唐地理书钞》,中华书局影印本,1961 年。

㉕ 周齐:《靺鞨丛说》,《哈尔滨师范学院学报》1963 年第 3 期,第 386 ~ 387 页。

㉖ 因为《倭名类聚抄》成书于 10 世纪前半期,有关史籍的传入只能早于这个时期。当为唐人"重修"版的《玉篇》。

㉗ 宫内厅书陵部所藏室生寺本《日本国见在书目录》,东京,名著刊行会,1996 年,第 21 页。

㉘ 同《日本国见在书目录》,第 25 页;除《唐韵正义》外,音韵学方面的著述还有"新撰音训四卷"、"韵林二卷"、"四声韵音一卷"、"韵诠十卷"、"切韵五卷"、"韵集五卷"等,第 24 ~ 25 页。

㉚ 《三国史记》(卷 32),韩国汉籍民俗丛书 6,台北,1971 年。

㉛ 依据《北史》(卷 94)高句丽传、《隋书》的音乐志和东夷传、《旧唐书》的音乐志和东夷传、《新唐书》的礼乐志和夷传,参考宋芳松《对"三国史记"乐志的音乐学的研究》,载韩国国乐学会《韩国音乐研究》,第 11 辑,汉城,1981 年,第 117 ~ 161 页。

㉜ 乐志叙述以新罗为中心展开,显然,这是由《三国史记》奉新罗为正统所致。

㉝ 小野亮哉监修《雅乐事典》,音乐之友社 1989 年,第 173 页。

㉟ "靺鞨"用作人名的例子,在日本现存古籍中有踪迹可寻。如"根连靺鞨"(《正仓院文书》卷 3,第 410 页)、"山背连靺鞨"(《正仓院文书》卷 2,第 134 页)、"若汤连坐靺鞨"(《正仓院文书》卷 11,第 225、358、451 页)、"舍人江野靺鞨"(《正仓院文书》卷 13,第 154 页)。但值得注意的是以上人名中的"靺鞨"均为名,而非姓。

㊱ 《教训抄》原文标点如上,但与文中内容观照,总觉得有些欠妥,若断为"此曲或书云靺鞨芋田人名也。出北土靺鞨国名也。或曰件舞出彼国"似更通顺。

㊲ 《日本古典全集》,日本古典全集刊行会,1935 年。

㊳ "舞者",当即指来访的使节团成员。参考前引《隋书·靺鞨传》(卷 81)。隋朝初年,靺鞨遣使朝贡。高祖设宴款待。"使者与其徒皆起舞,其曲折多战斗之容"。

㊴ 前引《国史大系·令集解》,第 774 页。

㊵ 多忠龙:《雅乐》,六兴商会出版部刊 1943 年,第 1 页。

渤海政权的对外交通及其遗迹发现 ｜魏存成

　　渤海是唐至五代期间以靺鞨族为主体在以我国东北地区为主并包括朝鲜半岛东北部和俄罗斯滨海边疆区在内的广大区域里建立的民族地方政权。渤海政权建立后,随着其政权的巩固和势力的发展,在主动与中原加强政治、经济、文化等方面密切联系的同时,也积极与周邻其他地区和国家开展多方面的交流。《新唐书·渤海传》记渤海对外有五条交通道路,即"龙原东南濒海,日本道也。南海,新罗道也。鸭渌,朝贡道也。长岭,营州道也。扶余,契丹道也"。另外向北还有一条通往黑水靺鞨的道路。对此,过去已有不少学者就其中的某条道路或某些路段先后做过调查和探讨。而随着考古工作的进展,新的发现和思考又不断出现。本文在以往调查和研究的基础上,根据文献记载和考古发现,对各条道路的走向及沿途的重要遗迹进行比较全面的介绍和必要的论证,并绘制"渤海对外交通部分路段示意图"(见附图)。

一、营州道及相关遗迹

　　营州道,《新唐书·地理志》所载贞元宰相贾耽之《边州入四夷道里记》对其走向和经由进行了记录:"营州东百八十里至燕郡城。又经汝罗守捉,渡辽水至安东都护府五百里。府,故汉襄平城也……自都护府东北经古盖牟、新城,又经渤海长岭府,千五百里至渤海王城,城临忽汗海,其西南三十里有古肃慎城,其北经德理镇,至南黑水靺鞨千里。"

营州,今辽宁朝阳,此地早在隋唐之前就是历代中原政权经略东北的咽喉要地,迄今在这里已发现 100 多座隋唐墓葬,其时代大都在安史之乱以前,其中十几座带有纪年。墓葬结构多为砖筑,其他还有砖石合筑、石筑和竖穴土坑几种;形制有方形、长方形、圆形等,多为单室,少量为多室,多室墓的等级则较高,其中有的墓中出土了精美的三彩。[1]

燕郡城,位于大凌河下游今辽宁义县南七里河乡开州城村古城。女(·汝)罗城在《水经注》中则见记载,唐代设为汝罗守捉城,位于今义县南开州城村以东大凌河西岸的老君堡一带。[2]辽水,今辽河。安东都护府,今辽阳。古盖牟,今沈阳市苏家屯区陈相屯火车站东北塔山山城。新城,今抚顺高尔山城。由此逆浑河东北而上,过南北水系分水岭,进入辉发河流域,同时进入渤海境地,渤海长岭府桦甸苏密城即在此处。

苏密城于明清两代曾称纳丹府城和那丹佛勒城。对于苏密城的调查,自上个世纪三四十年代即已开始,而最后确定苏密城为渤海长岭府府治,是通过近些年的连续调查与研究才解决的。该城位于今吉林桦甸市区东 6 里之辉发河南岸,是辉发河流域最大的渤海古城。城分内、外两城,夯筑。外城大体呈南北向长方形,周长 2600 米,每边设门,北门已被河水冲掉,西门、南门尚有瓮城遗迹,城外有两道护城河。内城位于外城中间,方形,周长1400 米,设东、西二门,西门南侧还可看出石砌墙基。内、外城都设有角楼。城内散布红色和灰色的素面板瓦,并采集到灰色莲花纹瓦当,也出土过辽金兽面纹瓦当,说明该城后代被沿用过。[3]

过苏密城继续东北行,自第二松花江上游进入牡丹江上游,抵敦化渤海"旧国"。而从敦化顺江北去,到宁安渤海王城上京龙泉府,道路畅通,遗迹密集,其中不仅有江东、官地、海青房、腰甸子、房身沟、湾沟 6 处二十四块石建筑址,而且还有横道河子、孙家船口、通沟岭、石湖、黑石、南台子、大甸子、腰甸子等处的古城址或古城堡。尽管过去对这些建筑址、古城址和古城堡的研究大都限于地面调查,因对其时代的认识仍有不同而需要继续研究,但渤海营州道自此经过,学术界还是认同的。[4]

自营州至上京,路线如上。自上京至营州,则反其道而行之。营州道是渤海与中原交往的主要道路之一,安史之乱和契丹的兴起,营州道时断时续,以后渤海与中原的交往,则主要依靠朝贡道了。

二、朝贡道及相关遗迹

朝贡道在《新唐书·地理志》中同样有记载,即登州道,其曰:"登州东北海行,过大谢岛、龟歆岛、末岛、乌湖岛三百里。北渡乌湖海,至马石山东都里镇二百里。东傍海壖,过青泥浦、桃花浦、杏花浦、石人汪、橐驼湾、乌骨江八百里……自鸭绿江口舟行百余里,乃小舫泝流东北三十里至泊汋口,得渤海之境。又泝流五百里,至丸都县城,故高丽王都。又东北泝流二百里,至神州。又陆行四百里,至显州,天宝中王所都。又正北如东六百里,至渤海王城。"这条道路是渤海和中原政权交往的最主要的道路。

登州,即今山东蓬莱。安史之乱后,李正己兼任平卢淄青节度观察使、海运押新罗渤海两蕃使等职,拥有淄、青、齐、海、登、莱等十五州,"货市渤海名马,岁岁不绝"。[⑤]9 世纪,日本圆仁和尚入唐求法,著《入唐求法巡礼行记》,其中记在登州都督府"城南街东"专门设有渤海馆,而且圆仁在到登州之前和自登州西行的路上,直接碰到渤海使者和听到渤海使者消息,竟达三次之多。

这条道路首先自登州渡海东北行,所过大谢岛、龟歆岛、末岛、乌湖岛,皆属今庙岛群岛。北渡之乌湖海,即今渤海。马石山,即今辽东半岛南端老铁山。都里镇,即今旅顺,有名的唐鸿胪井刻石即在旅顺黄金山山麓发现。

唐鸿胪井刻石于 20 世纪初被作为日俄战争的战利品盗运日本,现存于东京千代田区皇宫内建安府的前院。被一起盗运走的还有于 1895 年由清前任山东登、莱、青三州长官安徽省贵池县人刘含芳修筑的遮盖在刻石顶上的方形石亭,所以有人将刻石和石亭合称为"唐碑亭"。该刻石被盗运走后不对外开放,1967 年日本人渡边谅得到特别许可,进去调查了该刻石,然后撰文做了介绍、考证,之后又有中国学者和日本学者相继进行了探讨。[⑥]碑石为褐红色珪岩,宽 3 米、厚 2 米、高 1.8 米,碑文刻在左上角,共 29 字,其曰:"敕持节宣劳靺羯使鸿胪卿崔忻井两口永为记验开元二年五月十八日。"《旧唐书·渤海传》记:"睿宗先天二年,遣郎将崔䜣往册拜祚荣为左骁卫员外大将军、渤海郡主,仍以其所统为忽汗州,加授忽汗州都督,自是每岁遣使朝贡。"《新唐书·渤海传》记:"睿宗先天中,遣使拜祚荣为左骁卫大将军、渤海郡王,以其所统为忽汗州,领忽汗州都督,自是始靺鞨号,专称渤海。"先天二年,即开元元年(713 年)。此石是鸿胪卿开元二年(714 年)返回路过旅顺此地时命人凿井而刻的,他走的路线是文献所记渤海通往中原的朝贡道。渤海政权建立初名震国(振国),通过这次册封被正式定名为渤海,定位为唐王朝的一个边疆州和都督府,从此其政治、经济、文化诸方面开始了全面发展。鸿胪卿姓名,文献记崔䜣,刻石为崔忻,学术界大都认为应以刻石为准。

渡船抵旅顺,傍辽东半岛继续东北行,所过之青泥浦,即今大连市。以下参照吴承志考证,桃花浦,在今清水河口东北侧;杏花浦,在毕里河(今碧流河——笔者注)口东北侧;石人汪,在今石城岛之北庄河口附近;橐驼湾,即今大鹿岛与大洋河河口之间海域。[⑦]乌骨江,现多认为是靺河,靺河流过乌骨城(今凤凰山城),注入鸭绿江,乌骨江口亦即鸭绿江口。而吴承志解释,此"乌骨江"三字当是"乌骨城","乌骨城"之上还有一"至"字,"乌骨城"之下还有一"东"字及"鸭绿江口"四字,合起来则是"至乌骨城东鸭绿江口八百里"。两种说法,到达地点都是在鸭绿江口。

到此则离开海域,"自鸭绿江口舟行百余里,乃小舫靺流东北三十里至泊靺口,得渤海之境"。泊靺口不仅是本条交通道上的重要一站,而且是渤海政权的西南边界,确定其所在很有必要。而确定泊靺口所在,就要联系到高句丽泊靺城和汉安平县。前引《新唐书·地理志》所载营州道,其中则记道:"(安东都护府)……南至鸭绿江北泊靺城七百里,故安平县也。"安平县城,经近年考古调查发现,是位于鸭绿江下游叆河口冲积台地上的叆河尖古城。[⑧]该城址西南距丹东市 15 公里,东西宽约 500 米,南北长约 600 米。城墙系夯土筑成,多已夷平,仅东北、西南两角尚较明显,现存最高处也不足 1米。石砌城脚埋入地下,深约 1 米。确定该城址为汉安平县的有力根据,是1976 年在此发现一块上有"安平乐未央"文字的云纹瓦当。此安平,则是

《汉书·地理志》所记辽东郡的西安平县。该城址在出土汉代灰色绳纹陶片、瓦片和五铢钱的同时,还出土有高句丽的红色瓦片和莲花瓦当,说明高句丽时期仍在沿用此城。

那么,瑗河尖古城是否就是高句丽的泊汋城呢,历来说法不一,而且多倾向于泊汋城在瑗河口北边的蒲石河口处。据《旧唐书·薛万彻传》记载,泊汋城是一座"因山设险,阻鸭绿水以为固"的山城,⑨不能是位于平地上的瑗河尖古城。对此,近年虎山山城的发现解决了这个难题。虎山位于宽甸县西南角虎山村旁,南临鸭绿江,西濒瑗河,过河不远即是瑗河尖古城。虎山平地突起,状似卧虎,昂首东向,东西长 1000 余米,南北最宽处 500 余米,四面陡峭险要。在山南麓发现了高句丽时期的大型水井,在山顶北侧发现了几百米的石砌城墙,其东端伸向鸭绿江边的山顶。在水井内和城墙上下发现了大量的高句丽铁器、陶器、木器等遗物。⑩虎山山城的地理位置和地势,符合《旧唐书·薛万彻传》记载的泊汋城,它应是高句丽占领了汉安平县治瑗河尖古城后,为了保护该平地城而修筑的,从而形成了山城与平地城相结合的整体布局。因此,泊汋城又可以将瑗河尖古城同样包括在内,这样与上引《新唐书·地理志》的记载也不矛盾了。至此,泊汋口所在自然也就清楚了,它同样不能在过去多认定的蒲石河口处,而是在瑗河口处。具体是指瑗河河口而言,还是指瑗河口的泊汋城,皆未尝不可。

自泊汋口上行,"又瑗流五百里,至丸都县城,故高丽王都",即今吉林集安市。"又东北瑗流二百里,至神州。"神州又是渤海西京鸭绿府所在,学术界推定为今临江。据零星调查,临江城区地下埋有古代遗址,发现不少泥质灰陶片、素面瓦和柳叶形、铲形、双叉形铁镞,据说还发现过内部用黄土夯实的石砌墙垣,出土过与敦化六顶山贞惠公主墓所出甚为相似的石狮。⑪希望以后在继续深入调查的基础上,应对重要遗址进行发掘。

从临江上岸,"又陆行四百里至显州,天宝中王所都。又正北如东六百里至渤海王城"。因为渤海初建以敦化为都时,就开始与中原频繁来往,而且有的交往明确知道是走海路。所以从临江至渤海都城,先后是有所不同的,开始是去敦化"旧国"都城,之后长时间是路过和龙中京西古城前往宁安渤海上京,上述所记的是指后者。对于前、后这两条有分有合的路线,自

20 世纪 70 年代开始,进行了几次调查,除开始一段有所区别外,其余大部分路段是相同的。⑫

其具体走向,从临江登陆北上,沿二道沟河谷,经永安遗址、大营遗址、汤河口遗址,过头道松花江达新安古城,其中永安遗址和新安古城已得到发掘调查。

永安遗址位于吉林浑江市(今已改称白山市)松树镇永安村西 200 米的汤河滩地上,1960 年发现,1984 年发掘。⑬发掘中发现房址 6 处、灰坑 28 个,出土的遗物有夹砂及泥质陶器、金属器、玉石器、骨角器等。其中夹砂陶的器类主要是渤海的代表陶器深腹筒形罐,同时还有 2 件斜口箕形器,这种箕形器不见于其他渤海遗存,而在松花江下游的绥滨四十连、同仁和黑龙江对岸的布拉戈斯诺文遗址中曾有出土。泥质陶的器类有鼓腹罐、盆、瓶等,碗有夹砂,也有泥质,这些都是渤海常见的陶器。

新安古城位于抚松县松郊乡新安村村西之头道松花江岸边的台地上,东距县城约 6 公里,北依山岭,南临江水,江的对岸是靖宇县的榆树川渤海山城。古城东隔大青河又有东台子山城。古城平面呈不规则的平行四面形,东、西、南三面夯筑城墙,其中东墙 490 米,西墙 680 米,南墙 1150 米,北面间距 1020 米,是否修有城墙已不清楚。1983 年在靠近东南角的城外发现莲花瓦当等渤海瓦件。1985 年又在此处附近发现了成捆铁镞和石砌房基。1986 年在城内西南部的高地上发现了丰富的渤海瓦件和鸱尾残块,试掘中发现了土筑房址、灶址、灰坑,出土了多件石器、陶器、铁器,而且还有铁矿石和铁渣。1994 年又在城内东、中、西三处的高地上分别打了一条探沟,发现了石砌火炕遗迹和与上述相同的瓦件。⑭金毓黻《渤海国志长编·地理考》考证渤海西京鸭渌府所领丰州“在京东北二百一十里”,新安古城距临江与此相比稍有不足,现学术界认为该古城是渤海丰州城。

从新安古城再行,则有两种意见。一种意见认为由此向东,经今泉阳、露水河,到安图县二道乡西北 12 里的报马城(宝马城)。此报马城当是渤海中京所辖的兴州城。从报马城东北行,到松江镇,然后西北行,经永庆乡到柳树屯,过古洞河沿富尔河西北行到大蒲柴河乡,再由此北行,沿牡丹江到达敦化。另一种意见认为由新安古城北上,经抽水沿二道松花江东北行,从沿江乡的白水滩进入敦化，经大蒲柴河抵达渤海"旧国"都城。这两条不同的路线，终点都是到达渤海初期的都城。

而通过中京前往上京的路线，按上述第一种意见，是从安图永庆乡柳树屯沿古洞河东北行的。按上述第二种意见，是从抚松东北部进入安图县内开阔的二道江上游地区，并且把坐落在两江镇东南方向的仰脸山城看作渤海的重要军事城堡，而没有顾及到南面的报马城址，从仰脸山城沿二道江北岸东行 10 里，在南来的三道白河和二道江汇流处，又有三道白河渤海城堡和名为高丽城的渤海村落址，至此，朝贡道停止东行而拐向北方，进入古洞河流域，与第一种意见合并。溯古洞河而上，沿途有东清的渤海寺庙址和村落址，万宝附近的新兴渤海村落址和城堡，由万宝再行 15 公里至新合，则溯古洞河拐向东南，进入和龙市。然后顺海兰江的上游支流二道河河谷东南行，经过獐项渤海古城，很快就到坐落于海兰江平原的渤海中京和龙西古城。从临江到西古城，按此路线多于 200 公里，与文献所记 400 里的路程大体相符。

从渤海中京去上京，仍是顺海兰江向东北行到龙井市，再东北行过延吉市进入嘎呀河下游地区，则溯嘎呀河向西北远方而去。在龙井、延吉周围和嘎呀河两岸分布着多处渤海城址、遗址和墓葬，发现典型的瓦件等渤海遗物。汪清红云建筑址则是近年发掘的一处重要遗址。该建筑址位于汪清县嘎呀河上游支流八道河的河谷平地中，南距春阳镇红云村约 500 米，东距春阳镇 0.9 公里，1983 年发现，1991 年发掘。[15]建筑址由一座长方形土石结构的台基和四周的础石构成。调查发掘中，发现了大量的渤海瓦件和建筑饰件残块，其中有一件文字残瓦上书"年六月造檀主"、"主孝等"几字，另外还有陶器、三彩器、铁风铃等，特别是还出土了脚掌、脚趾、手指和衣饰等陶佛像残块，可见这是位于朝贡道上的一座佛教寺庙址。

从嘎呀河上游到上京。多认为是自嘎呀河上游北行越过哈尔巴岭进入黑龙江宁安市，沿上马河北行到达上京；也有的认为从嘎呀河上游西行越过哈尔巴岭，沿途经过五峰岭渤海建筑址、湾沟二十四块石建筑址、房身沟二十四块石建筑址，再沿镜泊湖东岸北上到达上京。[16]

还要注意的是，由于渤海毗邻幽州，所以渤海在与唐王朝之中央政权密切交往的同时,还与幽州保持着互聘的关系,8 世纪张光祚[17]和 9 世纪张建章先后受幽州派遣而出使渤海,则是典型的两例。张建章走的是朝贡道,张光祚走的也可能是朝贡道。张建章墓志 1956 年 11 月出土于北京德胜门外,盝顶志盖,篆书"唐蓟州刺史兼御史大夫张府君墓志",四周刻人像抱兽或顶兽十二生肖;志石宽 0.96 米,长 0.95 米;志文 32 行,计 910 字。志文记,张建章,中山北平人,死于唐懿宗咸通七年(866 年),享年 61 岁,大和六年(832 年)"渤海国王大彝震遣司宾卿贺守谦来聘。府选报复,议先会主假瀛州司马朱衣使行。癸丑(833 年)秋,方舟而东,海涛万里。明年(834 年)秋杪,达忽汗州。州即挹娄故地。彝震重礼留之,岁换(835 年)而返。□王大会,以丰货、宝器、名马、文革以钱之。九年(835 年)仲秋月复命。凡所笺、启、赋、诗,盈溢缃帙。又著《渤海记》,备尽岛夷风俗、宫殿、官品,当代传之"。张建章往返停留,从 833 年至 835 年,整整用了两年的时间。据其所见所闻著《渤海记》,《新唐书·艺文志》载为《渤海国记》,当以墓志为准。《新唐书·渤海传》所记内容远远丰富于《旧唐书·渤海靺鞨传》,则是吸取了《渤海记》的内容。可惜后代该书失传。[18]

三、日本道及相关遗迹

《新唐书·渤海传》记:"狌貊故地为东京,曰龙原府,亦曰栅城府,领庆、盐、穆、贺四州……龙原东南濒海,日本道也。"经考证,此狌貊乃沃沮之误。[19]渤海与日本隔海相望,渤海建立不久即派遣使臣出访日本。据统计,自 727 至 919 年渤海出访日本 34 次,自 728 至 811 年日本回访渤海 13 次。通过这些频繁来往,促进了渤海与日本之间经济、文化等方面的密切交流。

因为渤海在迁都上京之前以敦化为都时就开始向日本派遣使臣,所以日本道的前后走向是有区别的。前期的始发地点是敦化"旧国"都城,其走向过去认为自敦化向东翻越哈尔巴岭,沿布尔哈通河进入延吉市,再由延吉市向东经过城子山山城、河龙古城,进入珲春境内到达八连城,然后再由八连城到达日本道港口。⑳后来的调查者认为,自敦化向东溯沙河支流而上,穿过哈尔巴岭和牡丹岭衔接处山口,顺安图境内福兴河支流而下,抵福兴乡西侧的岛兴渤海遗址然后折向东南的福兴河支流,逆河谷而上抵福寿屯渤海遗址,然后逾越英额岭,顺长仁江下行进入海兰江段,沿途有长仁遗址及墓群、青龙遗址及墓群、凤照遗址等渤海遗迹。自此顺海兰江下行抵与布尔哈通河合流处的河龙古城,则与上述路线会合。㉑同时自此顺海兰江下行至布尔哈通河与嘎呀河合流地带,和上述朝贡道也相交了;渤海以中京和龙西古城为都时去日本的交通道路,也走这一段路线。而到了布尔哈通河下游,渤海迁都上京之后与日本交往的路线自西北方顺嘎呀河而来,与前期的道路也会合了。

自布尔哈通河下游沿图们江北侧东行,经珲春的凉水、密江、甩弯子,开始是到达珲春八连城南侧5公里的温特赫部城,之后则是到达晚于温特赫部城的东京龙原府八连城。八连城,经多次考古发现的布局与遗物,证明其为渤海都城,已为学术界公认。但是渤海开始以敦化为都时,八连城还没有修建。而温特赫部城,经调查既发现有渤海迁都上京之后流行的下沿带有斜线连圈纹的板瓦和莲花瓦当,同时也有高句丽到渤海初期常见的表面带有绳纹、席纹、斜方格纹或下沿带按压指纹的板瓦,特别是还采集到一件纹饰与集安东台子高句丽建筑址出土相同的连珠顺瓣莲花花瓦当,因此,对于该城初建的时代,有的认为是高句丽,有的认为是渤海初期。㉒渤海与日本交流的日本道,开始通过温特赫部城、之后才通过珲春八连城的观点,则是由此而提出的。

由温特赫部城和八连城向东,经红石乡石头河子渤海古城,翻越长岭子山口,进入今俄罗斯境内,到达日本道的出海口——波谢特湾内的克拉斯基诺古城。该城同时也是东京龙原府所领盐州的州治所在。

对于克拉斯基诺古城,20世纪50年代末和60年代初,苏联学者开始进行调查,在城内外发现的遗物中有的可明显看出是渤海遗物。80年代初和1994—1995年对古城西北部的寺庙址和烧瓦窑址开始进行发掘。之后,俄罗斯学者又连续对克拉斯基诺古城及其他遗迹进行了发掘调查,其中有的发掘调查活动,日本和韩国学者也参加了。㉓

克拉斯基诺古城位于哈桑地区克拉斯基诺村东南 2—3 公里的楚卡诺夫卡河(岩杵河)河口,靠近波谢特湾内湾埃克斯佩季齐亚湾。克拉斯基诺原称毛口崴,成书于民国年间的《珲春乡土志》载:"距珲春迤东百里之毛口崴,原系我国领土,为吉林省半壁入海之门户。"古城南半呈长方形,北半呈半圆形,周长 1.2 公里,面积超过 12 万平方米。城墙土石混筑,基宽 10—12 米,顶宽近 1 米,内高 1—1.5 米,外高达 2.5 米。经 1996—1997 年试掘得知,城墙至少分早、晚两个时期筑成,早期的内、外两侧铺砌卵石,中间用土填实,城墙外面发现城壕遗迹。后期的是从城墙外侧再向上堆土,并在顶部铺河卵石。试掘中在河卵石层上发现了背带甲纹的"开元通宝"铜钱。为了向城外排水,晚期修筑时在早期城墙上挖出了排水口,并就此石砌涵洞。城墙开东、西、南三门,均带瓮城。[24] 从南门至北墙有一条道路,宽 30 米,将城内分为东、西两半,其中西北部城区约高于其他部分 2—3 米,在此发现了佛教寺庙址、烧瓦窑址和石砌水井。寺庙址发掘中出土了鎏金铜佛、用砂岩研磨而成的石坐佛和大量特征明显的渤海板瓦、筒瓦、莲花瓦当、鸱尾(吻)等建筑构件,另外还有陶碗、陶鼎和铁风铃、铁碗、铁钉等,收集到的有三彩片。烧瓦窑的窑壁用石块垒砌,窑的大小为 4.5×2.5 米,分窑口、窑膛、窑室和烟囱几部分,形制与上京发现的相同。在窑址附近发现装有黏土——制瓦原料——的坑和大量废瓦。水井位于窑址附近,深 3 米,石砌,上圆下方,井底有一个用两层厚木板与方木构成的边长约 1 米的方框。清理中出土了木碗、各式陶器和包括莲花瓦当残片在内的几百件瓦片,有的陶器带有契丹风格,说明渤海灭亡后,该水井继续使用。

当年渤海使者出使日本,有三条航线:一是自波谢特湾出发,向东南横渡日本海,到达日本本州岛的西海岸,此为北线;二是同样自波谢特湾出发,沿朝鲜半岛东海岸南下,到达日本的筑紫(古时九州的全称,今北九州),此是筑紫线;三是从渤海南海府出发,沿朝鲜半岛东海岸南行,到达筑紫,此为南海府线。据统计,渤海使者出使日本共 34 次,筑紫线和南海府线只各用 1 次,其余皆用的北线。开始由于经验不足,有好几次漂流到能登半岛北边的出羽地区(秋田、山形),受到了巨大损失。后来渤海人掌握了日本海季风和海流的规律,出海便以秋末冬初,利用大陆吹来的西北风和自北向南的里曼海流,扬帆远行,登陆的地点在能登半岛及其以南;返回在第二年夏季,乘海上吹起的东南风,驾船北归。渤海使者离开日本和日本使者出发的主要地点是加贺(石川)和越前(福井),有明确记载的海港是福良津(石川县羽咋市福浦港)、三代凑(福井县坂井郡九头龙川河口)和敦贺(福井县敦贺市)。[25]

1950 年由日本宫内厅书陵部出版的《图书寮典籍解题》历史编的卷头发表了咸和十一年(841 年)渤海使者贺福延奉大彝震之命出使日本所携带的渤海国中台省致日本国太政官牒(即官方文书)照片。从这份牒文知道当时渤海使团由渤海政权的官方代表、事务官员、地方首领和梢工四部分人组成,为研究渤海与日本的交往提供了重要实物资料。[26]

1986 年在奈良平城宫东南、被确认为长屋王官邸遗址附近的一条沟内出土了 230 枚木简,其中一枚书有"渤海使"、"交易"等文字。[27]这批木简的年代范围在和铜八年至天平元年(715—729 年)之间,为研究当时渤海使者在日本的活动提供了线索。

四、新罗道及相关遗迹

渤海与新罗,以泥河即今朝鲜咸镜南道南端之龙兴江为界。《新唐书·渤海传》记:"沃沮故地为南京,曰南海府……南海,新罗道也。"前边已考证,此沃沮乃狝貊之误。南京南海府的位置,历来有咸镜北道镜城、咸镜南道咸兴和北青三说,经近年考古研究,确定为北青土城。[28]新罗道则是先从渤海上京到东京,此段与上述日本道所走相同。然后沿朝鲜半岛东海岸南行,路过今朝鲜咸镜北道清津市松坪区、渔朗郡会文里和金策市东兴里 3 处二十四块石建筑址,到达北青土城,继续向南,通往半岛东南部的新罗。而这一段正是文献所记自新罗泉井郡至渤海栅城府的道路。据介绍,在朝鲜东北部已发现了平地城、山城、建筑址、墓葬和窑址等众多渤海遗迹。

北青古城,又名青海土城,位于朝鲜咸镜南道北青郡东南 14 公里南大川左岸的广阔平原上,现存西墙、北墙和南墙,而不见东墙,墙高 2—3 米、底宽 8 米、上宽 1 米,城墙上设角楼、马面。关于城址大小,《新增东国舆地胜览》记该城周长 3497 尺,1961 年第 4 号《文化遗产》介绍为周长 1289 米,二者基本相符。1967 年调查,西壁长 343 米,与现存西壁没有变化;而南壁长506 米,明显向东延长了。1990 年《朝鲜考古研究》第 4 期和 2002 年出版的《朝鲜东海岸一带渤海遗迹研究》的介绍又进一步变化,东、西两壁仍是 342 米,而南、北两壁都延长为 724 米,周长 2132 米。城内布局,先后都介绍为城墙四面中部开门,门内的十字大街将城内分为 4 个区域,每个区域之内又分为田字形 4 小区。而从图上看,现实际保留下来的部分(即靠现存西壁的方形区域),内部才是十字街道,大小也正好与上述《新增东国舆地胜览》的记载及 1961 年的介绍符合,所以该城原来可能就是这么大。这样看来,青海土城的布局和大小,与唐代中原小型州城和县城属于同一类型,相当于隋唐京城的一个坊。㉙在西门东北部和北门东南部发现被推测为官府性质的建筑址,出土了大型础石和具有渤海时代特征的多种瓦件。城内还发现数处带有曲尺形火炕的房址和水井。发掘的一处水井,石砌井壁,井底是边长 1 米的木框,与上述克拉斯基诺古城水井相同。城内发掘出土了多种陶器、金属器、青瓷器等器物,金属器中不少属于武器和马具。在北青土城西南 10 公里的新浦市梧梅里的山谷中,发现了以方形塔基为代表的寺庙址。

五、契丹道及相关遗迹

《新唐书·渤海传》载:"扶余故地为扶余府,常屯劲兵扞契丹……扶余,契丹道也。"公元 925 年与 926 年之交,辽太祖亲征渤海,先拔扶余城,然后长驱直入,兵临忽汗城,走的就是这条路线。渤海扶余府,学术界多认为在今吉林省农安县,而且还有的学者考证,这里所说的扶余故地是指扶余后期王城而言,扶余前期的王城不在农安,而是在今吉林市,吉林市同时也是高句丽扶余城的所在地㉚。

但是,至今在农安还未发现确切的渤海遗存,因此从上京到扶余府的交通路线,现在也只考察到今吉林市。[31]即从上京逆牡丹江南下,然后再逆牡丹江上游支流珠尔多河拐向西北,过张广才岭,进入蛟河、拉法河流域,继续向西,过老爷岭,顺牤牛河达吉林市。沿途除牡丹江流域的渤海遗迹外,在牤牛河上游的七道河村和尚义分别发现了渤海建筑址和唐海兽葡萄纹铜镜;在蛟河上游发现的前进古城,有学者认为可能始建于渤海。

七道河村渤海建筑址位于吉林省蛟河市七道河村北约300米的一处略高于周围地表的小高岗上,北侧紧靠乡间道路,往南5米许则为牤牛河,该建筑址于1985年发现,1990年发掘。[32]建筑址方形正向,自内向外,由天井、地面铺石、础石、级石、护坡石几部分构成。发掘中出土了纹饰多样的板瓦、筒瓦、瓦当和30余件陶碗。瓦当的主题花纹仍是莲花,但样式明显有别。出土的铁风铃及其挂钩,与汪清县红云渤海建筑址出土的基本相同,但是不见红云建筑址出土的陶佛像残块。

六、黑水牤牛道及相关遗迹

北朝后期,勿吉—牤牛部南迁,吸收相邻各部,在第二松花江和长白山以北的广大区域里形成大的七部,其中黑水部居最北。《新唐书·牤牛鞨鞨传》记唐灭高句丽,牤牛之众或入唐或奔散,渤海建立,遗人并入渤海,"唯黑水完强,分十六部落,以南北为称,盖其居最北方者也"。此"以南北为称",是以黑龙江中下游为界限来划分的;[33]"开元十年,其酋倪属利稽来朝,玄宗即拜勃利州刺史。于是安东都护薛泰请置黑水府,以部长为都督、刺史,朝廷为置长史监之,赐府都督姓李氏,名曰献诚,以云麾将军领黑水经略使,隶幽州都督。讫帝世,朝献者十五。大历世(766—779年)凡七,贞元(785—805年)一来,元和中(806—820年)再"。[34]而据金毓黻考证,玄宗之后黑水部与唐的交往明显减少了,[35]很明显这与渤海迁都上京是有直接联系的。渤海未迁都上京之前,黑水部与唐交往,唐以其地建州置长史,无疑提高了黑水部的地位,于是渤海二世王大武艺谓其属下曰:"黑水途经我境,始与唐家相通。旧请突厥吐屯,皆先告我同去。今不计会,即请汉官,必是与唐家通谋,腹背攻我也。"㊱于是引起了渤海遣兵击黑水和大武艺之弟大门艺奔唐之事件。由此也可推测出,在这之前,唐灭高句丽,原活动在牡丹江中下游流域的安居骨部奔散,于是黑水部的势力趁机向南进入牡丹江下游乃至中游,而通过武王出兵黑水及渤海迁都上京之后,黑水部的势力北退。到了渤海宣王大仁秀时期,由于其"颇能讨伐海北诸部,开大境宇",㊲黑水部即为渤海役属,所以自宣王即位至渤海末之百余年间不见一次黑水部与中原交往的记载。

前面介绍营州道时曾引史书记载:自安东都护府"千五百里至渤海王城,城临忽汗海……其北经德理镇,至南黑水靺鞨千里"。㊳既然唐中央政权由此路线通往渤海与黑水部,那么渤海与黑水部的交往也应走这条道路。道路的走向,依地理形势,是沿牡丹江顺流而下的,迄今在上京城之北的牡丹江两岸的确发现了不少重要的渤海遗迹,其中首先碰到的则是牡丹江市北边扼守牡丹江两侧的南城子古城和"牡丹江边墙"。

南城子古城位于牡丹江中游右侧支流勒勒河的一级台地上,西南距牡丹江市区 40 余里,西距桦林镇 10 余里,城址北侧是南城子村。城址长方形,东西 450 米,南北 580 米,周长 2060 米,方向南偏东 10 度。西墙、南墙和北墙西段保存较好,基宽 8—10 米,最宽处可达 12 米,高 1.8 米,北墙最高处达 2.2 米;大部分夯筑,个别段落土石混筑;三面墙外尚可看出城壕遗迹。东墙基本无存,勒勒河紧靠城址东侧向北流去 10 余里,与板院河(俗称北大河、亮子河)合流,然后折向西北注入牡丹江。城址南、北各开一门。城址内已垦为耕地,尚显露出不少凸起的土台,当是原建筑遗址。采集的遗物有莲花瓦当、板瓦、筒瓦和各式陶片。在城址东南、西南不远处各有渤海墓葬,其中东南方的石场沟墓葬已进行了发掘。㊴

"牡丹江边墙"位于与南城子古城相对的牡丹江左侧,自江西屯西沟北山主峰向西北群山蜿蜒而去,与现今牡丹江市和海林市的交界走向基本相合,全长约 50 公里。边墙系就地取土采石修筑,现存高度不等,有的 2 米左右,有的 3—4 米,最高处达 7 米左右。在边墙内侧发现多处直径 3—5 米、深不到 1 米,可能用于守兵住房的圆形土坑,也有少量的石砌圆坑,调查者认为用于居住或蓄水。在边墙的外侧发现多处土筑或石筑的马面,个别墙段上还留有内口大于外口的孔洞。⑩

　　南城子南距渤海上京 90 公里,是该地区牡丹江两岸发现的最大的渤海古城,调查者推断它是上京龙泉府所领龙、湖、渤三州中的渤州,已得到学术界认可;而且进一步推定其为渤海上京"其北经德理镇至南黑水靺鞨千里"的德理镇,⑪也是与实际里程基本相符的。渤海取得此地,应是在大武艺出兵黑水部之后,接着又修了"牡丹江边墙",江左江右,两相呼应,目的还是防御北边的黑水靺鞨。之后渤海又在此设渤州,更加巩固了它在该地区的统治。最迟到宣王时期,渤海的势力到达牡丹江下游,至此,"牡丹江边墙"则失去其实用价值了。

　　越过"牡丹江边墙",则相继进入牡丹江下游之海林、林口、依兰三县(市)。在此地区,依次有四条名为头道河子、二道河子、三道河子、四道河子的河流,均源于张广才岭,自西向东注入牡丹江。在这四条河河口及牡丹江沿江的其他地区,分布着多处渤海遗址、墓葬,还有一座古城。在以往调查和试掘的基础上,上世纪 90 年代因在林口县南端莲花乡拦江筑坝修电站,黑龙江省文物考古研究所和吉林大学考古学系等单位连续几年对海林市境内三条河流的河口周围共同进行了大规模的发掘,⑫现在这些遗迹大都没入水下。

　　墓葬主要分布于头道河子、二道河子、三道河子河口处,并都进行过发掘。其形制结构绝大部分为封土石室,个别为石棺或石椁,葬俗流行多人二次葬,出土陶器以深腹筒形罐为主,罐口沿的做法或带附加堆纹或双唇,其他还有小口瓶、长颈瓶、展沿壶等,这些都是渤海墓葬的典型特征。

　　二道河子北边不远处又有一条小河,名细鳞河,细鳞河河口发现一遗址,并进行了发掘。该遗址文化比较单一,出土"开元通宝"钱币,陶器有双唇深腹筒形罐、鼓腹罐、小口瓶和三彩片等,说明其时代应在渤海迁都上京之后。

　　三道河子河口附近的渤海遗迹最丰富,除墓葬之外,还有渡口、河口、振兴三个遗址和兴农古城,说明这里是黑水道上的重要一站。这三个遗址,都包含着几个时代的文化层,在早于渤海的文化层中,发现了来自东南方绥芬河流域、南方牡丹江中游和东北方松花江下游及三江平原地区的汉代以来的几种文化因素,说明从汉代开始周围文化就在这里交汇,为唐代该地区的发展及渤海在此辟南北通道奠定了基础。

兴农古城位于三道河子河口北边的牡丹江左岸台地上,1958 年发现,1994 年发掘。古城不大,平面略呈方形,周长 642 米。城墙夯筑,现高 0.5—1.25 米,宽约 3.8 米,墙体两侧均有夯土护坡。墙基挖槽,基槽底宽约 4 米,口宽约 5.2 米,深约 1.15 米。墙外侧有壕沟遗迹。在南墙中部偏东发现一门址,经发掘得知是单门道,宽约 3 米,过梁式结构,门道两侧的础石,西侧保留九块,东侧保留五块,中间散落四块。两侧础石中间的一块,上面各有一直径约 10 厘米的圆窝,应是门枢石。城内发掘,发现渤海时期带有曲尺形双烟道取暖设备(火炕)的房址。出土的陶器有罐、盅、碗、纺轮、网坠等,罐的口沿见附加堆纹纹饰;铁器有镞、刀、凿、环、甲片等;铜器有环、牌饰和"开元通宝"钱币;同时还有多种石器、骨器、角器等。早于渤海的,城内还发现类似团结文化的文化堆积。兴农古城是迄今所发现的最北边的渤海古城址,它无疑是渤海北部边境及黑水靺鞨道上的重要据点。

走过兴农古城,在海林市北界的牡丹江右岸又有木兰集东渤海遗址。[43]进入林口县,在四道河子河口发现烟筒砬子遗址,曾出土典型的渤海瓦件,这是迄今公开报道的最北边的渤海遗址。[44]据悉,依兰县土城子乡和太平乡也发现渤海遗址,其中后者据牡丹江江口仅 20 公里。至此,渤海黑水道即将走完牡丹江沿线,进入松花江沿线,也就快接近黑水靺鞨了。

七、二十四块石建筑址

二十四块石建筑址自 20 世纪 50 年代发现至今,共见 12 处,其中在敦化地区之城郊(江东)、官地、海青房和腰甸子发现 4 处,在宁安市之镜泊湖南端房身沟和湾沟发现 2 处,在汪清县百草沟镇兴隆村内发现 1 处,在图们市石建和马牌发现 2 处,在朝鲜咸镜北道清津市松坪区、渔郎郡会文里和金策市东兴里发现 3 处。这种建筑址是由并排三行、每行 8 块石块组成,石块长宽多在半米以上,高出地表半米多,行距 3 米左右,多半为东西方向,每行长(即建筑址面阔)10 米左右,前后进深 8 米左右,建筑址基础多为土石铺筑,建筑址及其周围多散布瓦件,详见下表。

关于二十四块石建筑址的年代、性质和用途,自其被发现之日起,即引起学术界的兴趣和讨论。⑤开始发现的地处敦化的 4 处二十四块石建筑址,由于皆位于自敦化到渤海上京的途中,而且在敦化六顶山还发现了贞孝公主墓,所以有学者推测其为渤海王室"死后还葬祖茔在路祭时临时祭坛的础石"。但是后来又在其他地方陆续发现多处,于是这种说法便不再流传了。二十四块石建筑址及其周围发现的瓦件,颜色为灰色或红褐色,纹饰多是内布纹、外素面,同时也发现属于辽金时期的滴水檐瓦和兽面纹瓦当。内布纹、外素面瓦件流行地区广、时间长,包括渤海在内。迄今学术界将二十四块石建筑址定为渤海时期,或初建于渤海、有的辽金时沿用,主要依据还是因为这种建筑址与渤海的交通有着密切的联系。上述发现的 12 处中,有10 处位于渤海的重要交通线上,图们市的 2 处所在,虽不是重要的交通线,但也是介于中京、东京之间,沿图们江自北向南发展的重要渠道上。因此,学术界的看法逐渐趋向一致,认为二十四块石建筑址与交通有关,属于驿站性质的建筑。《三国史记》卷 37《地理志四高句丽百济篇》记:"贾耽古今郡国志云,渤海国南海、鸭渌、扶馀、栅城四府,并是高句丽旧地也。自新罗泉井郡至栅城府,凡三十九驿。"⑥另《新唐书·百官志》记:"凡三十里有驿,驿有长,举天下四方之所达,为千六百三十九;阻险无水草镇戍者,视路要隙置官马。水驿有舟。凡传驿马驴,每岁上其死损、肥瘠之数。"以此计算,三十九驿近 1200 里。现学术界认为泉井郡在今朝鲜咸镜南道德源,⑦查中国地图出版社 1996 年出版的《朝鲜·韩国地图册》,在咸镜南道没查到德源郡,而在江原道元山市北侧有德源里,其到渤海栅城府、即今珲春八连城的距离与此基本相符。可见当时渤海的交通沿线上不仅设有驿站,而且还是比较密集的。

表:二十四块石建筑遗址统计表

序号	名称	地点	行列方向	列	现存块数	列长（米）	进深（米）	遗物	备注
1	敦化城郊二十四块石	敦化市区东南高地,北临牡丹江	东西	北列	8	10	7.84（7.5）	灰色和红黄色瓦片多件,内布纹	《吉林大学社科学报》1958年第8期;《考古》1962年第11期。
				中列	7（缺东数第4块）	9.83（9.8）			
				南列	8	10.44（10.4）			
2	官地二十四块石	敦化官地东400米,西南2.5公里处为石湖古城	南北	西列	7（缺南数第1块）	9.3	9.05（9）	灰色和红色板瓦、筒瓦残片、内有布纹;灰色檐瓦残片,瓦缘押印似菊花形纹饰;轮制灰黑色和土黄色陶片各1件;红黄色灶基土1块;础石间地表下见黄褐色或灰色砖	◆各列长度,有括号者:括号前来自《吉林大学社科学报》1958年第8期;括号内来自《考古》1962年第11期;无括号者,系两文介绍长度相同,进深长度同样如此表示,并各取其最大值。 ◆官地二十四块石东4米处,另有两块础石。
				中列	8	10.6			
				东列	7（缺南数第6块）	10.65			
3	海青房二十四块石	敦化海青房屯东南1公里许,二道沟口高地	东西	北列	8	10.05（10）	8.28（8.3）	青色和红色瓦片,内布纹,多大型板瓦,筒瓦少;并有炭灰和红烧土块	
				中列	8	10.03			
				南列	8	10.38（10.4）			
4	腰甸子二十四块石	敦化腰甸子东北角,北靠山麓,南临牡丹江	东西	北列	8	9.2	7.8	地表下深20厘米左右发现黄色陶片和灰色瓦片;遗址附近有红色和灰色残瓦	
				中列	7（缺东数第5块）				
				南列	7（缺东数第6块）	9.5			

234

序号	名称	地点	行列方向	列	现存块数	列长（米）	进深（米）	遗物	备注
5	房身沟二十四块石	镜泊湖南端东侧松乙沟口附近，宁安市房身沟屯北0.25公里	南北	西列	1		8.7		《北方文物》1991年第3期。列长进深数字测于图
				中列	8	11.7			
				东列	8	11.1			
6	湾沟二十四块石	镜泊湖南端东侧松乙沟深处山谷北岸，宁安市弯沟屯东南北2.5公里	东西东偏南	北列	8	8.55	8.4	附近发现少量瓦片，内布纹。	《北方文物》1991年第3期。列长和进深数字测于图，原报告介绍其"平坦地面"为长10米，宽7.5米。
				中列	9	9			
				南列	9	9			
7	兴隆二十四块石	汪清县百草沟镇兴隆村内	南北	西列	8	9.5	8	位于一周长278.5米的平原古城内西北角。建筑址周围有丰富灰色和褐色瓦片，内布纹，外素面，还有兽面瓦当和铁镞等。	《北方文物》2002年第3期。
				中列	8				
				东列	8				
8	石建二十四块石	图们市月晴乡石建七队村南，北距乡所在地13华里			遗址面积大致为东西8米，南北20米。石块现存6块，原位1块，移往他处5块。			建筑址周围发现灰色板瓦残片，内布纹	《图们市文物志》
9	马牌二十四块石	图们市月晴乡马牌三队东侧	东西	北列	2	遗址东西10余米，南北约7.5米		建筑址中发现滴水檐瓦、榫头瓦、兽面瓦当，属于辽金遗物	《图们市文物志》
				中列	4				
				南列	3				

序号	名称	地点	行列方向	列	现存块数	列长（米）	进深（米）	遗物	备注
10	东兴里二十四块石	朝鲜咸镜北道金策市东兴里西南400米	东西	北列	5	11	8	出有多件灰色板瓦、筒瓦，板瓦一端有"指甲纹"，另有陶罐、陶盆残片和浅绿色釉陶罐残片。	《东北亚历史与考古信息》总第22期，1994年。
				中列	4				
				南列	3				
11	会文里二十四块石	朝鲜咸镜北道渔郎郡会文里西北约300米	南北	西列	8	10	7.8	建筑址中和周边发现大量红色、灰色瓦片，内布纹，外素面。	《东北亚历史与考古信息》总第4期，1994年；总第14期，1990年。
				中列	8				
				东列	8				
12	松坪区二十四块石	朝鲜咸镜北道清津市松坪区							《东北亚历史与考古信息》总第18期，1992年。

至于二十四块石建筑址的具体结构，如果将这些石块都统称为础石，则是不够准确的。试想，在面阔10米、进深8米的空间内竖立24根木柱，室内将如何活动？上个世纪80年代初，笔者带领学生去敦化考察，发现城郊二十四块石块表面有的仍留有横向浅槽，当时则认定这与木柱无直接联系。还有镜泊湖南端之湾沟二十四块石，据牡丹江文管站调查，只是在四角的础石上发现明显的直径15厘米左右的圆形柱窝。[48]孙秀仁曾撰文指出："以二十四块石为础石的原建筑应为高柱础式建筑——二十四块石即是这种低干栏式建筑的柱础石，并多少充当了以础石为柱的作用。"[49]这种说法是正确的。具体而言，这二十四块石块之上原来应铺一层厚木板，作为该建筑的活动面，二十四块石块是木板活动面的基础石。每块石块上面并非都竖立承托房顶的木柱，承托房顶的木柱则是直接竖立在四角和周围所需的几块石块之上，或者竖立在石块之上的木板上。作为交通驿站之类的建筑，为什么采取如此统一的建筑结构和形式，还是与其性质作用有关，尤其是在当时地广人稀、路途险阻的情况下，同时用来作为一种路标，可以起到向导的作用。

至于其他还有什么意义,待以后发现再做进一步探讨。

　　回顾上述渤海政权六条交通道路,可以看出:第一,六条道路的构成有陆路,也有水路,陆路的走向也是多沿河、沿海,不少路段与今天的交通相重合。第二,道路沿线,分布着多处城址、遗址、墓葬,城址中有都城、京城级的中心城址,也有府、州、县级的地方城址和边界要塞、港口,遗址中多是居住址,也有佛教寺庙址和可能专门为交通服务的驿站建筑,说明六条道路经过之处也是渤海城乡分布比较集中及相关活动开展比较活跃的地方。第三,六条道路中有两条通往中原,两条通往周边民族,一条通往朝鲜半岛,一条通往日本,六条道路的开通,加强了渤海政权与中原王朝政治、经济、文化等方面的密切联系,以及与周边民族和国家的交流,为历史上我们统一的多民族国家的形成发展以及我国与东北亚地区的友好往来做出了重要贡献。

(原刊于《中国边疆史地研究》2007 年 9 月第 17 卷第 3 期)

【作者简介】

　　魏存成,男,1945 年生,吉林大学边疆考古研究中心和文学院考古学系教授、博士生导师,吉林大学东北历史与疆域研究中心主任。

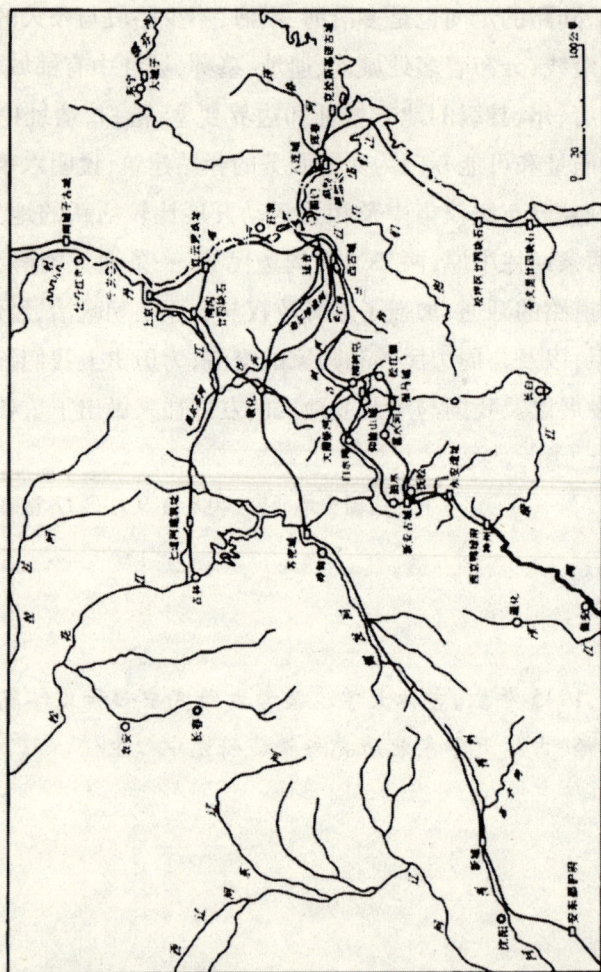

图：渤海对外交通部分路段示意图

注释

① 朝阳博物馆《辽宁朝阳韩贞墓》,《考古》1973 年第 6 期;辛岩:《辽宁朝阳唐墓的初步研究》,
《辽海文物学刊》1994 年第 2 期;张洪波:《试述辽阳唐墓形制及其相关问题》,《辽海文物学
刊》1996 年第 1 期。

② 王绵厚、李健才:《东北古代交通》,沈阳出版社 1990 年版,第 141—144、167 页。

③ 李健才:《桦甸苏密城考》,《黑龙江文物丛刊》1983 年第 2 期。

④ 王承礼:《吉林敦化牡丹江上游渤海遗址调查记》,《考古》1962 年第 11 期;李强、侯莉闽:《延边
地区渤海遗存之我见》,《北方文物》2003 年第 3 期。

⑤ 《新唐书》卷 124,李正己传。

⑥ [日]渡边谅著、姚义田译《鸿胪井考》,《辽海文物学刊》1991 年第 1 期;许明纲:《鸿胪井及其
刻石正误谈》,《博物馆研究》1993 年第 1 期;[日]酒寄雅志著、姚义田译《关于"唐碑亭"即鸿
胪井碑的几个问题》,吉林省文物考古研究所编《东北亚历史与考古信息》总第 35 期,2001 年;
魏存成:《唐鸿胪井刻石与渤海政权的定名、定位及发展》,《吉林大学社科学报》2006 年第
1 期。

⑦ (清)吴承志:《唐贾耽记边州入四夷道里考实》卷 2,文物出版社 1987 年版。

⑧ 曹讯:《叆河尖古城和汉安平瓦当》,《考古》1980 年第 6 期。

⑨ 《旧唐书》卷 69,薛万彻传:"(贞观)二十二年,万彻又为青州道行军大总管,率甲士三万自莱州
泛海伐高丽,入鸭绿水,百余里至泊叆城,高丽震惧,多弃城而遁。泊叆城主所夫孙率步骑万余
人拒敌,万彻遣右卫将军裴行方领步卒为支军继进,万彻及诸军乘之,贼大溃,追奔百余里,于
阵斩所夫孙,进兵围泊叆。其城因山设险,阻鸭绿水以为固,攻之未拔。"

⑩ 《丹东虎山高句丽遗址》,《中国考古学年鉴》(1992 年),文物出版社 1994 年版;《宽甸虎山高
句丽泊城址》,《中国考古学年鉴》(1994 年),文物出版社 1997 年版。

⑪ 孙殿甲:《浑江地区的渤海遗迹与遗物》,《博物馆研究》1988 年第 1 期。

⑫ 王绵厚、李健才:《东北古代交通》,第 162—167 页;李健才《渤海的中京与朝贡道》,《东北史地
考略》,吉林文史出版社 1986 年版;孙殿甲:《浑江地区的渤海遗迹与遗物》,《博物馆研究》
1988 年第 1 期;王侠:《渤海朝贡道白山区段及相关问题》,《北方文物》1997 年第 1 期。

⑬ 王培新:《吉林浑江永安渤海遗址发掘报告》,《考古学报》1997 年第 2 期。

⑭ 王志敏:《吉林抚松新安渤海遗址》,《博物馆研究》1985 年第 2 期;吉林省文物考古研究所《抚
松新安渤海古城的调查与发掘》,《博物馆研究》2000 年第 2 期。

⑮ 吉林省文物考古研究所《吉林汪清县红云渤海建筑遗址的发掘》,《考古》1999 年第 6 期。

⑯ 延边朝鲜族自治州博物馆《吉林汪清考古调查》,《北方文物》1985 年第 4 期;孙秀仁、朱国忱:
《渤海国上京京畿南北交通道与德理镇》,《黑龙江民族丛刊》1994 年第 3 期。

⑰ 欧潭生、王大松:《唐代张光祚墓志浅释》,《文物》1981 年第 3 期;张中澍:《唐幽州人渤海使张

光祚墓志释译》(上、下),《北方民族》1989 年第 1、2 期。张光祚墓志 1979 年出土于河北省涿县(今涿州市)塔上乡杨楼村,对于墓志记载,欧潭生、王大松考证张光祚于唐代宗大历三年至七年(768—772 年)受幽州节度副使朱希烈"委入勃海,使外门辟远傲通,还加银青光禄大夫,试殿中监";张中澍考证张光祚于大历八年(773 年)受幽州节度使朱鞸"委充入勃(渤)海使。外门辟,远徼通。还,加银青光禄大夫、试殿中监"。张光祚出使渤海的时间比张建章早半个世纪,说明安史之乱后幽州与渤海的交往很快就开始了。墓志没有记张光祚的出使路线,估计走的也是海路。

⑱ 佟柱臣:《"渤海记"著者张建章"墓志"考》,《黑龙江文物丛刊》1981 年第 1 期;张中澍:《张建章墓志铭考释》,《博物馆研究》1982 年创刊号。关于张建章《渤海记》失传时间,金毓黻:《渤海国志长编》卷 19《丛考》中曾予考证:"张建章《渤海国记》三卷,亦见《宋史·艺文志》史部地理类,似元末尚存其书,否则依唐志所载而著录之",引自《渤海国志三种》,天津古籍出版社 1992 年版,第 631 页。

⑲ 《新唐书》卷 219 渤海传记"狝貊故地为东京","沃沮故地为南京"。据近年考古发现,珲春属沃沮遗存团结—克罗乌诺夫卡文化分布范围内,所以东京龙原府应是沃沮故地,南京南海府是狝貊故地。另,《后汉书》卷 85《东夷列传》记载,位于朝鲜半岛东南部的辰韩"其北与狝貊接",也说明位于朝鲜东北部的南京南海府是狝貊故地。

⑳ 延边博物馆《延边文物简编》,延边人民出版社 1988 年版,第 92 页。

㉑ 侯莉闽、李强:《渤海初期通往日本陆路部分的探讨》,《北方文物》1994 年第 4 期。

㉒ 延边博物馆《延边文物简编》,第 58 页;侯莉闽、李强《渤海初期通往日本陆路部分的探讨》,《北方文物》1994 年第 4 期。

㉓ [俄]З·В·沙弗库诺夫等著、林树山译、林云校《苏联滨海边区的渤海文化遗存》,《东北考古与历史》第一辑,文物出版社 1982 年版;[俄]В·И·鲍尔金著、宋玉彬译《克拉斯基诺城址中的佛教寺庙址》(原文 1993 年发表),载吉林省文物考古研究所编《东北亚历史与考古信息》总第 24 期,1995 年;[俄]В·И·鲍尔金等著、王德厚译《滨海地区克拉斯基诺古城遗址内渤海佛教综合体的发掘》(原文 2000 年发表),载杨志军主编《东北亚考古资料译文集》(4),北方文物出版社 2002 年版;[俄]З·В·沙弗库诺夫等著、宋玉彬译《渤海及其俄罗斯远东部落》,东北师范大学出版社 1997 年版;[俄]В·И·鲍尔金等著、王德厚译《1997 年对滨海地区渤海时期考古学遗存的研究》,[俄]А·Л·伊夫列耶夫等著、王德厚译《关于渤海古城址的筑城学新资料》,[俄]Е·И·格尔曼等著、王德厚译《1998 年克拉斯基诺的考古发掘结果》,载杨志军主编《东北亚考古资料译文集·高句丽渤海专号》,北方文物出版社 2001 年版;[俄]В·И·鲍尔金等著、宋玉彬译《克拉斯基诺城址四年"一体化"考察》,[俄]Е·И·格尔曼等著、宋玉彬译《克拉斯基诺古城址井址发掘》,载《东北亚历史与考古信息》总第 41 期,2004 年。

㉔ 据 2004 年 2 月 24 日俄罗斯远东历史学、考古学、民族学研究所尼基京副研究员在吉林大学边

疆考古研究中心做学术讲座时介绍,克拉斯基诺古城城墙可分为四个时期,最早的是渤海中期,最晚的是 10 世纪,瓮城门是 10 世纪修筑的,可能晚于渤海。

㉕　王侠:《唐代渤海人出使日本的港口和航线》,《海运史研究》1981 年第 3 期;王承礼:《中国东北的渤海国与东北亚》,吉林文史出版社 2000 年版,第 233～236 页。

㉖　王承礼《中国东北的渤海国与东北亚》,第 233～234、311～315 页;[日]酒寄雅志:《渤海国中台省牒的基础研究》,载《日本古代的政治和制度》,昭和 60 年 11 月 23 日发行。

㉗　[日]酒寄雅志著、王培新译《平城京出土的渤海木简》,载杨志军主编《东北亚考古资料译文集》(4),北方文物出版社 2002 年版。

㉘　李云铎、顾铭学编译《关于渤海南京海府的遗址和遗物》,[朝]金宗赫著、文一介译《青海土城及其周边的渤海遗迹》,[朝]金宗赫著、李云铎译、刘福祥校《朝鲜东海岸一带的渤海平地城与山城》,分别载吉林省文物考古研究所:《东北亚历史与考古信息》总第 14 期(1990 年)、总第 16 期(1991 年)、总第 39 期(2003 年)。

㉙　关于隋唐城址类型,参见宿白《隋唐城址类型初探》,《纪念北京大学考古专业三十周年论文集》,文物出版社,1990 年。

㉚　李健才:《唐代高丽长城和扶余城》,《东北史地考略》(续集),吉林文史出版社,1995 年。

㉛　马德谦:《渤海契丹道吉林市以东区段假说》,《博物馆研究》1990 年第 3 期。

㉜　吉林市博物馆《吉林省蛟河市七道河村渤海建筑遗址清理简报》,《考古》1993 年第 2 期。

㉝　《新唐书》卷 219《室韦传》记:"(大室韦)濒于室建河。河出俱伦,鞨而东⋯⋯水东合那河、忽汗河,又东贯黑水靺鞨,故靺鞨跨水有南北部,而东注于海。"室建河,又称望建河,即额尔古纳河及黑龙江通称,那河即嫩江和东流松花江,忽汗河即牡丹江,说明黑水靺鞨是位于黑龙江中下游地区,并以江为界南北相称。

㉞　《新唐书》卷 219,黑水靺鞨传。

㉟　《渤海国志长编》卷 8,属部表,引自《渤海国志三种》,第 350～354 页。

㊱　《旧唐书》卷 199 下,渤海靺鞨传。

㊲　《新唐书》卷 219,渤海传。

㊳　《新唐书》卷 43 下,地理志七。

㊴　陶刚:《牡丹江市郊南城子调查记》,《黑龙江文博学会成立纪念文章》,1980 年;黑龙江省文物考古研究所《黑龙江省牡丹江桦林石场沟墓地》,《北方文物》1991 年第 4 期。

㊵　牡丹江市文管站《牡丹江边墙调查简报》,《北方文物》1986 年第 3 期。

㊶　刘晓东、罗葆森、陶刚:《渤海国渤州考》,《北方文物》1987 年第 1 期;刘晓东、祖延苓:《南城子古城、牡丹江边墙与渤海的黑水道》,《北方文物》1988 年第 3 期;孙秀仁、朱国忱:《渤海国上京京畿南北交通道与德理镇》,《黑龙江民族丛刊》1994 年第 3 期。

㊷　黑龙江省博物馆《牡丹江中下游考古调查简报》,《考古》1960 年第 4 期;吕遵禄:《黑龙江宁安、

林口发现的古墓群》，《考古》1962 年第 11 期；黑龙江省文物考古研究所《黑龙江海林北站渤海墓试掘》、《黑龙江海林二道河子渤海墓葬》，《北方文物》1987 年第 1 期；黑龙江省文物考古研究所《黑龙江海林市羊草沟墓地的发掘》，《北方文物》1998 年第 3 期。黑龙江省文物考古研究所和吉林大学考古学系共同完成的报告有《1996 年海林细鳞河遗址发掘的主要获》，《北方文物》1997 年第 4 期；《黑龙江海林市渡口遗址的发掘》，《考古》1997 年第 7 期；《河口与振兴——牡丹江莲花水库发掘报告》（一），科学出版社 2001 年版；《黑龙江海林市渤海时期城址的发掘》，《考古》2005 年第 3 期。

㊸ 黑龙江省文物考古研究所《黑龙江省海林木兰集东遗址》，《北方文物》1996 年第 2 期。

㊹ 刘滨祥：《浅谈烟筒砬子渤海建筑址出土物的性质和年代》，《北方文物》1994 年第 3 期。

㊺ 吉林大学历史系敦化文物普查队第二小组《敦化二十四块石遗址调查记》，《吉林大学社科学报》1958 年第 8 期；李健才《二十四块石考》，《北方文物》1992 年 2 期；孙秀仁《渤海二十四块石之谜解析》，《北方文物》1993 年 4 期。

㊻ "泉井郡"，在《三国史记》卷 35《地理志二新罗篇》记为"井泉郡"，其曰："井泉郡，本高句丽泉井郡，文武王二十一年取之，景德王改名，筑炭项关门。"

㊼ 谭其骧主编《"中国历史地图集"释文汇编·东北卷》，中央民族学院出版社 1988 年版，第 100 页。

㊽ 牡丹江市土地管理局、牡丹江市文物管理站编著《湾沟二十四块石遗址保护区规划》，《牡丹江市文物保护单位保护区规划》1992 年版，第 88—90 页。

㊾ 孙秀仁：《渤海二十四块石之谜解析》，《北方文物》1993 年第 4 期。

"车书本一家"的考古学诠释

——论渤海文化与中原唐文化的趋同性 | 刘晓东

　　"疆理虽重海,车书本一家。"这是唐代著名诗人温庭筠为送一位渤海王子回家乡时写下的诗句,也是对当时渤海文化与中原唐文化趋同成就的高度评价。

　　笔者通过自己 20 年来的渤海考古实践与对渤海考古文化的研究,深感温庭筠用"车书本一家"的诗句来比附作为唐边州郡国的渤海文化与中原文化一致性的精确与恰到好处。下面仅就笔者近年来致力研究并取得一定收获的几个专题来探讨一下渤海文化在其自身的发展过程中不断向中原唐文化靠拢的趋同现象。

一、都城建制

　　史载渤海设有五京:上京龙泉府、中京显德府、东京龙原府、南京南海府、西京鸭渌府。据孙玉良等学者研究,渤海五京即仿自中原唐王朝。唐肃宗至德二年(757 年),唐朝即有西京凤翔府、南京成都府、中京京兆府、东京河南府、北京太原府等五京设置①。渤海上京实即北京,按此,则五京称号与中原唐王朝全同。渤海五京中真正做过王都的先后有中京、上京、东京。其中以上京为都的时间最长。上京龙泉府自渤海三世王大钦茂辟为王都后,除大钦茂晚年曾有过一段短暂的迁徙(大钦茂死后,成王即复迁回上京)外,一直作为渤海王都,是渤海国政治、经济、文化的中心。因此,研究渤海都城建制必须从上京城入手。

渤海上京城遗址现存的规模和格局不是一次完成的,其演变过程大体经历了三个阶段②。

第一阶段为文王大钦茂时期,这一时期上京城的规模基本是现存遗址中的宫城规模。通过对渤海中京显德府遗址(吉林省和龙县西古城)和东京龙原府遗址(吉林省珲春市八连城)的比较研究发现,文王时期的渤海上京城实际上是中京城的翻版。二者有 3 个共同点:1. 形制相同,都是南北长、东西窄的纵向长方形,南垣正中为正门,其偏西约 80 米处各有一偏门;2. 规模相等,南北均长 720～730 米,东西均宽 620～630 米;3. 格局相同,从实测图中可以清楚地看到,凡是西古城里已有的主体建筑遗址,几乎都能在上京城宫城遗址中找到其相应的位置。从文献上看,文王迁上京前都中京,前者仿后者的可能性是存在的,从而得出了现存上京城宫城规模,应该就是文王时期上京城的整体规模的结论。

第二阶段为成(华玙)、康(嵩璘)时期,这一时期上京城的规模基本是现存遗址中的皇城规模。

中京城可以分为内、外两重城。内城位于外城中部偏北,呈南北向长方形,主要殿址在内城的纵轴线上。内城中间有一道东西向的隔墙又将其分为南、北两部分。据内城所处的位置和宫殿的分布情况,可知此内城应是以中京为都时的王室及衙署所在。对照唐长安城来看,其北部应为宫城位置,南部应为皇城位置。这种宫城、皇城连为一体的格局,应是渤海前期都城的基本模式,即两重城制③。

在东京八连城现存遗址的南部发现城墙的痕迹,说明文王晚年曾想再筑一重城垣,因其谢世而没有完成。如果把八连城遗址中间的内城(王室及衙署的所在区域)作为第一重城,则现存遗址本身即为两重城,加上外围又拟增设的一重城垣,那么,大钦茂末年的东京城,就已是三重城之制了。文王死后不久,成王即复迁上京,意在中兴(年号即"中兴"),如果说文王末年的东京已有三重城的设想并已开始付诸实施,那么,成、康时期的上京城断不会维持文王时期的两重城之制。据此推测,成、康时期曾在文王时期的上京城(现存上京城遗址宫城规模)外又增设了一重城垣(现存上京城之皇城城墙),从而使上京城成为三重城制的格局。从成、康时期的上京城格局来看,类似中京城的内城部分,即宫城、皇城部分,统统变成了宫城,类似中京城的外城部分,则成为皇城(现存上京城遗址之宫城),而这一时期的郭城就是新筑的第三重城(现存上京城遗址之皇城)。

第三阶段为彝震时期,即上京城遗址的现存规模。

渤海十世宣王大仁秀时,曾"南定新罗,北略诸部,开置郡邑","讨伐海北诸部,开大境宇",可见仁秀之世大有建树,具备了大规模扩建上京城的国力。至十一世王大彝震之时,则史料中已明确出现"拟建宫阙"方面的有关记载。因此得出了现存上京城遗址的总体形式完成于彝震之世的结论。即以成康时期的皇城为宫城(现存遗址之宫城),以成康时期的外城为皇城(现存遗址之皇城),继而又增修了新的外城城垣,即现存遗址之郭城城垣。

通过上述上京城 3 个发展阶段来看,可以发现一种现象,即早期上京城包括中京西古城、东京八连城,整体形状均为东西窄、南北长的纵长形,而晚期上京城的整体形状则作东西长、南北窄的横长形。这种现象作何解释,宿白教授在论及隋唐长安城和隋唐洛阳城整体形制时,曾把隋唐都城建制划分为"长安制度"和"洛阳制度"④。而渤海早期都城呈东西窄、南北长的纵长形制体现的正是"洛阳制度"。值得提请学术界注意的是,渤海建国于公元 698 年,正当中原唐武则天圣历元年,此距武则天公元 685 年改东都洛阳为"神都"⑤,已历 13 年,而且终武则天之世,一直是以洛阳为都来统治国家的。可见渤海早期都城取"洛阳制度"是顺理成章的事。渤海晚期都城即现存上京城遗址,则在整体形制上模仿长安城,取"长安制度",也是顺理成章的事。因为唐中宗还都长安后,长安城已再次稳定地成为唐代都城了。

渤海都城这种追随中原都城形制的亦步亦趋现象,在日本都城发现史上也是有所体现的⑥。比如日本早期都城之一——藤原京整体形制是东西窄、南北长的纵向长方形,而且里坊为正方形,体现的就是"洛阳制度"。藤原京始建于持统天皇 4 年(690 年),持统天皇 8 年(694 年)被定为都城。而这一时期的中国正是武则天执政时期。早于藤原京的难波宫也是这种情况。难波长柄丰琦宫始筑于公元 650 年,此前日本仅派出过一次遣唐使,而派出的遣隋使却多达 6 次。值得注意的是,在这 6 次遣隋使之中,只有第一次是在隋文帝世,而且为日本史料所不载,其余 5 次均在隋炀帝大业三年(607 年)至十年(614 年)之间。而隋炀帝所筑的洛阳城恰好于大业二年(606 年)建成。隋炀帝在位共 14 年,即位当年就临幸洛阳,此后虽因种种原因曾返回西京长安 4 次,但 4 次滞留时间加起来不足半年⑦。可见炀帝是以洛阳为统治中心来治理国家的。因此,东都洛阳城的形制必然会给遣隋使留下深刻的印象。大业三年(607 年),日本遣隋使小野妹子来隋,正好看到刚刚建成的东京洛阳城⑧,小野妹子第二次入隋也是到洛阳,同行的就有倭汉直福因。这个倭汉直福因及其门人对日本都城的营筑具有特殊的贡献。因为营造百济大宫、大寺的大匠书真县,营造难波长柄丰琦宫的匠作大匠荒井直比罗夫,营造平城京司的大匠坂上忌寸忍熊等均为倭汉氏出身。所以难波宫形制取"洛阳制度"也是顺理成章的事。日本承藤原京而后的平城京,最初也是仿藤原京,取洛阳制度。直到圣武即位后,平城京开始向南北窄、东西长的横长形发展。按圣武即位于公元 724 年,去唐中宗公元706 年从洛阳返回长安已经 18 年,当时日本都城在形制上开始改变在日本流行已久的洛阳制度,转而向长安制度靠拢则是可以理解的。

　　前面谈了晚期渤海上京城从平面布局上取长安制度,但还需指出,渤海上京城郭城在规模上和用门制度上都与长安城不符,长安城占地面积竟超出渤海上京城 5.5 倍以上,而汉长安城、唐长安城郭城设门基本上还是遵行天子之都"旁三门"之制的⑨。那么渤海在郭城规模上和用门制度上是取什么等级呢?

　　我很赞成中国古代建筑史大师梁思成先生对渤海都城建筑等级的定位。梁先生早在 30 年代就说过:渤海"大氏又本唐之旧郡,拟建宫阙"⑩,这就把渤海都城定位唐朝州府的等级上。唐常以幽、青等州地方官为押渤海使,这说明渤海虽为王国,实际上还是唐朝的边州,如其地为忽汗州,国王为忽汗州都督。宋人胡顺之为青州幕僚时就说过:"青,大镇,在唐押新罗、渤海,其国王来,尚当与之钧礼。"⑪所谓"钧礼"就是对等的意思。青州城规模不清楚,但渤海主要为幽州所辖,且"与幽州相聘问"。《太平寰宇记》卷69 引《郡国志》记幽州城为"南北九里,东西七里,开十门"。这就应该是梁思成先生提出的渤海"大氏又本唐之旧郡,拟建宫阙"论断的最好理解。因为渤海上京城恰好为东西九里,南北七里,开十门。说明渤海上京城在规模上和用门制度上是仿幽州城的。所谓"均礼",在都城建制方面的体现就是与所属的州府建城之制相等,而不能超越这个等级,即便在大彝震"拟建宫阙"的鼎盛时期,也只能在规模上与用门制度上与幽州城拉平。

二、墓葬形制

渤海墓葬形制的研究曾经是渤海考古中比较薄弱的环节。20 世纪 70 年代,朝鲜学者朱荣宪曾将渤海墓葬分为三类,分别称之为"大型石室封土墓"、"中型石室封土墓"、"小型石室封土墓"[12]。现在看,朱荣宪的分类只是他对自己所认为的"石室墓"本身的分类,还不能称作渤海墓葬的整体分类。80 年代以后,我国学者李殿福、郑永振等又对渤海墓葬进行了重新划分,在一定程度上纠正了朱荣宪的疏误[13]。但对照近几年渤海考古的新成果,上述划分仍有未尽之处。至于渤海各类墓葬的演变过程,更是很少有人论及。

1990 年,笔者完成《渤海墓葬的类型与演变》一文,1993 年提交黑龙江省博物馆建馆 70 年学术讨论会,受到与会学者的好评,1996 年发表于《北方文物》[14]。李陈奇 1999 年撰文,认为"就现有材料看,这篇文章似乎可以说是目前关于渤海墓葬研究方面的总结性论文。"[15]我把渤海墓葬分为土扩墓、有椁墓和墓室墓三大类。其中有椁墓又分为木椁墓和石椁墓,墓室墓又分为石室墓和砖室墓。土扩墓多见于前渤海时期至渤海早期,中、晚期以后则不见或少见;有椁墓多见于渤海早、中期,而少见于前渤海时期和渤海晚期;墓室墓多见于渤海中晚期,而少见于渤海早期,不见于前渤海时期。土扩墓可以与《旧唐书·靺鞨传》"死者穿地埋之,以身衬土,无棺敛之具"的葬俗相联系。有椁墓中的木椁墓可以与《括地志》关于靺鞨国"葬则交木作椁"的葬俗相联系;石椁墓可以与《梁书》、《南史》关于高句丽"其死葬,有椁无棺"、"积石为封"的葬俗相联系。墓室墓中的石室墓是直接由石椁墓发展变化而来的,砖室墓则显然是受唐代砖室墓的影响而发展起来的。值得说明的是砖室墓目前发现的不多,而且限于当时条件和认识水平,我们曾漏划过渤海砖室墓。比如郑永振就曾指出马滴达应是砖室墓,墓上起塔。1984年我曾在渤海上京城西北约20公里的西安村,发现一处较大的渤海墓地,即虹鳟鱼场墓地,其中砖室墓约数十座。说明砖室墓在渤海中、晚期确实流行开来了。以砖砌筑墓室,是中原唐代文化中比较流行的墓葬形式。我认为渤海砖室墓显然是受到唐代砖室墓的影响。渤海砖室墓中的壁画,也反映了这种情况。如贞孝公主墓的壁画,无论从画风、内容、画技、人物造型、色彩、服饰等方面均有浓厚的唐代壁画风格[16]。

三、陶器类型

渤海陶器,一直是从事渤海考古文化研究者比较重视的课题。研究渤海陶器离不开对勿吉—靺鞨系陶器的探索。对勿吉—靺鞨系陶器的研究,李陈奇、乔梁贡献颇大。李陈奇由于参与主持了罗北团结靺鞨墓地的发掘,曾多次在黑龙江省的学术会议上阐述靺鞨系陶器,特别是黑水靺鞨系陶器的特点、风格以及相关谱系陶器之间的联系。乔梁1994年发表《靺鞨陶器分期初探》一文,把对靺鞨系陶器的研究推向了新的高度,特别是对敞口束颈鼓腹罐真盘口、拟盘口的区分,把对靺鞨系陶器的研究引向深入[17]。最近,胡秀杰撰写了《渤海陶器类型学传承渊源的初步探索》一文[18],该文从新的视角对渤海陶器传承渊源进行了深入研究。根据胡秀杰的研究,渤海陶器主要分四大谱系,即黑水靺鞨系、粟末靺鞨系、高句丽系、中原系。如渤海建国前至建国初期,最具代表性的陶器主要是重唇筒形罐和敞口(盘口)鼓腹罐,前者无疑是粟末靺鞨的典型器物,后者无疑是黑水靺鞨的典型器物。尤其是重唇筒形罐,它贯穿于渤海建国后的各个时期,这恰好证明了文献有关渤海主体民族为粟末靺鞨的记载是可信的。渤海陶器中也有一定数量的横耳罐,横耳罐则应是承继了扶余、高句丽系陶器的某些传统作风,这与渤海二世王大武艺在给日本天皇的国书中所说的"复高丽之旧居,有扶余之遗俗"也是相合的。而渤海建国后,陶器种类的繁多,分工的细化,如瓶、盂、壶、砚等广泛使用的局面,无疑是在中央政权—唐文化的影响下出现的,这反映了渤海陶器发展的最终归宿,那就是与中原唐文化的趋同。至于渤海三彩中的精品,简直就是中原唐三彩的"克隆"。过细的探讨就不在这里展开了。这里只想说明一点,那就是随着渤海的发展,中原系的陶器越来越成为渤海陶器中的主流。

四、货币经济

关于渤海国的货币问题,学术界有不同看法。《黑龙江古代民族史纲》中认为:"渤海国没有自己的货币,大抵也不曾利用往代货币作为境内的通货"[19];《渤海史稿》中认为:"在商品经济逐渐发展的过程中,作为交换的媒介物—货币也适应市场的需要而产生了。"[20]《渤海史稿》的作者之一魏国忠先生曾著专文进一步论证了渤海具有货币流通的种种条件,推测"随着考古工作的深入开展,渤海人的货币肯定会有重见天日之时的"[21]。《黑龙江古代民族史纲》的作者之一孙秀仁先生也有文章发表,认为"到目前为止尚未发现真正属于渤海国的货币"[22]。

1991年,笔者与杨志军、郝思德联名发表了《渤海国货币经济初探》一文[23]。该文将中、日、朝三国所有与渤海货币有关的文献资料和见于报道的全部渤海考古学资料进行了系统性梳理和研究,从而得出六点结论:

1. 渤海国盛行物币制。充当物币的商品主要有米、绢帛、兽皮等。

2. 已经开始使用铸币。在对日本交易中使用过日本官钱,在与中原贸易交往中使用过唐币。

3. 渤海境内流入相当数量唐币和少量日币。日币仅发现一例,而且发现于宫城宫殿区,似乎带有某种偶然性,解释成"储藏和埋藏之用"不无道理。而唐币"开元通宝"出土的覆盖面已达渤海大部分区域(多为发掘出土,地层清楚)。因此,有理由认为唐币"开元通宝"就是渤海境内的通用货币。

4. 金银在渤海的货币职能,大致与唐朝相同,主要是发挥着价值尺度和支付手段等方面的作用。

　　5. 总体来说,渤海货币经济大体是实行双轨制,即物币制与铸币制并存,类似唐朝的"钱帛本位制"。渤海早期主要是物币发挥作用,中、晚期铸币比重逐渐增加,集市贸易方面出现了上京城西市一类的独立单元。

　　6. 渤海货币经济明显反映出与中原货币经济的一致性,即力求币制统一,与中原接轨。

　　该文的主要观点,已得到绝大多数学者的首肯。但也有人发表不同的观点,如认为宽永钱、常平钱是渤海钱,以及大氏族谱有关渤海自己铸钱的"新史料",但当我们发表《"宽永国"考辨》[24]和《渤海货币研究二题—"新史料"辨伪与"自铸币"考实》[25]之后,这些观点基本上销声匿迹了。值得补充的是,我们在《渤海国货币经济初探》一文中提出的唐币开元通宝就是渤海境内的通用货币的观点,目前仍在得到考古发掘的证实。当时曾提到出土开元通宝的渤海遗迹先后有上京城宫城、敦化敖东城、珲春英义城、敦化城山子山城、珲春凉水镇庆荣村渤海墓地、永吉杨屯大海猛遗址、敦化永胜村渤海遗址、桦林石场沟渤海墓地、榆树老河深上层、俄罗斯滨海州双城子等地。近年新的资料仍在发现,如1991年黑龙江省文物考古研究所对渤海官衙遗址的发掘,就出土过一枚开元通宝,1994～1995年,黑龙江省文物考古研究所发掘海林兴农渤海城址时,也曾在灰坑和地层中各出土一枚开元通宝。俄罗斯学者伊夫利耶夫曾亲口告诉我,俄罗斯米海罗夫斯基区尼古拉也夫斯克耶渤海古城的发掘中,至少出土了5枚以上开元通宝。我认为,唐币开元通宝出土地点在渤海领地中如此广阔,平原城出土,山城中也出土,宫殿中出土,官衙中也出土,遗址中出土,墓葬中也出土。这反映的应该就是唐币开元通宝在渤海境内的流通情况和普及程度,如果还是不承认唐币开元通宝就是渤海境内的通用货币则是说不过去的。

五、纪年与历法

　　渤海自公元698年建国,至公元926年亡国,共历15王,存在了229

年。由于学者们的共同探讨和不懈努力，特别是金毓黻先生卓有成效的研究和考订，渤海15王各自在位的具体年限大致清晰可见，而且已经得到共识。尽管如此，目前渤海史家所制定的渤海年表仍不统一。问题的症结就在于各家对渤海诸嗣王即位改元方面存在不同的认识和理解。

关于渤海诸嗣王的即位改元问题，学术界主要有两说：一为即位当年改元说；一为即位翌年改元说。撰于朝鲜正宗时（1777～1800年）的《海东绎史》首用即位当年改元法载录渤海诸王纪年，影响颇广。如权威的日本三省堂《世界年表》亦用此法载录渤海诸王纪年。至金毓黻撰《渤海国志长编》，始用即位翌年改元法载录渤海诸王纪年。按《渤海国志长编》不仅在《年表》、《世系表》、《大事表》中均按即位翌年改元法载录渤海纪年，而且还用三段文字对所以采用即位翌年改元法载录渤海纪年做了说明。其一，见于《世系表》中唐玄宗开元八年，渤海武王武艺仁安元年条，谓"自武艺起，始私行年号。按渤海王卒，当年改元或翌年改元，史无明文可考，兹用翌年改元之例，系于开元八年，后仿此。"其二见于《杂考》总叙"六例"之二，谓"二曰明例，如渤海习于唐风，故改元必待逾年；新罗有其先例，故诸子称王子是也。"其三见于《杂考》正文，谓"自三代以来，嗣君皆逾年改元，此孝子不忍遽改其亲之号也。考之日本，犹用此法。渤海习于唐风，当不能违。惟《三国史记》纪新罗、百济、高句丽三国，嗣君皆不逾年而改元，即使得实，亦不足法。《海东绎史》渤海诸王纪年，用《三国史记》之法，皆不逾年而改元。如武王卒于唐玄宗开元二十五年，即于是年书文王大兴元年是也。三省堂《年表》亦然此例，非中土历代相传之法，恐不得实。本书于渤海诸嗣王纪年，皆后于《年表》一年，用逾年改元之例也。"按金毓黻先生本唐即位改元的纪年之例来考订渤海纪年，使研讨渤海纪年有所依凭，其思路取向无疑是正确的。故金毓黻《渤海国志长编》中的《年表》，很快就被学术界普遍接受，如新版《辞海》所附方诗铭编的《中国历史纪年表》和陆峻岭、林幹合编的《中国历代各族纪年表》㉖中的渤海纪年均采用金毓黻的即位翌年改元说。1982年，孙玉良先生根据贞孝公主墓志所载的渤海纪年资料，究明"大钦茂是即位当年改元大兴，而不是即位翌年改元大兴"，进而提出："既然大钦茂是即位当年改元那么《新唐书》中，对和大钦茂即位、改元做了同样记载的其他八王,也无疑是同大钦茂一样,均是即位当年而改元。因此,金先生等人按翌年改元之例,所编定的渤海纪年表,当据《贞孝公主墓志》中文王纪年加以修订。"[27] 为此,孙玉良先生又重新制定了《渤海纪年对照简表》,此表中渤海诸嗣王之纪年,比金毓黻《渤海国志长编》中《年表》的纪年均早一年。由孙玉良先生重新提起的即位当年改元说由于有《贞孝公主墓志》为证,所以再度开始流行。如1984年出版的《渤海史稿》、1987年出版的《渤海国》[28] 以及1991年出版的《黑龙江区域考古学》[29] 等书均采此说。但也有持保留意见甚至持反对意见者。如1984年出版的《渤海简史》[30] 仍用金毓黻提出的即位翌年改元说;1988年出版的《渤海史入门》[31] 则回避渤海王即位改元方面的纪年问题。1992年,阎万章先生撰文,在探讨渤海十一世王大彝震遣使聘日年代问题时,根据日本保存的《渤海中台省致日本太政官牒》上所载的渤海纪年,究明了大彝震就是即位翌年改元的这一史实,进而明确指出:"那种渤海王'均是即位当年改元'之推论,是不可以轻易相信的"[32]。可见关于渤海国纪年问题还存在着较大的分歧。

1996年,笔者发表了《渤海纪年再考订》一文[33]。该文在继承金毓黻、孙玉良、阎万章等先生研究成果的基础上,系统地考察了国内外有关渤海纪年方面的文献资料和考古实物资料,重新对渤海纪年问题进行了全面研究,从而得出了以下3点认识:

1. 渤海纪年中嗣王即位改元法完全效法于唐朝。唐朝嗣君即位改元法分三阶段。第一阶段为太宗、高宗、中宗(初即位)时期,实行即位翌年改元法;第二阶段为睿宗(第一次即位)、武后直到顺宗、宪宗,主要实行武后倡导的即位当年改元法;第三阶段为穆宗、敬宗直到僖宗、昭宗,又恢复了唐初实行的即位翌年改元法。渤海晚于唐朝80年立国,其嗣王即位改元法与唐朝第一阶段无涉,只能与第二阶段和第三阶段相适应。

2. 渤海嗣王即位改元法分前、后两期。前期与唐朝第二阶段相适应,实行即位当年改元法;后期与唐朝第三阶段相适应,实行即位翌年改元法。前期实行即位当年改元法的实证,可举吉林和龙出土的《贞孝公主墓志》;后期实行翌年改元法的实证,可举日本保存的《渤海中台省致日本太政官牒》。

　　3. 渤海嗣王即位改元法前期起自武艺,止于仁秀;后期起自彝震,止于諲譔。这前后两期具体分界线的划定,在中、日、朝三国文献史料和考古资料中均能找到根据。

　　关于渤海历法方面的情况,文献记载不多。日本《三代实录》卷 3 云"贞观元年,渤海国大使乌孝慎新贡《长庆宣明经》,云是大唐新用经也。"按《长庆宣明经》即唐之《长庆宣明历》。《新唐书·历志》云:"至穆宗立,以为累世缵绪,必更历纪,乃诏日官改撰历术,名曰宣明","起长庆二年,用宣明历。自敬宗至于僖宗,皆遵用之。"可见唐穆宗即位后,不仅在即位改元方面做了重大改革,而且在行用历法方面也做了重大改革。改元涉及纪年,历法当然更涉及纪年。穆宗推行的翌年改元法一直沿续到唐昭宗,而穆宗推行的《长庆宣明历》也一直沿用到唐昭宗初年。渤海既然能派乌孝慎把《长庆宣明历》推荐给日本行用,可见渤海本身已经行用。按日本贞观元年(859 年),时当渤海十二世王大虔晃即位的第三年。《日本三代实录》卷 2 云:"清和天皇贞观元年正月己卯,能登国驰驿言:'渤海国人觐使乌孝慎等一百四人来著珠洲郡。'"据此,则乌孝慎在渤海起程时间当在日本贞观元年的前一年,即渤海十二世王大虔晃即位的第二年。《长庆宣明历》由日本贞观元年传入,贞观三年才由天皇下诏在日本颁行。大虔晃于即位的第二年就派乌孝慎传《长庆宣明历》于日本,可见渤海用《长庆宣明历》决非始自大虔晃。而大虔晃之前就是大彝震。无疑大彝震之世就已经行用了《长庆宣明历》。由此可知,渤海在历法方面也是紧跟中原王朝的。

六、语言与文字

　　关于渤海语言的问题,目前我还没有看到专论,但我正准备发表这方面的文章。我认为渤海国内的主体语言是靺鞨语,官方用语则逐渐采用汉语。随着渤海的发展,汉语越来越普及。如入中央王朝要说汉语,入邻国日本也要说汉语,这在中、日史料中均能找到根据。

　　渤海文字则全用汉字,这已由出土的两方公主墓志——贞惠公主墓志和贞孝公主墓志所证明。至于渤海文字瓦上的殊异字,有人则略有疑议,但由于李强《论渤海文字》一篇力作的发表,澄清了所有关于殊异字方面的错误或模糊观点,科学地得出了以下两点认识:

1. 渤海民族在其存在的 229 年间,始终没有创制自己本民族的文字。渤海使用汉字,并非偶然,这在渤海建国前,就经历了一个长期的孕育过程。建国后,摹拟效仿唐王朝封建文化,借用汉字来治国安民的典章制度,借用汉字的书写形式来表达渤海民族的思想感情,出现渤海与唐朝"车同轨,书同文"的情形,是适应于渤海当时国情的,也是符合历史发展的。同时,正是由于渤海顺应了历史的发展,才使其冠有"海东盛国"之称。也为此后东北文化的发展区域的昌盛,起了巨大的基石作用。

2. 中国是世界上文明古老的国家之一,汉字的产生和使用,不仅对中国文化的发展起了极大的作用,而且对中原文化向东北亚传播,促进其文化的发展,以及沟通东北亚各民族间的交往,也起了巨大的功用。也正是汉字的出现和使用,才得以使东北亚一些史实留载至今,为研究人类社会的发展积累了丰富而又宝贵的文字资料㉞。

以上六方面的成果,可以充分说明渤海文化发展、繁荣的过程,就是渤海不断向中原王朝学习的过程、靠拢的过程、趋同的过程,体现了渤海与中原王朝之间的统一关系。因此可以说,渤海文化是中原盛唐文化在中国东北地区的分支。

最后,我想引用一项渤海考古新发现来结束本文。那就是我们曾在渤海上京宫城发现一枚刻有"和明集下卷"汉字的骨片。我认为,它很可能是中原王朝文人诗文集之类传入渤海的证据。唐代著名诗人刘禹锡《酬杨司业巨元见寄》一诗云:"辟雍流水近灵台,中有诗篇绝世才,渤海归人将集去,梨园子弟请词来。"这里"渤海归人将集去",说的就是渤海人回故乡带走了中原文人的诗文集之事。联想到本文开首所引温庭筠《渤海王子归本国》诗中"盛勋归旧国,佳句在中华"之句,谁能不对一千多年前,渤海与中原之间人文同源、车书一体的密切联系发出由衷的感叹呢!尽管渤海王子在中原留下的"佳句"今天已无从查考,但渤海归人带回渤海的中原文人的诗文集已有线索可寻,至少其中一本集子的名字被考古工作者发现了,那就是《和明集》。至于更多的内容则寄希望于今后的考古工作,通过新的成果来不断填充、不断诠释。

(原刊于《北方文物》2002 年第 1 期)

【作者简介】

刘晓东,男,1955 年 1 月生于黑龙江省绥化县,1982 年毕业于吉林大学历史系考古专业,现为黑龙江省博物馆副馆长,研究员。

注释

① 孙玉良:《渤海迁都浅议》,《北方论丛》1983 年第 3 期。

② 刘晓东、魏存成:《渤海上京城营筑时序与形制渊源研究》,《中国考古学会第六次年会论文集,1987 年。

③ 刘晓东、魏存成:《渤海上京城主体格局的演变—兼谈主要宫殿建筑的年代》,《北方文物》1991 年第 1 期。

④ 宿白:《隋唐长安城和洛阳城》,《考古》1978 年第 6 期。

⑤ 《新唐书·则天皇后本纪》。

⑥ 刘晓东:《日本古代都城形制渊源考察》,《北方文物》1999 年第 4 期。

⑦ 《隋书·炀帝本纪》。

⑧ 隋炀帝大业初年,称洛阳城为"东京"大业五年后,改称"东都"(见《隋书·炀帝本纪》)。但日本直到齐明天皇时的遣唐使,仍称东都洛阳为"东京"(见《日本书纪》齐明天皇五年条下引《伊吉连博德书》所云)。

⑨ 《周礼·考工记》谓天子之都"旁三门"。

⑩ 梁思成:《中国建筑史》,《梁思成文集》三,中国建筑工业出版社,1985 年。

⑪ 《续资治通鉴长编》卷 95。

⑫ 朱荣宪:《渤海文化》,朝鲜社会科学出版社,1971 年。

⑬ 李殿福:《从考古学上看唐代渤海文化》《学习与探索》1981 年第 4 期;郑永振:《渤海墓葬研究》,《黑龙江文物丛刊》1984 年第 2 期。

⑭ 刘晓东:《渤海墓葬的类型与演变》,《北方文物》1996 年第 2 期。

⑮ 李陈奇:《靺鞨—渤海考古学的新进展》,《北方文物》1999 年第 1 期。

⑯ 池升元:《浅淡渤海贞孝公主墓壁画》,《延边文物资料汇编》1983 年。

⑰ 乔梁:《靺鞨陶器分期初探》,《北方文物》1994 年第 2 期。

⑱ 胡秀杰、刘晓东:《渤海陶器类型学传承渊源的初步探索》,《北方文物》2001 年第 4 期。

⑲ 干志耿、孙秀仁:《黑龙江古代民族史纲》,黑龙江人民出版社,1987 年。

⑳ 朱国忱、魏国忠:《渤海史稿》,黑龙江省文物出版编辑室内部发行,1984 年。

㉑ 魏国忠:《关于唐代渤海王国的货币问题》,《学习与探索》1986 年第 1 期。

㉒ 孙秀仁:《对渤海史三个问题的探索》,《学习与探索》1987 年第 5 期。

㉓ 刘晓东、郝思德、杨志军:《渤海国货币经济初探》,《历史研究》1991 年第 2 期。

㉔ 陈春霞、刘晓东:《"宽永国"考辨》,《北方文物》1993 年第 2 期。

㉕ 刘晓东、孙秀仁:《渤海货币研究二题—"新史料"辨伪与"自铸币"考实》,《北方文物》1995 年第 1 期。

㉖ 陆峡岭、林幹:《中国历代各族纪年表》,内蒙古人民出版社,1980 年。

㉗ 孙玉良:《渤海纪年补订》,《社会科学战线》1982 年第 1 期。

㉘ 李殿福、孙玉良:《渤海国》,文物出版社 1987 年。

㉙ 谭英杰、孙秀仁、赵虹光、干志耿:《黑龙江区域考古学》,中国社会科学出版社 1991 年。

㉚ 王承礼:《渤海简史》,黑龙红人民出版社 1984 年。

㉛ 杨保隆:《渤海史入门》,青海人民出版社 1988 年。

㉜ 阎万章:《"大彝震遣使聘日年代考"商榷》《北方文物》1992 年第 2 期。

㉝ 刘晓东:《渤海纪年再考订》,《历史研究》1996 年第 4 期。

㉞ 李强:《论渤海文字》,《学习与探索》1982 年第 5 期。

唐代渤海国文化刍议 ｜ 杨雨舒

　　在唐代渤海国229年（698—926年）的历史上，渤海人积极学习盛唐的封建文化，同时又吸收了高句丽文化和日本文化等不同类型的文化，并使之逐渐融入本民族固有的传统文化之中，从而形成了灿烂的渤海文化（亦称"海东文化"）。本文拟叙述渤海文化产生和发展的各个方面，并作出相应评价，以求方家教正。

一、语言、文字与教育

　　渤海建国后，在语言、文字和教育等方面，受到了唐朝的较大影响。同时，在语言上也明显保留着本民族的特点。

　　关于靺鞨族的语言，学术界普遍认为应属于通古斯语系。然而，由于我国史书中并没有留下直接的记载，靺鞨族又没有本民族的文字，所以我们无法进一步弄清靺鞨族语言的归属及发展变化情况。尽管如此，但中外史籍中现存的那些零散的记载还是有助于我们找到一些线索。

　　从中外史籍里的记载来看，靺鞨族的人名、称谓、族名以及地名中的大多数已经仿效中原内地实现了汉化，但也仍然保存了相当数量的用字怪异、令人难解其意的名称。例如，人名中有乌借芝蒙、木智蒙、已阏弃蒙、已珍蒙、慕施蒙、史都蒙、味勃计、菸夫须计、聿弃计、乌那达利、失阿利、乞乞仲象、乞四比羽、味勃价、大都利行、葱忽雅、舍那娄、取珍、多蒙固、阿密古、冒豆干、多罗、陀失、所乙史、首乙分、正奇叱火、挞不野、亏音若己、斡答剌、乙塞补、迪乌等等;称谓有"可毒夫";族名有粟末、号室、拂涅、安车骨、伯咄、虞娄、越喜、库说、莫曳皆等等;地名有忽汗、奥娄、湄沱、涑沫、泊汋、若忽、回跋、鄚颉、布多、奥喜、渤恪①等等。

笔者认为,上述这众多的名称单从其使用的汉字本身是无法弄清其含义的,因此,它们理应是靺鞨族语言的汉语音译。这也是渤海文化发展过程中为数不多的明显保留着本民族特点的地方之一。再从上述人名来分析,其中有很多是以"蒙"字结尾的,对于其原因,笔者赞同已故金毓黻先生的观点,即"渤海诸臣多以蒙字为名,……愚疑蒙字为靺鞨语之语尾,如满洲人名之用阿字也"②。还应该指出的是,上述人名绝大多数为渤海建国至康王大嵩璘时期的人名,并且与高仁义、高齐德、杨承庆、杨泰师、王新福、张仙寿、李元泰等汉化了的人名并存;而自定王大元瑜时起,用渤海语言的汉语音译作人名的现象已很少出现了。这一变化,反映出渤海国中期以后,随着中原内地封建文化的传入,本民族的语言已逐步为汉语所取代。

关于靺鞨族的文字《旧唐书·北狄传·渤海靺鞨》中指出,"渤海人颇有文字及书记";《新唐书·北狄传·渤海靺鞨》中也称靺鞨族"颇知书契"。这就是说,靺鞨族确实是用文字来记事和表达思想的。那么,靺鞨族使用的到底是哪种文字呢?从已出土的渤海遗物看,清代在上京龙泉府发现的"国学碑"上刻有"深契圣儒生盛于东观下瞰阙庭"等13个字,均为汉字;1960年在上京龙泉府发现的一枚铜印上刻有"天门军之印"5个字,亦为汉字;1949年在敦化发现的贞惠公主墓志和1980年在和龙发现的贞孝公主墓志碑文仍是汉字;多年以来,陆续在上京龙泉府、中京显德府和东京龙原府遗址内发现的砖、瓦及陶器上所刻的文字、符号等有250多个,其中除少部分特殊的异体字外,大部分文字还是汉字(正楷体)。再从《松漠纪闻》、《日本逸史》、《日本后记》、《续日本记》、《日本三代实录》等中外古籍中所保存下来的所有渤海文献、诗歌等文学作品来看,无一不是用汉字撰写的。上述史实明确告诉我们,靺鞨族也像唐代以前我国东北各少数民族一样,没有本民族自创的文字,而是通用汉字。

靺鞨族十分重视教育。早在唐玄宗开元二年(714年,高王大祚荣十七年),也就是渤海国与唐朝确立了君臣关系后不久,大祚荣便"令生徒六人入学"②。这是渤海王首次派遣留学生进入唐都长安求学,也是渤海国最先实施的发展教育的一项重要措施。此后,历代渤海王又多次派遣留学生赴唐学习。令人遗憾的是,在众多渤海留学生中,我国史书里记载其名的只有李居正、李永朝、高寿海、解楚卿、赵孝明、刘宝俊、高元固、乌度及乌光赞父子等寥寥数人。不过,上述几位却都是渤海留学生中的佼佼者,返回渤海国后都成了善于治国安邦的栋梁之才。如乌氏父子均在唐朝参加"宾贡试"(专为周边各少数民族及外国留学生而设立的科举考试),并先后取得了进士及第的佳绩;李居正返回渤海国后则因其"才绮交新"而"位在公卿",担任了重要官职。

靺鞨族同样重视渤海国教育的发展。他们陆续建立了相应的机构和各类学校。渤海国的中央统治机构中设有胄子监(相当于唐朝的国子监),是主管教育的最高机构;文籍院(相当与唐朝的秘书省),负责管理图书典籍以及撰写碑志、祝文和祭文等事宜。渤海国还仿照唐朝建立了国子学等中央官学以及算、律、书、医、航海、天文等各类专门学校。在渤海的国子学里集中了大批求学者,以至于出现了"儒生盛于东观"的繁荣景象;而渤海国各类专门学校则培养了大量专门人才。由渤海国自己培养出来的学生毕业后,许多人都受到渤海统治者的重用,成为善于治理国家的有用之才。如史都蒙、张仙寿官拜献可大夫司宾少令开国男,王文矩、贺福延、乌孝慎、杨成规等人担任政唐省左允,李兴盛为右猛贲卫少将,杨中远出任政堂省孔目,裴颐、裴璆及王龟谋等人均出任文籍院少监等等。

值得注意的是,无论是入唐求学的留学生,还是在渤海国内学习的学生,他们所接触的都是《诗经》、《尚书》、《易经》、《礼记》、《春秋》、《论语》等儒家经典著作,所受到的都是儒学的教育。渤海的学生们不但在学习期间熟读儒家典籍,而且毕业后还成为儒家文化的积极传播者。从这个意义上说,渤海国教育事业的发展也为儒家文化在渤海社会中的广泛传播和普及打下了良好的基础。

二、汉文化与文学

　　靺鞨族在与唐朝的密切往来中,受到汉思想的深刻影响,接受了汉文化,同时其文学素养也有了很大提高。

　　汉文化是指以儒家学说为核心的封建文化。有唐一代,汉文化不仅在中原内地居于主导地位,而且也长期濡染着居住在祖国东北边疆的靺鞨族。文王大钦茂时期,渤海国从唐朝引进了《唐礼》、《三国志》、《晋书》、《三十六国春秋》等汉文典籍。此后,靺鞨族便把这些典籍作为君臣们学习和熟知汉文化的主要教材,汉典籍中的许多内容也被广泛地应用到书信、人名甚至机构名称中去。例如,目前保存在中国史籍中唯一的一篇渤海王给唐朝皇帝的"贺正表"中有"远驰信币"③一句,"币"字源出于《战国策·齐策三》中"请具车马皮币"一句,指的就是古代人们用作礼物的丝织品;大玄锡五年(876 年),大玄锡致日本阳成天皇书中有"闻义则徙,君子斯宗"一句,"宗"字源出于《礼记·檀弓上》中"夫明王不兴,而天下其孰能宗予"一句,意为"尊奉";文王大钦茂的"茂"字源出于《诗经·齐风·还》中"子之茂兮"一句,意为"美好";末王大諲譔"譔"字,《尔雅·释诂》中解释其意为"敬";大聪睿的"睿"字源出于《礼记·中庸》中"唯天下至圣,为能聪明睿知"一句,意为"通达,看得深远";胄子监的"胄子"一词源出于《尚书·舜典》中"帝曰:夔,命汝典乐教胄子"一句;巷伯局的"巷伯"一词源出于《诗经·小雅·巷伯》,指奄官,又称寺人,即"内小臣也";左、右猛贲的"猛贲"一词是根据《尚书·牧誓》中的"虎贲"一词加以变通而成的等等。再从已发现的贞惠、贞孝两公主墓志来看,通篇都体现着汉文化的影响。上述两墓志的作者应为靺鞨族,他(们)十分熟悉汉文化经典并能运用自如。据统计,墓志内容中涉及的儒家典籍达数十种之多,主要有《大唐开元礼》、《诗经》、《易经》、《周礼》、《礼记》、《尚书》、《春秋》、《论语》、《孟子》、《晋书》、《汉书》、《三国志》等等。经专家考证认定,仅贞孝公主墓志内容中所反映出的思想、典故、词源等直接或间接地与《诗经》有关的就达 20 余处,与《易经》有关的有 10 余处;而墓志内容源出《礼记》、《周礼》的也有将近 10 条④。如"标同车之容仪,叶家人之永贞"一句中,"同车"一词源自《诗·郑风·有女同车》;"家人"一词源自《周易·家人》;"永贞"一词源自《周易·贲》。"动响环佩,留情组纴"一句中,"环佩"一词源自《礼记·经解》中"行步,则有环佩之声";"组纴"一词源自《礼记·内则》中"织纴组纴,学女事"一句。"丕显烈祖,功等一匡"一句中,"丕显"一词源自《诗经·周颂·执竞》中"丕显成康"一句;"烈祖"一词源自《诗经·商颂·烈祖》中"嗟嗟烈祖"一句,等等。靺鞨人不仅熟稔汉文典籍,而且还将儒家所宣扬的道德标准奉为行为的规范和准则,用以指导人们的思想和行动,甚至连官制的名称都要用忠、仁、义、礼、智、信来命名,可见其推崇程度之深。总之,上述事实充分说明,儒家思想已经深入到渤海社会的各个领域,儒家文化已在渤海社会,尤其是上层社会的王族和贵族中得到了广泛传播和普及。

随着渤海国教育事业的发展,不但儒家文化在靺鞨人中得到了广泛传播和普及,而且靺鞨人的文学素养也得到了较大提高,在文学上取得了令世人瞩目的成就。迄今为止,保存在中外史籍里的各种渤海文学作品大致可分为两类。

其一是文献类,包括渤海王给唐朝所上的贺正表 1 篇,渤海王致日本天皇的国书 16 篇、别状 1 篇,渤海国中台省致日本太政官牒 7 篇,渤海使臣致日本天皇笺 1 篇,谢状 1 篇。下面仅列举渤海国不同时期文献中的代表作 2 篇,同时亦列出唐朝皇帝敕渤海王书 1 篇,以便对其体裁形式及发展变化进行比较。

武王致日本圣武天皇书(727,仁安九年)

武艺启:山河异域,国土不同。延听风猷,但增倾仰。伏惟大王,天朝受命,日本开基。奕叶重光,本枝百世。武艺忝当列国,监总诸藩,复高丽之旧居,有扶余之遗俗。但以天涯路阻,海汉悠悠,音耗未通,吉凶绝问。亲仁结援,庶叶前经;通使聘邻,始于今日。谨遣宁远将军郎将高仁,义游将军果毅,都尉德周,别将舍那娄等二十四人赍状,并附貂皮三百张奉送。土宜虽贱,用表献芹之诚;皮币非珍,还惭掩口之诮。主理有限,披膳未期,时嗣徽音,永敦邻好。

贺正（年代不详）

三阳应律，载肇于岁华；万寿称觞，欣逢于元会。恭惟受天之祐，如日之升。布治惟新，顺夏时而谨始；卜年方永，迈周历以垂休。臣幸际明昌，良深卜颂。远驰信币，用申祝圣之诚；养冀清躬，茂集履端之庆。

文宗敕渤海王大彝震书⑤（838 年，唐开成三年）

敕渤海王大彝震：王子大昌辉等自省表陈贺并进奉事，具悉。卿代袭忠贞，器资仁厚，遵礼仪而封部和乐，持法度而渤海晏宁。远慕华风，聿修诚节。梯航万里，任土之贡献俱来；夙夜一心，朝天之礼仪克备。龙庭必会，鲲域何遥，言念嘉猷，岂忘寤寐！勉弘教义，常奉恩荣。今因王子大昌辉等回国，赐卿官诰及信物，至宜领之。妃及副王、长史、平章事各有赐物，具如别录。

通过上述 3 篇作品我们可以看出，它们所运用的体裁都是唐朝时期颇为流行的文体，也就是在魏晋南北朝时期的骈文基础上发展而形成的四六句近体文。这种文体的特点是：以偶句（双句）为主，讲究对仗工整及音律和谐，用词力求简洁精练。由此我们也可以看出，唐代文学对靺鞨人产生的较大的影响。就前两篇作品而言，武王致日本圣武天皇书属渤海国早期的作品，是已知渤海国最早的文献。该文不但层次分明地把通报本国情况、表达"亲仁结援"的友好愿望、介绍使臣身份及聘礼等多项内容在一封国书中完整地叙述出来，而且语言生动，文采飞扬，堪称佳作，具有较高的文学和史学价值。至于贺正表，史书中虽未确指其年代，但从其内容及风格来看，它显然应是渤海国后期的作品。在这篇作品中，作者用词十分考究，显示出很高的汉文学修养，因此，该文同样具有很高的文学价值。不过，该文也受到了形式主义的影响，过分追求辞藻，显得华而不实。

其二是诗歌类。包括杨泰师诗 2 首、王孝廉诗 5 首、释仁贞诗 1 首以及释贞素诗 1 首。尽管史籍中完整保存下来的靺鞨族诗歌作品只有区区 9 篇，但却篇篇都是佳作。

例如，杨泰师的《夜听捣衣》诗云：

霜天月照夜河明，客子思归别有情。厌坐长宵愁欲死，忽闻邻女捣衣声。声来断续因风至，夜久星低无暂止。自从别国不相闻，今在他乡听相似。不知彩杵重将轻，不悉青砧平不平。遥怜体弱多香汗，予识更深劳玉腕。为当欲救客衣单，为复先愁闺阁寒。虽忘容仪难可问，不知遥意怨无端。寄异土兮无新识，想同心兮长叹息。此时独自闺中闻，此夜谁知明眸缩。忆忆兮心已悬，重闻兮不可穿。即将因梦寻声去，只为愁多不得眠。

这首诗是杨泰师出使日本期间，居住于驿馆中，在月明之夜忽然听到邻家女子捣衣之声后，勾起思乡之情而创作的。作者诗中的"不知彩杵重将轻，不悉青砧平不平。遥怜体弱多香汗，予识更深劳玉腕"等诗句，既表达了对异国妇女日夜辛勤劳作的深深同情关切之意，又暗示了对远在家乡的亲人的思恋怀念之情。该诗主题鲜明突出，情感真挚细腻，语言朴实无华，格调凄婉苍凉，诗文通俗流畅，读来朗朗上口。杨泰师是大祚荣时期的一位武将，官拜归德将军。他身为武将，竟能写出如此上乘的佳作，足见其文学功底之深厚。

又如，王孝廉在他的《和坂领客对月思乡之作》诗中写道：

寂寂朱明夜，团团白月轮。几山明影彻，万象水天新。弃妾看生怅，羁情对动神。谁云千里隔，能照两乡人。

这首诗是王孝廉在日本期间，与日本诗人们的唱和之作。该诗的前四句描写了异国他乡的月夜景色，后四句则抒发了诗人虽身处异国他乡，但却倍加思念家乡亲人的强烈情感。该诗不仅用词恰如其分，而且情感深沉自然，令人读后能产生强烈的共鸣。尽管王孝廉在返回渤海国的途中不幸病故，但其渊博的学识和飞扬的文采却得到了日本各界的高度评价。

渤海国时期的诗人不仅仅有上述几人，像大氏王子（佚名）、王文矩、杨成规、裴颋、裴璆等也都是著名的诗人。尽管许多渤海诗人并未给后人留下任何诗篇，但他们仍得到了与他们同时代的唐朝及日本人的高度赞扬。例如，晚唐著名诗人温庭筠称赞大氏王子（佚名）是"盛勋归旧国，佳句在中华"。又如，渤海国后期的诗人裴颋因才思敏捷、出口成章而被日本诗人菅原道真誉为"七步之才"；裴颋之子裴璆则是"亦擅文藻如其父"，所以日本诗人们才称赞他的作品是"词露莹珠先点草，笔锋淬剑本藏松"（［日］《扶桑集》7）。

需要指出的是，唐朝是我国诗歌发展史上最繁荣的时期之一。据统计，仅《全唐诗》中收录的诗作就达48900余篇，这些诗篇出自2200余人之手，其中包括李白、杜甫、白居易、王维、刘禹锡、张九龄、温庭筠等一大批著名诗人。这种局面自然会对与唐朝保持密切往来的靺鞨族产生较大的影响。中唐著名诗人刘禹锡"渤海归人将集去,梨园弟子请词来"的诗句就是这种影响的真实写照。若把靺鞨人的诗篇与唐朝内地诗人的诗作加以对比的话就更能看出这种影响了。例如,杨泰师《夜听捣衣》诗的写法明显受到盛唐著名大诗人李白的"长安一片月,万户捣衣声。秋风吹不尽,总是玉关情"以及《捣衣篇》创作风格的影响;而王孝廉《和坂领客对月思乡之作》诗中"寂寂朱明夜,团团白月轮。……谁云千里隔,能照两乡人"的意境则与初唐著名诗人张九龄的"海上升明月,天涯共此时。情人怨遥夜,竟夕起相思"的意境十分相似。

如果说现存的渤海文学作品大都来自日本古籍,取舍与否尚带有当时日本统治者的好恶的话,那么,贞惠、贞孝两公主墓志则是渤海文学深受唐朝影响的最直接、最确凿的实物证据。上述两篇墓志也是标准的四六句近体文,除个别词句外,绝大部分在格式、用词上完全相同,应是出自同一作者之手。两篇墓志全篇结构严谨,叙事清楚,层次分明,文字简练,用词华丽,对仗工整,引典贴切,比喻得体,是现存所有渤海文献中最优美的作品之一,充分展示出靺鞨人高超的文学造诣,从其内容中我们可以更清楚地看出渤海文学所取得的成就。

三、艺术与体育

靺鞨人在艺术上取得的成就主要体现在书法、绘画与雕塑、音乐与舞蹈以及建筑等方面。靺鞨人不但精通汉字,而且书法水平也很高。如裴璆就是一位书法好手,曾被日本诗人誉为"笔下雕云不让龙"([日]《扶桑集》7)。目前所发现的刻有文字的渤海文物中,无论是文字砖、瓦还是墓志碑文,多为汉字楷书,不过也有个别字,如珲春马滴达出土的文字砖上的"斤"、"两"等属于草书体,而出土的铜印上所刻文字,如"天门军之印"等,则是汉字篆书体。但无论是何种字体,看上去都给人一种刚劲有力、端庄素雅、挥洒自如的感觉。从书法风格上看,1982年在贞孝公主墓地出土的一块文字砖刻有"会邦于广"四个字,其字体用笔圆熟,沉浑有力,明显带有唐初大书法家褚遂良的笔风。至于贞孝公主墓志碑文,则更是在吸收了欧阳询、柳公权等唐代书法大家及魏碑的某些笔法特点的基础上,"书写者集大家而又自成一体"⑥,充分向后人展示了盛唐时期书法的风韵和精髓。这也充分说明,在书法方面靺鞨人也非常善于学习和模仿唐朝人。

渤海国的绘画作品并不多见。1980年以前,人们仅在和龙河南屯渤海墓葬、敦化六顶山贞惠公主墓以及上京龙泉府周围少数遗址和墓葬中发现过,且多为较单调的忍冬花纹、卷云纹及花草图案的残片。1980年发现的贞孝公主墓壁画则首次将人物的形象完整地展现在人们的面前,从而填补了渤海国绘画方面的空白。该墓葬四壁共画有12幅彩绘人物画像,这12人中,既有仗剑、执挝、佩内弓的武士,又有怀抱包袱的内侍,还有手持乐器的乐伎,均为公主身边的下人。从形象上看,上述人物都是粉面朱唇,细眉小口,面容丰腴饱满,体态健壮强悍,显得栩栩如生,与唐永泰公主墓壁画中的人物形象极为相似,体现出人物形象以丰腴为美的唐代绘画风格;再从穿着打扮上看,壁画上的人物有的头戴展脚或折脚幞头,有的身着圆领宽袖袍服,革带束腰,有的则是足登麻屦或暗摸靴,与唐代人物画中的服饰风格并无二致。另外,1991年在黑龙江省宁安市三陵乡的渤海大型石室墓中也发现了精美的人物画像,仍是唐代绘画之风格。由此可见,渤海的绘画艺术已深受唐风之濡染。

较高的绘画艺术水平甚至一直延续到其亡国之后。据史书记载,金代渤海遗裔大简之曾以"工松石小景"而著称;王庭筠更是金代东北地区有名的画家,曾官拜书画局都监,他"尤善山水墨竹云"(《金史》卷126《王庭筠传》),其"画品甚高,山水有人品之妙,墨竹殆天机所到"⑦。

靺鞨人的雕塑作品保存下来的比较多。如上京龙泉府的石灯幢、大石佛、石龟趺、各种金属和非金属佛像、圈足灰陶砚、银质舍利盒等等;而在今吉林省境内也相继发现了石狮、铜佛、双人驭马铜饰等等。目前已发现的石狮有3尊,均出土于今敦化境内。其中两尊出土于贞惠公主墓,用花岗岩雕刻而成,通高分别为64厘米(雄狮)和60厘米(雌狮),造型为蹲坐式,前肢直立,后身蹲坐,狮鬃毛顶部卷曲,昂首张口作大吼状,显现出威武雄壮之神态,十分逼真。从造型效果、创作风格及雕刻技法等方面看,上述石狮与唐朝皇帝陵墓前的石狮非常相似,显然是受到了唐代中原内地风格的影响。此外,像贞惠、贞孝两公主墓志、众多文字砖瓦及瓦当等,既可视为书法艺术作品,也可以看成是雕塑艺术作品。

靺鞨先民的音乐属"北狄乐,皆马上之声,自汉后,以为鼓吹。亦军中乐,马上奏之"(《新唐书》卷12《礼乐志》),是一种留传于军队中的嘹亮高亢的鼓吹乐。建国后,靺鞨族音乐得到了进一步发展,在吸收了大唐音乐和高句丽音乐精华的同时,仍保留了本民族音乐的特色,从而更加丰富了我们祖国的音乐宝库。另一方面,渤海文王大兴四年(740年),已珍蒙出使日本时,在日本皇宫演奏渤海乐,从此,具有鲜明民族特色的渤海乐便传入日本,深受各界喜爱。为使渤海乐能在日本得到进一步的传播和推广,日本天皇还特派专使"往渤海国学问音声"。日本在其举行的重大活动中,往往将渤海乐与大唐乐等一起演奏。由此可见,渤海乐在异国他乡影响之大。与此同时,日本音乐也传入了渤海,从而为渤海乐的发展融入和增添了新的内容。渤海乐不但在渤海国时期长期盛行,而且一直到辽金时期仍经久不衰。例如,《金史·乐志》中便记载有渤海乐;金朝皇帝还下令全国各地"自明昌间,以渤海教坊兼习,……泰和初,……即以渤海、汉人教坊及大兴府乐人兼习以备用"(《金史》卷39《乐志上》)。

靺鞨人的舞蹈也是非常有特色的。据史书记载,当年,隋文帝杨坚为出使隋朝的人举行宴会时,其"使者与其徒皆起舞,其曲折多战斗之容"(《隋书》卷81《靺鞨传》),把靺鞨人的军旅生活用舞蹈的形式表现出来,因此而得到杨坚的称赞。建国后,靺鞨人积极吸收唐朝、高句丽以及日本等舞蹈的特点,从而促进了渤海舞蹈的发展。靺鞨人在举行重大活动时,往往都要载歌载舞,显示出他们是一个能歌善舞的民族。即使是在异国他乡,他们也仍然保持着这种闻歌起舞的习惯。例如,康王正历六年(799年),访日使大昌泰等人在日本桓武天皇为其举行的宴会上集体"列庭踏歌";宣王建兴四年(821年),访日使王文矩等人在日本嵯峨天皇为其举行的宴会上"所司奏乐,蕃客率舞"等等。渤海舞蹈在其亡国后仍然流行于其遗裔之中。例如,辽朝时期的靺鞨人"每岁时聚会作乐,先命善歌善舞者数辈前行,士女相随,更相唱和,回旋婉转,号曰踏锤"(《契丹国志》卷24《王沂公行程录》)。

渤海建国后,随着城镇建筑业的发展,其建筑艺术水平也有了很大提高。渤海国的建筑是很考究的。据考古调查发现,在上京龙泉府、中京显德府和东京龙原府的宫城内都有大型宫殿遗址,宫殿两侧建有配殿,各宫殿之间又有回廊相连通,周围散布着各种砖、瓦和彩釉建筑饰件。由此可以推断出,当时渤海国各都城内的宫殿建筑不但规模宏大,而且金碧辉煌。除宫殿外,还有官署和寝殿建筑,分别为官吏办公和王族居住之处。其中,在寝殿内的北侧增设了火炕,这种火炕以土坯垒砌烟墙及烟道,上铺石板作炕面,火炕的烟筒则置于房屋北侧的墙外,为石料砌筑,左右各一,互相对称。这种火炕的设置,一是解决了冬季人们居住时的取暖问题,二是可以提高房屋北墙(冷山墙)的温度,从而达到保持室内温度的要求。这里还值得一提的是渤海国的桥梁建筑艺术。据专家学者们考证,仅在上京龙泉府遗址附近的牡丹江江面上,可以确定的古桥址就有七八处,其中一座"七孔桥"(实际上是七墩八孔)全长160米,桥墩与桥墩之间的距离大约在17—20米左右,每个桥墩石块坍塌堆的范围竟达二、三十米[⑧]。在当时水深流急的牡丹江上能建造起如此规模的桥梁,可见靺鞨人的建桥艺术也已达到了相当高的水平。顺便指出,迄今为止,我们尚未在渤海国的其他京城附近发现桥梁遗址。笔者推测,这可能是由于渤海国的其他京城为都时间均较短,而且渤海国初期社会经济发展水平较低的缘故。至于渤海国的佛教建筑,后文将详细介绍,此处不再赘述。

靺鞨人在体育方面取得的成就主要反映在马球和蹴鞠上。马球又称"击鞠"、"击"或"打"。这项运动始于我国东汉时期[⑨],到了唐朝时期,在中原内地已非常盛行。马球的比赛方法是:参赛者分成两队,各乘坐骑,手持球杖(类似于现代的曲棍球或冰球杖),在鼓声之中往来奔跑、击球;球场两端各设一球门,每破门一次称为得一筹,得筹多者为胜。在马球比赛过程中,观众则互相预测比赛结果,以此来打赌。打马球实际上是一项娱乐性很强的军事体育活动。所以,它一传入渤海国,便立刻博得了世代"以驰骋为乐"(《宋史》卷491《渤海传》)的靺鞨族的喜爱,尤其是在上层社会迅速地普及开来。靺鞨人打马球的水平相当高,如宣王大仁秀时期的政堂省左允王文矩就是一位马球高手。宣王建兴五年(822年),王文矩首次出使日本就参加了一场高水平的马球比赛,并在比赛中以出众的球技赢得了日本朝野上下的一致好评。日本嵯峨天皇的《早春观打球》诗中形容王文矩打球时"回杖飞空疑初月,奔球转地似流星";而日本诗人滋野贞主在《奉和早春观打球》一诗中则称赞王文矩打球时"如钩月度冥冀阶侧,似点星晴彩骑头"。

蹴鞠即流行于我国中原内地的古代足球运动。蹴鞠本来也是一项军事体育活动,后来才逐渐推广到了民间。后又传入高句丽,史载其"人能蹴鞠"(《旧唐书》卷199上《东夷·高丽传》)。渤海建国后,继承了高句丽的这一体育运动之传统。由于蹴鞠不用马和球杖等就能进行,所以这项运动比马球更容易推广,也更容易为渤海国的普通百姓所接受。

四、佛教

佛教自西汉末年开始传入中国,经过数百年的发展,已逐步演变成为一种汉化了的外来宗教。到了唐朝,佛教的传播已达到了高潮。在东北地区,自东晋末期开始,佛教传入了高句丽,而靺鞨人中的粟末、白山等部都曾经依附过高句丽,因此自然也受到佛教的影响,再加上渤海的建国者大祚荣曾移居营州(今辽宁省朝阳市),直接接触过佛教,受到了很深的影响。正因为如此,当唐开元元年(713年)渤海国正式确立了与唐朝的隶属关系时,大祚荣就立刻派人前往唐朝请求"入寺礼拜"⑩。此后,佛教便逐步在渤海国得到广泛地传播,日趋兴盛,取代了原始宗教——萨满教的地位而成为渤海国最主要的宗教,佛教文化则成为渤海文化的重要组成部分。下面仅以今吉林省境内的情况为例,来说明当时佛教文化的发展情况。

今吉林省境内尤其是东部地区,曾经是渤海国的统治中心地区。据考古发现证明,这里和上京龙泉府一样,也有许多佛教建筑以及大量的佛教文物。

吉林省境内渤海国佛教遗址、遗物一览表

市(县)名	佛教遗址	佛教遗物	资料来源
和龙市	龙海寺庙址、高产寺庙址、军民桥寺庙址、东南沟寺庙址、贞孝公主墓塔基	泥佛像、铜佛像、铁佛像、供养头像、彩绘佛饰、佛衣珠饰、铁风铃、铁鼎	《和龙县文物志》
龙井市	仲坪寺庙址、水七沟寺庙址	白石雕佛像	《龙井县文物志》
珲春市	马滴达塔基、马滴达寺庙址、新生寺庙址、五一寺庙址、杨木林子寺庙址、大荒沟寺庙址、新农寺庙址、三家子良种场寺庙址、八连城东南寺庙址	浮雕石佛像、绿釉石佛像、铁佛像、铜佛像	《珲春县文物志》
汪清县	骆驼山建筑址、新田建筑址		《汪清县文物志》
敦化市	庙屯庙址	石狮(贞惠公主墓出土)、陶盂	《敦化市文物志》
安图县	神仙洞寺庙址、大东沟寺庙址、舞鹤寺庙址、碱场寺庙址、东清寺庙址、傅家沟遗址、崇实寺庙址		《安图县文物志》
蛟河市	七道河子寺庙址		《蛟河县文物志》
长白朝鲜族自治县	灵光塔	风铎	《长白朝鲜族自治县文物志》
白山市		铜佛	《浑江市文物志》

　　说明:资料来源栏中的各市、县文物志均为吉林省文物志编委会主编的内部资料。

　　从上表中我们可以看出,渤海国时期,今吉林省东部地区寺庙址的分布比较广泛,发现的佛教文物也多种多样,这就有力地证明了佛教文化在这些地区已经非常盛行。

　　在我国唐代,佛教大致可以分为三论宗、天台宗、净土宗、密宗、法相宗、华严宗、律宗和禅宗等宗派。有的学者在对渤海佛教遗址及文物的特点进行分析后指出,佛教的各个主要宗派都在渤海国传播流行过,"渤海的佛教,初期曾受了高句丽'三论宗'的影响,不久吸收中原的佛教宗派,净土宗成为主要宗派,到了晚期禅宗可能成为主要的宗派。"⑪

随着佛教在渤海国的传播与盛行,越来越多的靺鞨人成为虔诚的佛教信徒,于是在渤海社会出现了一个人数众多的重要阶层——僧侣,有的僧侣还成为颇有影响的高僧,参与渤海国的内外活动。例如,僖王朱雀三年(814 年),释仁贞曾作为王孝廉访日使团的录事出使日本,并从事佛事活动,日本嵯峨天皇授予他从五位下的官阶;建兴八年(825 年),释贞素曾从渤海国出发前往山西五台山,将日本天皇奖给日本僧人灵仙的百两黄金和书信捎给灵仙,同年又出使日本,将灵仙托他转交给日本天皇的 1 万颗舍利、新经两部及造敕五通等如数转交。

五、结语

从渤海国文化发展的历史轨迹中不难发现,靺鞨族所创造的文化具有以下突出特点。

首先,渤海国的建立者靺鞨族是一个非常善于学习的古代少数民族。遥想当年,无数的留学生和使臣们不辞劳苦,往返奔波于唐朝和渤海之间,把盛唐时期的封建文化带回渤海国并加以传播,使之比较全面而深刻地影响了渤海社会。因此,我们完全有理由相信,渤海文化就其总体而言,应该是盛唐文化在祖国东北边疆地区的"移植"。

其次,靺鞨族又是一个具有聪明才智、勇于创新的古代少数民族。正是由于他们在吸收盛唐文化、高句丽文化及日本文化的基础上又加以创新,所以才筑就了具有鲜明特色的渤海文化。例如,靺鞨人名中的靺鞨语使用汉字的音译,靺鞨人创造出蜚声中外、流传后世的渤海乐、渤海舞等等就是明证。

最后,还应该说明的是,尽管渤海文化在当时已达到相当繁荣的程度,但它对渤海社会的影响从深度和广度上看都是有限的。渤海文化虽然在其统治中心地区(也就是五京地区)已非常发达,但在其社会经济发展还很落后的边远地区则影响甚微;尽管渤海社会上层对渤海文化已非常熟悉,但广大平民百姓处于社会的最底层,深受压迫,根本无暇接触到渤海文化。正因如此,渤海文化的社会基础是很薄弱的,就像一座建立在沙滩上的楼宇,一旦受到外力的破坏,很容易在顷刻之间便土崩瓦解,迅速消亡。这也正是为什么我们今天找不到渤海国自身的文化典籍,其文化遗存也面目全非的根源之所在。

（原刊于《北华大学学报》（社会科学版）2007 年 2 月第 8 卷第 1 期）

【作者简介】

　　杨雨舒,男,1961 年生,辽宁省沈阳人,吉林省社会科学院历史所副研究员。

注释

① 《辽宁省档案馆辽海丛书》,辽沈书社,1984 年。

②⑦　金毓黻:《渤海国志长编》,社会科学战线杂志社,1982 年。

③　［宋］洪皓:《松漠记闻》,辽沈书社,1984 年。

④　王承礼:《唐代渤海国〈贞孝公主墓志〉研究(下)》,《博物馆研究》,1985 年。

⑤　［宋］李昉等:《文苑英华》,中华书局,1966 年。

⑥　李凌阁:《渤海国书法艺术初探》,《牡丹江师院学报》,1987 年。

⑧　魏国忠等:《谜中王国探秘——渤海国考古散记》,山东画报出版社,1999 年。

⑨　《辞海》,上海辞书出版社,1980 年。

⑩　王钦若、杨仁等:《册府元龟》,中华书局影印,1960 年。

⑪　许英子:《试论渤海的佛教宗派及其特点》,《博物馆研究》,1999 年。

下 卷

唐鸿胪井碑的历史

下卷导读

一方唐鸿胪井碑的历史,说起来让人感到心情沉重,令人难以释怀:

> 石驼承载千年史,
> 清亭覆雨不遮风。
> 劫掠深宫不得识,
> 众说论碑考无凭。

聊以这样一首短诗来概括唐鸿胪井碑的历史,来述说论碑学人心中的尴尬。一千三百多年前,唐鸿胪卿崔忻奉命前往"靺鞨"册封大祚荣,回程路径旅顺,凿井立碑,题名记事:"敕持节宣劳靺羯使鸿胪卿崔忻井两口永为记验开元二年五月十八日"。"此石在金州旅顺口黄金山阴其大如驼"。时至"光绪乙未冬",前任山东登莱青兵备道贵池刘含芳看出了鸿胪井碑的价值所在,"作石亭覆之"。然而"清亭覆雨不遮风",日俄战争期间,对东北怀有领土野心的日本军国主义分子,将石碑连同碑亭一起,劫掠至日本,作为"战利品"献给了明治天皇,藏进皇宫。

本书的下卷"唐鸿胪井碑的历史",收集了对唐鸿胪井碑本身进行研究和考证的论文。无须讳言,因为历史的原因,中国学者无法对原碑进行考证,所占有的第一手资料有限,陷入了"众说论碑考无凭"的尴尬局面。这一部分所选的论文与第一部分相比较,虽然也不乏力作,但是总体上看难免显得有些单薄,水平也参差不齐。

下卷分为三个章节,选编了 13 篇文章,把《唐鸿胪井碑大事记》和《大连地方唐鸿胪井碑研究文汇目录》作为附录,编排在书后。

一、碑的历史

在这一章节里编选了三篇论文,日本学者酒寄雅志的《"唐碑亭""唐鸿胪井碑"探秘》是姚义田最早翻译介绍到中国来的,对有关唐鸿胪井碑的文献作了详实的考证。

二、碑文释读

在这一章节里编选了王仁富和杜凤刚的两篇论文,对渤海使臣崔忻名字的释读,两人发表了不同见解。

三、考碑面面观

这一章节里编选的论文有八篇。是从不同角度研究和关心唐鸿胪井碑的文章,编者没有对这些文章再做细的分类。这些让编者一时难以细做分类的文章,恰好反映出来自不同阶层的广大研究者对唐鸿胪井碑的关心程度。

碑的历史

"唐碑亭""唐鸿胪井碑"探秘

[日]酒寄雅志 姚义田译

一、前言

日本对渤海史的研究启始于20世纪初的日俄战争。第一篇文章是关于旅顺口的靺鞨碑石。①由于文献史料的缺乏,靺鞨与战后发现的贞惠公主墓志、贞孝公主墓志就成为研究渤海史的重要金石文献。但是,靺鞨碑石现深藏在日本皇宫内,人们看不到。所以关于靺鞨碑石是个什么样子,碑文书写在碑石的哪个地方,总是弄不清楚。笔者有幸在近年新看到了关于这个碑石的资料,以此为素材,再次探讨靺鞨碑石的实体,及应给与什么样的历史评价。

二、所谓靺鞨

《旧唐书》卷一九九·渤海靺鞨传载:"睿宗先天二年,遣郎将崔䜣往册拜祚荣,为左骁卫员外大将军渤海郡王。"说的是731年(先天二年)唐朝派郎将崔䜣册封建立振国(《新唐书》卷二一九·渤海传为"震国")的大祚荣为左骁卫员外大将军②、渤海郡王。

696 年(万岁通天元年)松漠都督、契丹人李尽忠在营州(今辽宁省朝阳市)反叛唐朝。趁此机会,迁徙在营州的粟末靺鞨的酋长乞乞仲象和乞四比羽及高句丽遗民东走,目的是自立建国。唐朝武则天为阻止其建国,派遣李尽忠的部下、契丹降将李楷固讨伐乞乞仲象和乞四比羽。仲象的儿子大祚荣排除唐朝的武力,于 698 年(圣历元年)在粟末靺鞨的住地、现在吉林省敦化建立政权,自称振国。

武后去逝,中宗复位(705—709 年在位)。据《旧唐书》渤海靺鞨传载:"中宗即位,遣侍御史张行岌往招慰之。祚荣遣子入侍,将加册立,会契丹与突厥连岁寇边,使命不达。"唐朝的外交方针是要把振国置于自己的册封之下,但因契丹和突厥侵犯唐朝边界,唐朝与振国的交通阻绝,唐朝册封振国的目的没有实现。其后,契丹与突厥对唐朝的侵寇一直不断,711 年(景云二年)突厥的默啜可汗愿和唐朝和亲,唐朝和振国的关系也得到改善,唐朝再次册封振国。唐睿宗(710—713 年在位,实际是玄宗)于 713 年(先天二年)派郎将崔訢到振国,后大祚荣把渤海作为国号。

以上是文献中关于册封大祚荣的经过,崔訢在完成使命的归途中,路经今日的辽宁省旅顺。这是根据黄金山麓,巨石上刻的碑文得知的,即开元二年(714 年)五月十八日,持节宣劳靺鞨使鸿胪卿崔忻掘井两口,永为纪念。

这个碑石很早以前叫"鸿胪井碑"而为人们所知,现藏在皇宫御府之一"建安府"的前庭。所谓御府就是各次战役的纪念馆。最早是 1896 年(明治二十九年)为收藏日中战争纪念品而修建的振天府③。以后又陆续建了怀远府④(八国联军镇压义和团)、建安府⑤(日俄战争)、惇明府(日德战争、出兵西伯利亚)、显忠府(济南、满州、上海事变)。这些御府在战前为鼓励斗志而公开对外⑥,现在一般不对外开放,因此看不到这块碑石。但是1967 年(昭和四十二年)5 月 12 日渡边谅得到特别许可,调查了鸿胪井碑。

渡边氏因为什么原因能看到鸿胪井碑,不清楚。渡边氏 1901 年(明治三十四年)生,东京帝国大学毕业后,经大阪野村合股公司的介绍,于 1928年(昭和三年)入满铁,在资料科作调查工作⑦。其后任满铁参事,1945 年(昭和二十年)6 月任满州电气化学工业公司理事。离开满州后,曾任日本玻璃公司董事。参观"鸿胪井碑"时,在市来崎建筑事务所工作⑧。从这些经历看,渡边氏并不是专门的历史研究者。可是渡边氏对这个碑石很关心。他曾于1930年(昭和五年)与迟冢丽水(金太郎)考察过鸿胪井遗迹,推测这是渡边氏到皇宫看鸿胪井碑的一个原因。

不管怎么说,渡边氏亲眼所见的成果极为重要。渡边氏在《东洋学报》51卷1期发表了《鸿胪井考》一文,作为资料加以介绍。文章稍长,本文引用渡边氏对碑石和覆盖碑石的石亭现状的介绍⑨。首先是碑石。

"鸿胪井碑现在千代田内皇宫内建安府的前院,外有一石亭遮盖,保存良好,碑石为一巨大天然石。

碑石的岩石分类似叫珪岩为妥。褐色中夹有浅红色,这和旅顺一带的地质相一致。

碑石立在水平的地面上。看一下埋在地下的部分,就知道基础部分埋得多深。碑石正面宽300、厚200厘米,从地表算,高180厘米。碑身呈椭圆锥形,从姆指一侧水平看,碑的形体非常象一只轻握的右拳。第五节中叙述的光绪年间的题刻中,形容碑体,'其大如驼',真是恰如其分。为保护碑石修建了石亭。在碑石顶中央凿了一个坑,坑中央立有一个八角形石柱,用来支撑亭盖的中心部分。除此而外,整个碑石几乎看不出有人为加工的痕迹。

碑石的正面有纵120、宽130厘米大小的,不规则的,且比较开阔的劈开面,其左上角,距碑石顶30厘米处有崔忻的题记,刻在纵35、横14厘米的面积之内。分三行,从上往下写。从正面看,刻字面积和碑石的透视面积之比大约为1:80。无论是这个比率、碑石的形状,还是本节末尾提到的旅顺有自然形态的碑石,这个碑石同普通概念的碑碣不同,应视为摩崖碑的一种。"

其次是关于石亭:"石亭除顶盖外,用料全部是花岗岩石。柱心的间距为260厘米,顶盖为四阿式,四角的柱子,宽30厘米,柱上部嵌接断面为长方形的桁和梁,组成井形桁,用铁材加固,桁和梁的端部处理成出跳斗栱,桁和梁的下缘距地表230厘米。在井形桁上覆盖有举折平缓的方形亭顶,橡子向上聚集在一起,在其上置一个波形覆盆,在覆盆上再戴一个大石宝珠。亭顶的重量显得很重,中心立有八角柱,让碑石自身负荷亭顶盖重量,这大概免不了受到本末倒置的讥讽。亭顶上苫盖石棉瓦,其上抹有灰泥或水泥,用来加固。”

“正面的桁上用漂亮的楷书刻有‘唐碑亭’三个字,管理当局把碑石与整个石亭合在一起,叫‘唐碑亭’。在一角柱上刻有‘奉天金州王春荣监造’”。

“石亭外观颇有沉重感,不能说巨大,但给人以雄浑感,石亭对石碑来说是恰到好处的建筑。”

渡边氏叙述了碑石的形状,崔忻的刻字及后来盖在碑石上的亭子,“唐碑亭”题字。渡边氏又提到了后人在崔忻刻字的周围增刻的文字,这对研究渤海国家的形成和东亚的交通路来说是不可缺少的,有参考价值。但是也有许多不明确的地方。在第三节,笔者根据看到的新资料,对“鸿胪井碑”重新探讨一下。

三、关于“鸿胪井碑”的新资料

1.《唐碑亭记》

渤海史研究专家、著名学者鸟山喜一在《渤海王国的疆域》一书中提到“刻有唐碑亭的石桁是作为1904—1905年的日俄战争的战利品而搬移到宫中振天府的”[10]。《大连市史》中说这个碑“距光绪三十七年(此处有误,光绪只有三十四年——译者注)已有一千一百九十八年,同年由旅顺镇守司令官富冈定恭中将作为战利品献给皇室的”[11]。这个碑献给了皇室而被人们所悉知[12]。

具体记载搬运这个碑石经过的是防卫研究所图书馆收藏的《明治三十七、八年战役战利品寄赠文件》[13]。这个文件有二大册,第一册前面的目录如下:

宫中

(一)御纹章附函 三十八年九月七日交宫中。(下略——译者略,下同。)

（二）军舰用时钟一个 三十九年八月三十一日交宫中⑭。（下略）

（三）唐碑亭 四十一年四月三十日交给宫中。

附言：位于旅顺黄金山麓。

（四）八吋砲弹片外三十一廉 四十二年六月十五日交宫中。（下略）

（五）花瓶、文镇、砚各一个 三十八年五月三日献给皇后陛下（由山内少将献）。（下略）

（六）花瓶二个四十年十二月四日献给天皇陛下（由吴镇长官献）

这个目录墨写在海军十三行的格纸上，列举了交给宫中及皇族的日俄战争的战利品，其中第三条就是明治四十一年四月三十日交给宫中的"唐碑亭"，值得注意。这个唐碑亭"位于旅顺黄金山麓"，因与前文中提到的渡边氏的《鸿胪井碑考》⑮中所说的"唐碑亭"同名，让人想起本文使用的"鸿胪井碑"。带有"附言"的文件也收录在《明治三十七、八年战役战利品寄赠文件》，所以首先试探讨一下这个文件。

这些文件是海军大臣斋藤实给侍从武官长冈泽精的有关唐碑亭的调查材料：开头的通牒、斋藤实所记的《唐碑亭记》，之后是《关于唐碑亭旅顺镇守府搜集的考证信件》并附有《唐碑亭图略》、碑上的五个题辞和译文，还有《关于旅顺碑的调查》。文件后附有参考资料：学习院教授盐谷时敏的《旅顺唐碑记》，作者不详的《旅顺唐碑考》、"旅顺某乡绅"一说和碑的译文、旅顺镇守府收集的调查考证文件。

首先是通牒和《唐碑亭记》的有关部分。

"大臣［斋藤实］（花押）［村上格一］（印）"

［浅井］（印）

［加藤］（印）案五月五日发布济

　　　　　　　　　　　　　　　　海军大臣

送侍从武官长

［宫城内］（贴纸）（公文要删没时，以纸贴之上——译者注）明治三十七、八年战役战利品最近［按目录陈列于陈列场］（贴纸）向宫城内提出之关于唐碑亭之事如别纸，已经查核完了，请参考。

［官房 1916 号］谨此布达

再者关于唐碑亭在旅顺镇守府搜集的调查考证书类已分别包装捆好，呈送参考。

发送者注意：记事之别纸文字均需誊清后，送侍从武官长，本文件交海军部，写真及碑文拓本等以原物送侍从武官长。"

斋藤实的《唐碑亭记》：

"唐碑亭由碑和石亭组成，位于旅顺黄金山北麓港口东数百步处。碑是唐玄宗皇帝开元二年靺鞨慰问使鸿胪卿崔忻在此凿井两口，在其旁立碑以为永久纪念。

碑面五处刻有题辞。最早是前面说的开元二年崔忻凿井建碑时撰刻的。开元二年系我朝元明天皇和铜七年，距今明治四十一年（1908 年）一千一百九十五年。第二是明世宗皇帝嘉靖十二年布政司查应兆，其三是清高宗皇帝乾隆四年额洛图，其四是宣宗皇帝道光二十年耆英，最后是光绪乙未年即我明治二十八年清媾和之岁，清廷派遣的守备将刘含芳作石亭覆盖碑石之事由，在石亭柱题唐碑亭，丙申八月刘含芳建之事，乙未开建，第二年丙申竣工。明治三十七、八年之战役，我军占领旅顺，后在此地设镇守府管辖防备，乃此碑亭搬移到东京，今放置宫城内［搬移宫城内］（贴纸）［战利品陈列场］（贴纸）明治四十一年四月，海军大臣男爵斋藤实。"

这个文件同目录一样，墨写在海军用十三行格纸上。"发送者注意"栏中有"另纸悉皆誊清之后，送侍从武官长，本件留海军省"，通牒上有"案"字，通牒的开头和《唐碑亭记》的末尾 31 号中的文字贴有加墨笔点的纸片，这显然是在推敲起草文件，是草稿，由海军省审定，现此件由防卫研究所收藏。

看一下通牒部分，格线上部栏外有海军大臣斋藤实的花押，格线内的上段有海军次官加藤友三郎，中段有海军省副官村上格一，其下段为浅井印章。这个浅井就是当时任海军编的修浅井将秀[16]，从其职称来看，浅井是这个文件的起草者。经海军省内的禀议，这个文件的清稿于明治四十一年（1908）五月五日发布。

斋藤实的《唐碑亭记》首先说唐碑亭是由碑石和覆盖碑石的石亭组成，位于旅顺黄金山北麓港口东侧数百步处。这个碑是唐代玄宗皇帝时的靺鞨慰问使鸿胪卿崔忻在此地凿井两口,在其旁立碑纪念。并指出在这块碑石上共有五处刻有题辞。第一是开元二年(714 年),崔忻凿井时的题辞,开元二年相当于日本的和铜七年。第二是明世宗嘉靖十二年(1533 年)布政司查应兆的题辞。第三是清高宗乾隆四年(1739 年)额洛图的题辞;第四是清宣宗道光二十年(1840 年)耆英的题辞;第五是光绪帝乙未(1895 年)题辞,记叙守备将刘含芳作石亭,覆盖碑石的经过,并在石亭的石柱上题有“唐碑亭”三字和刻有丙申年(1896 年)八月刘含芳建,可知此碑亭是前一年乙未年开工,第二年丙申年竣工。

接着又说碑石迁置的经过。明治三十七、八年(1904、1905 年)日俄战争之际,日本占领旅顺,设置镇守府,负责防卫,并将碑石搬送到东京放置在皇宫院内。

《唐碑略图》的正面和侧面,画在一张薄纸上。附带碑上五个题辞的释文和译文。据《唐碑略图》附记,碑石高 170,最宽 300,厚 250 厘米,重 9.5 吨(这个碑石的尺寸与渡边谅测的有若干差异)。海军省又在附记后加记:“在此略图中说碑重量九吨半,这是根据唐碑在旅顺露出地面的部分推算的,与碑石实际重量有差异。明治四十一年四月海军省附记。”

以上是《唐碑亭记》所记的碑石概况,从其内容看,说的就是鸿胪井碑。

其中首先应该注意的是碑石的原来位置。在“旅顺黄金山北麓港口东数百步处。”这之前虽知道碑在旅顺黄金山北麓,但没有指出具体位置。而这个记述指出了碑石的位置,这很重要。

看一下靠近黄金山北麓的海岸,即日中战争和日俄战争爆发前的旅顺港地图,例如明治三十七年二月二十七日博文馆发行的《日俄战争实记》第二编附录的《最新旅顺口实侧图》的黄金山炮台的北麓,遗憾的是也没有标明碑石的位置。改变一下视点,再看一下渡边谅引用过迟冢丽水(金太郎)的《满鲜趣味之旅》[17]记述:“车来到黄金山下,观看造船厂内的鸿胪井古址。在靠近风平浪静的东港海边,夏草丛生的荒地,在看守人住的小屋后就是那口古井。铺有花岗岩的井桁,井壁用红砖砌的,直至水深处。因靠近海边,涨潮时,海水涌入,井水有咸味,但平时水汩洌且多,看了过去的旧志,说这个井是唐朝鸿胪卿崔忻凿的”,说明 1929 年(昭和四年),旅顺东港黄金山山麓岸边的造船厂内有鸿胪卿崔忻凿的井。与迟冢氏同行的渡边谅又附加说："遗迹在海军港内,黄金山的西北麓,距汀线约 50 米,可能是后代整地人在平地上打的一口井。"[18]又想起迟冢氏所说的"井边有海军中将富冈定恭氏撰文的鸿胪井石碑,建于明治四十四年十二月"。[19]再看一下《近代中国都市地图集成》[20]收录的 1918 年(大正七年)测绘旅顺地区黄金台西北麓,发现地图上标有"Ω"记号。这个记号,按该地图的凡例,是表示纪念碑的位置。这就是迟冢氏所说富冈定恭中将建纪念碑的位置。换言之,这个地方才是"港口之东数百步处",而且是在"井边",这就是鸿胪井碑石运到日本以前所在的位置。

将鸿胪井碑石献给宫中的负责人斋藤实后来成为日本首相,在二·二六事件中被杀害。这是众所周知的事情。有关他的文件保存在国会图书馆宪政资料室中。其中有一个大信封,上写"战后写真(旅顺口)十六枚"[21],第一张是旅顺镇守府,第二张是关东都督府陆军部,还有沉没于旅顺港的俄国舰船,共十六张。每张照片贴在一张台纸上,台纸上写有照片的题目,这些照片是由机关将校关重忠[22]拍摄的。其中第十五张是唐碑亭。从照片上看,这个石碑与《唐碑亭记》所附的《唐碑略图》完全相同,而且其上有石亭覆盖,碑亭的后面有砖建筑物、铺设的铁路,可以明确说明唐碑亭是在旅顺港口时拍摄的。这个照片保存了往时的状况,是极为珍贵的[23]。

这个照片与通牒后附言"发送者注意"中所提到的"照片及碑文拓本等实物皆送侍从武官长"中的照片也许是同一个。

据《唐碑亭记》,明治四十一年(1908 年)四月以前碑石已搬送到东京。这可证明渡边谅"推定原碑石于明治四十一年已在东京"的结论[24]。而这个碑石的搬出者是旅顺镇守府。可见《唐碑亭记》之后的《旅顺镇守府搜集唐碑亭调查考证报告》中的旅顺镇守府的提法是准确的。"旅顺镇守府"是 1906 年(明治三十九年)10 月 1 日由"旅顺镇口守府"改称为"旅顺镇守府",1914 年(大正三年)4 月 1 日废止。那么这个碑石搬到东京是在 1906 年 10 月以后。看一下附加的作者不详的某氏的《旅顺唐碑考》的记述,开始部分是"余去岁去旅顺旅游,从海军港务部长松村直臣君那里得知港务所内有古碑,请他介绍并前往参观"。可知某氏是由海军港务部长松村直臣的介绍后去参观唐碑亭的。这位松村直臣是 1905 年(明治三十八年)12 月 20 日至 1906 年(明治三十九年)9 月 28 日任旅顺港务部长㉕,那么碑石搬送到东京是 1906 年 10 月以后至 1908 年 4 月以前的事。

2. 五个题辞

继《唐碑亭记》之后的《旅顺镇守府搜集唐碑亭调查考证报告》还附有《唐碑略图》(以下简称《略图》)和碑上的五个题辞及题辞的释文、译文。《略图》前已提及,这里主要是探讨一下五个题辞。

为了方便,释文和译文并记并加若干解说。为了方便,释文上标出行数,渡边谅的释文(简称《渡》)、作者不详的《旅顺唐碑考》(简称《考》)。每个题辞都标有序号,解说中的序号也与之相对应。

首先是第一个题辞,并附释文(简称《本释文》)、译文。

释文(《考》中无释文)

1. 敕持节宣劳靺羯使鸿胪卿崔忻井两口

2. 永为记验开元二年五月十八日

译文:带着敕命的靺羯(称古代辽东为靺羯)慰问使鸿胪卿(官名)崔(姓)凿井二口永为纪念,开元二年五月十八日。

这是唐碑的主文,共二十九字。嘉靖十六年(1537)完成的辽东地志《辽东志》卷一·地理志载:"鸿胪井二在金州旅顺口黄金山之麓,井上石刻,有'敕持节宣劳靺羯使鸿胪卿崔忻,凿井两口,永为纪念,开元二年五月十八日造',凡三十一字"。多了"凿"和"造"两字。渡边的拓本和内藤的拓本都没有这两个字。也有人说碑文中写的是"崔忻",而《旧唐书》渤海靺鞨传是"崔訢",两者不一样。"忻"和"訢"可通用,谈不上是什么误写。但如果说碑文是崔忻自己写的话,那么还应该以"崔忻"为准。本释文及渡边氏的释文都把"靺鞨"的"鞨"释读为"羯"。这两个字,据《康熙字典》:羯音讦,鞨音冒,音既不同,其字义也完全不同:"羯"是去势的黑羊,或指匈奴的一个部族,而"鞨"是皮鞋,熟皮子的意思。而且在《五体字类》中也有把偏旁"革"写作"羊",不是"羯"字,应是"鞨"字。笔者寡闻,还不知道在其他地方有书写"靺羯"的例子。因此不是"靺羯",应释读为"靺鞨"。《旅顺唐碑考》(解说中简称为《碑考》)认为"靺鞨使"和"永"字之下有字,已漫漶了,整个碑文为三十个字。"永"字之下为"为"字。从渡边氏的拓本上可认出有"为"字。内滕的拓本,"永"字之下可见大概是"为"字的第五划"ノ",但是"鞣鞨使"之下看不出有字的痕迹。本释文分为二行,下面释读按三行书写:

敕持节宣劳鞣鞨使

鸿胪卿崔忻井两口永为

记验开元二年五月十八日

《碑考》说字的大小为"方一寸强"。《略图》说刻在石碑的中央。渡边氏说字写在"纵35、宽14厘米的地方。从石碑的整体来看,应是占地很小的。关于内容,后述。

第二个题辞

1. 嘉靖(《渡》:"靖"字后有"十"字。《考》:无"十"字。)……渤海(《考》:无"渤海"二字)……(《渡》:此处有"松"字,《考》:无字)

2 李钺……

3……(《渡》:此处为"圣母至",《考》:为"圣母至")黄井观太石……故迹何从

4 壮哉何其盛乎

5 余南巡至旅顺观(《渡》、《考》无"观"字)

6 风访古临黄《渡》:"黄"字加口……

7 井登奇石因……

8 得览唐崔鸿……

9 胪故迹口(《渡:为"白"字,《考》:为"自"字》壮兹口(《渡》、《考》:无字)

10 游畅焉……

11 嘉靖口(《渡》、《考》:无字)十二年三月十二日

12 布政(《考》:为"空"字)司右参议姑苏

13 查应兆记

译文:嘉靖(年号)……渤海……李钺因……观黄井大石……故迹何其状哉,何其盛乎,余南巡至旅顺,观风景访古,临黄井登奇石,因得览唐崔鸿

胪故迹□壮兹……游畅焉……嘉靖□十二年三月十二日布政司右参议姑苏（姑苏为地名，苏州出身人也）查应兆记。

这个题辞是明嘉靖十二年（1533 年）追刻的。"……"记号表示不能释读的，断续出现。题辞的地方，据《略图》，在碑石正面的下部，据渡边氏，题辞范围为纵 90、横 120（上部）、95 厘米（下部），13 行。《碑考》说："字形大小划一，方 2 寸至 3 寸。"

本释文开头的"嘉靖"下，只释有"渤海"二字，渡边氏在第 1 行的"嘉靖"之下释有"十"字，第 1 行的最下释有"松"字。从第 11 行"嘉靖"□十二年三月十二日"纪年看，也可能有"十"字，但是"嘉靖"之下的字迹不清，不能释读，嘉靖共四十五年，有十二年、二十二年、三十二年、四十二年，哪一个是呢？渡边断定是十二年。从拓本看，"靖"、"十"字有些龟裂，难以释读，"靖"和"十"字之间也没有多余的地方，可能是"嘉靖十二年"（1533 年）。后面的"松"字，据渡边氏的拓本，是"松"字笔画。

本释文第 3 行"黄井"之上，认不出字，渡边氏补认出"圣母□"。看一下拓本，也可能是"圣母"，不能断定。本释文第 5 行"旅顺"之下的"观"字。从拓本上看是第 6 行的第一个字，错行了。第 6 行的"黄"字，渡边氏加"□"，从拓本上看，多少有些难释读，但下一行紧接着是"井"字，就是"黄井"，没有必要再加"□"。第 9 行的第四个字，本释文加"□"，确认有字，但不能释读。《碑考》释为"自"，渡边氏释为"白"，反看拓本，可读为"白"字。"白"字下的第三个字，推定出是一个字，但渡边氏说拓本上看不见，渡边氏说的有道理。

这个追刻记有嘉靖十二年（1533 年）三月，查应兆访问旅顺时，来到井和碑石边，看到碑文的情景。这是后刻碑文中最早的。1461 年（天顺五年）完成的《大明一统志》[26]记有"在金州卫旅顺口上有题云唐开元时靺鞨使鸿胪卿崔忻所凿"，得知这块碑石在那时还存在。这个追刻的题者查应兆，在《辽东志》卷五、官师志的嘉靖年间中有传："直隶长州人，进士，右参议"。在同书卷二建置志中提到他挥毫写嘉靖九年（1530 年）六月创建的《增修学官碑记》一事，可以想见他是一个善长书法的人[27]。

第三个题辞

1. 镇守（《渡》：无"镇守"二字）奉天（《渡》："天"字处划□）等处《渡》：无"处"字）地方统辖满汗蒙古□□9《渡》、《考》：为"水师"二字）陆路

2. 都统将军总管

3. □（《渡》：为"陵"字，《考》为"五陵"二字）事务督理六边世袭一等轻车（《渡》：为"军"字）加五级

4. 纪录七次额洛图於□□□

5. 大清乾隆四年□（《渡》、《考》：为"岁"字）次已《渡》、《考》：为"已"字）未秋七月二十八日记

译文：镇守奉天等处地方统辖满汉蒙古□□陆路都统将军总管事务督理（以上官名）六边世袭一等轻车都尉加五级纪录七次额洛（以上爵勋位）图（姓）於□□□□□大清乾隆四年□次已未秋七月二十八日记。

这是乾隆四年（1739）追刻的。据《略图》，刻在崔忻文的右侧，十行，本释文不在意改行，变五行。字的大小，据《碑考》，"方一寸强"。但是也没有拓本。将本释文与见过实物的渡边氏的释文和《碑考》进行比较一下。

第1行的头二个字，本释文和《碑考》都释读为"镇守"，而渡边氏认为没有这两个字。在同行的"奉"和"等"字之间，本释文释为"天"字，渡边氏认为虽有文字痕迹，但没有释读，划一个"□"，在下边"等"和"地方"之间的"处"字地方，渡边氏认为没有字。第1行第十三、十四字"蒙古"和第十五、十六字"陆路"之间，本释文认为有两个字，但没有释读出来，渡边氏和《碑考》认为是"水师"两字。第3行第一个字本释文划□，渡边氏释"陵"，《碑考》释"五陵"。其下的"轻"和"都尉"之间，本释文和《碑考》都释为"车"，渡边氏释作"军"。第5行的"乾隆四年"下一个字也不能释读，作"□"，渡边氏读"岁"，当为妥当。但是渡边氏在其下的字作"已"，从干支来看，是"己"的误排吧。

这个追刻，只记有官名、爵勋位和姓，关于碑文的内容一点也没有谈及。译文把"额洛"也作为"爵勋位"，"图"只是姓，渡边氏认为"额洛图"是人名，其详细情况不清楚。

第四个题辞

释文：

1. 道光二十年秋九月

2. 督兵防堵嗅夷阅视

3. 水阵有巨石一（《渡》：无"一"字，《考》有"一"字）方开元

4. 崔公题刻尚存因随笔以

5. 志嘱水师协领德《渡》：无"德"字）特（《考》：为"持"字）员（《渡》；为"贺"字，《考》：为"货"字）觅

6. 匠镌（《渡》：无"镌"字）刻以垂（《渡》：为"镌垂"二字）其永

7. 太子少保盛京将宗室英书（后有"宫保尚书，"宗室"之印二方）

译文：道光二十年秋九月"督兵防堵（官名）嗅夷（人名）阅视水阵（当时旅顺口是清朝水师根据地，估计是检阅水师），见有一块巨石，尚刻有开元（唐朝年号）崔公题刻的文字，文字尚存，固随笔以志，嘱水师协领（北师官名、佐官位）德特员（人名）求匠镌刻，永久保存。太子少保盛京将宗室耆英书印印。

这个题辞是道光二十年（1822 年）追刻的，据《略图》，刻在碑文的右侧，纵43、横39 厘米的范围内[20]，七行。渡辺氏在第 3 行"巨石"与"方开元"之间脱漏"一"字，从拓本上看有"一"字。第 5 行渡辺氏也脱漏一"德"字，其下的"特员"二字，渡辺氏释为"特贺"，《碑考》释为"持货"。因缺乏根据，难以做出正确判断。渡辺氏虽然没有释读出第 6 行第二个字"镌"，但是将第五、六两字释读为"镌垂"。本释文将第五字划"□"。从释文看，其文意是"求匠镌刻"，释读为"觅匠镌刻"是不成问题的。渡辺氏的释文是校正上的过失吧。《碑考》说末尾的二颗印都是"方二寸"大小。

书写这个题辞的耆英是清朝宗室人，满州正蓝八旗，道光十四年（1834 年）任工部及户部尚书，翌年加封太子少保，道光十八年为盛京将军的耆英从在旅顺检阅水师的幕僚嗅夷那里听到崔忻在巨石上刻有文字的事，随挥毫书文，叫水军德特员找石工刻字。这时正值鸦片战争，英军舰队北上，攻略宁波、乍浦、舟山，溯长江而上，攻陷上海、镇江府。其后，清政府在沿海严加警备，耆英于1842 年（道光二十二年）作为钦差大臣在南京与英国交涉

讲和㉙。

第五个题辞

唐碑亭(这三个字刻在石亭上)

1. 此石在金州旅顺海口黄金山阴其大如驼唐开元

2. 二年至今一千一百八十二(《渡》:为"三"字,《考》:为"二"字)年其井已(《渡》:为"已"字)湮其石尚存光绪

3. 乙未年冬前任山东登来(《考》:为"莱"字)青兵备道贵池(《渡》、《考》:均为"地"字)刘含芳作石亭覆之并记 印 (此记事刻在巨石上)

覆盖碑石的石亭的柱上刻有:副将卫尽先游击广东香山霍良顺守备卫信先千总奉天金州王春荣丙申八月谷旦前任山东登莱道兵备道贵池刘含芳建

译文:唐碑亭

此石在金州管内旅顺海口黄金山阴,其大如驼,唐开元二年距今一千一百八十二年,其井已湮灭,其石尚存。光绪乙未年(明治二十八年)冬前任山东(省名)登(登州府)、莱(莱州府)、青(青州府)的兵备道台贵池刘含芳作石亭以覆之并记 印

副将卫尽先游击广东香山霍良顺守备卫信先千总奉天金州王春荣丙申八月谷旦,前任山东登莱青兵备道贵池刘含芳建。

这是光绪二十一年(1895年)冬的追刻。在碑石的正面,紧靠崔忻碑文的左侧。纵26、横11厘米,五行㉚。据《碑考》,字小,方五分。据这个题辞,得知井已湮灭。由此可知,前述迟冢氏1930年(昭和五年)看到的井,是后代人改造的,这是对的。

据《碑考》,刘含芳题写这个追刻并修建石亭的1895年(光绪二十一年,乙未)是清朝同日本的黄海大战、战败、旅顺沦陷、讲和条约后,将辽东半岛归还中国,担任守备的刘含芳担当保卫旅顺责任的时候。渡辺氏说:"碑石的原石大概是很早以前从黄金山高处崩落下来,滚到海滨附近山腰岩石裸露的地方。后来在碑石的下方打了二眼井。崔忻最先看到的是这块大石。匆匆过去一千二百年,光绪二十一年(1895年)左右当局议起对碑石

的保护时,大概因无法按原样去做,所以将山腰削成一块平地,把碑石放在平地上,盖了一个石亭,覆盖碑石。"[31]果真是这块碑石是从山顶上崩落下来,落在一个新地方吗? 不能肯定。

以上五个题辞中,关于追刻的四个释文,同渡边氏、《碑考》有许多不同的地方。而且渡边氏在碑石背面右部还发现有"凿|井、开元、万历"等字,这是万历年间追刻的。在碑石背面左部刻有"谷门、拾"字,本释文和《碑考》都没提及。因为没有查看碑石本身或拓本,所以不能论及这方面的题辞。

3.《关于旅顺唐碑的调查》

断定这个碑的年代显然是根据《关于旅顺唐碑的调查》。现就探讨一下该调查报告。尽管文字较长,还是适当择抄其必要部分。

"关于在旅顺黄金山下的唐碑,托内藤虎次郎查考古书籍和综合奉天清国政法学堂总弁彭谷孙及矿政调查局长总弁爽良等的意见,如下。"

这是《关于旅顺唐碑的调查》的最前面部分。由此得知调查有关碑文书籍的是内藤虎次郎。

内藤虎次郎就是众所周知的东洋史学泰斗内藤湖南[32]。内藤于1894年(明治二十七年)进大阪朝日新闻社,不久离开大阪朝日新闻社到万朝报工作,1900年(明治三十三年)7月末又回到大阪朝日。复职后的内藤于1907年(明治四十年)8月3日至5日在该新闻社举办的比睿山讲演会上作了题为《日本满州交通略说》的演讲,谈到了日本国同渤海的交通[33]。其中讲到第一代渤海王大祚荣被唐使节崔忻册封为渤海郡王的事,提到"当时去渤海的使者的事迹最近在旅顺发现,旅顺黄金山下有井,名叫鸿胪井",提到"这次发现的石"及"鸿胪井碑",并介绍了释文和拓本。

内藤湖南于1899年(明治三十二年)9月、1902年(明治三十五年)10月、1905年(明治三十八年)7月、1906年(明治三十九年)7月多次去清国。1905年大阪朝日新闻社评论员兼主任的内藤湖南原想调查藏在奉天文溯阁的《四库全书》和藏在黄寺的《满蒙大藏经》,并期望成为文部省的特派员。但是这个计划没有实现,只好寻求别的方法。幸好由于外务省政务局长山座圆次郎的尽力,得到外务大臣小村寿太郎的帮助,于同年6月1日作为外务省的特派人员来到满洲,还得到陆军方面提供的方便㉞。

7月9日内藤到大连,立即会见满洲军司令官山田(第十四师团长的山田忠三郎?)㉟,得到通行证。7月12日到旅顺,14日视察旅顺港。关于视察旅顺港的情况,在他的旅行记《游清第三记》中有记载:"14日拜会港务部,参观了霍拜达和毕拜来瑞托两舰,又参观了黄金山上的炮台及山下沉船。"㊱文中虽记述参观了黄金山四周,但一点也没提到"鸿胪井碑"。虽然归国后在比睿山的讲演中提到"这次发现的石"及"鸿胪井碑",但非常不自然,实际上内藤湖南受托调查"鸿胪井碑",看见了实物,并注意到碑石的史料价值,但在自己的日记中却没有记,也许是为保守机密吧。

1905年7月内藤来到满洲,这是当年3月奉天之战、5月日本海海战胜利之后的事。在这种情况下,外务省在极短时间内委托内藤为特派员,而且提供1500日元的资金㊲。内藤的任务是"调查满洲过去的行政组织、租税额及其他一般行政"㊳。这个任务对作为新闻记者、东洋史学者的内藤来说是不相称的,从其待遇上就可说明。

内藤最初想去满洲㊴,是因为知道东京帝国大学要派遣市村瓒次郎到满洲搞历史调查、鸟居龙藏搞人类学调查、伊东忠太搞建筑调查㊵。他们一行与内藤在奉天会合。他们不仅是调查日俄战争后的满洲情况,而且还仔细研究清朝的文化遗产。

但是,北京的内田康哉特命全权公使打电报给东京的外务省:"现在在奉天的内藤虎次郎是外务省的特派员吗?请回电"㊶,查询内藤的身份。所以这么做,大概是通过外务省由海军密秘委托内藤对旅顺"鸿胪井碑"进行鉴定,确认其史料价值,这成为日后将碑石搬送到日本的契机㊷。

这样确认了是由内藤湖南对鸿胪井碑文进行调查㊸,同时还向彭谷孙、爽良征求意见。据《最新支那官绅录》,㊹彭谷孙为清代的贡生,宣统元年(1909年)为奉天总督(当时锡良为东三省总督),后为奉天法政学堂监督㊺,1912年3月为高等审判厅丞,4月为护理奉天提法使。从其经历来看,是一个杰出的知识分子。爽良的经历不清楚。

问题是内藤等人的调查结果是怎样评价鸿胪井碑的。调查涉猎到《大明一统志》、《大清一统志》、《盛京通志》、《旧唐书》等,认为"此碑文于史有益"，如下。

"第一，应当说辽东稀有的一块唐碑与奉天宫殿院内的开元三年尊胜陀罗尼经幢都是与渤海有关。"首先评价说这个碑石与存放在奉天宫殿院内的开元二年（715年）的尊胜陀罗尼经幢都是渤海有关的文物。这是最早指出这个碑石与渤海有关。

内藤湖南归国后，将1905年5月在满洲拍的照片收录在《满洲写真帖》[46]一书中。其中第66幅[47]为"石经幢"，其下解说文是："盛京东华门外之八面石幢，俗称十面石，上刻尊胜陀罗尼，基座上雕人物像，其模糊的文字中尚可认出唐开元三年及沈州等字，盖为渤海初所建，在奉天省中[48]是仅次于毌丘俭讨高句丽碑、高句丽好太王碑、旅顺黄金井刻石的古碑。"从说明文字看，是内藤湖南首先对鸿胪井碑作出评价，这是没有疑问的。但是，村田治郎指出这个尊胜陀罗尼经幢后人"俗称十面石，内藤误解了在陀罗尼经的译者不空三藏名字的右上方酌'唐开元三朝'等字，应是辽代的经幢"。[49]由此看来，内藤把尊胜陀罗尼经幢与"鸿胪井碑"同等对待也未必是妥当的。

"第二，匡正大明及大清一统志的疏谬。"

内藤在此睿山演讲会上说："（鸿胪井碑）在明《一统志》和清《一统志》都有记载。清《一统志》说：'唐开元时靺鞨使鸿胪卿崔忻所凿'，并附有对其处的考证，说《旧唐书》渤海传所说崔忻的事与此所记略异。确实不一样。清朝的《一统志》是在书桌上完成的，看到旧书，按其通行的说法去写。明《一统志》也写作靺鞨使鸿胪卿崔忻所凿。清《一统志》虽提到与历史不同和疑问，但还是沿袭明《一统志》的说法，这是一点都不奇怪的。"[50]明、清《一统志》确实把唐朝使节崔忻误为靺鞨使，可以说这第二个评价也反映了内藤的观点。

"第三，鸿胪井碑是唐使节经由陆路山东、海路、再经旅顺到了今奉天地方的渤海国王居城的证据。"

把当时渤海国王的居城，也就是王都定在奉天，这确实耐人寻味。建立政权当初的大祚荣从营州东走到挹娄的东牟山筑城作为居住地，《旧唐书》渤海靺鞨传就有记载。这个东牟山从很早就有争议。据《沈阳县志》卷十·古迹条,东牟山在沈阳路这一说法始于《元一统志》,明代说在奉天东二十里[51],即天柱山下的沈州古城[52]。天柱山在现在沈阳东北十一公里,其山脚下有清太祖努尔哈赤和皇太后叶赫那拉氏的陵墓福陵(东陵)。

但是,内藤在此睿山讲演会上说渤海有五都,中京在宁古塔(现黑龙江省宁安)西南,上京在其北三百里处,东京在尼考里斯克(现俄罗斯乌苏里斯克市)、南京在舍春川(即海兰江——译者注)南岸的东古城子(吉林省和龙)[53]。由此看来,内藤也感到把渤海国的居城因此定在奉天附近有些不合适。这样的话,也许第三条只反映了彭谷孙和爽良的观点。

根据内藤等人的仔细调查,明确了唐碑亭即鸿胪井碑的史料价值,海军省遂将碑石献给宫中。

现在谈一下鸿胪卿崔忻碑文的拓本。目前流行的大体有三种。第一是内藤在《日本满洲交通略说》[54]中收录的鸿胪井刻石拓本。拓本的上部可看到有墨汁流渗的痕迹。第二是园田一龟在《满洲金石志稿》(第一册)[55]收录的唐鸿胪卿崔忻凿井记拓,墨浓,文字清楚。第2行最下的"永"字下面看不到有"为"字的痕迹。第3行的第一个字"记"的偏旁"言"的第一、二划明显地拓出来了,看得出整个加墨了。第三是渡辺谅的《鸿胪井考》[56]所载的《碑石正面拓影主要部》,将崔忻的刻文和光绪年间追刻的部分都拓出来了。通牒在"发送者注意"栏中说"照片和碑文拓本以原物送侍从武官长",可知是将照片连同碑文单页折本也就是拓本献给宫中,这就是渡辺氏发表的拓本。不会是既提供了"碑石正确拓影",同时也提供了碑石的摹本吧。不管怎样,大概这是最好的拓本。1912年(明治四十五年)3月20日内藤"午后参观了战利品陈列场,拜会大岛都督,在都督府看了崔忻刻石真拓本"[57]那么,渡辺谅的"碑石正面拓影主要部"也许与旅顺关东都大岛善昌的官邸所看到的崔忻刻石的真拓本是同一种拓本。

四、"鸿胪井碑"的再探讨

前节仔细研究了内藤等人的《关于旅顺唐碑的调查》,清楚了渤海史研究草创时期状况,颇有趣味。想起这些成就的同时,也想对碑文的意义再探讨一下。

崔忻为册封大祚荣而被派遣去渤海的事,本文前面提到的《旧唐书》渤海靺鞨传中提到此事。根据这个碑文,才知道崔忻的职务是"敕使节宣劳靺鞨使"、"鸿胪卿"。

崔忻奉敕前往大祚荣处。这个敕,从《旧唐书》渤海靺鞨传中的文脉看是睿宗发的敕令,但是,中华书局出版的《新唐书》卷二百一十九·渤海传的校勘记中说:"睿宗先天中,册府卷九六四作'玄宗先天二年',通鉴卷二一〇合,此误。"玄宗是先天元年(712年)八月接受父睿宗的让位而即位的,是玄宗下令派遣崔忻到振国去的。发敕的主体不是睿宗而应是玄宗。

崔忻是"持节",即"持着节",所谓"持节"在《宋书》卷三十九·百官志记载。晋代,"使持节,为上,持节,次之,假节,为下。使持节得杀二千石以下。持节杀无官位人,若军事得与使持节同。假节惟军事得杀犯军令者。"使持节与"二千石"同,意味着皇帝委命使持节战时的杀人权限定为郡的长官"太守"以下的人⑤⑧。在唐代,据《大唐开元礼》卷一百二十九·嘉礼中的"皇帝遣使诣蕃宣劳"的式次,为对入朝的蕃主"宣劳",由鸿胪客馆派使者⑤⑨,这时使者与拿着皇帝诏书的"持节者"同行。即在皇帝没有出御的场合,"持节者"近侍使者,在使者宣诏前,持节者"脱节衣",以向人们显示皇帝的权限已委派给使者。

因此,崔忻也拥有玄宗的权限,为传达皇帝的旨意去大祚荣处,其目的是"宣劳",即为"宣",授玄宗的敕而派遣崔忻去的。其宣劳的内容,《旧唐书》、《新唐书》有记载,是册立和宣慰大祚荣。

从其碑文看,大祚荣的"靺鞨"王已被唐朝承认,《新唐书》渤海传记载,大祚荣被册封为渤海郡王,"自是始去靺鞨号,专称渤海",与传说的自始不再称"靺鞨",只称"渤海",是相符的。可是《旧唐书》、《册府元龟》中,册封后称"渤海靺鞨"和在其国名再冠以"靺鞨"的也不少。

《旧唐书》渤海靺鞨传载:"渤海靺鞨大祚荣者,本高句丽别种也",就是一代表例。另外,《旧唐书》卷八·玄宗纪上·开元七年(719年)三月丁酉八日)条:"渤海靺鞨寇登州,杀刺使韦俊,命左领将军盖福顺发兵讨之。"卷一百九十九·新罗传:"(开元)二十一年(733),渤海靺鞨越海入寇登州,时兴光族人金思兰先因入朝留京师,拜为太仆员外卿,至是遣归国发兵以讨靺鞨,仍加授兴光为开府仪同三司、宁海军使。"卷九·玄宗纪下·开元二十六年(738年):"是岁,渤海靺鞨王大武艺死,其子钦茂嗣立,遣使吊祭册立之。"不管是在帝纪,还是在东夷传中,整个开元年间(713—741年)都写着"渤海靺鞨"。玄宗朝宰相李林甫(734—752年,开元二十二至天宝十一年在位)作注的《大唐六典》卷四·尚书礼部中提到"四藩之国",列举了七十余藩。"谓三姓葛逻禄处蜜同("同"当作"月"),……突厥奚契丹,远蕃靺鞨渤海靺鞨室韦和解",也写作"渤海靺鞨"。开元年中也有这样的事例,唐朝在渤海之后附加上"靺鞨"。《册府元龟》卷九七四·褒异一·开元六年(718年)二月乙酉(二十日)条:"靺鞨渤海郡王大祚荣遣其男述艺来朝。"卷九七一·朝贡四·开元十二年(724年)二月条:"渤海靺鞨遣其臣贺祚庆、来贺正,各赐帛五十匹,放还蕃。"称"靺鞨渤海"或"渤海靺鞨",这样事例也不少见。也有把渤海称为"靺鞨的例子,如《册府元龟》卷九七三·外臣部·助国讨伐:"(开元二十二年,734年)二月,新罗王兴光从弟左领、军卫员外将军忠信上表曰,臣所奉进止,令臣执节,本国发兵马讨除靺鞨,有事续奏者",新罗向玄宗的上表文中,把渤海称为"靺鞨"。但《新唐书》玄宗纪:"(开元二十年,732年)九月五日,渤海靺鞨寇登州,刺使韦俊死之,左领军卫将军福慎伐之",称之为"渤海靺鞨"。

靺鞨这一称呼最早是在《隋书》卷八十一·靺鞨传中看到的。在隋代靺鞨分粟末、白山、号室、伯咄、安车骨、拂涅、黑水七部,在唐代又称越喜靺鞨、拂涅靺鞨、铁利靺鞨、虞娄靺鞨、黑水靺鞨·说明靺鞨是多样的。在这些靺鞨诸部中,唐朝确认大祚荣建立的振国是新诞生的靺鞨诸部中的一个,所以加上"靺鞨",称之为渤海靺鞨"。

这种认识大概也传到了日本。《续日本纪》养老四年(720)正月丙子(二十三日)条:"遣渡岛津轻津司从七位上诸君鞍男等六人於靺鞨国,观其风俗。"说的是派渡岛、津轻的津司诸君鞍男等人去靺鞨国,观察其风俗。在这次派遣去靺鞨事之前,716年(灵龟二年)8月作为遣唐使入唐的多治比县守和阿倍安麻吕等人已回国,他们已知道有渤海国,唐人称之为:"渤海靺鞨"、"靺鞨"。归国后他们已报告，"靺鞨国"就是"渤海"。应看一下诸君鞍男等人考察的是靺鞨诸部中的哪一个部。如上所述，从附加有"靺鞨"来称呼渤海来看，《续日本纪》中的"靺鞨国"当是指渤海。

但是唐朝在先天二年（713 年）册封渤海郡王以后，玄宗送给大武艺的敕中写的是"敕忽汗州剌使渤海郡王大武艺"（第一首，开元二十年秋）⑩、"敕渤海郡王忽汗州都督大武艺"（第二首，开元二十四年春）⑪，都称"渤海郡王"，全没有再冠上"靺鞨"二字。玄宗致新罗圣德王的《敕新罗王金兴光书》中有"知欲於浿江置戍，即当渤海要冲"，⑫"且蕞尔渤海"⑬字句，只记"渤海"二字。这些敕书，就是所谓传达国王言语的记事敕书，就相当于现在的外交文书⑭，对册封的王或国家，要用正式册封名称呼。

关于崔忻，其履历的详细情况不清楚。据《新唐书》卷七十三下·宰相世系下，南祖崔氏的出身是河南府的府官法曹参军（事）（正七品下）⑮。根据鸿胪井碑文，崔忻任过"鸿胪卿"。《旧唐书》渤海靺鞨传，崔忻还有"郎将"一职。这两个官职是不一样的。最早的"鸿胪卿"是掌宾客及凶仪之事，是掌领典客、司仪二署的鸿胪寺的长官（从三品）。作为中央官厅的鸿胪寺的长官能自己去册封和到边疆蕃王之地，值得怀疑。另外，"郎将"只能是武官的亲府、勋府、翊府三府左右的郎将（正五品），所以崔忻应是其中一府的郎将。崔忻是由河南府的法曹参军进升郎将的，在任郎将期间，被派到大祚荣处去的，只限在这个时期加官，称"鸿胪卿"。

册立大祚荣为渤海郡王是中宗以来要做的事。再说，唐朝于 705 年（神龟元年）正月，派遣侍御史张行岌到大祚荣处招慰，祚荣也派子到唐朝入侍，大祚荣将要被册立。原来所谓"招慰"，如石见清裕氏所说，就是"招某地、集团、组织加入自己的管辖之下的意思。"⑯则天武后死后的唐朝与大祚荣关系和缓，希望渤海应尽快归属唐朝。

但是由于契丹与突厥连年入寇，大祚荣的使者不能入唐朝，关系始终不调顺。玄宗于 712 年（先天二年）8 月庚子接受父睿宗的让位而即位，玄宗就派崔忻去册立大祚荣。可以说这是迫于唐朝要加强同渤海的关系。在唐朝三百年中，外国使节派往唐朝的要比唐朝派往外边的使者要多，想起有人指出唐朝⑰向周边诸国传达皇帝敕书的使节多是宦官（品官、内使、中使)⑱,派遣武官的郎将,后又加官鸿胪卿的崔忻去渤海,可以看出即位不久的玄宗对改善周边关系的不寻常的积极性。

派遣崔忻去渤海的国际背景是唐朝与居住在营州西北饶乐水周边的游牧民族奚的对立。712 年(延和元年)6 月幽州都督孙俭同左骁卫将军李楷洛和左威卫将周以悌等率兵三万(《旧唐书》卷一九九·奚国传中说是十二万)袭击奚的首领李大辅所在的部落。奚于契丹的李尽忠于万岁通天元年(696 年)在营州发生反叛唐朝后,称臣于突厥。突厥于 630 年(员观四年)被唐朝灭掉,682 年(永淳元年)复兴,独立的东突厥的默啜部与则天武后对峙的同时,又策划同唐王室婚姻,采取软硬两手的政策。期望唐朝同它改善关系。孙俭侵攻奚,其意图是断绝它同突厥的关系。孙俭等与李大辅在硎山大战,战败,与副将周以悌为李大辅所擒,送于突厥默啜,遭杀害⑲。711 年(景云二年)正月,"突厥默啜遣使请和亲,许之。"⑳714 年(开元二年),"突厥默啜遣其子同俄特勤率众寇北庭都护府",㉑在西边侵寇唐朝,两国的关系不安定。这样,在孙俭等人在硎山被打败后二个月即位的玄宗期待大祚荣能够成为牵制奚的势力,只好派遣崔忻去册封。

但是陆路经由营州去大祚荣处受到奚的阻拦,崔忻只得经由旅顺。《新唐书》卷四十三·地理志七所引贾耽的《道理记》载:"登州东北海行,过大谢鸣、龟歆岛、末岛、乌湖岛三百里,北渡乌湖海、至马石山之都里镇二百里,东傍海壖、过青泥浦、桃花浦、杏花浦、石人汪、橐驼湾、乌骨江八百里。……自鸭绿江口舟行百余里,乃小舫溯流东北三十里,至泊汋口,得渤海之境。又溯流五百里,至丸都县城,故高丽王都。又东北溯流二百里至神州。又陆行四百里,至显州,天宝中王所都。又正如东六百里,至渤海王城。"说的是从山东半岛的登州(蓬莱)经庙岛列岛,经辽东半岛的马石山的都里镇,上溯鸭绿江,到渤海王都的里程。吴承志的《唐贾耽记边州入四夷道里考实》㉒卷二载:"乌湖海……今目为老铁山水道。马石山,名出晋世,至辽始称铁山。"渡过乌潮海(今日的老铁山水道)到马石山(老铁山)东的都里镇。崔忻在都里镇的一隅掘井并刻碑文。这个道就是以后《新唐书》渤海传中称之为"鸭绿,朝贡道也。"

五、结语

　　人们屡屡提到的"唐碑亭"即"鸿胪井碑",尽管是仅有二十九个字的石碑,但其史料价值是不可估量的。但是我们不知它的形状,崔忻刻的碑文书写在碑石的什么地方? 只是看到其拓本。这次从日本海军所保留的贵重资料中,大体释读出崔忻刻的二十九个字,及碑石当时在旅顺的位置,通过碑石的略图,或照片,对"鸿胪井碑"有一种实在感。这对渤海史的研究来说是出人意料的成果。借此机会,期待揭开渤海史研究新的一页。

（译自日本《朝鲜文化研究》第6号,1999年,原刊于《历史与考古信息》2001年第1期）

【作者简介】

　　酒寄雅志,男,1949年8月生于日本神奈川县,国学院大学栃木短期大学日本史学科教授。

注释

① 酒寄雅志:《近代日本和渤海史研究》,《渤海和古代的日本》,校仓书房。

② 《新唐书》卷二一九·渤海传:"睿宗先天中,遣使拜左骁卫大将军、渤海郡王",不见崔忻,大祚荣被册封为左骁卫大将军。

③ 《明治天皇纪》第九,明浩二十九年十一月五日条。

④ 《明治天皇纪》第十,明治三十四年十月十日条。

⑤ 《明治天皇纪》第十二,明浩四十三年四月八日条。

⑥ 《明治天皇纪,第十一,明浩四十年（1907年）三月十九日条、三月二十日条:侍从武官长冈泽精认为这些纪念馆"应是对教育有利的场所",在他的指教下,让东京、广岛两高等师范学校、女子高等师范学校教职员、学生参观了振天府。

⑦ 《满州人名辞典》中卷（日本图书中心）迟冢丽水认为渡边氏为情报科工作。迟冢丽水:《满鲜

趣味之旅》，大阪屋号书店，1930 年。

⑧ 《人事兴信录》第 26 版（人事兴信所 1917 年）。

⑨ 渡边谅：《鸿胪井考》，《东洋学报》51 卷 1 期，1968 年 6 月（中文译文见《辽海文物学刊 1991 年 1 期，译者注》）。

⑩ 岛山喜一：《渤海史上的诸问题》，风间书房，1968 年。

⑪ 《大连市史》，大连市政府，1936 年 9 月。

⑫ 东洋史家稻叶岩吉在《满州发达史》（大阪屋号出版部，1915 年）中提到"题名的碑石去年自我国收到东京宫城中。"

⑬ 请求记号 Ⅱ 日俄 37—552。

⑭ 《明治天皇纪》卷十一、明治三十九年九月二日条："在御座浏览了海军大臣斋藤实所献的钟及旅顺镇守府司令长官三须宗太郎所献的陈列品·侍从武官志》，与此条相对应。

⑮ 见注⑨。

⑯ 据秦郁彦：《日本陆海军综合事典》（东京大学出版协会，1991 年），浅井将秀（1864—1937 年）于 1903 年（明治三十六年）11 月为海军编修书记，1904 年（明浩三十七年）3 月为海军编修、海军大臣官房。

⑰ 迟冢丽水：《满鲜趣味之旅》，大阪屋号书店，1930 年，第 135～137 页。

⑱ 见注⑨。

⑲ 渡边氏指出："富冈中将作为旅顺镇守府长官是明治四十一年（1908 年）八月二十八日到明治四十三年（1910 年）十二月一日。……富冈中将在任职期间亲自将碑石东迁之后，在进行善后工作时而挥笔题写的吧。"但假如碑石是四十一年四月三十日拿到宫中的话，富冈与碑石搬运到日本一事就没有关系，富冈建纪念碑可能是别的理由。

⑳ 《近代中国都市地图集成》(9)大连（旧旅顺地区，1918 年），柏书彦，1986 年。

㉑ 《战后写真（旅顺口）十六张》（记号 426、427、513）。

㉒ 据古川利昭编：《帝国陆海军将官相当官名簿——从明治建军到战争终了》（朝阳新闻东京本社朝日出版社，1992 年）关重忠于文久三年（1863 年）十二月生于神奈川，明治三十八年（1905 年）一月十二日任机关大监，明治四十四年（1911 年）六月五日任机关少将，昭和二十年（1945 年）三月去世，关重忠在任海军少机关士的明治二十二年（1889 年）六月著有《英国海军水压机关说论》。明治三十五年（1902 年）以战舰"线间"号机关长的身份被派参加了英国女士维多利亚的加冕典礼，拍了航海片方面的照片 50 张，编为影像《渡英的影像》（发行、编集者中尾新太郎）、第二年出版，明治三十八年。十二月出版了日俄战争闭塞旅顺港的照片 114 张的影集《日俄战役海军写真、朝日之光》（博文馆），这些说明关重忠是位精通摄影的军人。拍摄日俄战争后的旅顺口照片，是向海军大臣斋藤实提出的吧。

㉓ 许明纲在《旅顺鸿胪井有关问题正误析——同瀛云萍先生商榷》（《大连大学师范学院学报》

1990 年 1 期)一文中指出,垣内良严所写的《旅顺市史序说》中附有鸿胪井碑的照片。许文中虽提到了照片一,但没说照片是谁拍照的。

㉔ 见注⑨。

㉕ 《日本海军史》第十卷、将官履历下(财团法人海军历史保存协会,1995 年)认为《旅顺唐碑考》的作者是内藤湖南、内藤访问旅顺是 1905 年(明浩三十八年)7 月 2 日,同年 11 月 17 日经奉天,1906 年 1 月 1 日由北京回国。内藤不像是在松村直臣的导引下参观唐碑亭的。《旅顺唐碑考》不是内藤所写。

㉖ 山根幸夫:《明清史籍之研究》,研文出版 1989 年 3 月。

㉗ 据渡边氏也引用的《中国人名大辞典》(商务印书馆,1921 年 6 月),查应兆是明正德年间(1506—1521 年)的进士、工部主事,历任山东参议、布政司。

㉘ 见注⑨。

㉙ 《东洋史大辞典》上卷,平凡社,1937 年,后临川书店复刻。

㉚ 见注⑨。

㉛ 见注⑨。

㉜ 三田村泰助:《内藤湖南》,中公新书 278,1972 年。

㉝ 内藤虎次郎:《日本满州交通略说》(睿山讲演集)1907 年,《内藤湖南全集》第八卷,筑摩书房,1969 年再录。

㉞ 内藤湖南:《游清第三记》,明治三十八年六月五日条(《内藤湖南全集》第六卷,筑摩书房,1972 年)。

㉟ 秦郁彦:《日本陆海军综合事典》。

㊱ 见注㉞。

㊲ 记有内藤旅行记《游清第三记》的笔记本中夹有二通文书,其中一通写有陆军次官石本新六的名子。文书中写道:对外务省特派员内藤和从者大里武八郎,"为调查行政方面的情况,得到去战地的许可。在不妨害军事的情况下,给予住宿、火车、轮船采用等方便。"可知陆军当局为了协助调查行政方面的任务,给予了特别方便。

㊳ 外务省外交史料馆所藏外务省记录。

㊴ 中见立夫:《日本的东洋史学黎明期的史料探求》(《清朝同东亚、神田信夫先生古稀纪念文集》,山川出版杜,1992 年)。中园英助:《鸟居龙藏传》,岩波书店,1995 年。

㊵ 见注①。

㊶ 外务省外交史料馆所藏外务省记录。

㊷ 迟冢氏在《满鲜趣味之旅》一书中,说鸿胪井碑是"黑板胜美发现的"。但并不能确认黑板在1905 年(明治三十八年)到旅顺的形迹,看来是迟冢氏将内藤和黑板弄错了,是迟冢氏的误解。

㊸ 内藤于第二年(1906 年)七月,作为外务省的特派员为"间岛问题史的调查",经由朝鲜赴东三

省。朝鲜调查完后,内藤于8月22日到奉天,一道滞留到10月16日,后于11月20日从大连回国。关于内藤滞留在奉天的三个月内的活动,中见立夫只看到了内藤的旅行记(《韩满视察旅行日记》),认为内藤在这个期间没作什么实在的事,在研究日中两国的外交文书,借览了存放在奉天故宫崇谟阁的《满文老档》。中见氏指出内藤与中国发生了麻烦(见注㊴)。内藤在这个期间虽没去旅顺,也可能对“鸿胪井碑”做了一些调查工作。

㊹ 《最新支那官绅录》,北京支那研究会编,富山房,1918年8月。

㊺ “总弁”和“监督”是同职的话,那么他在1908年已经是这个地位了。

㊻ 《满洲写真帖》,东阳堂,明治四十一年(1908年)六月。

㊼ 在《增补满洲写真帖》(小林写真制版所出版部,1935年6月)中为87、88号。

㊽ 《增补满洲写真帖》中,题为“在满洲”。

㊾ 村田治郎:《满洲的史迹》(座右宝刊行会1944年)。鸟居龙藏认为:“奉天市街中央八角形、刻有尊胜陀罗尼的石幢,用栅栏围住,其文字几乎磨灭,是什么时代的呢? 内藤先生认为是唐代的,现在看来是辽代的。”(《某老学徒的手记》,朝日新闻社,1953年。中园英助:《鸟居龙藏传》,岩波书店,1955年)。

㊿ 见注㉝。

(51) 《大明一统志》二十五卷:“东牟山在沈阳卫东二十里。”

(52) 南满洲铁道株式会社庶务部调查科:《满洲旧迹志》(下),1926年。

(53) 见注㉝。

(54) 见注㉝。

(55) 《满洲金石志稿》(第一册),南满洲铁道株式会社,1936年。

(56) 见注⑨。

(57) 内藤湖南:《奉天访书日记》(《内滕湖南全集》第六卷,筑摩书房,1972年)。

(58) 坂元义种:《倭的五王——空白的五世纪》,教育社,1981年。

(59) 石见清裕:《关于唐代的国书授与礼仪》,《东洋史研究》57卷7期,1998年9月。

(60) 石井正敏:《关于张九龄作敕渤海王大武艺书》,《朝鲜学报》112期,1984年7月。

(61) 见注(61)。

(62) 《文苑英华》卷四七一。注(60)。

(63) 《文苑英华》卷四七一。注(60)。

(64) 中林裕一:《论事敕书的传达》,《唐代制敕研究》收,汲古书院,1991年。

(65) 国学院大学教授土肥义和氏赐教。

(66) 石见清裕:《唐代的内附异民族对象规定》,《唐代北方问题和国际秩序》收,汲古书院,1989年。

(67) 见注(59)。

(68) 中村裕一:《敕书》。

⑲　《旧唐书》卷 199，奚国传。

⑳　《旧唐书》卷 8，玄宗本纪。

㉑　《旧唐书》卷 B，玄宗本纪。

㉒　《中华史地名著丛刊之三》，文海出版社，中华民国五十七年（1968 年）三月。

崔忻出使渤海时间考 | 赵评春

关于唐先天二年(即开元元年,713 年),崔忻出使渤海、册封大祚荣之事,文献及旅顺鸿胪井刻石均有记述。但由于文献语焉不详,加之当时正值睿宗与玄宗分头执政,"皇帝以听小事","太上皇以听大事"①,因而有关崔忻出使的具体时间,及此行究竟是受睿宗抑或是受玄宗所遣等问题,本文试图做一辨析。

考崔忻出使渤海之事,最早见于《旧唐书》,谓"睿宗先天二年,遣郎将崔訢(訢,据旅顺鸿胪井刻石为"崔忻",当以刻石为正)往,册拜祚荣为左骁卫员外大将军、渤海郡王,仍以其所统为忽汗州,加授忽汗州都督。"②《新唐书》亦记此事,只是在时间上未确指"先天二年",而云"先天中"③。先天年号是睿宗与玄宗共同执政时所使用的年号,只用了两个年头(即公元 712 年 8 月—713 年 12 月,故《新唐书》云"先天中",亦即《旧唐书》所云先天二年。因而册拜祚荣一事定在先天二年,大体是没有问题的。有人将此定在先天元年,其实并没有什么具体依据④。

至于出使的具体月份及其返回时间,金毓黻先生推测为(开元)"元年秋冬往","翌年春夏归。"⑤近年孙绍华则推测崔忻出使时间,"当在十一月份未正式'归政于皇帝',亦即改元开元之前",进而又说"在当时的交通条件下,往返不过半年左右"⑥。

按崔忻出使的具体时间,文献本有明确记载,大可不必推测。《册府元龟》云"玄宗先天二年二月……是月,封靺鞨大祚荣为渤海郡王……至是,遣郎将崔訢(忻)往,册命祚荣左骁卫员外大将军、渤海郡王,仍以其所统为忽汗州都督,自是每岁遣使朝贡。"⑦《资治通鉴》于玄宗开元元年二月条下云"以祚荣为左骁卫大将军、渤海郡王,以其所统为忽汗州,命祚荣兼都督。"⑧按此,定唐遣崔忻册封大祚荣之事于开元元年二月是没有问题的。旅顺鸿胪井碑刻于开元二年五月,是崔忻出使渤海归途经过旅顺时所留。可见自崔忻离京去往渤海,到由渤海返回至旅顺口,历时大约十五个月。这与张建章渤海之行往返所需时日大体相合。据其墓志所记张建章于"癸丑秋(文宗大和七年,833 年),方舟而东······明年秋杪,达忽汗州······岁换而返,九年仲秋月复命。"可见,张建章去时用了约一年时间,返回则用了八个月左右的时间。显然,这与金毓黻所论崔忻往返时间,和孙绍华推测只用半年之说,是大相径庭的。

关于崔忻出使的具体指派者问题,因当时睿宗、玄宗共同执政,究属是谁乃是一件无头公案,不经考辨,甚难说清。目前,比较流行的有两说,一说谓睿宗所遣⑨,另说谓玄宗所遣⑩。笔者之意倾向于后者,这可从鸿胪井刻石上得以确证,刻石云"敕持节宣劳靺鞨使鸿胪卿崔忻井两口,永为记验。开元二年五月十八日。"按睿宗与玄宗共同执政期间,睿宗"处分事称浩、令";玄宗"处分事称制、敕"⑪。此刻石明言崔忻受"敕"出使,显然,当为玄宗所遣。

综上所述,唐玄宗于先天二年(即开元元年,713 年)二月,敕崔忻出使渤海,正式对大祚荣册封,从而确立了渤海对唐朝的从属关系,为海东文化的繁荣和发展,写下了醒目的一页。

(原刊于《北方文物》1986 年第 3 期)

【作者简介】

赵评春,男,1955 年 5 月生,黑龙江省文物考古研究所基建考古办公室主任,大学学历,研究员。

注释

① 《新唐书·睿宗本纪》。

② 《旧唐书·渤海靺鞨传》。

③ 《新唐书·渤海传》

④ 津田左右吉著、陈清泉译《渤海史考》。

⑤ 金毓黻:《东北通史》。

⑥ 孙绍华:《旅顺鸿胪井题记刻石》,《社会科学辑刊》1979 年第 4 期。

⑦ 《册府元龟·封册二》卷 964。

⑧ 《资治通鉴》卷 210,玄宗开元元年条

⑨ 王承礼:《渤海简史》;津田左右吉:《渤海史考》。

⑩ 朱国忱、魏国忠:《渤海史稿》;金毓黻:《东北通史》。

⑪ 《旧唐书·睿宗本纪》。

走进历史教科书的唐鸿胪井碑 | 孙　玉　李成充

一、大连市第一个将唐鸿胪井碑纳入历史教学的学校

曾经位于现在大连市甘井子区营城子镇西小磨子村的"金州私立西小磨子公育两等小学校",是建国前大连市第一个将唐鸿胪井碑纳入历史教学的学校。该校的成立和所用教材均经中国奉天省行政公署教育司批准,建校时间是 1910 年春,校长是乔德秀。这是日俄战争结束以后,日本强占大连、旅顺时期,唯一的一所由中国人自己创办的学校。建校的第二年(1911 年)由校长乔德秀编撰的《南金乡土志》一书成书。书中直述原本坐落在旅顺黄金山下的唐鸿胪井碑刻石:"其石今为日本汽船载去。"乔校长的爱乡、爱国、反对日本侵占中国的教育宗旨,激怒了日本殖民当局,致使学校开办不到三年,就遭到了日本殖民当局的勒令停办处罚。

由乔德秀创办的金州私立西小磨子公育两等小学校"建校不到 1 年,四乡前来就学学童达 100 余人",按此推算在这所学校至少有 200 名学童,通过学校授课了解到了有关唐鸿胪井碑的历史。

创办了金州私立西小磨子公育两等小学校的乔德秀先生,是一位深得后人敬重的地方乡绅。关于乔德秀的其人其事,《金县志》(大连市金州区地方志编纂委员会办公室编纂,大连出版社 1989 年 5 月第 1 版)中有详细记载。

乔德秀,字芝三,号希真子,道光二十九年(1849 年)生。金州城西小磨子人,贡生。

幼年丧父,靠母亲节衣缩食入私塾读书。德秀勤奋好学,天资聪颖名震乡里。因其家贫,塾师段叶唐免收学费使之继续就读。后为奉养老母而辍学,设馆当童子师。同宗子玙惋惜其"此有用才,埋没良可惜",遂经常资助,使德秀在授课之余安心自学。光绪十二年(1886 年)童试名列榜首。

德秀治学严谨,为人谦逊,尝自云,"学问者,不得良师不能识途径;不获益友亦无以资切磋也。吾受益于师友多矣。"德秀与辽东知名人士多有往来,公认为辽东通儒。

光绪十八年(1892 年)前后,曾在省城盛京讲学,因有感于当时政治风云急剧变幻,无志于功名,庚子(1900 年)后返回故乡隐居。耳闻目睹列强侵略中国,尤其俄日相继侵占旅顺、大连后,他认为欲振兴中华,须传播中华文化。"爱国始于爱家,爱家始于爱乡"。"中国之所以任人宰割,皆失去教育之故也。"遂于 1910 年春创办"金州私立公育两等小学校",自任校长。建校不到 1 年,四乡前来就学儿童达 100 余人。

在租界内,敢于冲破重重阻力办一所中国人学校,传授祖国文化,深得社会各界有识之士的称赞。由于办学宗旨与殖民统治者意图相悖,未及 3 年,被勒令停办。德秀直至晚年,每忆及此,仍痛心疾首不已,引为终身恨事。

在办学课余,为不使南金文献湮没,教育学生爱家乡、爱祖国,着手编写乡土教材。搜罗古今书史,采辑旧闻,摘录《盛京通志》,询查父老见闻及租界衙署一览概况等书,拾遗补阙,据实考证。几经寒暑数易其稿,编纂出《南金乡土志》。志序中写道:"用以补吾乡五千年之缺点,即以浚本校两等生之灵明,庶几知爱乡即知爱国乎。"他把爱家乡和爱祖国统一起来,寓于教育之中。该书于民国 20 年(1931 年)石印出版。

德秀不畏强暴,勇于为民请命。1904 年日俄战争中,俄军不顾农民死活,欲割青苗饲马,德秀挺身而出,与俄兵据理力争,终使俄军改用青草喂马。日本占领后,强行从民田取土修河。德秀不顾个人安危,只身闯入日本衙署评理,迫使日本殖民当局收回成命。

德秀还著有《东北要塞鉴古录》、《营城子会土地沿革概略》、《忍堂治家规则》、《鸿指三生录》、《女箴》、《三芝启蒙》及诗文集若干卷。1916年9月12日病故。享年67岁。

二、历史教科书中的唐鸿胪井碑

由人民教育出版社编辑出版的初中、高中的历史教材先后收录了唐鸿胪井碑所记录的"唐玄宗授大祚荣为渤海郡王"的史实。如义务教育三年制、四年制初级中学教科书(试用本)《中国历史》第二册中有如下记述：

"7世纪末，粟末部首领大祚荣统一各部，建立政权。8世纪前期，唐玄宗授大祚荣为渤海郡王，从此，粟末靺鞨政权以渤海为号。渤海经济发达，和内地贸易往来频繁，都城上京仿长安城建造。渤海文化较高，史称'海东盛国'"。

经全国中小学教育审定委员会审查通过全日制高级中学教科书(选修)《中国历史》亦有相关记述如下：

"靺鞨和渤海国　靺鞨分布于松花江、黑龙江流域，主要以渔、牧为主。7世纪中期以后，靺鞨的黑水和粟末两部强大起来。8世纪前期，唐朝在黑水靺鞨地区设置都督府，任命其首领做都督。黑水靺鞨地区正式划入唐朝版图。

粟末靺鞨受中原封建文化影响较大。7世纪末，粟末部首领大祚荣建立政权。开元初，玄宗封大祚荣为渤海郡王，统辖忽汗州，加授忽汗州都督。从此，粟末靺鞨以渤海为号。渤海也正式划入唐朝版图。"

在历史教学实践中，为充实历史教学内容，各地方根据各地实际，编写出具有地方特色的乡土教材。辽宁教育出版社出版的《辽宁地方史》和大连教育学院史地教研组编写的《旅大乡土历史教材资料》，根据地方历史特色补充了全国统一教材的内容，对有关唐鸿胪井碑的内容做了进一步详细说明。如辽宁教育出版社出版的《辽宁地方史》对唐鸿胪井碑做了如下说明：

"713 年,唐睿宗遣鸿胪卿崔忻从海路,经旅顺至粟末靺鞨故地,册封大祚荣为左骁卫大将军,渤海郡王,加授忽汗州都督。…次年,崔忻归途又经旅顺,在旅顺口黄金山(一名黄山)下凿井两口,以为纪念。石上有石刻:'敕持节宣劳靺羯使鸿胪卿崔忻凿井两口,永为记验。开元二年五月十八日。'此石刻已被日本帝国主义掠去,现鸿胪井碑遗迹犹存,但已淹没。"

许多人通过历史课程的学习,对唐鸿胪井碑的历史有了了解。仅以大连地区为例,大连教育学院史地教研组编写的《旅大乡土历史教材资料》出版于 1978 年,按照教育部门统计平均每年招收 6—7 万初中生估算,30 年来,累计有近 200 万人直接或间接使用过《旅大乡土历史教材资料》和其它相关教材,学习了与唐鸿胪井碑有关的历史课程。

三、记载过唐鸿胪井碑的乡土资料

除了历史教科书之外,另外有一些乡土资料也有过关于唐鸿胪井碑的记述。据《金县志》记载,为了继续编纂《金州志》,"民国 24 年(1935 年)秋,由当时'会长'曹世科为首,邀集张文海、毕庶元、孙德徽、董万舟、毕维藩、孙宝田等七人组成益友社。他们模仿'竹林七贤',搜集整理地方史料,发行月刊。"这里所说的月刊叫《益友》。

据《益友》的编者之一,笔者的父亲孙保田回忆,《益友》曾对 1894 年日军在旅顺屠杀当地居民人数做过考证,对日本掠走唐鸿胪井碑亭的事实真相做过披露。因此激怒了日本当局,《益友》月刊发行 5 期后,于 1936 年被日本金州警察勒令停刊,全部月刊被烧毁,同时取缔了《益友社》的组织和活动。但是《益友》月刊所披露的唐鸿胪井碑亭被劫走的历史事实,已经在读者中产生了深刻影响。

1989 年 5 月成书的《金县志》"大事记"、登载了 1896 年金州厅海防同知(笔者案:即知县)王志修的"曲氏井题咏";1999 年 6 月成书的《旅顺口区志》的许多章节里也有有关唐鸿胪井碑的内容。

另外,旅顺博物馆、金州区博物馆、大连现代博物馆等地也有模刻的鸿胪井刻石和鸿胪井刻石拓本展出。

上述资料和陈列品、展示品,为更多人了解和研究唐鸿胪井碑的历史提供了方便。

2009 年 3 月 23 日于大连

【作者简介】

孙玉:大连市重点保护建筑专家委员会委员、副主任、大连地方史专家。

李成充:中国殷前史、地方史研究学者。

碑文释读

唐册封"渤海"使臣"崔䜣"名字辨析 | 王仁富

一、唐册封"渤海"出使大臣的名字之谜

《旧唐书·渤海靺鞨传》记载,公元713年,唐王朝"遣郎将崔䜣"远赴辽东册封"祚荣为左骁卫员外大将军、渤海郡王,仍以其所统为忽汗州,加授忽汗州都督,自是每岁遣使朝贡。"这是"崔䜣"说的依据。

714年5月18日,返京复命的"崔䜣"在辽东半岛最南端的旅顺黄金山凿井两口,刻石纪念。这就是珍贵的"唐鸿胪井刻石",留有29字刻文:敕持节宣劳靺羯使/鸿胪卿崔忻井两口永为/记验开元二年五月十八日。

"崔䜣"千里出使的经历使他成为"渤海"出生的"接生婆",29字刻文成为"渤海"出生最原始的石刻"接生记录",字字重千金,具有前所未有的不容置疑的真实性和权威性。

但是由于对29字刻文"断句"的不同,出现了使臣的名字为"崔忻"的另外一种说法。"崔忻"说把刻文断为:"敕持节宣劳靺羯使鸿胪卿崔忻,井两口,永为记验。开元二年五月十八日",把"忻"字上断,当作使臣的名字。"崔䜣"说把刻文断为:"敕持节宣劳靺羯使、鸿胪卿崔,忻井两口,永为记验。开元二年五月十八日",把"忻"字当"动词",作"开凿"讲。下断为"忻井两口",与"永为记验"相对。

《新唐书·宰相世系表二下》有"崔忻"，官职是"河南法曹参军"，与刻文"断句"产生的"崔忻"巧合，成为"崔忻"说的重要依据。与此同时《新唐书》上也有"崔訢"，①官职是"华州刺使"。因此《新唐书》也是"崔訢"说的重要"书证"。以书而论，"崔忻"出现1次，"崔訢"出现2次。

后来刻石被日本海军掠夺，于1908年4月30日藏入东京皇宫。1911年，富冈定恭在唐鸿胪井刻石遗址建立《鸿胪井之遗迹》碑。碑文是："唐开元二年，鸿胪卿崔忻奉朝命使北靺鞨，过途旅顺，凿井两口，以为记验。唐开元二年距今实一千三百年有余，余莅任于此地，亲考查崔公事迹，恐湮灭其遗迹，树石刻字以传后世云尔。大日本明治四十四年（1911年）十二月，海军中将从三位勋一等功四级男爵富冈定恭志（印）"碑文单独使用了29字刻文中的"崔忻"二字，作为使臣的名字。此"崔忻"已经不是作为讨论，而是作为使臣的名字在文章中正式推出。

二、明《辽东志》加字使臣的名字出现歧义

1537年，明毕恭《辽东志》著录"唐鸿胪井刻石"29字刻文时，误为31字；在"鸿胪卿崔忻"下多了个"凿"字，末尾处多了个"造"字。加字原因虽不明确，但客观上误导了"崔忻"有可能是使臣的名字。《辽东志》全文是："鸿胪井二在金州旅顺口黄金山之麓，井上石刻，有敕持节宣劳靺鞨使鸿胪卿崔忻，凿井两口，永为记念，开元二年五月十八日造，凡三十一字。"②

不言而喻，误加了"凿"字无意间会导致"崔忻"成了使臣名字的印象。但它也在"日"字下加了"造"字，此"造"字之加，肯定和使臣的名字没有关系，率意为之而已；所以"凿"字之加，同样有可能也是率意为之，和使臣的名字未必有关系。因为它毕竟没有单独使用过"崔忻"二字，又"误加"了两个字，而且也没有涉及和否定《旧唐书》，完全有辩解的余地。所以似乎还不宜说《辽东志》已经把"崔忻"当作了使臣的名字，尽管它有这种可能。

313

三、金毓黻先生以碑校书

清代学者杨伯馨在《沈故·旅顺石刻》中说:旅顺水师营中,有石刻一,长约今尺一尺二寸,宽半之。字三行,其文曰:敕持节宣劳靺羯使鸿胪卿崔忻井两口永为记验开元二年五月十八日。共二十九字。其字体颇似柳城石刻。考《旧书·渤海靺羯传》"睿宗先天二年遣郎将崔訢往册拜祚荣为左骁卫员外大将军、渤海郡王"云云。与碑文只隔一年。殆即是也。惟史名"訢"碑作"忻",稍有不同耳。③杨伯馨先生看到了"訢""忻"两字的不同之处,但未加可否,记异而不轻下断语的谨慎态度还是比较可取的。

此后论及"訢"、"忻"之异的是史学大师金毓黻先生,在其力作《东北通史》中说:"案刻石之崔忻,即《旧书》之崔訢,盖訢、忻二字以形似而误书,自当以忻为正。"

以后金毓黻先生在《渤海国志长编·卷十九·丛考》中再说:"案刻石之崔忻,即使渤海之崔訢,盖忻、訢二字以形似而误写耳。自当以忻为正。"在本卷中的另一处又说:"《旧书》记渤海事详于《新书》,故可证凿井记验之崔忻,即奉使册封之崔訢。而"訢"为"忻"字之误亦因此证明矣。"④

金毓黻先生按照"以碑校书"的惯例,导致"崔忻"名正言顺的成了使臣的名字,《旧唐书》上正确记载的"崔訢"反被认为是"误书""误写",失去了应该有的学术地位。

四、日本学者酒寄雅志对"崔忻"说的疑惑

日本学者酒寄雅志在使用"崔忻"说的同时,对"崔忻"的经历进行了研究。他在无意间清晰的触摸到"崔忻"和"崔訢"经历之间细微的差别和矛盾。

"关于崔忻,其履历的详细情况不清楚。据《新唐书》卷七十三下·宰

相世系下,南祖崔氏的出身是河南的府官法曹参军(事)(正七品下)。根据鸿胪井碑文,崔忻任过"鸿胪卿"。《旧唐书》渤海靺鞨传,崔忻还有"郎将"一职。这两个官职是不一样的。最早的"鸿胪卿"是掌宾客及凶仪之事,是掌领典客、司仪二署的鸿胪寺的长官(从三品)。作为中央官厅的鸿胪寺的长官能自己去册封和到边疆蕃王之地,值得怀疑。另外,"郎将"只能是武官的亲府、勋府、翊府三府左右的郎将(正五品),所以崔忻应是其中一府的郎将。崔忻是由河南府的法曹参军进升郎将的,在任郎将期间,被派到大祚荣处去的,只限在这个时期加官,称"鸿胪卿"。"⑤

为什么"这两个官职是不一样的"呢? 因为这不是一个人! 真实的唐鸿胪卿"崔䜣"从来就没有做过什么"河南法曹参军"(正七品下),而是"华州刺使"(正四品)、"郎将"(正五品)、"鸿胪卿"(从三品)。如果酒寄雅志能把这个"疑惑"扩大,进一步从"崔忻"和"崔䜣"的出生年上进行比较,"崔忻""未出生,先出使"的漏洞就一目了然了。

五、《辞海》翻出的学术结论

在苦苦的追求中,笔者幸运的想到:既然"崔䜣"和"崔忻"两说争论不休,而"凿井刻石"的 714 年是明确无疑的,为什么不以它做参照物,从两人的经历上进行考察,看谁更符合使臣 714 年"凿井刻石"的条件? 这样一想,笔者利用《新唐书》顺利的列出了"崔䜣"和"崔忻"的"世系表",又很容易的翻开《辞海》,查到了"崔忻"的高祖父"崔融"(653—706 年)的出生年。以此推算,714 年"凿井刻石"时,《新唐书》上的"河南法曹参军""崔忻"还没有出生,因此他不可能是册封"渤海"的使臣,也当然的不是使臣的名字。

《新唐书》上"崔䜣"的父亲是崔昊,祖父是崔行功。崔行功"唐高宗(650—683 年在位)时累转吏部郎中"。⑥唐高宗在位。崔䜣的经历与唐鸿胪井刻石 714 年立石没有矛盾。《新唐书》上"崔忻"的世系是:

从下表可以看出:"崔忻"是崔燮的第三子,崔燮是崔陵的第二子,崔陵是崔翅的长子,崔翅是崔融的第七子。崔融是唐代著名文学家,《辞海》有

崔融
[653—706]

| 崔翅 | 崔绍 | 崔缀 | 崔绢 | 崔单 | 崔琨 | 崔禹 |

崔陵

| 崔疑 | 崔燮 | 崔庀 |

| 崔忻 | 崔悦 | 崔玃 |
[河南法曹参军]

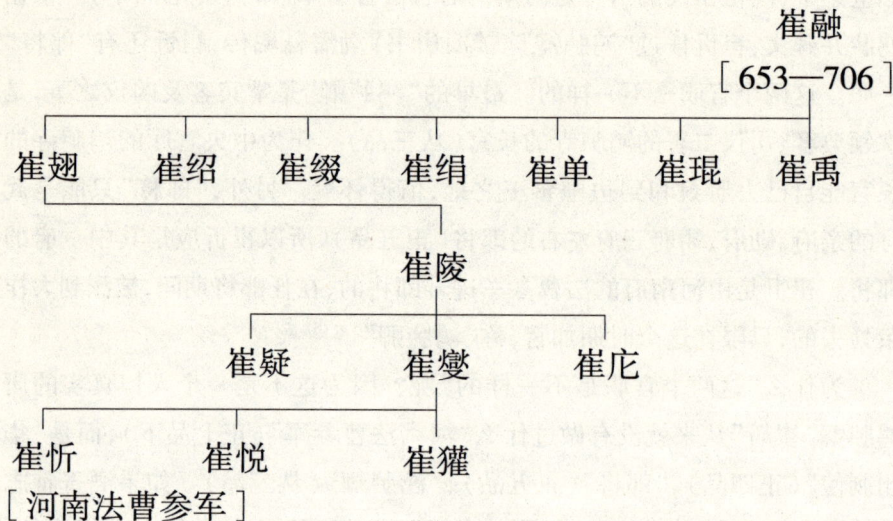

条目，其准确生卒年是653—706年。他的出生年653年与714年之间相差只有短短的61年。显而易见，714年当唐鸿胪井刻石在旅顺黄金山凿井立碑时，"崔忻"还没有出生。世界上不会有"未出生，先出使"的使臣，这个使臣可以是任何别的什么人，就是不可能是《新唐书》上"河南法曹参军""正七品下"的"崔忻"，他和唐鸿胪井刻石没有关系，只是29字刻文"误断"出的巧合而已。正是这种巧合，才使"崔忻"冒充了"使臣"许多年。

其实"使臣"的名字原本是清楚的，或者是不难弄清楚的问题。使臣"崔䜣"在《旧唐书》上有明确记载，无容置疑。但是，长期以来，人们只是因为29字刻文中有"崔忻"，《新唐书》上有"崔忻"，就对冒充使臣的"崔忻"一味的深信不疑，为了能够自圆其说，甚至把《旧唐书》上正确记载的"崔䜣"说成"误书""误写"。没有积极的设想再从其他新的角度去进行综合思考，也没有把"崔忻"的出生年与凿井立石的714年联系起来进行考察。我们的幸运就是对29字刻文"断句"的"语法"错误上对"崔忻"产生怀疑之后，不断的改变和丰富新的思考角度，终于从"崔忻"的经历，特别是从他的出生年上进行了自我否定。

六、《旧唐书》"误书""误写"的说法值得商榷

唐代重视修史,在贞观三年(629 年)设"史馆",先隶门下省,后来又隶中书省。史馆成为国家的重要部门,设监修总领其事,由宰相兼,可见重视程度。后晋继承了唐代修史的传统,所以才在短短十一年的历史中,用九年修成了《旧唐书》。监修原为宰相赵莹,书成时赵已出为节镇,故新宰相刘煦署名奏上。该书依据唐代的《实录》等资料编写成书,封建时代讲究"避讳",错写一笔有性命之危。试想在这样的重视修史的时代,严格选人,宰相监修的编辑队伍,层层校对的工作程序,重视写经,有专门抄工的书法培训,一笔有误,涉及到前途性命的势态下,唐代出使渤海使臣的名字,轻易"误书""误写"的可能性应该说不大;况且繁体"訢"的"言"字旁,基本上以"横"为主,且重复五笔之多;而"忻"字的"竖心"旁,却以"竖"为主。"横""竖"之间相差很大,两字的字形并不相似,"误写"的可能性恐怕就更小了。退一步说,字形相似的字,就能够"误书""误写"么,这恐怕是《旧唐书》不会接受的观点。

因此,在没有任何直接、间接的理由和证据证明确实"误写"了的情况下,仅仅因为刻石的"忻"和《旧唐书》上的"訢"不同,就"以碑校书"推断《旧唐书》之"訢"是"误写",似乎缺乏令人信服的理由和可以接受的根据。因为同样推理,也可以说刻石上的"忻"字是"误刻"呀? 当然刻石并没有"误刻",因为这个错误发生在对 29 字刻文的"断句"上。

七、29 字刻文告诉我们使臣的名字是"崔訢"

"以碑校书"是良好学风,但是运用时也有个是否恰当和正确的问题。有时碑固然没有错,但书也未必错。有可能是我们读碑时"读"错了。这时无论以碑校书,还是以书校碑,都可能会穿凿失当,削足适履,甚至以主观的

"错"去改客观的"对",反而失去了历史的原貌。唐鸿胪井刻石 29 字刻文"断句"的错误很可能是绝无仅有的一例。实际情况是:刻石当然没有错,《旧唐书》也没有"误写",而是学者们读碑文时"断句"错了,结果以错校对,不仅否定了《旧唐书》上"崔䜣"的价值,还落下个"误书""误写"之责,沉冤莫白。《旧唐书》实在是有点冤枉。

要想知道使臣正确的名字其实一点都不难,只要把唐鸿胪井刻石的 29 字刻文"敕持节宣劳靺羯使鸿胪卿崔忻井两口,永为记验开元二年五月十八日"和《旧唐书·渤海靺羯传》上"睿宗先天二年(713 年),遣郎将崔䜣往册拜祚荣为左骁卫员外大将军、渤海郡王,仍以其所统为忽汗州,加授忽汗州都督,自是每岁遣使朝贡。"53 字的记载互相对照,正确的"以碑校书"就能发现他们吻合的程度是那么密不可分,一字不漏:

时间:[刻石]开元二年五月十八日 (714 年)

　　[旧唐书]睿宗先天二年(开元元年) (713 年)

地点:[刻石] (旅顺黄金山)

　　[旧唐书]往册拜祚荣 (长安—蓬莱—旅顺黄金山—敦化)

人物:[刻石] 鸿胪卿崔

　　[旧唐书]遣郎将崔䜣

使命:[刻石]敕持节宣劳靺羯使

　　[旧唐书]册拜祚荣为左骁卫员外大将军、渤海郡王,仍以其所统为忽汗州,加授忽汗州都督

目的:[刻石]忻井两口,永为记验

　　[旧唐书]自是每岁遣使朝贡

刻石是权威的信物,《旧唐书》是权威的信史。29 字刻文和 53 字史书之间竟然这样丝丝入扣,达到了"天衣无缝"的境界。显而易见,除了 29 字刻文中的"鸿胪卿崔"和《旧唐书·渤海靺羯传》53 字中的"遣郎将崔䜣",还有谁会千里迢迢的去册拜,又在出使返京途中经过黄金山时"忻井两口,永为记验"呢?

历史的事实和研究的真谛不应该是"误解"的"以碑校书"去否定《旧唐书》中的"崔䜣",而应该是正确的"以碑证书",去肯定《旧唐书》中的"崔

訴"。刻文中的"鸿胪卿崔"就是《旧唐书》中的"遣郎将崔訢",这才是正确的"以碑校书"。

八、"读"出来的学术见解

笔者对"崔訢"名字之误的发现完全是"读"出来的。读书百遍,其意自现。

1994 年正月初六下午,偶然的阅读唐鸿胪井刻石 29 字刻文时,读完"鸿胪卿崔忻",下接"井两口"时,几次都读不下去,分析原因时突然间获得了一种感觉:是不是由于"忻"字上断,缺少动词做谓语才读不成句的? 因为在此之前,笔者同中外学者一样,也是一直把使臣的名字叫做"崔忻"的,人云亦云,已成定论,根本没有在刻文的"断句"上花费过心思。这次不同,有了新的感觉。再分析一下,"鸿胪卿崔"后边的刻文里有那个字适合做谓语呢? 算来只有"忻"字。这时,一个念头"闪现"出来:"忻"字有没有可能不是人的名字,而是动词,使臣鸿胪卿就是用它做谓语的? 想到这里,心里激动起来,急忙找出《说文解字》,一查,"忻"字果然是动词,"开也",并且引古文《司马法》的例句"善者忻民之善,闭民之恶。""忻"与"闭"直接相对,用的就是"开"义,这正合使臣"凿井两口"的本事。下断为"忻井两口",正好与"永为记验"相对。上断,反而失去了"谓语",不符合语法才读不下去的。直觉告诉我们:以前的"断句"失误了!

九、"忻"字上断的"断句"违反中国"语法"

为没有标点的汉文进行"断句",学名叫"句读",是一项很见修养和功力的事业。古语"离经辨志","识文断字"多是指此。相同的文字,如果断句不同,会产生歧义。"下雨天留客天留人不留"等都是众所周知的例子。"崔忻"的错误就是这样产生的。

关键是如何看待 29 字刻文中的"忻"字？如果把"忻"字上断，和"鸿胪卿崔"相连，"忻"就顺理成章的成了使臣的名字。正确的"断句"应当是："忻"字下断为"忻井两口"，与下文"永为记验"相对。

首先从字义上看。"忻"是动词，《说文解字注》："忻，开也。司马法曰：善者忻民之善，闭民之恶。""忻"与"闭"直接相对，用的就是"开"义。"开也，忻，谓心之开发。"忻，"从心从斤"，会意就是用"斤"（斧子）去打开心扉，故有"开"义。"忻井两口"，就是"凿井两口"，正合鸿胪卿凿井刻石的本事。

二从刻文所要表达的内容上看。二十九字刻文可分为四句话，末句点明时间；首句介绍人物；"永为记验"说明"凿井两口"的目的和意义；而最为重要的、刻文所必记的"鸿胪卿崔""凿井两口"的事实，就完全依靠二十九字中最后四个字"忻井两口"来表达了。"忻"当"开凿"讲，于字义允当。用"忻井两口"去表达"凿井两口"的内容，不仅顺理成章，言简意赅，而且词意优美，从修辞上看"忻井"比"凿井"更胜一筹。

三从语法上看。"忻"当动词，作谓语，全句才符合语法。"忻"字如果上断，下余"井两口"三字，是名词 + 数量词，明显缺少动词作谓语，不合语法，表达不了"凿井两口"的内容。这或许就是明《辽东志》在著录刻文时，在"忻"下误增了"凿"字的一个原因吧。日本学者渡边谅在《鸿胪井考》中对此解释说"这是因为作为文章来说确实需要有这个字"。[7]说明他也感觉到把"忻"字上断当做人的名字时，句子缺失谓语，所以才主张加动词"凿"字。

四从刻文所要介绍的出使人上看。有"敕持节宣劳靺鞨使鸿胪卿"的头衔，出使人是谁已经呼之欲出了，再补充"开元二年五月十八日"的时间限定和旅顺黄金山的地点限定。综合这些信息，此时、此地、此事、此石、此文已经把出使人介绍得一清二楚了。因为"敕持节宣劳靺鞨使"，唐先天二年只派此一次，天底下只此一人。不加"鸿胪卿"和"崔"姓都已经是明确的，唯一的。绝不会有一丝一毫含混不清了，根本用不着拉动词"忻"来胡搅蛮缠，冒充使臣了。

五从"称姓略名"模式上看。"称姓略名"是中国古代互相间称呼的惯例,是应该有的修养和礼貌,多以姓、以衔、以职、以字、以号、以地等来代指代称,绝少有直呼其名的情形。崔訢刻文周围的明清题刻也反映出这个习惯,仅说"登奇石因得览崔鸿胪故迹"(明嘉靖十二年)"开元间崔公题刻尚存"(清道光二十年)⑧曰"崔鸿胪",曰"崔公",没有一处是"提名道姓"的。明代阿什哈达摩崖(吉林市)也是职衔十姓,仅书"骠骑将军辽东都指挥使刘"⑨也是"敕持节宣劳靺羯使鸿胪卿崔"的遗风。

六从行文心理上看。出使大臣应扬天子之威,切忌题名道姓的为个人树碑立传,这是很危险的事。称衔称姓已经足矣,没有再"题名道姓"的道理。如果崔公自书,显得不谦恭;他人代书,显得不敬畏。以情理度之,29字刻文中的这个"忻"字很不应该是人的名字。

七从行文对仗上看。"忻"字上断,以三对四,不合文法。下断,以四对四,即是行文的规律,也是断句的惯例。

八从文体上看。摩崖题刻都比较短,相对看刻制难度也大,不同于碑刻长文,可以从容不迫地刻制和观赏。简洁、明白、易读、易懂、易看是其重要特点,不允许做晦涩的修饰和铺陈,否则大杀风景。"忻井两口",比较清楚明白,易知易懂,符合摩崖文风。"忻"字上断,落下"井两口",显得含混不清,文理不通。

九从词义看。井是古今一致,词义比较固定的基本词汇,经常是名词作宾语,因此与井配搭的动词极多:"凿井"、"穿井"、"挖井"、"掘井"、"砌井"、"投井"、"跳井"、"淘井"、"打井"、还有本刻石的"忻井",已有10种之多。由此可见,井是宾语做不了动词,"井两口"是名词+数量词,没有动词,表达不了"凿井两口"的内容。"井井有条"的"井"都不是动词。"井两口",突兀生硬,让人莫明其妙? 不解其为文何意,"井"还有三口、四口的么?

十从诵读看。"忻"字下断,"忻井两口,永为记验。"读起来流畅自然,顺理成章。"忻"字上断,下余"井两口,永为记验。"以三对四,拗口难读,缺少动词,没有谓语,不合语法。增文解经,愈加文理不通。行文如此晦涩艰深,十足地暴露出古汉语水平的低下拙劣。普通文人,都有辱斯文,何况出使四方,不辱君命的出使大臣? 谁能想象优秀的唐鸿胪卿的文学水平会拙劣到如此程度？这恐怕是连崔忻自己都不会同意的断法。

我们只要吟咏品味一下刻石的 29 字刻文，就立刻会欣赏到鸿胪卿精致准确优美含蓄的文笔。"敕持节宣劳靺鞨使鸿胪卿崔忻井两口永为记验开元二年五月十八日"。在短短 29 字中，交代时间"开元二年五月十八日"，用 9 个字，准确到日。地点，因为有刻石点明，所以一字不费。使臣的官衔，使节的级别，肩负的使命，册封的对象，民族是非常重要的，所以必须记载清楚准确，面面俱到，一字不少，"敕持节宣劳靺鞨使鸿胪卿"，11 个字，是用字最多的一句。立碑的事由用了 4 个字"忻井两口"，看似记实，用意却很深远。目的用了 4 个字。"永为记验"4 个字重要至极，表面说的是"忻井两口"，实际说的是渤海国诞生这件非常重要的开国大事，是我鸿胪卿来完成的，非常含蓄而又言简意赅。使臣自己姓名只用了 1 个字，志姓而已，因为在此特定的情况下，使臣是谁已经非常清楚准确了。至于略去名字，不单是为了节省，而且包涵着谦虚和尊严。对于"凿井两口"这件事，没有用直白的写实的"凿井"，也没有使用常用的"穿井"、"挖井"、"掘井"、"砌井"、"投井"、"跳井"、"淘井"、"打井"、而是使用了非常得体又很优美的"忻井"，大概还没有第二个人这样用过。总观这 29 字刻文，重要的地方，一字不少。无关之处又一笔不着，要言得体，疏密适当，文字修养达到非常崇高完美的境界。

"忻"字下断，"崔忻"就不复存在了。《吕氏春秋·察传》说古人"凿井"，得一人；无独有偶，今刻文"断句"，又得一人，"崔忻"之误可以作为"断句"失误的一个非常特殊的例子了。

十、"訢""忻"是同源字也挽救不了"崔忻"说

笔者也注意到："忻"本作"訢"；"忻、訢、欣"三字是同源字。欣：笑。欠，用"口"表示；忻：喜也。用"心"表示。訢：喜也，用"言"表示，简化为"欣"。"欣、忻、訢"三字"实同一词"。⑩因此有"鸿胪卿崔訢（忻）井两口"的说法。表面看似乎可行，但是"忻、訢、忻"三字是不是同源字，并不影响

"崔訢"与"崔忻"之间的对错取舍。因为,即使"訢"字有许多个同源字也无妨。只有《旧唐书》上记载的"遣郎将崔訢"是刻石"鸿胪卿崔"的名字。而29字刻文中的"忻"字,充其量是"訢"字的同源字。但不是"鸿胪卿崔"的名字,而是"忻井两口,永为记验"的"忻"。"忻"和"訢"可以通用的说法,不仅"崔訢"说不能接受,就是过去的"崔忻"说也没有接受过。连外国学者酒寄雅志也说:"有人说碑文中写的是"崔忻",而《旧唐书》渤海靺鞨传是"崔訢",两者不一样。"忻"和"訢"可通用,谈不上是什么误写。但如果说碑文是崔忻自己写的话,那么还应以"崔忻"为准。"

现在,既然已经知道714年凿井立碑时河南法曹参军"崔忻"还没有出生,继续讨论"忻"和"訢"可以通用的问题已经没有意义。显而易见:即使"忻""訢"这2个字可以通用,那么"崔忻"和"崔訢"这两个人,一个是"河南法曹参军",一个是"华州刺使",不同时代,不同官职,不同名字的两个人,难道还可以互相"通用"吗?

余　论

依据《康熙字典》:"訢"字除了有《唐韵》、《集韵》的"许斤切"的读音,还有《集韵》"虚其切"的读音,字义是"蒸蒸日上"的意思,"《礼记》天地訢(xi)合,阴阳相得。訢读为喜,犹蒸也。言乐感动天地,使二气蒸动也。"这个字义也适宜做人名。为了区别起见,笔者建议是否可以考虑取"訢"字"虚其切"的读音,把册封"渤海"使臣唐鸿胪卿崔訢的读音定为"CuiXi"。

(原文标题为《唐册封"渤海"使臣"崔訢"名字四百年的跨国大讨论》,为
2005年8月王仁富向唐鸿胪井碑研究会主办的"首届唐鸿胪井碑中日
学术研讨会"提交的论文;曾刊载于2004年《白城师范学院学报》第18
卷第2期,作者署名金杰、王仁富。本文标题为编者所加,内容有删节。)

【作者简介】

王仁富,男,1941 年 10 月生。东北师范大学中文系毕业。白城师范学院教授。

注释

① 《新唐书》,中华书局,1975 年,第九册,第 2740、2784 页。

② 毕恭:《辽东志·地理》,《辽海丛书》,辽沈书社,1985 年,第 362 页。

③ 杨伯馨:《沈故·旅顺石刻》,《辽海丛书》,辽沈书社,1985 年,第 307 页。

④ 金毓黻:《东北通史》,《社会科学战线》编印,1980 年,第 257、470 页。

⑤ [日]酒寄雅志:《关于"唐碑亭"即鸿胪井碑的几个问题》,《朝鲜文化研究》1999 年第 6 号;姚义田译,《历史与考古信息》,2001 年 1 期第 118 页。

⑥ 《全唐文》卷 175,上海古籍出版社,1990 年,第 784 页。

⑦ [日]渡辺谅:《鸿胪井考》,原载《东洋学报》第 51 卷 1 期,1968 年;姚义田译,《辽海文物学刊》1991 年第 1 期,第 151 页。

⑧ 《文史资料专辑》,民革大连市委员会编印,1992 年,第 19 页。

⑨ 陈相伟等:《金碑汇释》,吉林文史出版社,1989 年,第 200 页。

⑩ 王力:《同源字典》,商务印书馆,1982 年,第 89 页。

唐鸿胪井碑文释读 | 杜凤刚

唐鸿胪井碑文由 29 个字分三行竖写构成：

> 敕持节宣劳靺鞨使
> 鸿胪卿崔忻井两口永为
> 记验开元二年五月十八日

碑文上短短的 29 个字记录了这样一段史实："睿宗先天二年，遣郎将崔訢往册拜祚荣为左骁卫员外大将军、渤海郡王，仍以其所统为忽汗州，加授忽汗州都督，自是每岁遣使朝贡。"（《旧唐书》卷一百九十九下、列传第一百四十九）

《旧唐书》上"郎将崔訢"的记载与唐鸿胪井碑文上"鸿胪卿崔忻"的记载之间，产生了"崔訢"与"崔忻"的差异，因此引发了到底是"崔訢"还是"崔忻"的讨论。"崔忻说"的观点是："以碑校书"，改正《旧唐书》上的误记，当以"崔忻"为正。"崔訢说"的观点则是：碑文上的"忻"是动词，由于解读碑文时断错了句，故使"崔忻"的记述被错误地延续下来。"崔訢说"认为："忻为动词"的主张，解决了一个长期困扰学术界的难题。

尤其是在近几年，"崔訢说"的呼声越来越高，并且动员了舆论，赢得了部分学者和一些媒体的赞誉，在不少报刊杂志上和一些著述里，发表了相关的报道和论述，对"崔訢说"给予了肯定，在社会上产生了不小的影响。

唐鸿胪井碑文的释读，是对唐鸿胪井碑进行全面研究的一项基础性工作,不能准确地解读碑文,将会给基于碑文的后续研究带来影响。

本文想从以下几个方面谈一点对唐鸿胪井碑文释读的意见。为了避免叙述上的混乱,本文将"崔訢说"的提法,根据其所主张的具体内容改称为:"訢为动词说"。

1. "訢为动词说"误读了《说文解字注》的原文

"訢为动词说"的唯一"证据"原出对"訢,开也"的解释。这个证据来自清朝段玉裁的《说文解字注》里的注解。然而,读过相关论文之后,令人不无遗憾的是,让我们得出这样一个结论:"訢为动词说"误读了《说文解字注》的原文,并且对《说文解字注》部分内容的理解,也不够全面或者可以说是错误的。

"訢为动词说"在1995年最先发表"訢为动词"这一观点的论文中说:

> 与刻石有关的不可思议的事,是崔公的名字之谜。虽然《旧唐书》已明记为"崔訢",但中外学者们视而不见,从日本富冈定恭海军中将在其亲撰"鸿胪井之遗迹"碑文中首用"崔訢"之后,一律写作"崔訢"。显而易见,"訢"字来自刻石,误会产生在"断句"上。如果"訢"字往上断,与"崔"相连,就成了人的名字。实际上这个"訢"字是动词,当"开凿"讲,不是人的名字。《说文解字·心部》"訢,开也。司马法曰:善者訢民之善,闭民之恶。""訢"与"闭"直接相对,用的就是"开"意。"訢"字不应上断为"崔訢",而要下断为"訢井两口"。这既是本事的纪实,又与下句"永为记验"对仗。"訢"字上断,余下"井两口"三字,文意含混不明,令人费解,不合摩崖简明直白的文风,也不合行文对仗的规律。"訢"字作谓语,全句才符合语法。作"开凿"讲,文意允当优美。①

在这篇论文之后,先后又有几位学者发表了几篇支持"訢为动词说"的文章,基本观点没有任何改变。2004年另有一篇题为《唐册封"渤海"使臣"崔訢"名字四百年的跨国大讨论》的论文发表,顾名思义这篇论文意在全面总结阐释"訢为动词说"。文中再一次引用了《说文解字注》,并且对《说文解字注》做了更大胆的解释:

"忻"是动词,《说文解字注》:"忻,开也。司马法曰:善者忻民之善,闭民之恶。""忻"与"闭"直接相对,用的就是"开"义。开也,忻,谓心之开发。忻,从心从斤,会意就是用"斤"[斧子]去打开心扉,故有"开"义。"忻井两口",就是"凿井两口",正合鸿胪卿凿井刻石的本事。②

为了方便说明,并全面了解《说文解字》对"忻"的记述,我们把[汉]许慎的《说文解字》和[清]段玉裁的《说文解字注》两本书中,有关"忻"字内容的全文如实地抄录在下面:

[汉]许慎撰《说文解字》:

忻闓也从心斤聲司马法曰善者忻民之善閉民之惡許斤切③

[汉]许慎撰·[清]段玉裁注《说文解字注》:

忻闓也。闓者、開也。言闓不言開者、闓與忻音近。如昕讀若希之類也。忻謂心之開發。與欠部欣謂笑喜也異義。廣韵合爲一字。今義非古義也。从心。斤聲。許斤切。十三部。司马灋曰。善者、忻民之善。閉民之惡。今司马法佚此語。謂開其善心。閉其惡心。是爲最善也。④

对照原文,稍有一点古文常识的人都不难看出,"忻为动词说"对《说文解字注》的解释,犯了几个不该犯的错误,而且恰恰是这些错误,直接导致了"忻为动词说"对唐鸿胪井碑文解释的牵强附会。

(1)"忻为动词说"引用《说文解字注》的所谓"从心从斤",是对原文"从心斤聲"的误读。

(2)这种误读给"忻为动词说"所做的"会意就是用'斤'[斧子]去打开心扉,故有'开'义。"的解释做了铺垫。但是,无论如何铺垫,"心扉"恐怕不是可以用'斤'[斧子]去打开的。

（3）对"开"的理解也是错误的。没有提供"开"可以当"凿"讲的任何证据，怎么就可以断定："忻井两口"，就是"凿井两口"呢？其实，只要在使用《说文解字》查阅"忻"的同时，也关照一下"闓"和"开"字条，确认一下"闓"和"开"的词义，也许就不至于会如此匆忙地做出这样的结论了。

（4）有断章取义之嫌。对"忻謂心之開發。"的后续文字"與欠部欣謂笑喜也異義。廣韵合爲一字。今義非古義也。"等内容没有给出任何解释。而这些被忽略了的部分，包含着理解"忻"字的重要信息。

（5）认为"忻井两口"与"永为记验"对仗，也是不合适的。"按照字音的平仄和字义的虚实做成对偶的语句"（《现代汉语词典》）是我们对"对仗"的一般理解，如果这种理解没有错，"忻井两口"与"永为记验"之间显然不是对仗的关系。

退一万步讲，即使段玉裁的《说文解字注》对"忻"字做了"凿井"的解释，这个解释也只能作为参考，也不能直接拿来作为解释唐鸿胪井碑文的证据。道理很简单，许慎的《说文解字》成书于汉代，而段玉裁的《说文解字注》则成书于清。正如《说文解字注》里的段注所说："今義非古義也"。这也是下面要讲到的，要解释唐碑，不在唐或者唐以前或者稍后的文献里找到有力的例证，无论得出什么样让研究者"激动起来"的结论，从文字考证必须注重客观"实例"的角度上讲，这个结论很可能是毫无意义的。

2."忻为动词说"对"忻"字缺少最基本的考证，研究方法上存在缺陷

"忻为动词说"在 2004 年发表的论文上，单独列出了一个小节，以"十二、'读'出来的学术见解作者对'崔訢'名字之误的发现完全是'读'出来的。读书百遍，其意自现。"为题，对得出这一结论的研究过程做了详细地描述。

> 1994 年正月初六下午，偶然的阅读唐鸿胪井刻石 29 字刻文时，读完"鸿胪井崔忻"，下接"井两口"时，几次都读不下去，分析原因时突然间获得了一种感觉：是不是由于"忻"字上断，缺少动词做谓语才读不成句的？因为在此之前，作者同中外学者一样，也是一直把使臣的名字

叫做"崔忻"的，人云亦云，已成定论，根本没有在刻文的"断句"上花费过心思。这次不同，有了新的感觉。再分析一下，"鸿胪卿崔"后边的刻文里有那(哪)个字适合做谓语呢？算来只有"忻"字。这时，一个念头"闪现"出来："忻"字有没有可能不是人的名字，而是动词，使臣鸿胪卿就是用它做谓语的？想到这里，心里激动起来，急忙找出《说文解字》，一查，"忻"字果然是动词，"开也"，并且引古文《司马法》的例句"善者忻民之善，闭民之恶。""忻"与"闭"直接相对，用的就是"开"义，这正合使臣"凿井两口"的本事。下断为"忻井两口"，正好与"永为记验"相对。上断，反而失去了"谓语"，不符合语法才读不下去的。直觉告诉我们：以前的"断句"失误了！⑤

这一段叙述恰好为我们说明了"忻为动词说"的问题所在："忻为动词说"在研究方法上存在着严重的缺陷。

对文字的训诂注释，我们的先人和前辈学者在长期的研究实践中，早就系统地逐步总结出了一整套行之有效的方法，不仅在国内，在接受汉字文化影响的周边国家也是一样，做文字考证研究的学者，都很自觉地遵守着一些常识性的成文或不成文的规矩。靠"突然间获得的一种感觉"、"直觉"研究出来的东西，充其量只能是一种猜测或推测出来的"成果"，而不可能是经过考证得出的可以信赖的结论。在对文字的注释上，是不会有人把猜测或推测出来的观点，当成考证的结论来接受的。

以唐鸿胪井碑文的注释为例，"忻是动词，当凿讲。"可以作为一个假设。但是，提出假设以后，我们就必须在唐鸿胪井的同一时代或唐以前的历史文献中找出"忻是动词，当凿讲"的实例。找不到实例，得不到实证的假设，就只能作为一个"假设"暂时保留着，或者干脆放弃。不应该拿着"假设"当"证据"来说服别人的。

"忻为动词说"提出的"崔断句"也大有商榷的余地。在"敕持节宣劳靺羯使鸿胪卿"这样一个长长的定语后面，只孤零零的修饰着一个"崔"字，哪怕是用我们现代人的"直觉"来读，恐怕也读不通。当然，尽管知道某一个假设并没有多少合理性，为了不轻易放过任何一个可能对我们有用的疑点，在进行研究的过程当中,依然可以把它作为一个假设提出来,然后进行考证。如上所述,提出了假设我们就有责任在可信的历史语料中,找出与"敕持节宣劳靺鞨使鸿胪卿崔"相同或相似的句子结构来,如果找不到可信的例证,同样也就只好作为假设继续保留或者放弃。

古典文献电子化的进程,给我们的研究带来了极大的方便,我们不必再去一本一本地翻引得,查索引了。例句的检索和收集工作,不再像过去那么费时了。为慎重起见,笔者在提笔写这篇稿子之前的一段时间里,借用首都师范大学研制、商务印书馆国际有限公司出版的《中国历代基本典籍库》,对上述两个假设的实例,在隋、唐、五代的文献范围内进行了检索,检索的结果也证明,这两个假设是不能成立的。

3. "欣、忻、訢"实同一词

对"欣、忻、訢"字同源的解释,其实早有定论,已发表的研究成果也很多。著名语言学家王力先生就指出:"'欣、忻、訢'实同一词"。根据已有的研究成果,应该说我们基本上就可以解决在唐鸿胪井碑文的释读中,关于"訢"与"忻"字的解释问题。在这里集中介绍王力先生和高亨先生所著述的两部专业著作的观点。

(1)王力先生在他所著的《同源字典》中,对"欣、忻、訢"字做了如下考证:

说文:"欣,笑喜也。"段注:"言部訢下曰:'喜也'意略同。"尔雅释诂:"欣,乐也。"广雅释诂一:"欣,喜也。"释训:"欣欣,喜也。"诗大雅:"旨酒欣欣。"传:"欣欣然乐也。"楚辞九哥东皇太一:"君欣欣兮乐康。"注:"欣欣喜貌。"史记乐书:"天地欣合。"注:"欣,喜也。"字亦作"忻"。淮南子览冥:"而忻忻然常以为治。"注:"忻忻,尤自喜得意之貌也。"

说文:"訢,喜也。"段注:"按,此与欠部欣音意皆同。"史记万石君传:"僮仆訢訢如也。"集解:"声和貌也。"按,"欣、忻、訢"实同一词。⑥

(2)高亨先生在他的《古字通假会典》中,对"忻与欣"和"欣与訢"做了如下考证:

【忻与欣】《荀子·非相》:"欣芬香以送之。"《韩诗外传》五、《说苑·善说》欣作忻。〇《尔雅·释兽》:"绝有力欣。"《释文》:"欣本或作忻。"

【欣与訢】《礼记·乐记》:"天地訢合。"《史记·乐书》:訢作欣。〇《国语·周语上》:"欣戴武王。"《史记·周本纪》:欣作訢。〇《史记·高祖本纪》:"与魏将皇欣、魏申徒武蒲之军。"《正意》:"欣字亦作斤+页。"〇《史记·赵世家》:"荀欣。"《汉书·古今人表》作"荀訢"。〇《史记·万石张叔列传》:"僮仆訢訢如也。"《集解》晋灼曰:"訢,许慎曰:'古欣字。'"〇《汉书·高帝纪》:"与魏将皇欣武满军合。"《高惠高后孝文功臣表》皇欣作皇訢。〇《汉书·昭帝纪》:"丞相訢bi。"颜注:"訢亦欣字。"〇《汉书·成帝纪》:"汝南太守严訢捕斩令等。"颜注:"訢与欣同。"〇《汉书·王子侯表上》:"茶陵节侯訢。"颜注:"訢与欣同。"〇《汉书·万石君传》:"僮仆訢訢如也。"颜注引晋灼曰:"许慎云:'訢古欣字也。'"〇《汉书·贾山传》"天天皆訢訢焉。"颜注"訢读与欣同。"〇《汉书·王訢传》:"王訢,济南人也。"颜注:"訢字与欣同。"〇《汉书·王吉传》:"訢訢焉发愤忘食。"颜注:"訢,古欣字。"〇《后汉书·卢芳传》:"乃遣将兵长史陈訢率三千骑击之。"李注:"吕忱云:訢,古欣字。"〇《淮南子·俶真》:"使之訢訢然。"《汉书·万石君传》颜注引晋灼许注曰:"訢訢,古欣字。"⑦

从所收集例句的范围来看,《古字通假会典》要比《同源字典》的考证,范围更大一些,内容也更翔实一些。尤其值得注意的是,举例中有"同名异写"的例子。《古字通假会典》向我们列示了,在人名中"訢与欣"可以互用例子:

(1)《史记·赵世家》:"荀欣。"《汉书·古今人表》作"荀訢"。

(2)《汉书·高帝纪》:"与魏将皇欣武满军合。"《高惠高后孝文功臣表》皇欣作皇訢。

(3)《汉书·成帝纪》:"汝南太守严訢捕斩令等。"颜注:"訢与欣同。"

(4)《汉书·王子侯表上》:"茶陵节侯訢。"颜注:"訢与欣同。"

(5)《汉书·王訢传》:"王訢,济南人也。"颜注:"訢字与欣同。"

(6)《后汉书·卢芳传》:"乃遣将兵长史陈訢率三千骑击之。"李注:"吕忱云:訢,古欣字。"

《古字通假会典》的研究告诉我们,在唐以前就有"同名异写"的先例。《古字通假会典》里的这6个例句,仅仅是集中在《史记》、《汉书》、《后汉书》三部文献中的6个例句,而且仅仅是局限于一个"欣"字与"訢"字之间互换的例子。由此可见这种"同名异写"的情况,应该是相当普遍的。

通过上述材料并综合《旧唐书》与《新唐书》的记载可以做出这样的判断:唐鸿胪井碑上的"崔忻"就是《旧唐书》里所记载的"崔訢",这是符合当时"同名异写"这一用字流俗的。而《新唐书》里的"崔忻",因其生卒年月及经历与碑文的记载不同,或许是另一位"崔忻",或许是误记。史实有待于进一步考证。

"忻为动词说"也曾提及过王力先生的《同源字典》,但是也许他们并没有注意到类似《古字通假会典》里所指出的"同名异写"的这一类情况。所以"忻为动词说"坚信:"訢""忻"是同源字也挽救不了"'崔忻'说"的观点。

在上面引用过的"忻为动词说"的那篇总结性的论文中,有下面这样一段话:

> 作者也注意到:"忻"本作"訢";"忻、訢、欣"三字是同源字。欣:笑。欠,用"口"表示;忻:喜也。用"心"表示。訢:喜也,用"言"表示,简化为"欣"。"欣、忻、訢"三字"实同一词"。因此有"鸿胪卿崔忻井两口"的说法。表面看似乎可行,但是"忻、訢、忻(欣)"三字是不是同源字,并不影响"崔訢"与"崔忻"之间的对错取舍。因为,即使"訢"字有100个同源字也无妨。只有《旧唐书》上记载的"遣郎崔訢"是刻石"鸿胪卿崔"的名字。而29字刻文中的"忻"字,充其量是"訢"字的同源字。但不是"鸿胪卿崔"的名字,而是"忻井两口,永为记验"的"忻"。⑧

这种说法其实早已超出了"学术讨论"的范畴。但是,无论怎么说,我们需要的是像《同源字典》和《古字通假会典》那样的例证。"忻为动词说"至少应该做好以下两件事:

(1)找出几个"忻"作动词、当"凿"、"挖"使用的实例,哪怕不是"挖井",是"挖"其它的什么东西也好。"忻"果真可以作动词,当"凿"讲,在浩瀚的古典文献中不可能只在唐鸿胪井碑上出现一次。

(2)找出几个与"敕持节宣劳靺羯使鸿胪卿崔"相同或相似的句子结构来。"崔公""崔鸿胪"的词结构,并不能等同于"鸿胪卿崔"的结构。

4. 唐鸿胪井碑是一方"题名碑"

"隋唐五代石刻文献之多,堪称历朝之冠。"《隋唐五代文学史料学》一书,以"石刻文献种类"为题,对清朝以来有关石刻分类的研究做了归纳:

> 石刻内容复杂,形制繁多,清人叶昌炽《语石》曾列举四十二种。当代学者陆和九《中国金石学》将石刻分为碑碣、志铭、石画、刻经四大类。朱剑心《金石学》分为刻石、碑碣、墓志、塔铭、浮图、经幢、造像、石阙、摩崖、买地莂等十类。马衡《中国金石学概要》分类更为细致。杨殿珣编《石刻题跋索引》将石刻分为七大类,即墓碑、墓志、刻经、造像、题名题字、诗词、杂刻。其中或有不大科学的地方,但基本上反映了隋唐五代时期石刻的情况。⑨

可见专家们对石刻、碑石的分类并没有达成一致意见,这恐怕也是因"石刻内容复杂,形制繁多"所使然。从石刻的外在形式和从石刻的文字内容两个不同角度分类,得出的分类结果应该是不一样的。从石刻的外在形式上看,像唐鸿胪井碑这样,在一块很大的自然石上刻字,似乎可以归类为摩崖石刻,但它又是一方独立的自然石,与一般意义上的摩崖不同,似乎也可以视其为碑。从碑上的文字内容来看,唐鸿胪井碑与一般的"叙事碑"不同,应该算是一方"题名碑"。唐鸿胪井碑的正文其实只是一个名字,只是一个有很长定语修饰的名字:

敕持节宣劳靺羯使鸿胪卿崔忻,在题名的后面,附记着题名的缘由:井,两口,永为记验。这样读,不应该"读不下去",也不存在"不符合语法""文意含混不明"的问题。最近笔者得到了唐鸿胪井碑现存实物的照片,从照片上可以清晰地看出:"敕持节宣劳靺羯使鸿胪卿崔忻"这十三个字的尺寸,整体上比其后续文字"井两口永为记验开元二年五月十八日"略大一些。从这一书写形式来看也可以证实,在上面我们对碑文的句读,按碑文的文字内容对唐鸿胪井碑的归类,应该是正确的。给唐鸿胪井碑正确归类,是正确认识唐鸿胪井碑,正确释读唐鸿胪井碑文的重要前提之一。

"题名"的说法并不是笔者的独创。由国家图书馆善本金石组编,北京图书馆出版社出版的《隋唐五代石刻文献全编》,收集了相当数量的"题名"。这类文献的解读整理,对唐鸿胪井碑文的释读,也是很有意义的,是有待于我们去继续做好的一项工作。

《求是学刊》1980 年第 1 期,刊登了陈显昌先生的一篇题为《唐崔忻题名石刻》的短文,1982 年 1 月《吉林大学社会科学学报》刊登了罗继祖先生的一篇题为《旅顺口唐开元崔忻题名》的不足五百字的短文,这些文章虽然没有谈及"唐鸿胪井碑"的归类问题,更没有对"唐鸿胪井碑"的归类进行具体系统的研究,但是,从文章题目上依然可以看出他们对"唐鸿胪井碑"所做出的明确界定。罗继祖先生是复制"唐鸿胪井碑"(现存旅顺博物馆)的晚清著名语言学家、金石学家罗振玉的长孙。萧文立在罗继祖先生的《墨佣小记》一书的序文中介绍说:"鲠翁(罗继祖)幼在家塾读书,稍长,侍教于雪堂(罗振玉)先生侧,承其文史之学,受《书目问答》诸书,博涉治学门径。"⑩以罗继祖先生"惜字如金"的家学渊源看,他判定"唐鸿胪井碑"为"唐开元崔忻题名",应该是很慎重的。

除了上述两篇论文,《渤海史料全编》(1992)、《中国东北史》(1998)等著述的有关唐鸿胪井碑的论述中,也出现过"题名"的记述。

5. 唐碑多俗字

当我们对某个具体问题格外关注的时候,或者像"忻为动词说"那样意识到自己有了某个重大发现的时候,我们的注意力往往会被过度地集中到问题的某一个点上,而忽略了问题的多个方面。

唐鸿胪井碑文虽然只有 29 个字,但是在这短短的 29 个字里,与"忻""訢"相类似的问题却不止一处。"勑""持""靺""羯"等字或称异体或称变体或称俗字,这些字和"忻"字一样,都是可以拿出来做一番讨论的。

比如:"勑"字,在《汉语大词典》上就有"勑"、"勅"、"敕"三种写法。查"勑"的解释是:同"敕"。查"勅"的解释也是:同"敕"。再查"敕"的解释是:亦作"勑"。我们可以按照现代汉语的书写习惯把"勑"、"勅"字,统一书写成"敕"。但是我们却没有任何理由判定"勑"和"勅"是错别字。

再比如:碑文上的"靺羯",大多数人都是不假思索地把它写成:"靺鞨"。当然,也有学者指出:"刻石'鞨'字作'羯'字,可能因形近假借,古音亦近所致。"(同注⑫)其实,这也是一个"同名异写"的例子。《太平御览》中有这样一段引用《旧唐书》的文字:

> 《唐书》曰:乌罗浑国,盖后魏之乌洛侯也,今亦谓之乌罗护。其国在京师东北六千三百里,东与靺羯,西与突厥,南与契丹,北与乌丸接。风俗与靺羯同。贞观六年,其君长遣使献貂皮。(《太平御览》卷八百一)

核实了一下《旧唐书》里的同一段文字,内容几乎是与《太平御览》完全相同,但把"靺羯"写作"靺鞨":

> 乌罗浑国,盖后魏之乌洛侯也,今亦谓之乌罗护,其国在京师东北六千三百里,东与靺鞨,西与突厥,南与契丹,北与乌丸接。风俗与靺鞨同。贞观六年,其君长遣使献貂皮焉。(《旧唐书》卷一百九十九下、列传第一百四十九、北狄)

"靺羯"的用例不如"靺鞨"那么多,但是,还是可以找出几个的。由此可见,在史书上"靺羯"与"靺鞨"是通用的,是一个民族名字的"同名异写"。

既然是在同一方唐鸿胪井碑里的文字,我们就应该把"忻"字统筹到

"勑""持""靺""羯"等字里一起讨论。这样才更有利于全面地正确把握碑文,解释碑文。

《西南师范大学汉语言文字学研究丛书》中有一本欧昌俊、李海霞著述的,题为《六朝唐五代石刻俗字研究》的专著。该书的研究范围很广,书中指出:"从南北朝(420 年)开始,到五代时期的后周(960 年)为止,其间约500 年。凡是这一时期的石刻文字而书体又是楷书的,则是我们的取材对象。""我们所据以辑录俗字的资料有:《北京图书馆藏中国历代石刻拓本汇编》的第 2 册至第 36 册,共计 35 册;还有散见于杂志上的有关石刻拓片。"可见《六朝唐五代石刻俗字研究》是一部从具体的例证收集、从细密的文字考据做起的,严肃的学术著作。该书认为:"历代的碑版,无论是墓志、寺碑或造像,总免不了有俗体字出现,其中惟以北朝及唐代为最甚。"⑪

在《六朝唐五代石刻俗字研究》的翔实的考证中我们看到,仅仅在一块唐碑中往往就会有十几个,甚至几十个俗字出现。在"唐碑多俗字"这样一个背景下面,唐鸿胪井碑上的"崔忻",在《旧唐书》里记为"崔訢",应该不是什么不可理解的事。《六朝唐五代石刻俗字研究》从唐碑多俗字这样一个角度告诉我们:"崔忻"可以很自然地写作"崔訢","崔訢"也可以被很自然地刻成"崔忻"。这里并不存在"孰是孰非"的问题。

唐碑上的俗字,困扰了不少学者。围绕着唐鸿胪井碑文的注释,就有学者提出了这样的见解:"至于《旧唐书·北狄传·渤海靺鞨传》所记之郎将为'崔訢'而此刻石为'崔忻',这大概是由于'訢''忻'二字音同形近而史书误记。刻石是崔忻直接所辖的事,不致有误,而且寥寥二十九字,何至把特使的名字刻错,当然应以刻石为准。刻石'鞨'字作'羯'字,可能因形近假借,古音亦近所致。"⑫

"以碑校书"的主张,在史学界具有一定的代表性。史学家金毓黻在他的《东北通史》和《渤海国志长编·卷十九·丛考》中反复表述了这样的观点:"案刻石之崔忻,即《旧书》之崔訢,盖訢、忻二字以形似而误书,当以忻为正。""案刻石之崔忻,即使渤海之崔訢,盖忻、訢二字以形似而误写耳。自当以忻为正。"

《六朝唐五代石刻俗字研究》的成果,应该可以帮助我们解除此类困惑。

另外,在碑刻里为什么会有这么多"一字多体"的所谓"俗字"产生呢?这是一个很值得从多种角度去探讨的问题。就笔者现有的知识范围来说,有一点可以肯定:追求结字的变化,是书法上的一种审美要求。唐朝正是书法(尤其是碑板书法)发展史上的又一个鼎盛期,这一点应该是"俗字"产生的重要因素之一。

6. "记验"不是"纪念"

在讨论唐鸿胪井碑文的时候,经常有人把"记验"解释为"纪念",甚至直接读作"纪念"。"记验"和"纪念"应该是两个不同的词。比较起来,"纪念"是一个相对晚近一些的新词,"记验"的历史则要久一些,并且两者的词义不同。《汉语大词典》对"记验"的解释是:"记识验证""亦指记识验证之物"。引据《旧唐书·伊慎传》为例:"丧母,将营和祔,不识其父之墓。昼夜号哭,未浃日,梦寐有指导焉。遂发壙,果得旧记验。"

除了《汉语大词典》里的例子,我们还可以找到一些例证。试举两例:

(1)长庆三年四月,秘书少监李随奏:"当省请置秘书阁图书印一面,伏以当省御书正本,开元、天宝以前,并有小印印缝。自兵难以来,书印失坠,今所写经史,都无记验,伏请铸造。"敕旨依奏。(《唐会要》卷六十五)

(2)姜志,许昌人,自小乱离,失其父母。尔后仕蜀,至武信军节度使。先是,厩中圉人姜春者事之多年,频罹鞭扑,一旦告老于国夫人,请免马厩之役,而丐食于道路。夫人愍之,诘其乡贯姻亲,兼云"有一子,随军入川,莫知存亡",其小字、身上记验一一述之,果志之父也。洎父子相认,悲号殒绝。志乃授父杖,俾笞其背,以偿昔日所误之事。举国嗟叹之。此事川蜀皆知。(《北梦琐言》卷二十)

第1个例子应当作"印信标识"讲。第2个例子"身上记验",是讲不同于他人的身体特征,可以用以判断是其本人的"印记"。唐鸿胪井碑文上的

"记验"，应当如《汉语大词典》的解释：作"记识验证之物"讲。

7. 还是先做一点实证研究

近几年来有关方法论的研究方兴未艾，但是，方法论好像只是研究方法论的人们才关心的事，与其他人并没有什么关系，这不能不说是一件令人遗憾的事情。最近几年针对不同的学科专业的需要，出版了不少有关研究方法和方法论的好书。有的是外文原文的影印本，有的是从外文翻译过来的，有的是对国外最新研究成果的综述介绍，也有国内学者自己的研究成果。对想研究一点什么，写一点什么的人来说，这些书应该是有用的，开卷有益的。

笔者认为，就人文学科的研究来说，在从事所谓的"创新研究"之前，还是应该踏踏实实地先做一点"实证研究"。多收集第一手材料，学习并掌握对第一手材料进行整理、分析的科学方法，不断地在实验、实践、实证、实际调查的过程中，积累对事物的"感性认识"，找到真正能够进入"研究过程"的门径。

在学习活动和研究实践中，其实人人都会有这样的体验：突然对某件事有了感悟。一个训练有素的研究者会因为有了这样一个感悟，把自己带入一个新的"研究过程"，经历了一个"研究过程"之后，取得了对某一事物的新的认识。但是，也有人急于求成，有了一点感悟就立即动手写文章，省略了本来不该省略的"研究过程"。其实有了感悟，仅仅是研究的开始，而不是急于做结论的时候。在科研实践中往往会出现这样的情况：进入了"研究过程"之后，那些一度令你"心动不已"的"感悟"很快就被否定了，于是，你又有了新的"感悟"，又有了新的一轮"研究过程"的开始。一项成功的研究，不知背后涵盖了多少次这样的自我否定。

翻开中国的学术发展史，不难看出文字的训诂注释，应该算是我国学术史上最有成就的研究之一。先人们为后世留下了丰富的遗产，就文字的训诂注释而言，乾嘉考据学的成果，至今仍然是我们所无法超越的，乾嘉考据学的方法，至今仍然是值得我们借鉴的。单从治学的伦理道德、治学的严谨态度而言，我们甚至愧不如古人。梁启超在《清代学术概论》一书中，对"朴学""正统学派之学风"的"特色"做了十条归纳。这些"过时的东西"，认真地读起来,也许依然会有不少值得我们思考的地方,全文抄录在下面谨供参考。

一、凡立一义,必凭证据;无证据而以臆度者,在所必摈。

二、选择证据,以古为尚。以汉唐证据难宋明,不以宋明证据难汉唐;据汉魏可以难唐,据汉可以难魏晋,据先秦西汉可以难东汉。以经证经,可以难一切传记。

三、孤证不为定说。其无反正者姑存之,得有续证则渐信之,遇有力之反正则弃之。

四、隐匿证据或曲解证据,皆认为不德。

五、最喜罗列事项之同类者,为比较的研究,而求得其公则。

六、凡采用旧说,必明引之,剿说认为大不德。

七、所见不合,则相辩诘,虽弟子驳难本师,亦所不避,受之者从不为忤。

八、辩诘以本问题为范围,词旨务笃实温厚。虽不肯枉自己的意见,同时仍尊重别人的意见。有盛气凌轹,或支离牵涉,或影射讥笑者,认为不德。

九、喜专制一业,为"窄而深"的研究。

十、文体贵朴实简絜,最忌"言枝有叶"。⑬

"当时学者,以此种学风相矜尚,自命曰'朴学'。"(同上梁启超语)克服急功近利的浮躁情绪,不图名利,朴朴实实地做学问,与我们今天所倡导的"求真务实"的时代精神,应该是不矛盾的。

在结束这篇文章之前,笔者还想补充一点。"忻为动词说"在对一些事实的认定上,也存在着随意性。比如,在许多文章中反复这样强调:"日本侵占旅顺的海军司令富冈定恭中将在'鸿胪井之遗迹'碑文中单独的使用'崔忻'二字,最先提出'崔忻'说。这种说法显然与史实不符。早在1537年,明朝的毕恭就在《辽东志》中,以"[凿]井两口""五月十八日[造]"多加"凿"、"造"两字的形式,抄录了唐鸿胪井的碑文。⑭这不是"忻为动词说"也提及过的史实吗？有什么必要把"富冈定恭"拉出来，封他为"最先"呢？就是因为痛恨"'崔忻'说"？尊重客观事实是学术研究的生命，学术研究不同于诗歌和小说创作，不应该参入太主观、太情绪化的东西。

（本文根据 2005 年 8 月在首届唐鸿胪井碑中日学术研讨会上的发言稿改写）

【作者简介】

杜凤刚，男，1957 年 5 月出生，大连理工大学外国语学院院长，大连市中日友好学友会会长。

注释

① 王仁富：《唐鸿胪井刻石探讨》，载《辽海文物学刊》1995 年 2 期，第 57 页。

②⑤⑧ 金杰、王仁富：《唐册封"渤海"使臣"崔訢"名字四百年的跨国大讨论》，载《白城师范学院学报》第 18 卷第 2 期 2004 年，第 29 页。

　　支持"忻为动词说"的研究人员一直有各类文章发表，一直到最近坚持从不同侧面，力主"忻为动词说"，除了在上述参考文献[2]中已经提及的以外还有：

　　张福有：《唐鸿胪井刻石研究的两点质疑》，《吉林日报》2001 年 11 月 29 日第 B04 版；

　　赵德祥：《鸿胪井石刻考略》，《古籍整理研究学刊》2004 年 5 月第 3 期；

　　李佳军：《疑义相与析——文献资料阅读一例》，《图书馆工作与研究》2004 年第 4 期；

　　赵春江、隋二龙：《刻石梦》，《吉林日报》2005 年 3 月 22 日第 008 版；

　　汪澎澜：《国宝唐鸿胪井刻石流失日本经过的回睦》，《社会科学战线》2005 年第 3 期。

③ [汉]许慎撰·[宋]徐铉校定《说文解字》，中华书局 1963 年 12 月第 1 版，第 217 页。

④ [汉]许慎撰·[清]段玉裁注《说文解字注》，上海古籍出版社 1988 年 2 月第二版第 503 页。

⑥ 王力：《同源字典》，商务印书馆 1982 年，第 89 页。

⑦ 高亨：《古字通假会典》，齐鲁书社出版发行 1997 年，第 123 页。

⑨ 陶敏、李一飞：《隋唐五代文学史料学》，中华书局 2001 年 11 月，第 330 页。

⑩ 罗继祖：《墨佣小记》，上海文艺出版社 2001 年 1 月，第 2 页。

⑪ 欧昌俊、李海霞：《六朝唐五代石刻俗字研究》，巴蜀书社 2004 年 7 月，第 37 页。

⑫ 孙绍华：《旅顺鸿胪井题记刻石》，《社会科学辑刊》1979 年第 4 期，第 131 页。

⑬ 梁启超:《清代学术概论》,上海古籍出版社 1998 年 1 月,第 47 页。

⑭ 《辽东志》收录在辽沈书社 1985 年 3 月第一次印刷的五卷本《辽海丛书》的第一卷里。《辽东志》由九卷构成,卷一《地理志·山川·金州卫》一节里有"鸿胪井"的记载,全文抄录如下:"鸿胪井二在金州旅顺口黄山之麓井上石刻有敕持节宣劳靺羯使鸿胪卿崔忻鑿井两口永为记验开元二年五月十八日造凡三十一字"。

附注

本文在行文中虽然没有直接引用,但在研读碑文和论文写作过程中还参考了两位日本学者的论文:

(1)渡辺谅:"鸿胪井考(抄)"《东洋学报》第 51 卷第 1 号,1968 年 6 月。

(2)酒寄雅志:"唐碑亭"、すなわち"鸿胪井の碑"をめぐって《东京大学大学院人文社会系研究科文学部朝鲜文化研究室纪要》第六号,平成十一年三月。

考碑面面观

关于唐鸿胪井碑 ｜[日]垣内良平

序 论

一、现在的鸿胪井与石碑

历史和地理研究所的成员一起参观了位于黄金山下的鸿胪井。明治44年(1911年),崔忻所立石碑被当时驻扎旅顺的(日军)司令长官送到了日本宫城。现在剩下的只有井而已了,而且原本是有两口的井,现在也只剩下一口了。

以前在鸿胪井碑的旁边另立有一块很大的石碑,上面刻有"鸿胪井之遗迹"几个字。碑的背面刻有如下内容:"唐开元二年、鸿胪卿崔忻、奉朝命、使北靺鞨、遇途旅顺馨井两口、以为记验、唐开元二年,距今、实一千三百有余年、余莅任于此地、亲考查崔公事迹、恐湮灭其遗迹、树石刻字,以传后世尔云 大日本明治四十四年十二月 海军中将从三位勋一等功四级男爵富冈定恭志"

此井在距离海岸约50米处,夏天周围长满茂密的青草,井内溢满清澈的水,井的四壁是用练瓦堆砌而成,可能是后来修理上去的。井深约4米,水深2.5米,井的直径在1.2米至1.3米左右。用舌头舔一下可以发现水的盐分很浓。

二、碑的价值

鸿胪井碑上面共刻有二十九个字，"敕持节宣劳靺鞨使鸿胪卿崔忻井两口永为记验、开元二年五月十八日"。这块石碑对于研究旅顺的历史到底有多大的贡献呢？

时至今日不知道旅顺这个地方的人已经很少。蔚蓝的大海似乎在默默向世人讲述着旅顺的历史。威严的耸立在白玉山上的神圣宝塔和被洋槐树的绿叶环抱的白墙正向人们展示着现代旅顺的风貌。然而地处辽东半岛一隅、极尽风光秀美的旅顺港曾经是以怎样的姿态活跃在历史的舞台上的呢？能够向我们讲述这些的最古老的研究物品便是这块石碑了。以下是关于这块碑的考察。

本　论

一、唐朝同渤海王朝的关系

唐朝和渤海的交通往来非常密切。渤海去唐朝共 91 回，而唐朝到渤海仅仅 3 回而已。我们把二者的交往次数同历史事实联系在一起进行考察。

唐军同大祚荣军的冲突的出现是必然的。刚刚兴起壮大并如日中天的大祚荣军与刚刚稳住守势的唐军，在今天的兴京以北的英额城附近展开大决战。由于唐军一下子被打败了，大祚荣就占据东平山自封为震国。

所以为了维护辽东方面的领土，唐朝认为这样的战争很不利于是转而实行怀柔政策。即、建议让大祚荣的一个儿子留在唐朝天子身边做侍卫。这是唐朝为使四方蛮夷之族降服的条件下所采取的强硬政策之一，换句话说，就是采取将对方孩子作为人质的办法。大祚荣虽然取胜了，但不管怎么说对方都是像撒拉逊王国一样的强国。很期望与唐朝开展和平的往来,所以很快便把自己的一个儿子差遣到了唐朝。于是,唐朝重新派遣出了册封大臣,而这个册封大臣正是在旅顺黄金山脚下挖井并立"鸿胪井碑"的崔忻。唐朝是以怀柔为目的的,所以一开始应需要而派人去了渤海几次,后来既没有再去也没有必要去了。然而,与之相反,渤海国一方面为尽从属国的礼仪不得不坚持朝贡,同时也是为了吸收其先进文化,所以不断来唐也是理所当然的。

到第二代国王大武艺时虽有过海盗骚扰登州等小的摩擦,但终归于好,交往也愈加密切。第三代的大钦茂时更有多达五十四次的往来。之后直至渤海国灭亡一直都归顺唐朝。唐书记载:"渤海王屡次派遣学生拜访唐朝京师的大学堂,认为如果能学习到古今的先进制度的话,渤海也必将成为东海的强国。"

先不管问题怎样。渤海国如此的频繁往来之后,是否像日本一样果真提升了自己的文化呢?仅从现在残存的少数文献上便不难看出,渤海并没有像日本那样充分吸收唐朝的文化,这就是国民的素质差别的缘故吧。

二、旅顺在唐代交通上的意义

那么两国的交通路线是怎样的呢?渤海的都城在现在朝鲜北部的间岛省附近,地处山连山的地方。陆路迂回曲折,所以海上交通更为有利。这由"鸿胪井碑"也可联想的到,《续日本后记》里面也有记载。所以两国的往来大概是从海上进行的。

所以正如道里记中所记载的,从登州出发途经广岛列岛,跨直隶海峡,在旅顺停泊,然后从辽东半岛的东部沿现在的鸭绿江溯流而上,在东岸上陆,最后经陆路到达都城。(满蒙历史地理附图唐渤海交通图参照)

在航海技术不发达的当时,能作为航海方向标的就是山这条航路的往返也是以老铁山为方向的。我们可以想象得到的他们在山脚下的旅顺港停泊休息的情景。

当时的旅顺被叫做都里镇（在附言里面有讲解），是一个担任军事使命的小镇。然而，风光明媚这一点无论是在以前还是现在都没有改变。我常常想：对于在这样一个一到冬天便被染成褐色的山区里建立国家的他们来说，这样的美丽风景是多么地缓解了他们航海归来时的疲劳啊。

三、碑文的推敲

那么，碑文上之所以称宣劳靺鞨使，而非渤海靺鞨使，是因为渤海是大氏在靺鞨建立的国家，起初称为震国，被唐朝册封为渤海郡王之后才改名渤海的。

在旧唐书之中有记载：睿宗先天二年、遣郎将崔忻、往册拜作荣、为左骁卫员外大将军、乃以其所统、为忽汗州、加授忽汗州都督、自是每岁遣使朝贡。而在新唐书中这样记载：睿宗先天中、遣使、拜作荣为左骁卫大将军渤海郡王、以所统为忽汗、领忽汗州都督、自是始去靺鞨号、专称渤海。

再者，旧唐书中记载的是先天二年而碑文中则是开元二年。先天是睿宗的年号而开元是玄宗的年号。从年表上看先天二年正是开元元年。虽然崔忻是在先天二年前往渤海的，但立碑的时候已经过了一年，可能就是在回来的路上立的吧。在交通不便的当时花一年的时间也是可以理解的。但是，既然交通不便又是怎样知道换了天子之事的呢？鸿胪卿即鸿胪寺长官，以下是新唐书中所述：鸿胪寺卿一人从三位（中略）掌宾客及凶仪之事、领典客司仪二署、凡四夷君长、以藩望高下、为朝见、辨其等位。鸿胪寺就是掌管同外国往来和举行仪式的。崔忻作为鸿胪寺长官，是相当于现在的外务大臣一样重要的角色。但是，崔忻并非一开始便是鸿胪寺长官，而是为了出使渤海而临时册封为鸿胪卿的。

据辽东志记载，此碑在明朝已经很有名。所以，明清时代凡经此地的官员必会访问此碑。例如，山东布政司参议查应兆（嘉靖十二年三月十二日）、奉天镇守额洛图（乾隆四年七月二十八日）、盛京将军耆英（道光二十九年九月）等人都在碑的余白处刻上了自己的名字。特别是莅任此地的清末海防兵备道刘含芳，担心这块碑被风雨侵蚀，而在光绪二十一年冬天建造石亭加以保护。此事也被刻记在了上面。

四、关于碑文字体的考察

因为唐朝的太宗喜好书法，所以上行下效，出现了书法在中国五千年历史上的的黄金时期。这时期的书法特征体现了瘦健纯雅的正楷规则。

这块碑大体是在初唐三大家最末的褚遂良去世五十六年后，中唐大家颜真卿去世前七十年所立的。也就是说，正处在书法发展的鼎盛时期。

也许是因为在当时的中国书法是登科考试的条件之一吧，位居高官的人一般都很擅长书法。这块碑上的书法具备相当高的造诣，温雅典丽，足以缅怀唐代的书法风貌。

碑文是否是崔忻所写的我们不得而知，但是可以肯定一定是出自以为文笔出众的达士之手。

五、关于鸿胪井

那么，为什么崔忻要挖井呢？正如一开始所说的那样，现在仅剩了一口了。碑文上说："井两口永为记验"，所以肯定是挖了两口了。而目的也是为了纪念。但是，即使是为了纪念也没有必要挖井啊，只单独立一块碑不就够了么。古今图书集成易经中说："隆山李氏曰、自古國邑之建、必先視其泉之所在、是以公劉創京於——之初、相其陰陽、觀其流泉，先卜井泉之便而後居之也。"中华民族信赖风水之说，尤其看重水，喜欢在有水的地方建立部落。仅依据《九成宫醴泉铭》（唐太宗时代）也可看出人们是很重视水源，并把这看做很神圣的事。

虽然如此，但鸿胪井中的水盐分很高，恐怕不会是为了满足生活饮用而挖的。从"为了做纪念而挖此井"可以得知，或许是有祭祀或信仰方面的意义吧。

结　论

根据以上考察得出，鸿胪井碑的确是研究东洋史的重要遗迹。由此碑的研究可以得出，旅顺早在一千三百年前就已经作为一个港口活跃在历史的舞台上了。

附　言

一、关于旅顺和老铁山的旧称

唐代，旅顺以都里海口都里镇的名字被载入史册。即、唐朝贞元年间宰相兼地理学家贾耽在道里记中有关于从登州经海路到达新罗和渤海都城的线路里程记载："从登州出发，由海路向东北方行进，经大谢岛、继韵岛、淤岛、鸟湖岛共计三百里，渡过北鸟湖海到达马石山东面的都里镇共有三百里"。也就是说，倘若从现在的登州出发，跨越现在的直隶海峡到达陆地上的马石山以东的都里镇共有三百海里的话，那么，马石山一定是现在的老铁山，而都里镇一定就是现在的旅顺了。另有一处记载是"旧汉的襄平城"（现在的辽阳）的注记中称到西南的都里海口有六百里。其实际路程是七百满里，唐的九百里。和前面的内容一起考虑的话，一定是指旅顺，而海口便是港的意思。当时旅顺作为港口的价值也正如我们前文所述一样。

再者，《续日本后记》①里提到的塗里浦也是指现在的旅顺，塗里大概是都里的别字。浦在日语中常常被用作海岸的意思，也就是当作港口讲。还有，前面提到的都里镇的"镇"字，在《新唐书·兵志》里有如下记载：所谓方镇者，节度使之兵也，原其始起于边将，之屯防者，唐初兵之戍边者，大曰军，小曰守，捉城曰镇，而总之者曰道。不必细查，正是军事都城的意思。

那么，都里镇、都里海口、塗里浦的"ドーリ"是什么意思呢？我们在此引用昭和十二年《满蒙》六月刊中岛田好先生的说法。"都里并非本来就是汉语词,而是从土语"ドーリ"音译过来的,而"ドーリ"在满洲语里是磐石的意思。辽史语解中说'德里是满洲语的磐石之意,在卷三十一里写作得里'(中略)在满洲被称为"ドーリ"的地方很多,在满铁沿线的得利寺就是一个例子。在用汉字音译外国语的时候,不同的人用的汉字也各不相合同。旅顺的古名"ドーリ"在满洲也有很多被唐人音译作都里,而渤海人则音译作塗里。"

以上是关于唐和渤海时代的一部分考察,除此之外,旅顺曾被叫做什么名字,正如满洲历史地理附图所示(图略)。后面有"無"标注的是漏掉的地方。马石津,简单的说就是马石山下的港口的意思。

其次,老铁山在前燕时代就已经被称为马石山了。《奉天通志》中说事实上并不是马石山而是乌石山,因其颜色很黑而得乌石之名。[2] 由于鸟和马的字形相似,所以误写成了马石山而传了下来。

再者,在辽代之所以被称为铁山,是不是也和奉天通志里所提到的颜色有关? 是不是还有其他的原因? 仍是一个疑问。至于后来又如何变成了老铁嘴、老铁山等我们日后再行研究。

二、黄金山名字的由来

旅顺的黄金山也是因为鸿胪井而得名的,辽东志中称此山为黄山又称黄井山。同书卷的金州卫山川的项目中说,鸿胪井位于黄山脚下。关于黄山就是今天的黄金山介绍了很多,但关于黄井山却提的很少。金州卫山川的项目里有"鸿胪岛、旅顺口黄山之麓"的记载,还有"黄井岛、城(金州城)南一百二十七里"的记载,看上去这两个岛像是指的其他的地方,事实上这两个岛都是指现在黄金山半岛(明代在金州卫管辖地段内称为某某岛的地方很多,但并非一定是指的海岛)。又有记载"黄井岛、城南一百七十里",即说黄井岛位于金州城南面。此书中所附的金州卫山川地理图把黄井山标记在了旅顺的东南海岸(正确的标记应该是在南面),而且同书卷二的建置志城池的条款中有"旅顺口城、金州城南一百二十里"的记述。因为把西南方当成了南方，所以事实上黄井岛就在城的西南，也就是地图上所标注的黄井山墩的地方。而且，在旅顺南海岸一定设有烽火台，地点就是黄金山。

黄井山就是现在的黄金山，黄井岛也一定是现在的黄井半岛。这样的话才与金州在距离上相吻合。鸿胪岛最初叫做鸿胪井岛，"井"字省略掉后成了鸿胪岛，或者，"鸿"又发音不准而成了"黄"字，"胪"字被省略掉变成了黄井岛。也就是说，鸿胪岛和黄井岛是同一个地方的不同名字。辽东志中把这当成两个地方是编者的失误。而且，鸿胪井上的山以前就叫做鸿胪井山，又因为发音的问题成了黄井山，甚至出现了黄山的简称。之所以现在的山叫做黄金山，是因为将"井"误读为了"金"的缘故吧。井的北平音是Ching，而金的北平音是Chin，所以黄金山是以鸿胪井而得名的。

注释

① 日本史书《日本书记》、《续日本记》、《日本后记》、《续日本后记》、《三代实录》、《文德实录》合称为日本"六国史"，都是用汉字成书。

② 《奉天通志》通鉴，马石津即比今老铁山下之津渡也。谓马鸟二字往往以形似互，如马都山之作鸟都山是也。马石山疑作鸟石山，今老铁山，其色焦黑，因以得名鸟石，与铁同义，因知马石山即鸟石山，亦即老铁山也。又按都里镇，即在今旅顺，所谓都里海口，因得都里镇得名亦即马石津也。青泥浦即今大连湾，旧称青泥洼者，余如桃花浦，杏花浦。

鸿胪井考 | [日]渡辺谅　姚义田译

一

　　唐朝派崔忻为使者册封大祚荣为渤海郡王在《旧唐书》和其他史书中都有记载①。如人们所知,崔忻在旅顺港边留下的刻石即是其物证。在旅顺现在还有同他的事迹有关的"鸿胪井遗迹"。前面提到的刻有碑文的"鸿胪井碑石"现在还在东京,这在许多书中②都被大加宣扬。这亦成为史学家的常识。但是关于这个遗迹也好,刻石也好,很少有人探究其事实真相。笔者有幸于昭和四年(1929 年)五月的一天对鸿胪井遗迹,昭和四十二年(1967 年)五月十二日对在东京的碑石进行了仔细考察,这是很少有人做的。以下试介绍这两个历史遗迹。

二

　　关于旅顺的遗迹情况,同笔者一起考察的丽水迟塚金太郎的旅行札记《满鲜趣味之旅》(1930 年)第 135—137 页中有如下记载:"在黄金山下的造船厂内看到鸿胪井古址。在靠近风平浪静的东港海边,夏草丛生的荒地,在一个看守人住的小屋后边有一口古井,花岗岩铺的井桁,井壁用红砖砌的,直至水深处。因靠近海边,涨潮时,海水涌入,井水可能有咸味,但平时水甘洌且多。读了过去的旧志,则知道这个井是唐朝鸿胪卿崔忻凿的。"

略加说明的话,遗迹位于军港内黄金山的西北麓,距海岸五十米,显然是后世的整地人在平地上打的一口井。值得一提的是刻石中记的是"两口",首先口数就不一样,井整体的结构也不清楚了,经过千年的沧桑,现在无论如何也打不到水了。迟塚氏继续写道:"看来,现在的这口井,想必已不是原来的井,是后人惋惜古迹的湮灭,根据故址,又打了这口井。"迟塚氏一语道破了这个井是后代人打的,应说确实是慧眼。虽然这个断语当时没有引起人们的注意,但这回第一次根据碑石上的清楚的题刻,证明了这个断语的正确,详见第五节。迟家氏又写道:

"井边有海军中将男爵富冈定恭撰写的鸿胪井碑石,立于明治四十四年(1911年)十二月。"富冈中将作为旅顺海军镇守司令长官在任时间是明治四十一年(1908年)八月二十八日到明治四十三年(1910年)十二月一日。值得注意的是,根据别的资料,推断原碑石早在明治四十一年(1908)就已在东京,可能是富冈中将在任职期间就亲手将碑石运到东京,同时,又在原先的地方立了一个他撰写的碑石。

但是,反过来把现在的"鸿胪井遗迹"都认为是虚构的也是不妥的。正如迟家氏也指出,选碑石故址打井是确切无疑的。假使今天还选择那个地方,把碑立在风景如画的地方,崔忻和许多的旅行者,其中也包括了三十三名日本人,捧着井水润喉的情景仿佛就在眼前。

简单地说,现在旅顺黄金山下,一件遗物、一点遗迹也不存在了。只知道在六十年前立了一块表示"鸿胪井碑"当时所在地点的纪念碑。

三

习惯上把崔忻刻的碑石叫"鸿胪井碑"。笔者有时也沿用习惯称谓,但大多用"碑石"这一略称。

鸿胪井碑现在在千代田区皇宫内建安府的前院,外有一石亭遮盖,保存良好,碑石为一巨大天然石。

碑石的岩石分类似叫硅岩为妥。褐色中夹有浅红色,这和旅顺一带的地质相一致③。

碑石立在水平的地面上。看一下埋在地下的部分,就知道基础部分埋得多深。碑石正面横宽300厘米、厚200厘米,从地表算,高180厘米。碑身呈椭园锥形,从拇指一侧水平看法,碑的形体非常像一只轻握的右拳。下文第五节中叙述的光绪年间题刻中,形容碑体,"其大如驼",真是恰如其分。为保护碑石修建了亭子。在碑石顶中央凿了一个孔,孔中立有一个八角形石柱,用来支撑亭顶盖的中心部分,除此而外,整个碑石几乎看不出有人为加工的痕迹。

碑石的正面有纵120厘米、宽130厘米大小的不规则的,且比较开阔的劈开面,其左上角,距碑石顶30厘米处有崔忻的题记,刻在纵35厘米、横14厘米的面积之内,分三行,从上往下书写。从正面看,刻字面积和碑石的透视面积之比大约为1:80。无论是这个比率,碑石的形状,还是本节末尾提到的旅顺有自然形态的碑石,这个碑石同通常概念的碑碣不同,莫如应视为摩崖碑的一种。

石亭除顶盖外,用料全部是花岗岩石。柱心的间距为260厘米,四阿式,四角形柱,宽30厘米,柱上部嵌按断面为长方形的桁和梁,组成井形桁,用铁材加固,桁和梁端处理成出跳斗拱,桁和梁的下缘距地表230厘米。在井形桁上覆盖有举折平缓的方形亭顶,椽子向上聚集在一起,在其上置一个波形覆盆,在覆盆上再戴一个大石宝珠。亭顶的重量显得很重,中心立有八角柱,让碑石自身负荷亭顶重量,这大概免不了受到本末倒置的讥讽,亭顶苫盖石棉瓦,其上抹有灰泥或水泥加固。

正面的桁上用漂亮的楷书刻有"唐碑亭"三字,管理当局把碑石和整个石亭合在一起,叫"唐碑亭"。在一角柱上刻有"奉天金州王春荣监造"的字样。

石亭外观颇有沉重感,不能说巨大,但给人以雄浑感,石亭对石碑来说是恰到好处的建筑。

再回过头来看,崔忻当时立碑石时是象现在这样立在水平地面上的吗?

和井又是什么样的位置关系呢?《辽东志》卷一·地理山川·金州卫条中有"鸿胪井二,在金州旅顺口黄山之麓,井上石刻……"。由此可知,碑石在上方,井在下方,这一带是斜坡,第五节提到的嘉靖年间的题刻更能雄辩地说明这一点。其题文曰:"临黄井登奇石因得览唐崔鸿胪故迹",可知是先到井边,后登碑石,才能见到题刻,即碑石位于比井高的位置,为看到题刻必须登上碑石下的脚手架,而且右边的题刻呈非常不规则状,证实了前述的观察,详见第五节的解说。

总之,碑石的原石大概是很早以前从黄金山高处崩落下来,滚到海滨附近山腰岩石裸露的地方,后来在碑石的下方打了二眼井。崔忻最先看到的是这块大石。匆匆过去一千二百年,光绪二十一年(1805年)左右,当局议起对碑石的保护时,大概因为没法按原样去做,所以将山腰削成一块平地,把碑石放在平地上盖了一个石亭,保护碑石。

四

最早记载鸿胪井碑文的文献是《辽东志》。在"鸿胪井二在金州旅顺口黄金山之麓井上石刻"之后是,"有,敕持节宣劳棘褐使鸿胪卿崔忻凿井两口永为记验开元二年五月十八日造,凡三十一字。"现在以《辽东志》为基准,将诸家关于碑文的记述分类如下:

(一)三十一字说,即与《辽东志》记载相同④。

(二)三十字说,即无"凿"字。

(三)二十九字说,即无"凿"、"造"字⑤。

(四)二十八字说,即无"凿"、"为"、"造"三字。

仅仅三十字左右的碑文,如上所举,竟有诸说,这样的事例也是少有的。这是因为虽然涉猎、研究了文献、拓本、拓本照片,但没有和原碑相对照的结果,这是不应苛求的。

以下是笔者于昭和四十二年(1967年)五月十二日精确查看碑文后,以此为基础说明有异议的三个字。

无"凿"字。这是因为作为文章来说确实需要有这个字，《辽东志》的编者在转抄资料时，也没有发现这个误传，假如看到拓本的话，就不会犯这个错误。

"为"字下半部分虽然风化了，但确实有，看一下内藤虎次郎在《东洋文化史研究》（1936年）所收的拓本照片，就不难确认⑥。

"造"字，细看刻字面的下缘有横道细褶，也有些风化。风化使右边的"为"字漫漶了，"造"字假如有的话，在应该有的位置上却看不出像文字的痕迹，这如其说是漫漶了不如说当时就没有刻字较为合适⑦。看来是《辽东志》的编者把这个碑想像为普通的碑碣，照旧加上误传的"造"字吧。如后述，没有"造"字，碑文也通顺。

这里作一正误，正确的碑文是："敕持节宣劳靺鞨使鸿胪卿崔忻井两口永为记验开元二年五月十八日"，共二十九字。

碑文中虽没有难解的地方，但有三、四个问题想探讨一下。

第一是"井"。当然是打井的意义，问题是因为什么目的打井。当然可以用"为记验"轻描淡写地说一下就完了。笔者认为那是后加上的话，另有实际的需要。

崔忻到旅顺正是讨灭高句丽后四十五年。那时唐朝势力早已退出朝鲜国土，在辽东、辽西实行的羁縻政策也无奈在大幅度后撤，在这种情况下，只有辽东半岛的黄海沿岸在汉族的统辖下。新罗、百济、日本的使者也不能从辽西、辽东郡陆路通过⑧。因此同山东半岛之间的官方、民间的往来，物资交流变得频繁起来，作为中转港的旅顺，其重要性也就提高了，在旅顺设置传驿、海关等官方旅行设施，乃至监察机构也是有道理的。崔忻投宿的地方可能就是这种传驿的住所。他看到那里给水设施不完备，提议打新井，以中央官吏的权威让地方官接受他的计划后，他又起程北上了。"鸿胪井遗迹"不在旅顺海湾的深处，而选择在港湾口最近的地方，那是为了沿岸航行船只抛锚、上水提供必要方便。

第二是"两口"。《辽东志》中记"鸿胪井二"，确实凿了两口井。那么为什么凿两口呢？是表示吉祥，还是因为水脉？这个问题可参考商务印书馆出版的《中国古今地名大辞典》"双泉"条目的记载："（1）在山西陵川县西南四十里,二井相去不数步,而一甘一苦。(2)在广东琼山县东北,昔东坡寓此,凿两井,相去咫尺而异味。"这都不是故意挖的,因为第一眼井没有出好水,又在附近挖了第二眼井,可以说这是不得已的结果。崔忻凿两口井也可能是出自同一原因吧。

第三是"永为记验"。在中国有为了记验而掘井的习惯吗?且不说我的寡闻无知,这种场合,记验什么呢?当然可以说是为奉敕命出使异域,圆满地完成了任务。假若仅仅是如此,不选择掘井这种费工夫的方法不是更好吗?这里笔者认为附加上"永为记验"之言是有道理的。

崔忻到靺鞨的都城完成了使命,在异地过了年。第二年春情志满怀地踏上了回朝旅途,又回到旅顺。在旅顺他看到了去年下令挖的水井已竣工,自己又完成了册封使命,为纪念公私两件喜事而在井边立碑。

第四,"开元二年五月十八日"(公元714年7月18日)的意义。这一天是崔忻归途中的日期,也是他住宿在旅顺的日子,这大体上是没有疑问的。这个日期是个什么日子,换言之,在这一天发生了什么事情,未必清楚。

从碑文整体的格调和体裁看,这个日期象是意味着凿井、刻字完工,即工程竣工,这也是常识吧。和工程所需时间相比而言,在一般场合下,可以有从容不迫地推敲起草碑文的时间。在这期间,凿井所需的天数应在当初就计算出来。崔忻的施工命令在去路中滞留旅顺时发下才合情理。若是这样,他的访北旅行和凿井工程一定是在相互之间没有任何联系的情况下进行的。而且他归途再访旅顺时的季节是夏天,岸上比较平静,没有必要等好天气再出航,既使节团一行归心似箭,也不允许慢条斯理地搞什么工程和对碑文内容仔细推敲。虽是碑文的格式,但没有过多修饰,简短,短札风格。总之,碑文的日期不是凿井竣工的日期,

重新考察一下就可知道,凿井不是在往返途中的短时间住宿期间就能完成的简单工事。而且崔忻也不是一位在使命能否完成还是个未知数的前提下,就事先计划修纪念物,然后再登程北上的傲慢官吏。但是,出使千里,功成名就,大概他的喜悦之情会溢于言表。正因为如此,他碰巧走到已凿好的井前,猛然想起,山坡上的天然石不正是刻字纪念的好材料吗?于是马上写好碑文交给下司,告别辽东回朝。也就是说,"开元二年五月十八日"是

表示崔忻写碑文的日子,这就是不以"造"字作为碑文的最后一个字的理由。

关于碑文的文字,清代学者杨伯暑在其辑的《沈故》中说:"其字体结构颇似柳城石刻",字体结构有一种风格。字刻的很深,线条明显,后代人题刻的远不及此。在当年的旅顺就有了能刻这样碑文的石工,这是辽东半岛沿海开发程度的最好标志,

关于碑石的史料价值也想评论,这里只能割爱了。

<h1 style="text-align:center">五</h1>

碑石的寝面,在崔忻题刻的周围有大小六块题刻。如再精查的话,也许还有新的。现将辨认的题刻文字发表如下,并加若干解说。今后如有机会再进一步研究的话,期望有更有益的发现。

一、嘉靖题刻

(一)位置:碑石正面下部

(二)尺寸:纵90、横120(上),95(下)厘米

(三)纪年:嘉靖十二年(1533年)三月十二日

(四)字体:行书,多处散乱

(五)题者:查应兆

(六)尾刻内容:"嘉靖十□□□□□渤海□□□□□松/李铖因/圣母 至 黄井覩太石□□□故迹何其/壮哉何其盛乎/余南巡至旅顺/观风访古临 黄 /井登奇石因/得览唐崔鸿/胪故迹白壮兹/游畅焉/覩嘉靖十二年三月十二日/布政司右参议姑苏/查应兆记"。

(七)解说:《中国人名大辞典》关于查应兆的简历:"查应兆,长州人,字

瑞徵,正德进士,授工部主事,视浙榷,镜守中奄方倨侮诸使者,无敢出一言,应兆报谒,奄将据上坐,笑引却之曰,公直毫耶,何忘主客礼,乃仑卒无以答,卒让席,后为山东参议,发奸若神历布政使卒。"查像是一位廉政的官吏从题刻中也可看出,用辞奔放,笔势自由,其激情气概犹浮现在眼前,在这个题刻中应注意三点。

第一点,题材者同时看到碑石和井,说明嘉靖年间鸿胪井还在。

第二点,在第三节已提到,这个题刻,行头、行间、字间搭配都不整齐,不合于常理,各行的下方,如果延长的话会交叉在一点上,上宽下窄,且字体软弱无力,从这种情况推想,题者在挥字笔写时,是站在碑石下面一个地方,不拘于方法,就直接在石面上写。还有,文中有"登奇石因得览唐崔鸿胪故迹"字样,再根据碑石和人的位置,大概当时碑石是立在高低不平的地面上。

第三点,鸿胪井曾叫黄井。另外《辽东志》中有"黄山"一词,毫无疑问,就是今天黄金山从前的名子。若是这样,我想是鸿——黄,黄井——黄金音的转借关系,期望识者高裁。稻叶岩吉博士把鸿胪井和黄金直接联系起来⑨,但胪音的处理是乎有些勉强。

二、万历题刻

（一）位置:碑石背面右部

（二）尺寸:未测定

（三）纪年:万历

（四）字体:难以认定

（五）题者:不详

（六）题刻内容:凿井/开元/万历。

（七）解说:因为没有拓本,题刻内容不清楚。因为有万历纪年,以后如能仔细查看,特别是井的存否,也许能得到珍贵资料。

三、乾隆题刻

（一）位置：碑石右侧面

（二）尺寸：未测定

（三）纪年：乾隆四年七月二十八日

（四）字体：行楷

（五）题者：额洛图

（六）题刻内容：奉口等地/方统辖满汗蒙古/水师陆路都统将军总管/陵事务督理六边世/袭一等轻军（"军"字应为"车"字——译者注，据阎万章先生赐教）。都尉/加五级纪录七次/额洛图于/大清乾隆四年岁次已未秋七月二十八日记。

（七）解说：关于额洛图，除本题刻外，不见他其传记，从名字推测，当是满族无疑，像是旧世出身，在辽东江西担任过重要军务。除此而外，有助于碑石研究的材料一个字也没有传下。

四、道光题刻

（一）位置：碑石正面右上部

（二）尺寸：纵43，横39厘米

（三）纪年：道光二十年九月

（四）字体：行楷

（五）题者：耆英

（六）题刻内容：道光二十年秋九月/督兵防堵［左口右英］夷阅视/水阵见有巨石（据图二照片，在"石"之后似脱"一"字——译者注，据阎万章先生赐教）。方开元/崔公题刻尚存因随笔以/志嘱水师协领特贺觅/匠刻以镌垂其永/太子少保盛军将军宗室耆英书/。后有"宫保尚书"、"宗室之印"二方印章。

（七）解说：《中国人名大辞典》关于耆英的简历记述如下。"耆英，满洲人，道光年间为杭州将军。禁烟事起，英人寇江宁，耆英赴苏议和，订五口通商及割让香港之约。寻授两广总督，以广州绅民阻英人入城，反对和约，不得已乞内召，官至文渊阁大学士。文宗即位，与穆彰阿同夺职。英法军入天津，赴津议和，未成，擅回京，旋赐自尽。'

他生于清宗室，历任显职，在任盛京将军时，偶有一次接到检阅旅顺水师的幕僚的报告，挥笔写下了这个题辞交给属下，如果幕僚也看到了鸿胪井的话，文中大概决不会遗漏的，是要注意的地方。从押印看，可能是先量好刻字面的尺寸，再在纸上写的吧。

五、光绪题刻

（一）位置：碑石正面左上部

（二）尺寸：纵26，横11厘米

（三）纪年：光绪二十一年冬

（四）字体：楷书

（五）题者：刘含芳

（六）题刻内容：此石在金州旅顺海口黄金山阴其大如驼/唐开元二年至今一千一百八十三年其/井已湮其石尚存光绪乙未冬前/任山东登来青兵备道贵池/刘含芳作石亭覆之并记印。

（七）解说：从有押印看，也是先量好刻字面的尺寸，再在纸上写的吧。本题刻应注意以下三点，即，第一点，确认鸿胪井已湮没，这是最重要的资料。第二点，记录了修建石亭，但遗憾的是没有详述其动机，也许是想让人们知道"其井已湮其石尚存吧"。

"光绪乙未冬"是日本归还辽东之后。石亭那样工程不是一朝一夕就能完工的，恐怕是在日中战争爆发前就有建亭的计划。主事者刘含芳的经历和立场不清楚，只是从题刻看，出生在安徽省贵池县，其官衔是山东三州

(登州、莱州、青州)兵备道,即是以兵备为主的道的长官⑩。或许旅顺也在其管辖区域之内。大概刘含芳在仕途上一帆风顺,又是一个颇有才干的人。

第三点,从消极方面证明,井的改凿不是刘含芳经手的。石亭修建后三年,旅顺就被俄国占领,并开始在黄金山等地修筑巨大要塞工亭。不久就开始了日俄战争,围攻旅顺。

六、纪年不详的题刻

（一）位置:碑石背面左侧

（二）尺寸:未测定

（三）纪年:不详

（四）字体:难以认定

（五）题者:不详

（六）题刻内容:谷门/拾

（七）解说:因没有拓本,无法仔细查看。

六

鸿胪井湮没了,现在已经回忆不起它的旧貌。光绪年间的题刻是一个证据,丽水氏也有论断。然而是在何时,因为什么原因呢? 根据嘉靖题刻,知道井确实存在年代的下限,从道光题刻中知道井湮没的上限,其间间隔三百年。今后的研究也许多少能把湮没时间的范围缩小一些。

井湮没的原因是什么? 如果是因为自然力的话,可能是山坡岩石的崩塌,但这又和碑石完好存在相矛盾。如果是人为所至的话,大概是因战争而埋没。具有尚古精神的中国人在和平年代里不会干出驱使自己的人把井埋没那样的蠢事。但是一旦朝代政治变革,就会有巨大的物理力狂乱起来。恰好崇祯六年(1633 年)七月,在黄金山周围,后金和旅顺的明守将黄龙之间展开了殊死的战斗⑪,重要的基地旅顺变成了战场,在这段时间里,除了明清战争外,没有其他战事。由它去吧,唐朝的鸿胪卿崔忻坚信:井永远不会湮没的。

（原文刊于日本《东洋学报》第 51 卷 1 期,1968 年。

译文原刊于《辽海文物学刊》1991 年第 1 期）

注释

① 《旧唐书》,一百九十九卷下,列传·渤海靺鞨;《册府元龟》,卷九六四,外臣部·封册二;《资治通鉴》,二十卷,唐纪二十六。

② 满铁《满洲历史地理第一卷·一九一三》及其他。

③ 平凡社《世界地名事典五卷·一九五一》306 页。

④ 满铁《满洲历史地理第一卷·一九一三》（松井等稿）及其他。

⑤ 满铁《满洲金石志稿第一册·一九三六》（园田一龟稿）及其他。

⑥ 内藤虎次郎:《东洋文化史研究·一九三六》及其他。

⑦ 杨伯馨:《沈故》及其他。

⑧ 《隋书》,十八卷,东夷传;《旧唐书》一百四十九卷上,东夷各传;《日本书纪》,二十三及二十五卷。

⑨ 稻叶岩吉:《满洲国史通论·一九四零》,第 13 页。

⑩ 黄本骥编《历代官职表卷五司道》。

⑪ 《明史》,二十三卷,庄烈帝一;《明史》,二百七十一卷,黄龙传。

361

旅顺鸿胪井题记刻石

——唐与渤海关系的信物 | 孙绍华

　　渤海国接受唐王朝的册封是在唐睿宗先天二年（713 年），当时唐王朝特派"敕持节宣劳靺羯使鸿胪卿崔忻"为专使，在完成使命的归途中路经旅顺口时，特意"凿井两口"，并题记其事，刻石"永为记验"，史称"鸿胪井题记刻石"。这是唐与渤海关系史上最早的信物，也是辽东半岛上最有价值的石刻，更是可与史书相互印证并可据此记载以纠正、弥补史书谬误与缺失的重要历史文献。一千多年以来，在原石上下前后左右题记补刻者甚多，除有七则题识因漫漶剥蚀已难辨认外，尚有大致或完全可以辨认者达五则之多。但不幸的是，日俄战后日本侵略者占领了旅大，日本镇守使中将富冈定恭公然将此石刻掠夺至东京，至今存放在日本皇宫内的建安府前院，称作"唐碑亭"。自此以后，多少日本人写文章研究、考证，赞美掠夺者的功勋，以主人的身份自居而恬不知耻。最令人气愤的是，去年夏天，大连电视台记者专程去采访时，竟无理地遭到拒绝。非但石刻不得一见，而且任何有关的资料也不肯提供。更令人难以容忍的是，他们居然恶狠狠地质问："你们要干什么?!"这种强盗嘴脸使我们不禁联想到：难道被掠夺去的国宝不应归还么？

　　我在二十年前曾写过一篇关于这一石刻的考证文章（《旅顺鸿胪井题记刻石——唐与渤海关系的信物》，原刊于《社会科学辑刊》1979 年第 4期）。现在看来，有许多应该补正的地方，故而另写此文，希望能引起重视，从而考虑所有被掠夺的国宝如何通过法律的程序合理地归还等问题。

一

在唐代国内少数民族所建立的地方政权中,渤海国是势力最大、辖地较广、年代悠久到几与唐王朝相始终的一个大的藩属。但除了唐代史书上少量有关记载以外,《渤海国志长编》乃后人所作之史料辑录,而传世之文献与文物也为数不多。迄至今日,最有价值的文物当首推原在旅顺口黄金山下的鸿胪井题记刻石。因为它是唐王朝与渤海国政治关系史上的重要信物,它具有多方面的历史文献价值。

渤海的祖先历史悠久,商代称肃慎,汉称挹娄,北魏时称勿吉,隋唐因"勿吉"音转而曰靺羯,"羯"又因与"鞨"形近而讹变为"鞨"。至唐王朝册封大祚荣为渤海郡王之后,才有渤海之称。

先是,大祚荣曾于武后圣历年间自立为振国王。唐中宗即位后,曾"遣侍御史张行岌往招慰之",表现了唐王朝对国内部族的尊重;大祚荣也"遣子入侍",表示渤海已正式接受了与唐王朝的领属关系,但当唐朝将派使者册立封号之际,恰值突厥与契丹在边境上的战争连年不已,以致"使命不达"。及至"睿宗先天二年遣郎将崔䜣往,册拜祚荣为左骁卫员外大将军、渤海郡王,仍以其所统为忽汗州,加授忽汗州都督",从此,在我国的历史上确立了渤海郡的称号。而后,渤海郡每年都遣使"朝贡",并经常派遣学生到长安,入太学学习,在很多方面都仿效唐制,受唐文化较深的影响,遂使渤海郡的农业、手工业都有很大的发展。(以上引文皆见《旧唐书·北狄传·渤海靺鞨传》)。

崔䜣对于接受这次建立中央和地方之间的政治关系的使命,自视非同一般。所以,在他完成这次使命之后,归途路过旅顺,特在旅顺黄金山下,凿井两口,并刻石记事,"永为记验"。石刻的原文是:

> 敕持节宣劳靺羯使
> 鸿胪卿崔䜣井两口永为
> 记验开元二年五月十八日

石高市尺一尺六寸,宽一尺一寸九分。三行,第一行八个字,第二行十个字,第三行十一个字,共二十九个字。书法苍劲遒丽,有北碑的刚健之风,颇具古拙韵味。在唐代楷书中属于独具风貌者。这一石刻在旅顺经历了一千多年的沧桑,受到历代的重视,留下了许多题识,分散刻在原石的上、下、左、右及背面。其中有七则题记因风化剥蚀已难辨认,尚存五则分别为依稀可辨与完全可以诵读者。比如:(1)明代"嘉靖十二年三月十二日布政司右参议姑苏查应兆记",刻于原石下方,文中残存"观风访古,临黄口井,登奇石因得览唐崔鸿胪故迹"字样。(2)明万历题刻,残存"万历""井"字及"开元"诸字,已难知具体年月及题者姓名,刻于原石背面右部。(3)清代"乾隆四年岁次己未秋七月二十八日记",题者为额洛图,刻于原石右侧。(4)清"道光二十年秋九月督兵防堵英夷,阅视水阵,见有巨石一方,开元崔公题刻尚存,因随笔以志。嘱水师协领特贺觅匠刻以镌垂其永。"后署"太子少保,盛京将军宗室耆英书",刻于原石正面右上角。(5)清末刘含芳在原石正面崔忻题刻左端补刻一段长文:

此石在金州旅顺海口黄金山阴,其大如驼。开元二年至

今一千一百八十二年,其井已湮,其石尚存。光绪乙未冬,

前任山东登莱青兵备道贵池刘含芳作石亭覆之,并记。

这是最后也是最完整的一则题记。刘含芳是安徽贵池人,光绪八年任旅顺北洋海军营务处处长,兼旅顺船坞工程总办。在旅顺期间,曾留心文物古迹的保护,故有此题识。

日俄战后,帝俄战败,日本侵占了旅大。旅顺海军镇守司令长官中将富冈定恭,在他到任的当年(清光绪三十四年,日本明治四十一年,公元1908年)即将此刻石掠运至东京,而于旅顺原址立一"鸿胪井遗迹"石刻以掩盖其强盗行径。日本文人学者对此石刻,据说"在许多书中都被大家赞扬,这已成为史家的常识。"(引见渡边谅《鸿胪井考》)他们俨然以石刻的主人自居。而时至今日,真正的石刻主人希望一见原石而不可得,公理何在?!

这便是国宝鸿胪井刻石的沧桑史。

二

这一珍贵文物具有着多方面重要的历史文献价值,须从几个角度去考证和认识。

第一,是对渤海建国有着划时代意义的证物。

崔忻一行使节此次出使渤海,在唐王朝与渤海的关系上是一个重要的历史转折点。这有力地表明,大祚荣所率部族的兴起和强盛,唐王朝的态度是支持和承认的。专派使者册封,除保留大祚荣原有的忽汗州的领地外,加上忽汗州都督的头衔,既使其合法化,又表示了尊重。而册封大祚荣为渤海郡王,比起原来的自称振国王就更具有地方特色。这一举动,加强了中央和地方的行政联系,促进了国内各兄弟民族间经济和文化交流。自此以后,渤海国才被世人所知,载入史册。所以我们说,旅顺鸿胪井题记刻石是这一历史关系的不可多得的验证。

第二,石刻的文字内容可以纠正《唐书》对这一事件记载的疏漏和缺失。

唐王朝对于这次派遣使者是极为重视的。据前引《旧唐书·北狄传》所记,睿宗先天二年遣"郎将崔䜣"往渤海册封大祚荣,可见这个崔忻的原职是"郎将",但是,这一刻石却清楚地标明使者的官衔是"鸿胪卿"。按唐代的官制,"郎将"是不能担负"诸蕃封命"职务的。那么崔忻"敕持节宣劳靺羯使、鸿胪卿"等职,就是专为担负此次册封大祚荣的使命而加衔。按唐制,鸿胪卿掌管出使封拜事,据《新唐书·百官志》记述:"鸿胪寺卿一人,从三品,⋯⋯掌宾客及凶仪之事。⋯⋯诸蕃封命,则受册而往。"这正好说明崔忻的出使特加鸿胪卿衔是符合官制的。由此可知,《唐书》所记,是崔忻未出使前的官职;碑文所刻,则是出使时特授的职衔。二者非但不矛盾,也可以印证《旧唐书》所记原属未错,只不过不够完整罢了。通过这一对比,就更可以看出石刻文物对于印证、补充、纠正史书讹失的作用是必须重视的。至于《旧唐书·北狄传·渤海靺鞨传》所记之郎将为"崔䜣",而此刻石为"崔忻",这大概是由于"訢""忻"二字音同形近而史书误记。刻石是崔忻直接所辖的事,不致有误,而且寥寥二十九字,何至把特使的名字刻错,当然应以刻石为准。

值得特作说明的是,石刻中用"靺羯"而不用"靺鞨",与习惯用法和史书的记载不一致。这在上文已略有论及,但须作进一步的论述。按渤海的先人在北魏时有"勿吉"之称,"勿吉"与"靺羯"音近,故演变至此。此皆从满族语言之"窝集"(意为森林)转化而来,意思是说,渤海人是森林中的部族。至于"吉"字转化为"羯"字,盖因传统所说"五胡"族中有羯族,故以"羯"代"吉"。而"羯"又讹变为"鞨",这是受上面"靺"字的"革"旁所株连而产生的文字类化所致,有如"凤皇"的"皇"字受"凤"字的株连而讹变为"凰"字的道理是一样的。这是从声韵和语源上的推断。从另一面考虑,石刻中所用的"靺羯使"是唐王朝派崔忻为特使时所加的封号,崔忻不会也不敢写错字;何况他完成使命归途中岂能把出使的国家名字都弄错? 由此可以断言,"靺鞨"应是"靺羯",即使《唐书》和字书、辞书中皆作"靺鞨",也不足为训。

第三,刻石纪年可与《唐书》有关记述相印证。

关于册封大祚荣的年代问题,《旧唐书》所记与刻石所载似有不合。关于大祚荣自立为振国王事,据《旧唐书·北狄传》载,大祚荣于武后圣历中自立为振国王。武后圣历共二年,此事属于元年或二年则不可考。但据日本史学家菅原道真等在日本宁多天皇宽平四年所修之《类聚国史》卷一九三所记,日本文武天皇二年(公元698年)大祚荣始建国渤海。和铜六年(公元713年)受唐册立。日本文武天皇二年即唐武后圣历元年,那么大祚荣的称王就是在圣历元年。渤海与日本邻接,而历史家菅原道真又是和渤海使者曾有过多次接触的学者,所得的消息当属可靠。而且《类聚国史》的成书也在《唐书》之前,至于受封册立之和铜六年(公元713年)即唐玄宗开元元年,则又似与《旧唐书》所记之"睿宗先天二年"不合,与碑石所记之"开元二年"亦差一年。事实上,是没有什么差误的。据清赵翼《廿二史劄记·太上皇帝》所记:"中宗为韦后及安乐公主所弑,韦后临朝。临淄王隆基率兵讨乱,诛韦氏及安乐公主,于是睿宗即皇帝位,立临淄王为太子。先天元年,立为皇帝,听小事;自称太上皇,听大事。明年,诏归政于皇帝,是为玄宗。"可知睿宗在位时玄宗已为皇帝。而所谓的"明年"即先天二年。按《唐书》所记,此年十一月改元开元,即所谓"归政于皇帝"。则先天二年即开元元年(公元713年)。因此,《旧唐书》所记年代,可能是崔忻出使时尚在十一月未正式"归政于皇帝"亦即改元开元之前。而刻石是在完成使命归途经过旅顺口的时候,实际只在改元开元后的六个月,这是因为崔忻此次出使的途径不是从长安沿古长城路线到东北,而是从山东登州乘船渡海到旅大,再自旅大北行至渤海(当时大祚荣据东牟山,即今吉林敦化境内)。在当时交通条件下,往返不过半年左右,完成使命后回到旅顺口,此时已是开元二年五月,也是合乎情理的。

从以上简单的论述中可以证明,旅顺口鸿胪井题记刻石在唐与渤海政治关系史上的重要意义。它不仅是一件珍贵的历史文物,而且是具有多方面历史文献价值的国宝。二十多年前,我曾写过一篇考证文章,但那时由于许多有关资料被封锁在掠夺者手中,我们无从掌握。现在根据几方面的文献重写这篇文章,一则希望对渤海国的研究有所推进,但更重要的是通过这一石刻的不幸经历使人们深刻地认识到,一件珍贵文物的遭遇,往往也与这个国家民族的命运紧紧地联系在一起,这是发人深省的惨痛教训。二则也使我们必须进一步考虑如何将被侵略者掠夺的文物通过外交和法律的手段抓紧索还。古人说得好:"俟河之清,人寿几何?"当事人大多渐趋凋零,而岁月是无情的!

2000 年 5 月

【作者简介】

孙绍华,女,1936 年生,山东蓬莱人,毕业于哈尔滨师范大学,辽宁师范大学历史系教授。

鸿胪井的考察与研究 | 瀛云萍

鸿胪井，是大连地区重点文物保护单位之一。它是唐开元元年（713年）唐玄宗派郎将崔忻摄鸿胪卿往靺羯地方的"震国"（亦称振国）册封其王大祚荣为"左骁卫员外大将军渤海郡王"往返都里镇（今大连市属旅顺区旅顺街）时，所凿的两口井及刻石一块，是中国唐朝中央政府与渤海地方政府间，从属关系的印证，是研究中国史，东北地方史、民族史尤其是满族史、渤海国史、辽南地方史等的珍贵参考资料，是满汉两族先民们接触、融和的第一块里程碑。然而直到现在，中国史学界对"鸿胪井"及其刻石的古今情况还是模糊不清的，即到旅顺街访诸旅顺人，也是十问九不知的。史学界的情况呢？我们举出几部现代出版的书籍所记述的原文就可见一斑了。

〔例一〕

1988 年 5 月东北财经大学出版社（在大连）出版的、旅顺人自己写的《旅顺地名指南》第 32 页上说（引文字下加＿＿＿＿者为错字，＿＿＿＿上无字为落字，下同）：

鸿胪井位于黄金山北脚下，距海边 50 米左右。井早已埋没，现有鸿胪井遗迹石碑和市级文物保护单位石碑各一块。

……崔忻完成使命后，经辽东半岛由海路回长安、途经旅顺时，在黄金山下凿井两口，做为这次出使纪念，立石碑一块，上刻"劫持节宣劳靺鞨使鸿胪卿崔忻井两口永为纪验开元二年五月十八日"。因崔忻的官职是鸿胪卿，后人称该井为"鸿胪井"，一直传流至今，也有称"金井"的。

1899年山东登莱兵备道台刘含芳在碑阴又题刻："此石在金州旅顺口

黄金山阴、其大如砣。唐开元二年至今1288年。其井已湮其石尚存。光绪巳未冬，前任山东登莱＿＿＿＿兵备道台＿＿＿＿刘含芳作石亭覆之，并记"。

日人垣内良平有"有关鸿胪井之碑"谈到只有一口井，"在距海岸约50米地方……井深4米，井水深约2.5米，井直径约1.2至1.3米"。还舔出井水略有咸味。

崔忻所立石碑，是东北重要刻石之一，它记载了唐朝与渤海国的关系，具有重要的历史价值。石碑于1908年被日本盗走，送往日本宫城博物馆。1911年另立石碑一座于此。该遗址1979年被列为市级文物保护单位并立保护文物单位标"鸿胪井"石碑一块。

〔例二〕

1984年辽宁人民出版社出版的、大连人自己写的《旅大史话》第34页至第35页上说：

唐开元二年（714）五月崔忻在完成册封使命后，在回长安途中，于马石山（即今黄金山）下凿井两口、刻石一块永为记验。当时凿的两口井一在黄金山北麓，至今遗迹尚存，刻石原来就在这口井旁；一在黄金山南麓，后来被沙俄军队占领旅大时，在黄金山修筑军事时所破坏，已无迹可寻。

刻石高一市尺六寸、宽一市尺一寸九分，上下镌刻正书三行计29字：

　　敕持节宣劳靺鞨使
　　鸿胪卿崔忻井两口永为
　　记验开元二年五月十八日

鸿胪井和刻石在黄金山麓经历了一千一百多年的岁月，不曾被人重视，直到清末光绪乙未（公元1895年）才被清山东登莱青兵备道福建贵池人刘含芳所重视……修一石亭将井覆盖，又在刻石文字左侧添刻小字五行记之，这五行小字的原文是："此石在金州旅顺黄金山阴，其大如驼，开元二年至今一千一百八十二年，其井已湮，其石尚存。光绪乙未冬，前任山东登莱青兵备道贵池刘含芳作石亭覆之，并记"。

一九○四年日俄战争后，一九○五年日军占领旅顺口。一九○八年，日本镇守府司令长中将富冈定恭下令将此刻石劫走,用船运往日本,藏于宫内省怀天府。日本人为了掩盖其强盗行径,于一九一一年在井的原址附近建立了一个《鸿胪井遗迹》的水泥碑。

〔例三〕

1987 年上海辞书出版社出版的《民族词典》1020 页说:

鸿胪井,在辽宁大连市旅顺黄金山下。唐先天二年(开元元年,713)玄宗派郎将崔忻_____往震国(亦称振国)册拜其国王大祚荣为左骁卫员外大将军、渤海郡王,仍以所统为忽汗州,加授忽汗都督,自是始去靺鞨号,专称渤海。崔忻完成使命后,经旅顺返唐。在旅顺黄山(一称黄金山)下凿井两口,井上刻名"敕持节宣劳靺鞨使鸿胪卿崔忻井两口,永为纪验,开元二年五月十八日"共二十九字。这是现存渤海文物史料中最早的一个。其井已湮,其石尚存。此石大如驼,二十世纪初被日本帝国主义者掠往日本,收藏在日本皇宫,旅顺博物馆陈列的乃是复制品。

以上所举的三份参考书,对鸿胪井来说,都应当是权威著作。但对同一鸿胪井及其刻石的说法,细看出入很大,并都有很多错误,没有一个完善的,都只谈到事实的很小的一个角落。前此笔者也写了几篇专谈鸿胪井及其刻石的文章,分别发表在各种刊物上,也有一些错误,也都没谈到鸿胪井及其刻石的全豹。但"抛砖"终于引出了"通灵玉",旅顺博物馆馆长许明纲提出了"鸿胪井刻石及刘含芳所造覆盖刻石的石亭的原照片,又得到日本渡边谅著、姚义田译的《鸿胪井考》"。这都是"踏破铁鞋无觅处"的珍贵资料,没有这两份资料就永远也弄不清"鸿胪井刻石及其石亭的原貌。又得到旅顺军政界首长们的支持,才得到鸿胪井故址去实地凭吊观察,无此,则鸿胪井现状永远也不会明了。正由于有了以上这些难得的条件,再结合有关的古典籍反复研究,对鸿胪井及其刻石的古往今来,才有了比较全面的认识,但还不是终极的认识,一则,崔忻所凿的鸿胪井早已湮没,其故地几经施工,其确切故址已难寻觅,二则原刻石及石亭现在日本皇宫,我们平民间研究者无缘再对实物详细观察,只能望洋兴叹。兹将个人几年来追求之所得,依史实的先后顺序记述如下:

其一,鸿胪井及其刻石的来源

鸿胪井及其刻石，都是依崔忻的指示产生的。崔忻于唐开元元年奉玄宗皇帝之命，以郎将摄鸿胪卿的身分为使，往震国(其王都在今吉林省敦化市东郊的敖东城，故迹尚存)册封其国王大祚荣(靺鞨族，与满族同祖)为"左骁卫员外大将军、渤海郡王，仍以所统为忽州，加封忽汗都督"。

崔忻出使的路线是从首都长安出发东行，经河南道(玄宗划全国为十五道，河南道当今河南东部、安徽省北部、江苏省北部、山东省全部地)到登州(今山东蓬莱县)乘船到都里镇(今旅顺口街)小息后，再乘船沿辽东半岛东入鸭绿江口，再溯江而上，转陆路到忽汗城的。

凿井事，是他在都里镇为解决航行人员用淡水的问题，指示都里镇有司负责开凿的。井的位置肯定在今黄金山(当时称黄山)西北麓，今旅顺口东岸，东港的西南岸。但两口井都在此一起? 或一口在黄金东山南麓，则尚难确定。

崔忻完成册封使命后，仍由去路返回都里镇。这时两口井已凿好，他才在井上边的山坡上一块"其大如驼的"大石头上题了字。是在一块较平的自然面上先量好尺寸、写在纸上，然后交给都里镇有司请工照刻的。"日"字下面可能有印章，但早已风化无痕。崔忻交代完毕后，即率其使团回朝复命，他不会停留在都里镇废时旷日等待刻字的。彼时这块大石头当然不在今天"鸿胪井之遗迹"碑所在的平地上，今天这块平地是历次施工整平才有的，而当时是在自然的山坡地面上的。其原位置距今"鸿胪井之遗迹"碑的位置不会很远的，也许就在碑的位置。因盗走刻石及石亭，又建立遗迹碑，都是富岗定恭中将一个人干的，他没有理由把遗迹碑立在"遗迹"以外的地方。这是原刻石的位置，不是鸿胪井的位置，因彼时"其井已湮"。

这块石头的形象，以崔忻的题刻面为正面。从正面量刻石全部最高处距基底180厘米，横宽300厘米，厚200厘米。石质为硅岩、褐色又夹有浅红色，与黄金山的石质一致。崔公的题刻在正面观者对面的左上角。其题刻幅上下高35厘米，左右宽14厘米。题刻面上顶距刻石上顶30厘米。

其二，鸿胪井及其刻石的沧桑

鸿胪井凿成，刻石第一幅铭文镌成后，经历了820年，长期在辽金元的统治下，这些文化水平较低的统治阶级，对历史文物的看法是很难设想的。

直到明嘉靖十二年(1533 年)布政司右参议姑苏(今苏州市)人查应兆于是年三月十二日曾到其地瞻仰并在崔公题刻的下方、即大刻石正面中央较平的自然面上,上宽 120 厘米,下宽 95 厘米、上下高 90 厘米的倒梯形幅内,题刻了一百来字,行列很不整齐,是直接用笔写在石上的。至今尚可认得出约有 77 个字,字体软弱无力,说明是站在崎岖的乱石块上勉强向上够着写的,刻工也不高明。其原文是"嘉靖×××××渤海×××××松×李钺因×圣母(黄)井观太石×××故迹何其壮哉何其盛乎×余南巡至旅顺×观风访古临(黄)井登奇石因×得览崔鸿胪故迹白壮兹游畅焉观嘉靖十二年三月十二日布政司右参议姑苏查应兆"。

这段刻铭,说明彼时鸿胪井及刻石均在,但没说明井有几口。又说明他登临题刻时原刻石下方是奇石,而非平地。

又在明万历年间(1573—1619 年)有人在原刻石背面右部刻过字,现今只能看出"(凿)井××开元××万历"等字迹,余皆不见。

又在清乾隆四年(1739 年)七月二十八日,额洛图将军在原刻石右侧面有题刻,其原文是"奉(天)等地方统辖满汉蒙××水师陆路都统将军总管×陵事务督理六边××世袭一等轻车都尉 加五级记录七次 额洛图于大清乾隆四年岁次己未秋七月二十八日记"。

这段刻铭只说明此时额洛图看了这块刻石,并很重视,所以把自己的官称名字题刻在石上,以兹留传。其余无所启示。

又清道光二十年(1804 年)九月将军耆英在崔忻题刻的右侧有所题刻。其题幅纵 43 厘米,横 39 厘米。题刻的原文是"道光二十年秋九月督兵防堵噗夷阅视 水阵见巨石一方开元 崔公题刻尚在因随笔以 志嘱水师协领特贺觅 匠刻镌以垂其永 太子少保盛京将军宗室耆英书"。后有"宫保尚书"、"宗室之印"两方印章。是先量好尺寸写到纸上,盖上印章然后交给特贺协领请匠镌刻的。这段题刻只说明他看到崔公刻石很重视、自己加刻了这些字。"井"的情况没谈,概已湮没矣。

最后是光绪二十一年(1895 年)刘含芳在崔忻题刻的左侧,又题刻五行小字。但已看不太清楚了,其原文是"此石在金州旅顺海口黄金山阴,其大如驼。唐开元二年至今一千一百八十二年其井已湮,其石尚存光绪乙未冬前任山东登莱青兵备道贵池刘含芳作石亭覆之并记印"。

刘含芳的题刻明确指出"其井已湮"。但也没说明已湮的井，是一口？两口？各在何处？

1908 年日本侵略军占领旅顺口的镇守府司令长官富冈定恭中将，将"鸿胪井刻石及石亭"一并劫走，藏于日本宫内省怀天府。

1911 年（宣统三年、日本明治四十四年辛亥）富冈定恭于原石亭及刻石所在的位置，建立了一座石碑。碑用细晶花岗岩制成，高约二米，宽约 80 厘米，厚 20 约厘米，均笔者速写时目测数，与真实尺寸当有差距。碑正面刻"鸿胪井之遗迹碑"六个大字，每字直径约 20 厘米。背面刻 6 行 102 字，前后均繁体字、整齐秀美。据说为富冈定恭亲笔，其书法艺术相当高明。他虽然劫走我们的国宝——石亭及刻石，但他又于原址建立此遗迹碑，又亲笔工楷书写，亦史学界"有心人"也，此即所谓"盗亦有道"欤！他盗走刻石、立遗迹碑，都说明他很重视文物。如并"遗迹碑"也没建则"空留遗恨在人间"，我中华民族子孙后代更徒抱遗恨矣！

日本丽水迟塚金太郎于 1930 年写了一部《满鲜趣味之旅》，对鸿胪井有如下之记录：

"在黄金山下的造船厂内看到鸿胪井古址。在靠近风平浪静的东港海边夏草丛生的荒地，有一看守人住的小屋的后边，有一口古井，花岗岩铺的井桁，井壁用红砖砌的，直至水深处。因靠近海边，涨潮时海水涌入，井水可能有咸味，但平时水甘冽且多。读了过去的旧志，则知这个井是唐朝鸿胪卿崔忻凿的。"

"略加说明的话，遗迹位于军港内黄金山的西北麓，距海岸五十米，显然是后世的整地人在平地上打的一口井，……一看来现在的这口井想必不是原来的井。……井边有海军中将男爵富冈定恭撰写的鸿胪井碑石……"

迟塚金太郎见到的这口井，当然是后人仿造的，因刘含芳的题刻中明言"其井已湮、其石尚存"。对仿造的这口井，日人垣内良平在他《有关鸿胪井之碑》文章中也谈到这口井"在距海岸约 50 米地方……井深 5 米，井水深 2.5 米，井直径约为 1.2—1.3 米"。他还舔尝出井水略有咸味。

笔者亲自观瞻的富冈定恭所立的"鸿胪井之遗迹"碑的位置西距旅顺

口海岸正是 50 米左右,与迟塚金太郎、垣内良平等所见到的后人仿造的鸿胪井的位置相应。但今天这口仿造的"鸿胪井"也踪迹全无了。其故址当在"遗迹碑"附近。今天"遗迹碑"的位置较先时填高了,不再受海潮的涌没,盖在填高地面时,把仿造的"鸿胪井"给填平了。

其三,鸿胪井及其刻石的现状

鸿胪井早已湮没了。其故迹只能用"鸿胪井之遗迹"碑的位置去设想了。在此碑东 10 余米处有一保护文物告示小碑。我们应当重视一个问题,即富冈定恭所建立并亲自撰写的镌刻的"鸿胪井之遗迹"碑,人们对此碑的感想是复杂的:它是日本军国主义分子侵略我主权、劫盗我国宝的自供状;但又是中国唐朝中央政府与东北靺羯地方政府间从属关系的第三者见证,所以有其自身的"历史文物价值",即使将来"鸿胪井刻石及石亭"能回归祖国,对富岗定恭所立的鸿胪井之遗迹碑亦应照旧加意保存。问题的内涵是曲折复杂的。

旅顺博物馆展出的"鸿胪井刻石"中,崔忻题刻与刘含芳题刻——全刻石正面左上角部分的仿制品一块,又展出了全刻石与刘含芳的造石亭的全部照片,也是文物珍品。

两口鸿胪井究竟在一处,还是在两处?至今尚难定论。如在一处,即黄金山西北,今"遗迹碑"所在之位置。如一口在黄金山东南麓,则应在"鸿胪南井"之位置。此位置系笔者往返其地四、五次侦测所得者。在黄金山周围,能达到崔忻凿井目的之位置,只有这两处。所以在西北凿出第一口井水带咸味,就可能到东南打第二口井。如第二口井真如《旅大史话》所说的"被沙俄军在黄金山上修筑军事工事所破坏",则已是荡然无存,无一点踪迹可寻了。

【附】辩误

现在所有书刊上都把满族先世"Mojie"的音译写成"靺鞨"。而崔忻的"鸿胪井题刻"却明明写的是"靺羯"。笔者认为崔忻是正确的。他是亲自出使到粟末靺羯的"震国"王都忽汗城(今吉林省敦化市东郊的敖东城)去册封其国王为"渤海郡王"的专使。他又在忽汗城住了半年多,对这段靺羯史的了解是非其他史家所可以比拟的。他刚从粟末靺羯回来就写的这幅刻题，当然不会错的。并与《北史·勿吉传》与《隋书·靺鞨传》中所指的"七部"内容全同，说明"勿吉"就是"靺鞨"的同音异写。这个"鞨"字应当读什么呢？《资治通鉴》上"靺鞨"音"末曷"。"曷"字又应读什么呢？《康熙字典》辰集上，曰部五划里"曷字条注解"音褐、音喝，又同蝎"。是"鞨"字有"he、xie"两种读法。《北史》《隋书》所说的"勿吉等于靺鞨"，则"鞨"字当然读 xie 才与"吉"音相近。与 he 音相去远矣。

译音词而用"多音字"是最糟的，给后人增加多少麻烦，故崔忻直接用"羯"字。"羯"与"吉"音相似。当以译作"靺羯"为正确。

本来"勿吉"一音来自"窝集"。窝集，为森林结集点，至今东北林地犹多有此名。"窝集人"，即"林中人"，为中原人对东北肃慎人的又一称呼。彼时东北地区森林覆盖面积比例很大。肃慎人多住在森林河谷间，所以称之为"窝集人"很适当。但汉人史家对音译少数民族名称时，因出于某些偏见，常用贬意词，所以把"窝集"译成"勿吉"。为什么不用"务吉"呢？崔忻用"羯"，但仍与"窝集"原音近似，与"勿吉"等耳。而今人是把"靺鞨"读成"Mohe"的，就成了不伦不类的词，既非译音，又非译义。对此千年大误应予廓清、更正，或照崔忻原译写作"靺羯"，或仍用"勿吉"。

（原刊于《满族研究》1993 年第 2 期）

【作者简介】

瀛云萍，男，1912 年生，辽宁人，1949 年考入东北师大地理系，曾在旅大师范学校（现大连大学）、辽宁师范大学任教。

鸿胪井石刻考略 | 赵德祥

　　靺鞨族,是中国东北地区历史悠久,影响最大的民族之一。唐朝武则天时期,开始强大起来,其粟末部于公元 698 年建立了"振国"政权。在唐王朝册封大祚荣为渤海郡王后,逐渐发展成被称为"海东盛国"的渤海国,在历史上存世 200 余年。靺鞨族长期接受唐朝的册封,是中央王朝的一个属国。

　　唐睿宗先天二年(713 年),郎将、鸿胪卿崔訢奉命由唐朝去东北册封靺鞨族首领"(大)祚荣为左骁卫员外大将军、渤海郡王,仍以其所统为忽汗州,加授忽汗州都督"。崔訢完成册封使命后,于次年即唐开元二年(714 年)返唐(唐睿宗先天二年十二月玄宗受禅登基,改元为开元元年,次年即开元二年),途经今大连市旅顺口区时,在该地的黄金山西北山脚下依山傍海处凿井刻石,以记此事,从而留下著称于世的鸿胪井石刻。鸿胪井石刻是东北地区最重要的一块唐朝石刻,是唐与渤海国关系史上最早的实物史料,在东北地区与"毌丘俭丸都纪功碑"、"高句丽好大王碑"、"义州万佛堂后魏造像记"相媲美,史料价值极高。长期以米鸿胪井石刻沉睡于此地,似乎未引起人们的注意,明代以前一直未见著录。迄今所见,最早见于记述的是明朝中期的《辽东志》。而后,又沉寂了数百年,直至清末石刻才引起人们的广泛关注,著录、研究刻石和刻石者越来越多,这段史事也倍受重视起来。但自此而后,对其记载与论述者又多有错误,以致以讹传讹,难以认其真实面目。

石刻正文的字数

　　鸿胪井石刻上正文文字的字数,各种文献所记载互有出入,字数不一。主要有四种说法:一是《辽东志》卷1地理志云:"井上石刻有:'敕持节宣劳靺鞨使鸿胪卿崔忻凿井两口永为记验开元二年五月十八日造,'凡三十一字。"[①]二是杨伯馨《沈故》云:"其文曰:敕持节宣劳靺鞨使鸿胪卿崔忻井两口永记验。开元二年五月十八日'。共二十八字。"[②]三是《奉天通志》云:"旅顺鸿胪井石刻:'敕持节宣劳靺鞨使,鸿胪卿崔忻井两口,永为记验。开元二年五月十八日'"。[③]四是崔粲等《辽宁地方史》云:"石上有石刻:'敕持节宣劳靺鞨使鸿胪卿崔忻凿井两口,永为记验。开元二年五月十八日。'三十字。"[④]

　　综上所述有31字、28字、29字、30字之说,笔者曾考察过石刻原件拓片,并亲自拍摄下照片,为三行29字:

　　　　敕持节宣劳靺鞨使
　　　　鸿胪卿崔忻井两口永为
　　　　记验开元二年五月十八日

　　与《雪桥诗话余集》所记载的完全相同。石刻原件拓片本无'凿',"造"两字。《辽东志》、《全辽志》和崔粲的《辽宁地方史》是误载。《沈故》虽无这两个字,但又少一"为"字。从拓片上可以看出其"为"字,因时间久远已剥落大半,依稀可以辨认清楚。因此,《雪桥诗话余集》的记载准确。

石刻的式样

　　文字刻在什么样的石材上,这个石材是什么形状,有多种说法。《雪桥诗话余集》和《沈故》均云:石刻"长约今尺一尺二寸,宽半之。"董志正与孙绍华认为:刻石一市尺六寸,宽一市尺一寸九分。⑤按这两种说法,石刻是长方形似乎是碑状。长期以来,人们大都沿袭后说,近年来出版和发表的各种论著也都持后说。但事实上这是石刻文字部分的复制品的尺寸,并非原石刻尺寸。

原石刻是一块不规则的大石头,崔是在这块大石头上的略呈平面的长方形部分上刻了上述 3 行 29 个字。清朝以前,鸿胪井石刻拓片未见传世,见于文字记载也极为罕见。光绪二十一年(1895 年)原在旅顺北洋海军营务处任过职的山东登莱青兵备道刘含芳再次来旅顺任职时,很重视各地文物的保护工作,特意在鸿胪井石刻上面建筑一座石亭,将石刻遮盖,加以保护,并在崔所刻三行大字的左侧又添刻了五行小字,以记其事,曰:

"此石在金州旅顺海口黄金山阴,其大如驼,开元二年至今一千一百八十二年,其井已湮,其石尚存。光绪乙未冬,前任山东登莱青兵备道贵池刘含芳作石亭覆之,并记。"

刘含芳的刻字记载得很清楚,此石"其大如驼",其石之高长宽远远超出了上述所说的两种尺寸,实际上是属于摩崖类的石刻。而且,石亭和"其大如驼"之石的全景照片都流传下来了。那么,为什么会有后来的臆断误传呢?

日俄战争结束后,日军侵占旅顺。1908 年,日军镇守府司令长官中将富冈定恭发现此石后,深知其珍贵的价值,便拆毁石亭,劫去石刻,运往日本,藏于宫内省怀天府。1911 年,富冈定恭在石刻原址上又立了一个高 2 米,宽 0.87 米,厚 0.23 米的花岗岩石碑(连碑座基 4.17 米,碑座基是砖砌水泥抹面),正面刻有"鸿胪井之遗迹"6 个大字。碑阴刻有 6 行小字略记其事(该碑至今尚存)。鸿胪井石刻由此不复在中国存在,仅有拓片传世。后来,金石学家罗振玉鉴于石刻难以见到,其价值又极高,就以拓片为蓝本,"觅善工模刻一石",⑥此石高约 1.6 尺,宽约 1.19 尺,呈碑状,其刻字之精,可以以假乱真。这个复制品载有崔的三行二十九个大字和刘含芳的五行六十六个小字(今藏于旅顺历史博物馆内)。后人不辨真伪,未研读刘含芳所作小字中的"其大如驼"是何意,误认为此石便是石刻的原件,或误认为复制品是按原件的规格复制，与原石刻的尺寸是一致的。

石刻拓片的版本

由于时间久远，石刻原件又早已不在国内，所以其真迹的拓片很难见到，但拓片的影印本传世很多。从影印本所反映出的石刻拓片有三种版本。一为真迹，但极为罕见。《奉天通志》卷 254 收录的是日本人三六桥所藏的真迹拓片的影印本。但现在流传于世的真迹拓片或真迹拓片的影印件多是由罗振玉留传下来的。1982 年，笔者曾于此事访问过当时年已八旬的罗振玉亲传弟子孙宝田先生。孙老先生说：罗先生在日本曾拓印数片带回国内，赠送给数人，其中也赠送给我一片（这一片收录于孙宝田的《旅大文献征存》之中，是为稿本）。二为复制品拓片，即罗振玉"觅善工模刻一石"的拓片。复制品拓片和复制品拓片影印本流传最广，许多著述中都有收录。三为临摹本，现发现的仅一种临摹本。《东北古文化》和《中国东北通史》[⑦]收录的就是相同的一种摹本。摹本的文字与真迹差异很大，还缺少一"为"字，很容易辨析。

鸿胪卿之名

据《旧唐书·渤海靺鞨传》卷 199 载："睿宗先天二年，遣郎将崔訢往册拜祚荣为左骁卫员外大将军、渤海郡王，仍以其所统为忽汗州，加授忽汗州都督。"这与石刻所记之事、时间相吻合，证明前往册封、归途者为崔訢。但长期以来，人们又以误解的石刻之文为据，认为此鸿胪卿名为崔忻而非崔訢，进而推论《旧唐书》记载是错误的。

此说最早见于富冈定恭 1911 年在石刻原址所立石碑阴刻文字所云："唐开元二年鸿胪卿崔忻奉朝令使北靺羯过途旅顺凿井两口以为记验……"此后人们开始沿袭此说。20 世纪 40 年代金毓黻先生认为："石刻之崔忻，即旧书（《旧唐书》）之崔，盖訢、忻二字，以形似而误读，自当忻为正"。⑧20 世纪 70 年代末，孙绍华先生在金先生基础上又略加发挥，认为："由于'訢''忻'二字音同形近而史书误记。刻石是崔忻直接所辖的事，不致有误。而且寥寥 29 字，何至把特使的名字刻错，当然以刻石为准。"⑨

"忻"说之根源，是由于对"忻"字理解为名词，进而臆断是鸿胪卿的名字，即将石刻文字断句为"鸿胪卿崔忻，井两口"而形成。然而，"忻"字本意是动词，忻，是开之义；忻井两口即开井两口之意，这与鸿胪卿的凿井勒石行为完全吻合。而"鸿胪卿崔忻，井两口"文句不畅，令人费解。实际上应断句为"鸿胪卿崔，忻井两口"。这样断句，文通字顺符合文理，也符合古汉语的语法与古人的称谓习惯。"忻"字上断为崔忻，则过于牵强，而且以此为据，认为《旧唐书》记载有误，则过于武断，也难以说通。因此，《旧唐书》非"形似而误读"，其记载并没有错误，是后人错断误读了。

（原刊于《古籍整理研究学刊》2004 年 5 月第 3 期）

【作者简介】

赵德祥，1955 年生，男，辽宁大连人，大连教育学院历史系副教授。

注释

① 明嘉靖十六年《辽东志》卷 1，《辽海丛书》影印版，辽沈书社，1985 年，第 307 页。

② 杨伯馨：《沈故》卷 4，《辽海丛书》影印版，辽沈书社，1985 年，第 362 页。

③ 王树枏、吴廷燮、世荣等：《奉天通志》卷 4，东北文史丛书影印点校版，1983 年 1 月，第 67 页。

④ 崔粲等：《辽宁地方史》，辽宁教育出版社，1992 年 3 月，第 99 页。

⑤ 董志正：《旅大史话》，辽宁人们出版社 1984 年 5 月，第 35 页；孙绍华：《旅顺鸿胪井题记刻石》，《社会科学辑刊》，1979 年第 4 期。

⑥ 罗继祖：《旅顺口唐开元崔忻题名》，《吉林大学学报》，1982 年第 1 期。

⑦ 傅仁义、许玉林等：《东北古文化》，春风文艺出版社，1992 年 6 月，第 221 页；薛虹、李澍田：《中

国东北通史》,吉林文史出版社,1991 年 12 月,第 199 页。

⑧　金毓黻:《东北通史》,五十年代出版社,1944 年,第 62 页。

⑨　孙绍华:《旅顺鸿胪井题记刻石》,《社会科学辑刊》1979 年第 4 期。

唐鸿胪井有关问题略考 | 刘广堂 王嗣洲

位于辽东半岛南端旅顺黄金山北麓的"鸿胪井"及刻石,是唐代遗留在东北最重要历史遗迹之一,历来受到人们的关注。但由于原址环境沧桑巨变,而刻石又在上世纪初被掠往日本东京皇宫,秘不示人,以致于海内外学者多年来对"鸿胪井"及刻石的研究,犹如雾里观花,一些与其有关的问题仍是莫衷一是。今年来,随着"鸿胪井"及刻石研究的不断深入,笔者在查阅有关"鸿胪井"及刻石文献资料的基础上,试图对早已湮没的"鸿胪井"及相关问题作一考证,以求专家指教。

一

唐睿宗先天二年(713 年,同年十一月改元开元),唐王朝遣郎将崔忻出使渤海,册封其首领大祚荣为左骁卫员外大将、渤海郡王、忽汗都督。崔忻(一作訢)在完成册封使命后,于次年即开元二年(714 年)返长安途径旅顺口时,为纪念这一具有重大意义的出使,遂在旅顺口东侧的黄金山北麓凿井二口,并取山上一块天然巨石镌文立碑,全文为:"敕持节宣劳靺羯使鸿胪卿崔忻井两口永为记验开元二年五月十八日"。此后历代官员多亲临探访,有的还在刻石上增补题刻。由于刻石系取之天然,在未加任何修饰的石面上随形而就,因此镌刻的文字笔划难免深浅不同,书行不一。加之硅岩石质,松脆且有纹理,文字极易残损,即使是明清时期的题刻文字也变的模糊不清,这在同时期其它石质的碑刻中所少见的。也许正是由于这个缘故,清光绪乙未(1895年)刘含芳遂下令"作石亭覆之"。

根据现有鸿胪井刻石拓片资料统计,该刻石上保存至今的历代题刻共有六处,①其一为明嘉靖十二年(1533年)题刻。内容为"嘉靖…渤海…松…李钺因圣母(至)黄井观奇石…故迹何其壮哉何其盛乎。余南巡至旅顺,观风访古,临黄井,登奇石,因得览唐崔鸿胪故迹。曰壮游畅焉。嘉靖十二年三月十二日布政司参议姑苏查应兆记"。其二为明万历年间题刻。内容为"(凿)井…开元万历"。其三为清乾隆四年(1739年)的题刻,内容为"奉□等地方统辖满汉蒙古水师陆路都统将军总管陵事务督理六边世袭一等轻车都尉加五级纪录七次额洛图于大清乾隆四年岁次己未秋七月二十八日记"。其四为清道光二十年(1840年)的题刻。内容为"道光二十年秋九月督兵防堵咦夷阅视水阵有巨石(一)方开元崔公题刻尚存因随笔以志嘱水师协领特贺觅匠刻以镌其永太子少保盛京将军宗室耆英书"。篆"宫宝尚书"、"宗室之印"。其五为清光绪乙未(1895年)题刻。内容为"此石在金州旅顺海口黄金山阴其大如驼唐开元二年至今一千一百八十三年其井以湮其石尚存光绪乙未冬前任山东登莱青兵备道贵池刘含芳作石亭覆之并记"。其六时间不详,字迹模糊,题刻内容亦无法确定。对鸿胪井刻石的关注,最早从明初就被载入史册,如天顺五年(1461年)完成的《大明一统志》、嘉靖十六年(1537年)完成的《辽东志》及《全辽志》等。再从鸿胪井题刻内容看,自明嘉靖十二年(1533年)以来直至清代末年,凡到过黄金山"观黄井太石"者几乎都对"遗迹感言而题记",但令人注意的是道光二十年(1840年)以前的题刻均没记述"鸿胪井"的状况,唯光绪二十一年(1895年)刘含芳题刻中有"其井已湮其石尚存"的记载。由此可推测,"鸿胪井"湮没的时间应在清道光二十年(1840年)至光绪二十一年(1895年)之间。因为如果"鸿胪井"是在此前就已湮没,那么历代题刻对这样重要的变化是不会忽略不记的。至于"鸿胪井"井湮没的原因,有人曾提出是"崇祯年间的明清战争所致",③对此观点笔者不能苟同。因为如果是战争原因,那么首先损毁的应是鸿胪井刻石而并非一口水井。其实最终导致"鸿胪井"湮没,其原因应该是多方面的,这其中除有海潮冲击，泥石流淤积等自然灾害外，还有可能与晚清政府筹建北洋水师于光绪六年（1880 年）开始修建旅顺港有关。光绪七年（1881 年）清廷派道员袁宝龄任筑港总办；道员臬司刘含芳兼船务工程局总办办理；雇佣德国人汉纳根为顾问在旅顺修建码头和船坞，在旅顺黄金山下开山劈岭，大兴土木。当年"鸿胪井"及刻石所处位置的地势由缓坡夷为平地，这从 1908 年以前的"鸿胪井刻石"照片上铺有铁轨得出的结果。因此，这才可能是"鸿胪井"湮没的重要原因之一。如果这种解释成立，那么"鸿胪井"湮没的时间约在清光绪六年（1880 年）至光绪二十一年（1895 年）之间。

二

"鸿胪井"在清光绪二十一年（1895 年）之前就已湮没，但日本学者丽水迟塚金太郎于 1930 年考察"鸿胪井"遗迹后撰文提到"有一口古井，花岗岩铺的井桁，井壁用红砖砌的，直至水深处，因靠近海边，涨潮时海水涌入，井水可能有咸味，但平时水甘洌且多。读了过去旧志，则知道这个井是唐朝鸿胪卿崔忻凿的。"④另有垣内良平先生也有类似的描述"井户在岸约 50 米，井壁用砖砌曾被修理过，井深大约 4 米，直径 1.02 米，水深 2.5 米，井水中还含有盐分"⑤。近年国内一些学者也多引用此说⑥。但国内外也另有学者认为："想必已不是原来的井，是后人惋惜古迹的湮灭，根据故址又打了这口井"⑦。"用红砖砌的这更说明是近代才出现，而在唐代都是灰砖，这也可以说明这口井不是原来的'鸿胪井'"⑧。笔者通过多年来对旅顺至今仍保留下来的近代建筑考察情况看，在清末至沙俄侵占旅大之前，这一时期旅顺的各式建筑均为青砖结构。从 1898 年沙俄侵占旅大，至 1905 年日俄战争结束期间，沙俄侵占时期在旅顺修建的各式建筑大多使用青砖，而用红砖很少。日俄战争以后，从 1905 年至 1945 年，日本殖民统治旅大时期的各种建筑均使用红砖。这种状况从旅顺现存的沙俄时期修建的兵营、日俄监狱旧址及日本殖民统治时期修建的各种建筑中可以得到验证。由此可见,20 世纪 30 年代渡边谅等人考察"鸿胪井"遗址,如果确切看到井壁是红砖所砌的话,那么这口井很可能是光绪二十一年(1895 年)刘含芳感叹"其井已湮其石尚存"以后,当地又有人新开凿的。

1905 年初日俄战争结束后,为了炫耀日本军国主义的"战功",光绪三十四年(公元 1908 年),镇守旅顺的日本中将司令官富冈定恭把鸿胪井刻石连同石碑亭作为战利品一并掠往日本献给皇室⑨。时隔三年之后,1911 年富冈定恭为了补缺,又在原碑旧址新立一石碑,并美其名曰"恐湮灭其遗迹,竖石刻字,以传后世尔云"。⑩而此碑基座也正是以红砖砌筑。这或许为后人开凿这口新井提供了佐证。而新开凿的井,其用意不过是弥补历史缺憾罢了。也正是因为这新开凿的井,也使一些人产生了误解,错把此井当彼井并以讹传讹了。如今,这口新井也早已荡然无存,究其原因也是多方面的,主要是海水倒灌,水质枯涩,此井已失去使用意义而被废弃。另外"鸿胪井"遗址港区之内,上世纪五十年代初,前苏联军队在黄金山下旅顺港扩建工程中,这口井被湮没是完全可能的。其湮没时间约在 20 世纪 50 年代初期,因为在此之前,当地的老年人还曾看到过这口水井。

从考古学角度看,井在中国最迟在龙山文化时期就已出现,到了汉代出现了陶制的井圈,⑫或上部用扇形砖砌筑,下部用陶制井圈叠砌。⑬唐宋时出现了用特制的水井砖或木方横置交叠而成。⑭笔者曾多次考察过"鸿胪井"遗址的周边环境,地下多岩石,毋庸说当时的历史条件,即使是后来开凿,也是很困难的。因此,笔者以为,最初"鸿胪井"的开凿也是具有象征性的,"永为记验"才是主要目的。

三

"鸿胪井"及刻石,在我国东北史研究上具有十分重要的意义。它是唐王朝对渤海有效行使统治的实物见证。《旧唐书·渤海传》载:"睿宗先天二年,遣郎将崔忻往册拜祚荣为左骁卫员外大将军、渤海郡王,仍以其所统为忽汗州加授忽汗州都督。自是每岁遣使朝贡。"《新唐书·渤海传》谓:

"自是始去靺鞨号，专称渤海"。而崔忻前往渤海时领衔郎将摄鸿胪卿，鸿胪井刻石即印证了这段史实。

"鸿胪井"及刻石的重要意义，还在于进一步证明唐朝时的旅顺口已成为中央政权连接东北的一个重要交通枢纽。旅顺地处辽东半岛最南端，从地理位置看，是经海上通往东北的最便捷之路。当时渤海与唐朝往来的通道有两条，一是陆路营州道，一是陆路兼水路的渤海朝贡道。因契丹兴起和"安史之乱"，营州道多次被阻，故渤海朝贡道成为渤海于唐朝来往的主要通道。据《新唐书·地理志》载："登州（今山东蓬莱）东北海行，过大谢岛（今山东长山岛）、龟歆岛（今山东砣矶岛）、末岛（今山东庙岛）、乌湖岛（今山东隍城岛）三百里，北度乌湖海（今渤海海峡），至马石山（今旅顺老铁山）东之都里镇（今旅顺口）二百里，东傍海壖，过青泥浦（今大连）、桃花浦、杏花浦（今金州杏树屯）、石人汪（今大连长海石城岛）、橐驼湾（今丹东鹿岛北洋面）、乌骨江（今丹东叆河）八百里……自鸭绿江口舟行百余里，至丸都县城（今吉林集安）故高丽王都；又东北溯流二百里至神州（今浑江市临江镇）。又陆行四百里至显州（今扶松县），天宝中王所都，又正北如东六百里，至渤海王城（今吉林敦化）。"崔忻册封大祚荣就是通过这条朝贡道，途经旅顺口而往返的。

唐代中期，在旅顺黄金山下开凿的"鸿胪井"虽早已湮没，但唐王朝遣使渤海册封大祚荣的史实却永载史册。当年肩负这一使命的崔忻，不畏艰辛，长途跋涉，水陆兼程，在完成重大历史使命返程途经旅顺时遂命凿井刻石"永为记验"。这一历史壮举也将为世人所铭记。然而正是这一反映重要史实的珍贵刻石，如今却仍深藏日本皇宫，与世隔绝，外界无法探访。

岁月悠悠，时光荏苒，鸿胪井刻石惨遭劫掠的史实，人们是不会遗忘的。鸿胪井刻石的故乡在中国，每一个故乡人都对流落异国他乡的鸿胪井刻石始终怀有一种特殊的情感。笔者在旅顺博物馆工作数十年，以往对"鸿胪井"及刻石的研究，仅能利用一张早期模糊不清的刻石拓片和照片，外加少许的外文资料。而博物馆至今能够对外展示的仅仅是一块与原刻石质地完全不同的局部模型。因此，在深入对"鸿胪井"及刻石研究的今天，我们迫切希望能目睹鸿胪井刻石的真容与现状，同时更期盼其能够早日回返故里。

（本文为作者于 2005 年 8 月向唐鸿胪井碑研究会在大连举办的
"首届唐鸿胪井碑中日学术研讨会"提交的论文）

【作者简介】

刘广堂，男，1954 年生，1984 年辽宁大学历史系毕业，历任旅顺博物馆馆长、大连现代博物馆馆长。

王嗣洲，男，1958 年 1 月出生，山东牟平人，副研究员，1987 年毕业于辽宁大学历史系文博专业，中国考古学会、中国博物馆学会、中国文物学会会员。

注释

① 渡辺谅著，姚义田译《"鸿胪井"考》，《辽海文物学刊》1991 年 1 期；酒寄雅志、姚义田译《关于"唐碑亭"即"鸿胪井"碑的几个问题》，《历史与考古信息》，2001 年第 1 期。

②③ 渡辺谅著，姚义田译《"鸿胪井"考》，《辽海文物学刊》1991 年第 1 期。

④⑦ 迟冢丽水 L《满鲜趣味之旅》大阪屋号书店 1930 年。

⑤ 垣内良平：《旅顺市史序说》。

⑥ 刘俊勇：《"鸿胪井"刻石被盗及其它》，《长夜曙光》，大连出版社 1999 年。

⑧⑩ 许明刚：《"鸿胪井"及其刻石正误谈》，《博物馆研究》，1993 年第 1 期。

⑨ 《大连市史》，大连市政府，1936 年。

⑪ 杨肇清：《河南龙山文化水井初探》《洛阳考古四十年》科学出版社 1996 年 3 月；于临祥：《旅顺牧羊城发现古井古墓》《文物参考资料》1956 年第 8 期。

⑫ 韩维龙等：《广州出土西汉南越国木简》，《中国文物报》，2005 年 7 月 20 日第 1 版。

⑬ 安金槐主编《中国考古学》，上海古籍出版社，1992 年 10 月。

关于鸿胪井刻石的几个问题 | 刘俊勇

　　唐睿宗先天二年(713 年,同年十一月改元开元),遣郎将崔忻出使渤海,册封其首领大祚荣为左骁卫员外大将军、渤海郡王、忽汗州都督。崔忻在完成册封使命后,于开元二年(714 年)返回都城长安途经旅顺口时,为纪念这具有重大意义的事件,在黄金山北麓凿井刻石,文曰:"敕持节宣劳靺鞨使鸿胪卿崔忻井两口永为记验开元二年五月十八日"。《辽东志》记载:"鸿胪井,在金州旅顺口黄山之麓,井上石刻有'敕持节宣劳靺鞨使鸿胪卿崔忻凿井两口永为记验开元二年五月十八日造。'"《全辽志》记载与之相同。《辽东志》、《全辽志》比刻石多了"凿"、"造"两字。

　　鸿胪井刻石自明代被地方志记载后,影响日增,后世路经和莅任官员多亲临此地观赏,有的官员还在刻石上题记。

　　1905 年日俄战争结束,日本再次占领旅顺、大连。由于鸿胪井刻石具有重要的历史价值,引起了日本殖民当局的"关注",遂将鸿胪井刻石和石亭盗往日本。自刻石被盗往日本后,世人极少见到,故对刻石的大小、其他题刻的内容等,一直处于一种朦胧状态。直到 1968 年日本人渡边谅发表了《鸿胪井考》①一文,才使人们对上述问题有了比较确切的认识。渡边谅于 1967 年 5 月 12 日在东京日本皇宫内亲睹了鸿胪井刻石,并进行了详细考察,故所记述的情况是可靠的。其后,日本学者酒寄雅志在此基础上,又著有《关于"唐碑亭"即鸿胪井碑的几个问题》②一文,使鸿胪井刻石这一问题的研究进一步深化。

一、鸿胪井

崔忻题刻中有"井两口",但井在什么位置并未说明。明嘉靖十二年(1533年)山东布政司右参议查应兆题刻:"余南巡至旅顺,观风访古,临黄井登奇石,因得览唐鸿胪故迹。"明嘉靖十六年(1537年)成书的《辽东志·地理志》记载:"鸿胪井二,在旅顺口黄山之麓,井上石刻⋯⋯。"由此可知,明嘉靖十二年(1533年)、嘉靖十六年(1537年)时,两口井尚在。从"临黄井登奇石,因得览唐鸿胪故迹",可知井在低处,刻石在高处。至于刻石何时到了低处,已不得而知。但到清光绪乙未(1895年)冬刘含芳为鸿胪井刻石建保护石亭,并在崔忻题刻左侧再次题刻时,"其井已湮"。

从1905年至1908年几年间,有许多日本人考察过鸿胪井刻石。据日本学者酒寄雅志发现的具体记载盗运鸿胪井刻石经过的日本防卫研究所图书馆藏《明治三十七八年战役战利品寄赠文件》[③]披露,内藤湖南于1905年7月曾调查过鸿胪井刻石,但未提到井。迟塚丽水也考察过鸿胪井,他是这样记述的:"车来到黄金山下,观看造船厂内的鸿胪井古址。在靠近风平浪静的东港海边,夏草丛生的荒地,在看守人住的小屋后就是那口古井。铺有花岗岩的井桁,井壁用红砖砌的,直至水深处。因靠近海边,涨潮时,海水涌入,井水有咸味,但平时水甘冽且多,看了过去的旧志,说这个井是唐朝鸿胪卿崔忻凿的。"[④]与迟塚丽水同行的渡辺谅记述:"遗迹在海军港内,黄金山的西北麓,距汀线50米",并认为:"可能是后代整地人在平地时打的一口井。"[⑤]1945年旅大解放后,也有人曾见过此井。但苏联红军进驻旅顺后修筑工事排放石渣时,将这口井掩埋了。综上所述,迟塚丽水、渡辺谅的记载和1945年旅大解放后人们见到的井不是唐代的鸿胪井,而是后世所掘之井。笔者推测,唐代鸿胪井当湮没于自清光绪六年(1880年)开始的旅顺军港建设以后的一段时间。

二、鸿胪井刻石

综合渡边谅和酒寄雅志关于鸿胪井刻石的报道和研究,可知该刻石现存放在日本东京千代田区皇宫建安府前院,仍由石亭覆盖。所谓的建安府就是日本皇宫收藏日俄战争战利品的纪念馆。据渡边谅所述,刻石为一巨大天然石,褐色中夹有浅红色,和旅顺一带的地质相一致。刻石立于水平的地面上,正面宽300、厚200cm。从地表算起,高180cm(因一部分埋在地表下,故推测要比这个高度还高)。刻石呈椭圆锥形,非常像一只轻握的右拳。正面有纵120、宽130cm的不规则且比较开阔的劈开面,其上角距刻石顶部30cm处有崔忻题记,刻在纵35、横14cm的面积之内。除崔忻题刻外,还有明嘉靖十二年(1533年)查应兆题刻、明万历(1573—1620年)题刻、清乾隆四年(1739年)额洛图题刻、清道光二十年(1840年)耆英题刻、清光绪乙未年(1895年)刘含芳题刻。这5处题刻分别在刻石的正面和背面各处,试通读如下:

1. 嘉靖(下缺)渤海(下缺)松李钺,因圣母至黄井观太石。(下缺)故迹何其状哉,何其盛乎?余南巡至旅顺,观风访古,临黄井登奇石,因得览唐鸿胪故迹。自壮兹(下缺)游畅焉(下缺)。嘉靖十二年三月十二日,布政司右参议姑苏查应兆记。

2. 凿井(下缺),开元(下缺),万历(下缺)。

3. 镇守奉天等处地方、统辖满汗蒙古(下缺)陆路都统将军、总管事务督理六边世袭一等轻车都尉加五级纪录七次,额洛图於大清乾隆四年岁次己未秋七月二十八日记。

4. 道光二十年秋九月,督兵防堵英夷,阅视水阵中有巨石一方,开元崔公题刻尚存,因随笔以志。嘱水师协领德特员觅匠镌刻,以垂其永。太子少保、盛京将军、宗室耆英书。

5. 此石在金州旅顺海口黄金山阴,其大如驼。唐开元二年至今一千一百八十二年,其井已湮。其石尚存。光绪乙未冬,前任山东登莱青兵备道贵池刘含芳作石亭覆之并记。

　　从上面题刻(因万历题刻缺字太多,排除在外。)可以看出,能在鸿胪井刻石上再次题刻的官员,其品级都很高,不是一般官员所能企及的,如明嘉靖十二年(1533年)查应兆时任山东布政司右参议,而此时的旅顺口正属山东布政司管辖;清乾隆四年(1739年)额洛图时任奉天将军,是封疆大吏,旅顺口正属他的管辖;清道光二十年(1840年)耆英时任盛京将军,也是封疆大吏,负有防御英军入侵的使命,尤其是海上和沿海的防御,视察旅顺口水军正是他的职责。最后一个在鸿胪井刻石上再次题刻的官员刘含芳虽然品级略低,但对旅顺口的海防建设做出了重大贡献。

三、唐碑亭

　　据渡边谅所述:"石亭除顶盖外,用料全部是花岗岩石。柱心的间距为260cm,四阿式,四角柱形,宽30cm,柱上部嵌接断面为长方形的桁和梁,组成井形桁,用铁材加固,桁和梁端处理成跳斗栱,桁和梁的下缘距地表230cm。在井形桁上覆盖有举折平缓的方形亭顶,椽子向上聚集在一起,在其上置一个波形覆盆,在覆盆上再戴一个大石宝珠。亭顶的重量显得很重,中心立有八角柱,让刻石自身负荷亭顶重量"。"亭顶苫盖石棉瓦,其上抹有灰泥或水泥加固"。

　　"正面的桁上刻有漂亮的楷书'唐碑亭'三个字,管理当局把刻石与整个石亭合在一起,叫'唐碑亭'。在一角柱上刻有'奉天金州王春荣监造'"。

　　"石亭外观颇有沉重感,不能说巨大,但给人以雄浑感,石亭对刻石来说是恰到好处的建筑"[⑥]。

　　据《旅顺镇守府搜集唐碑亭调查考证报告》所附《唐碑略图》,石亭柱上刻有:"副将卫尽先、游击广东香山霍良顺、守备卫信先、千总奉天王春荣丙申八月穀旦前任山东登莱青兵备道贵池刘含芳建"。我认为渡边谅记述的"在一角柱上刻有'奉天金州王春荣监造'"有误,一个小小的千总,岂敢成为上司所建石亭的监造者,应以《唐碑略图》记述为准。

据此,可知"唐碑亭"建于光绪丙申(1896 年)八月,亦即刘含芳在鸿胪井刻石上再次题刻的次年。

四、鸿胪井刻石的历史价值

鸿胪井刻石虽然只有短短 29 字,但却是唐王朝对渤海政权有效行使统治的实物见证。刻石上的靺羯即靺鞨,也就是渤海。渤海的历史悠久,是最早见于文献的我国东北民族。先秦称肃慎,汉魏称挹娄、南北朝称勿吉,隋唐称靺鞨。《旧唐书·渤海传》载:"睿宗先天二年,遣郎将崔䜣往册拜祚荣为左骁卫员外大将军、渤海郡王,仍以其所统为忽汗州,加授忽汗州都督。自是每岁遣使朝贡。"《新唐书·渤海传》谓:"自是始去靺鞨号,专称渤海。"鸿胪井刻石证明《旧唐书·渤海传》中的崔䜣,就是刻石上的崔忻。刻石上的文字当是崔忻所书,因而崔忻应是他的真正名字。又,言字偏旁和竖心偏旁字在古籍中同音同义字例屡见不鲜,不足为怪。据《新唐书·百官志》记载,敕命册封藩服为鸿胪卿的职掌之一,因此崔忻前往渤海时是领衔郎将摄鸿胪卿职。鸿胪井刻石印证了这段史实。

鸿胪井刻石的重要意义,还在于证明唐代旅顺口已成为中央政权联结东北的一个重要交通枢纽。当时渤海与唐王朝往来的道路有两条,一是陆路营州道,一是陆路和水路的渤海朝贡道。营州道是契丹兴起和"安史之乱"之前通往东北的主要交通道。由于契丹兴起和"安史之乱",营州道多次被阻,故多走渤海朝贡道,成为渤海与唐王朝来往的主要交通道。崔忻册封大祚荣之行和之后的渤海朝贡使就是通过这条朝贡道进行频繁的往来。据《新唐书·百官志》引贾耽《道里记》载:"登州(今山东蓬莱)东北海行,过大谢岛(今山东长岛县长山岛)、龟歆岛(今长岛县砣矶岛)、末岛(今长岛县庙岛)、乌湖岛(今长岛县隍城岛)二百里,北渡乌湖海(今渤海海峡),至马(应为乌,金毓黻先生曾有考证)石山(今辽宁大连老铁山)东之都里镇(今旅顺口)二百里,东傍海壖,过青泥浦(今大连湾沿海)、桃花浦、杏花浦(今大连金州杏树屯)、石人汪(今庄河石城岛)、橐驼湾(今丹东市鹿岛北洋面)、乌骨江(今丹东市爱河)八百里,⋯⋯自鸭绿江口舟行百余里,乃小舫溯流东北三十里至泊汋口,得渤海之境;又溯流五百里,至丸都县城(今吉林集安)故高丽王都;又东北溯流二百里至神州(今浑江市临江镇);又陆行四百里至显州(今抚松县),天宝中王所都;又正北如东六百里至渤海王城(今吉林敦化)。"崔忻出使渤海往返都是这条经由旅顺口的渤海朝贡道。

虽然鸿胪井已湮没,崔忻和明、清两代官员题刻的刻石及石亭也被日本侵略者盗走了,但唐王朝册封大祚荣的历史史实却是抹不掉的。正是大祚荣接受了唐王朝的册封,才使渤海国成为唐王朝不可分割的一部分;同时,中原地区先进的文化和生产技术等大量传入渤海,使渤海的历史进入了一个崭新的阶段,成为"海东盛国"。

五、鸿胪井刻石及石亭的被盗

如前所述,日本防卫研究所图书馆藏《明治三十七八年战役战利品寄赠文件》披露,1905 年 7 月,内藤湖南受日本海军省的委托,专程来旅顺实地调查鸿胪井刻石,确认其史料价值。这成为日后日本海军将刻石盗往日本的契机。1906 年,内藤湖南再次来到东北。在调查的基础上,还查阅了《大明一统志》、《大清一统志》、《盛京通志》、《旧唐书》,并征求了奉天中国官员的意见,写出调查报告,认为鸿胪井刻石"于史有益"。"第一,应当说是辽东稀有的一通石碑,与渤海有关";"第二,匡正大明一统志及大清一统志的疏谬","第三,鸿胪井碑是唐使节经由陆路山东、海路,再经旅顺到了今奉天地方的渤海国王居城的证据"[7]。经过内藤湖南的调查、考证,明确了鸿胪井刻石和石亭的史料价值,海军省随即将鸿胪井刻石和石亭盗往日本,献给皇宫。把鸿胪井刻石和石亭"作为战利品献给皇室的"是日本海军大臣斋藤实。据《明治三十七、三十八年战役战利品寄赠文件》附《唐碑亭记》记载:斋藤实以书面形式向侍从武官长报告:"明治三十七、三十八年战役战利品最近向宫城内提出关于唐碑亭之事如别纸,已经查核完了,请参考。明治三十七、八年战役,我军占领旅顺,后在此地设镇守府管辖防备,乃将此唐碑亭搬移到东京,今放置宫城内。谨此布达。明治四十一年四月,海军大臣、男爵斋藤实。"斋藤实在报告书上签名、画押。至此,可以说斋藤实是盗掠鸿胪井刻石和石亭的主谋。具体执行盗掠鸿胪井刻石和石亭的无疑是日本海军旅顺镇守府。

1911 年,已离任的日本海军旅顺镇守府司令长官富冈定恭在原刻石处另立一碑,碑阳为"鸿胪井之遗迹";碑阴为"唐开元二年,鸿胪卿崔忻奉朝命使北鞨鞨。过途旅顺,凿井两口,以为记验。唐开元二年距今实一千三百馀年。余莅任此地,亲考崔公事迹,恐湮灭其遗迹,树石刻字,以传后世尔云。大日本明治四十四年十二月海军中将从三位勋一等功四级男爵富冈定恭志。"通过斋藤实的报告,可知鸿胪井刻石和石亭在 1908 年(明治四十一年)4 月 30 日前已被盗掠日本,而富冈定恭的日本海军旅顺镇守府司令长官任期是"明治四十一年(1908 年)8 月 28 日到明治四十三年(1910 年)12 月 1 日"。1911 年 12 月,距富冈定恭离任已有一年,故碑上未署"日本海军旅顺镇守府司令长官"职务。现在看来,富冈定恭对直接盗掠鸿胪井刻石和石亭一事关系不大,而是另有其人。

六、鸿胪井刻石和石亭回归任重道远

鸿胪井刻石和石亭是作为日俄战争的"战利品"进入日本皇宫的。而这场罪恶的战争却是以争夺中国东北为主要目标,在中国领土上进行的。极端腐败的清政府不但不敢公开表示抵抗和抗议,反而于 1904 年 2 月 12 日宣布"局外中立",更有甚者,清王朝奉天省(今辽宁)地方当局居然还宣布专门划出一块地区供日俄双方军队交战。

日俄战争以日本胜利而告结束。中国不是日俄战争的战败国,鸿胪井刻石和石亭怎么能成为日本的战利品?日本应将鸿胪井刻石和石亭无条件地归还给中国。2005 年 5 月,英国朴次茅斯市政府向我国天津塘沽区归还了 1900 年从大沽口掠夺的"乐威毅公祠"铁钟[⑧];2005 年 10 月,日本将在日俄战争期间掠夺的"北关大捷碑"归还朝鲜半岛[⑨]。这是人类在战胜自身谬误中走向文明的认同与和谐的生动事例。我们深深地认识到：鸿胪井刻石和石亭的回归是一个漫长的过程，只有民间和政府共同努力，才能早日促成鸿胪井刻石和石亭的回归。

（原刊于《辽宁师范大学学报（社会科学版）》2006 年 5 月第 29 卷第 3 期）

【作者简介】

刘俊勇，男，1954 年生，河北南皮人，辽宁师范大学历史文化旅游学院副研究员。

注释

①⑤⑥　渡辺谅：《鸿胪井考》，东洋学报，1968 年第 51 期。

②③⑦　酒寄雅志：《关于"唐碑亭"即鸿胪井碑的几个问题》，朝鲜文化研究，1999 年第 6 期。

④　迟塚丽水《满鲜趣味之旅》，大阪屋号书店，1930 年。

⑧　夏明明：《漂泊异乡一百年——大沽铁钟回归记》，《中国文物报》2005 年 7 月 29 日。

⑨　《日本将"北关大捷碑"归还朝鲜半岛》，《中国文物报》，2005 年 10 月 21 日。

浅析依法讨还历史上的流失文物 | 牛宪锋

　　历史上中国有大量文物因战争掠夺以及非法的和不道德的方式流失海外。流失文物，尤其是不可移动的、战争中被掠夺的流失文物，是否能够依据法律进行讨还、是否可以在法律层面上寻求具有普遍意义的可行之道？特别是像唐鸿胪井碑这样典型的流失文物问题，法律手段之外，能否找到具有可操作性的解决办法？

一、何谓"流失文物"？

　　中华社会文化发展基金会抢救流失海外文物专项基金把流失文物定义为 1840 鸦片战争后到 1949 年新中国建立的一百余年间，因战争劫掠、不平等交易以及盗掘、盗凿等不道德的和非法的途径而流失海外的文物。

　　根据联合国教科文组织的统计：在 47 个国家的 200 多家博物馆中有中国文物 167 万件，民间藏中国文物是馆藏数量的 10 倍。实际上这个统计仅仅反映了一个局部的现状。流失文物与海外藏中国文物是两个不同的概念。中国与世界的往来早在两千多年前的秦汉时代就已经开始，而今在世界各地的各类博物馆、艺术馆以及私人收藏中，有很多文物艺术品是经由丝绸之路等途径以对外贸易的方式输出到国外的，有些是出于礼尚往来、文化交流等目的流传到国外的，它们是中国古代贸易、外交史的见证，促进了当时世界经济和社会文化的发展。这些在古代通过正当途径输出到海外的文物与近代因战争劫掠和非法手段流失的文物有着本质的不同。

另外,近年来一些人受利益驱使以盗墓、盗窃等违法犯罪手段窃取文物并走私到境外,此类涉案文物或非法流散文物与历史上的流失文物性质亦有所不同,处理的方式方法也有所差异,两者不能相提并论、混为一谈。

中国近代是一段屈辱的历史,国势衰微、列强侵略、战事频繁、社会混乱。战争和不平等条约使中国成为最大的受害国之一,使中国人民蒙受了巨大的灾难。同时,在内忧外患中,中国文化也遭受了前所未有的摧残,众多古迹遗存和文化遗址惨遭破坏,大量历史和文化价值极高的文物流失海外。其中有两类流失文物最为典型。一类是战争中被抢掠的文物。如1860年英法联军火烧圆明园时,曾掠走大量文物,其中很多文物后来被英法两国的博物馆收藏。另外一类是不可移动文物,如雕刻、壁画、建筑构件等。由于在抢掠、盗凿过程中,文物造成了破坏,并脱离了原有的环境,最终导致了文物所代表的特有的历史延续性和文化艺术完整性遭受不可挽回地损害。流失的不可移动文物最有代表性的,雕刻如被盗凿龙门石窟《帝后礼佛图》和昭陵"二骏",建筑构件如圆明园十二生肖兽首铜像,还有敦煌被盗剥的壁画等等。

从法学界的角度来看,流失文物本身就是一个法律问题,即流失或回归的方式是否合法。流失文物本身包含着很多不自愿的因素,并不是自愿出卖的,也不是自愿赠送,而是被掠夺的;之于流失文物的回归,不管是回购、回赠还是讨还,也是法律问题,即是否合法的问题。

二、唐鸿胪井碑是典型的流失文物

唐鸿胪井碑原位于旅顺黄金山,是中国在东北地区唯一的一块唐碑,具有重大的历史价值和文物价值。现收藏于日本皇宫的唐鸿胪井碑及碑亭,之所以被认为是典型的流失文物,一方面它们是因战争而被掠走的,涉及当时政府间不平等条约等历史情况。另一方面因为唐鸿胪井碑及碑亭都是不可移动文物,即它们的流失首先是其本身或原址遭受了破坏。

唐鸿胪井碑及碑亭流失的历史背景是日俄战争。

1904 至 1905 年间,日本与沙俄为了侵占中国东北和朝鲜,在中国东北的土地上进行了一场帝国主义战争,史称日俄战争。战争结束后,1905 年 9月 5 日,日俄两国在美国签订了《朴次茅斯和约》,条约签订后,日、俄两国逼迫清朝政府予以承认。

《朴次茅斯和约》正文十五条,附约二条,主要内容包括:"俄国政府以中国政府之允",将俄国从中国攫取的旅大租借地及其附属的一切权益均转让给日本。俄国政府将从长春至旅顺段的中东铁路支线及其所属的一切权利、财产,包括煤矿,均移让给日本。日、俄两国可在各自霸占的铁路沿线驻军。俄国将北纬五十度以南的库页岛及其附近一切岛屿并该处一切公共营造物及财产之主权,永远让与日本。

1905 年 12 月,在日本的压力下,清朝政府与日本签订了《中日会议东三省事宜条约》,又称《满洲善后协约》,除接受日俄《朴次茅斯和约》中的所有规定外,还额外给日本以某些权益。

《中日会议东三省事宜条约》正约三款,主要内容为:清政府"将俄国按照《朴次茅斯和约》第五款及第六款允让日本国之一切概行允诺",即同意将俄国政府在旅顺口、大连湾及其附近领土、领水的租借权和长春至旅顺口的铁路以及附属的一切权利财产和煤矿转让给日本政府。

《朴茨茅斯条约》和《中日会议东三省事宜条约》的相继签订,使中国东北半殖民地化的程度大大加深。从此,俄国继续以中国东北北部作为自己的势力范围,中国东北南部则成了日本的势力范围,而且中国东北几乎全境对外开放。1906 年 6 月,日本明治天皇敕令在中国东北设立"南满铁道株式会社"(简称"满铁"),除铁路外,还管理着矿山、港口、行政区域、文化和科研机构及情报组织,"佯装出经营铁道之假面,暗里则建立百般之设施"。日本还把辽东半岛改称"关东州",把驻扎在东北的日军命名为"关东军",设立殖民统治机构"关东都督府",总理军政并监督"满铁业务"。这两个机构成为日本对东北进行政治、军事、经济、文化侵略的中枢。

1905 年 7 月,日本大阪朝日新闻社评论员、东洋史学家内藤虎次郎(内藤湖南)以外务省特派人员身份考察旅顺港,并调查清朝的文化遗产。其间日本海军秘密委托内藤对唐鸿胪井碑进行鉴定。内藤等人写出《关于旅顺唐碑的调查》，认为"此碑文于史有益"。这成为日后将唐鸿胪井碑运至日本的契机。

究竟在什么时间、以什么样的方式将唐鸿胪井碑及碑亭搬离原址并运到日本？现在尚没有发现相应的记录或资料佐证。根据日本学者酒寄雅致在其著作《渤海与古代日本》披露的档案，可以明确地了解唐鸿胪井碑及碑亭进入日本皇宫的经过。这份档案即《明治三十七、三十八年战役战利品寄赠书类》（明治三十七、三十八年战役即日俄战争），现收藏在日本防卫厅防卫研究所图书馆，由日军海军部于明治四十一年（1908 年）5 月 5 日公开发布，是由当时的海军大臣斋藤实送交皇宫侍从武官长冈泽精的有关唐碑亭的调查报告。

《书类》分为两册，大部装订，其第一册起首目录中开列了交付宫中和献给皇族的日俄战争中的战利品，其中第三号所记"唐碑亭""原在旅顺黄金山麓"，于明治四十一年（1908 年）4 月 30 日交付宫中。《书类》内容包括：通牒、斋藤实的"唐碑亭之记"、旅顺镇守府搜集的唐碑亭调查资料之一——"唐碑略图"、五份题辞及其译文、"关于旅顺碑的调查"。另外，作为参考资料，还附有旅顺镇守府调查收集的有关书籍和文章，如：学习院教授盐谷时敏的"旅顺唐碑记"、作者不明的"旅顺碑考"、"住旅顺乡绅某之说"及其译文等。其中斋藤实的"唐碑亭之记"记叙："唐碑亭由碑及石亭组成，原在旅顺黄金山北麓，港口之东数百步处。唐玄宗皇帝开元二年靺鞨慰问使鸿胪卿崔忻于此处穿井两口，于其旁建此碑，永属纪念云。……明治三十七年之役，我军占领旅顺，于此地设镇守府，监管防备。乃将此碑亭搬移东京，今置宫城内战利品陈列场。"

根据上述档案可以确知，日俄战争后日本旅顺镇守府将唐鸿胪井碑及碑亭运至日本。1908 年 4 月 30 日，日本海军大臣斋藤实将唐鸿胪井碑及碑亭（唐碑亭）作为日俄战争战利品交给日本皇宫。1910 年，日本为收藏日俄战争纪念品修建了建安府。应该从那时起，唐鸿胪井碑及碑亭就一直收藏于建安府前院内。综上所述，唐鸿胪井碑及碑亭是不可移动文物、因战争而被运至日本并成为国家收藏，是典型的流失文物。

三、日方对唐鸿胪井碑没有"合法处置权"

在日方档案的表述中,唐鸿胪井碑及碑亭是作为日俄战争的战利品献纳给日本皇宫、并安放于"宫城内战利品陈列场"。那唐鸿胪井碑及碑亭是否应被认定为战利品、特别是日俄战争的战利品?

战利品在流失文物的领域是普遍存在的。关于战争当中掠夺战利品的问题早在 19 世纪末、20 世纪初的时候已经达成了共识,即战争当中可以掠夺军事方面的战利品,但不可以把文物作为战利品。1899 年海牙第 2 公约(《陆战法规和惯例公约》)即在"战争期间应对被占国家文化财产进行保护"这一点上达成共识。文物是历史和文明的载体,是国家文化财产,不应作为战利品来对待。

《海牙公约》即 1899 年和 1907 年两次海牙和平会议通过的一系列公约、宣言等文件的总称,亦称"海牙法规"。19 世纪末,帝国主义国家为重新瓜分殖民地、争夺世界霸权,大规模扩军备战并加紧纠集军事同盟。俄国因国内经济困难等原因,在大国争霸中力不从心。沙皇尼古拉二世为赢得时间和限制对手,于 1898 年 8 月倡议在荷兰海牙召开和平会议,并邀请欧、亚及北美各独立国家参加。各国虽对俄国的倡议态度不一,但基于各自的外交需要,均未表示拒绝。在这种历史背景下,第一次海牙和平会议于 1899 年 5 月 18 日至 7 月 29 日在海牙举行,参加会议的有中国、俄国、英国、法国、德国、日本、意大利、美国、奥匈帝国等 26 个国家。会议宣称其主要目的是限制军备和保障和平,但最后未能就此达成任何协议,只在和平解决国际争端和战争法规编纂方面签订了 3 项公约和 3 项宣言。这就是:《和平解决国际争端公约》(1899 年海牙第 1 公约)、《陆战法规和惯例公约》(1899 年海牙第 2 公约)及附件《陆战法规和惯例章程》、《关于 1864 年 8 月 22 日日内瓦公约的原则适用于海战的公约》(1899 年海牙第 3 公约)、《禁止从气球上或用其他新的类似方法投掷投射物和爆炸物宣言》(1899 年海牙第 1 宣言)、《禁止使用专用于散布窒息性或有毒气体的投射物的宣言》(1899

年海牙第 2 宣言）、《禁止使用在人体内易于膨胀或变形的投射物，如外壳坚硬而未全部包住弹心或外壳上刻有裂纹的子弹的宣言》（1899 年海牙第 3 宣言）。

第一次海牙和平会议后，帝国主义国家军备竞赛愈演愈烈。在同盟国和协约国两大军事集团斗争日益加剧的情况下，第二次海牙和平会议于 1907 年 6 月 15 日至 10 月 18 日在海牙召开，包括第一次海牙会议全体参加国在内的 44 个国家的代表参加了会议。这次会议是第一次海牙会议的继续。特别是日俄战争后，各国迫切希望补充和发展海战和陆战法规。会议对 1899 年的 3 项公约和 1 项宣言（第 1 宣言）进行了修订，并新订了 10 项公约，总计 13 项公约和 1 项宣言。

在海牙和平会议通过的一系列公约、宣言等文件中，对唐鸿胪井碑问题最重要的是 1899 年海牙第 2 公约《陆战法规和惯例公约》及附件《陆战法规和惯例章程》。该公约包含了战争法规的基本原则和具体规范，其内容乃至措词与 1907 年海牙第 2 公约及其附件几乎完全相同，本拟以后者取代前者，但由于 1899 年海牙公约的一些缔约国未签署和批准 1907 年海牙公约，所以两者并存。俄国、日本、中国批准 1899 年海牙第 2 公约或加入书交存日期分别为 1900 年 9 月 4 日、1900 年 10 月 6 日、1907 年 6 月 12 日。

1899 年海牙第 2 公约《陆战法规和惯例公约》依照缔约各国的意见，出于在军事需要所许可的范围内为减轻战争祸害的愿望而制订了相关条款，旨在成为交战国之间以及交战国与居民之间关系的一般行为规则，并同时声明，凡属通过的规章中所没有包括的情况，居民和交战者仍应受国际法原则的保护和管辖，因为这些原则是来源于文明国家间制定的惯例、人道主义法规和公众良知的要求。在此公约附件《陆战法规和惯例章程》中对战利品的表述是："占领军只能占有严格属于国家的现款、基金和有价证券、武器库、运输工具、货栈和给养以及一般供作战用的一切属于国家的动产。"同时还规定，"铁路器材、陆上电报、电话、不受海商法管辖的轮船和其他船舶、武器库以及一般地即使属于社团或私人的军火，都是可供作战之用的物资，但在媾和后必须归还，并予以补偿。"《陆战法规和惯例章程》还特别强调，"市政当局的财产，包括宗教、慈善、教育、艺术和科学机构的财产，即使是国家所有,也应作为私有财产对待。对这些机构、历史性建筑物、艺术和科学作品的任何没收、毁灭和故意的损害均应予以禁止并受法律追究。"

日俄战争爆发前,日本和俄国均于 1900 年加入了 1899 年海牙第 2 公约。日本海军将唐鸿胪井碑及碑亭献给日本皇宫之前,清政府也加入了该公约。很显然,唐鸿胪井碑及碑亭是历史性建筑物,日方把唐鸿胪井碑作为战利品是肯定不能成立的,其行为违背了公约,是非法的、并应受法律追究。

1899 年和 1907 年两次海牙会议所签署生效的公约至今仍然有效(未生效的 1907 年海牙第 12 公约《关于建立国际捕获法院公约》除外),为嗣后战争法的编纂和发展奠定了基础,并对在战争中实行人道主义原则起了促进作用。海牙公约具有普遍效力,尽管每一公约都包括"只有在所有交战国都是缔约国时方能适用"的条款,但由于这些公约所包括的许多原则和规则是公认的国际惯例,因而适用于一切国家。比如在第二次世界大战后,纽伦堡国际军事法庭和东京国际军事法庭不仅将海牙公约适用于缔约国(如德国),而且也适用于非缔约国(如捷克斯洛伐克),并依据公约的原则对违反战争法规的战犯予以定罪和惩处。根据海牙公约可以认定日方对唐鸿胪井碑及碑亭的所作所为是非法的,应受法律追究,是否能根据这个公约来解决唐鸿胪井碑的问题并实现其回归呢? 实际上海牙公约只是确定了一个原则,并没有提供一个解决问题的法律机制。对于历史上流失文物,这样的问题在近代以来出台的一系列更有针对性和可操作性的国际公约中依然普遍存在。

四、流失文物回归问题涉及的国际公约和原则

第二次世界大战后,因为战争和非法途径导致的文物流失问题日渐受到国际社会的重视。联合国大会曾多次通过决议,号召世界各国在文物归还原主国和禁止文物走私活动方面实行广泛的国际合作。通过归还对一国文化和历史有特别重大意义但被无理剥夺的文物来重建破损的文化遗产,已是经主要国际组织承认和接受的道义原则。

1973 年,联合国大会第 28 届会议通过了名为《归还各国被掠夺的艺术品》的 3187 号决议,决议"忆及给予殖民地国家和人民独立宣言……惋惜往往由于殖民或外国统治的结果,艺术品几乎无代价地从一国整批移至他国,深信此种艺术品的归还,对于因其转移而蒙受重大损失的国家,构成公平的补偿,确认另一国家如将艺术品、历史文物、博物馆珍品、原稿和文件迅速无偿地归还原主国家,是对所造成的损失作出公平补偿,应能加强国际间的合作。承认完全由于殖民或外国占领的关系而取得此种珍贵文物的国家,在这方面负有的特别义务"。这是联合国首次做出关于归还掠夺艺术品的决议,体现了对原主国权利的尊重。

关于战争期间被劫掠文物的归还。近年来,联合国教科文组织提出了一个现代国际法的原则:任何因战争原因而被掠夺或丢失的文物都应归还。这个原则已得到国际社会的普遍共识。联合国教科文组织在《把无可替代的遗产归还给它的创造者》的呼吁书中指出:一个民族的天才的最高的化身之一是其文化遗产。……然而,历史的变迁使得许多民族文化遗产中无法估价的部分被掠夺。这些被掠夺了文化遗产的男女公民至少有权要求归还那些最能代表他们民族文化艺术的珍宝。……这是合法的要求。

为了防止和解决文物流失的问题,近几十年国际上制定了一系列的公约。主要包括:

联合国教科文组织 1954 年 5 月 14 日在海牙通过《武装冲突情况下保护文化财产公约》,也称 1954 年海牙公约及其议定书。根据该议定书,禁止从被占领土出口文化财产。万一这种财产被非法出口,必须归还原地。议定书还明确禁止侵占文化财产作为战争赔偿。中国于 1999 年 10 月 31 日、日本于 2007 年 12 月 10 日加入该公约。

联合国教科文组织 1970 年 11 月 14 日通过《关于禁止和防止非法进出口文化财产和非法转让其所有权的方法的公约》,主要宗旨是保护缔约国的文化财产免受偷盗、秘密发掘和非法出口的危险。其第十一条指出:一个国家直接或间接地由于被他国占领而被迫出口文化财产或转让其所有权应被视为非法。中国于 1989 年 9 月 25 日、日本于 2002 年 12 月 9 日加入该公约。

国际统一私法协会1995年6月通过《关于被盗或者非法出口文物的公约》。该公约适用于缔约国返还被盗文物、归还因违反缔约国为保护其文化遗产之目的制定的文物出口法律而移出该国领土的文物等国际性请求。根据公约规定,被盗文物的拥有者应当归还该被盗物;缔约国可以请求另一缔约国法院或者其他主管机关命令归还从请求国领土非法出口的文物。中国政府1997年3月7日加入该公约时曾郑重声明:中国签署本公约绝不意味着承认发生在本公约生效以前的任何从中国盗走和非法出口文物的行为是合法的。中国保留收回本公约生效前被盗和非法出口的文物的权利。此外,中国关于返还被盗文物的申请受75年的时效限制,并保留将来根据法律规定延长时效限制的权利。中国的这个声明具有法律效力。日本尚未加入该公约。

虽然出台了一些公约,但是历史上的流失文物并没有因此回归。其中的原因是多方面的。首先是国际公约的溯及力。如果公约规定了溯及力,可以溯及到历史上事情,在公约签订以前就可以生效,否则公约是没效果的。所以,即便已经加入了相关的国际公约,但不能够根据这些公约就简单地能够要回流失海外的文物。其次是国际公约的执行力。比如《关于被盗或非法出口文物公约》规定,任何因战争原因而被抢夺或丢失的文物,都应该归还,而且没有任何时间限制。这里所说的"没有任何时间限制",一是不论战争何时发生,二是可以在任何时间提出归还要求。不过,这一原则虽然得到了国际间的基本认同,但目前还没有"条文化",形成一个可执行的机制。另外,出于某些原因,很多国家博物馆或收藏机构主观上并不希望归还其收藏的流失文物,甚至对参观、拍照都严格限制,使得政府出面交涉异常困难。

国际公约最有利的是,一种国际公约如果被不断的、反复地被使用,它适用的范围越来越大、以至于被整个国际社会都接受以后,会成为一种国际惯例。比如《武装冲突情况下保护文化财产公约》,日本和欧美很多国家一开始都是非常抗拒的,但是后来还是加入了。因为这个公约本身在国际上的影响太大了,已经被很多国家和国际组织看作是国际人道法的组成部分。它的很多的原则,比如在战争期间不可以掠夺和轰炸被占领国家的文化遗产、要保护被占领国家的文化遗产领域的人员等，已经变成公认的一种惯例，或者说国际习惯法的组成部分。

及时提出返还流失文物的要求是非常必要的，这不但主张了对流失文物的主权权利，而且能够得到国际社会的支持和共鸣。虽然国际公约本身不能拿来直接用，但国际公约所确立的原则，已经成为国际社会的共识，可以以此为依据进行沟通，可以提出正义要求。历史上被掠夺文物有大量被返还的例子，都不是直接根据某一个国际公约来返还的，而是基于国际社会越来越多地达成共识。要求返还流失文物是应该维护和主张的一种权利。国际公约，以及相关国际组织的宣言、建议，虽然不能直接作为法律依据，也没有严格意义上的法律拘束力，但是这种说服力非常的重要。

五、实现流失文物回归的机制

流失文物与近年来因战争或走私而散失的文物是不能混为一谈的，这两者的性质不同，在解决方式上也有所区别。比如对于走私文物，完全可以依据国际公约、通过外交渠道和法律手段进行追索，这样的例子在近些年屡见不鲜，其中以王处直墓武士浮雕最有代表性。

1994年6月下旬，河北保定曲阳县王处直墓被盗，墓室内大部分随葬品和壁龛内的绝大部分浮雕洗劫一空。王处直为唐末、五代后梁时期的义武军节度使，当时在京师一带是有名的望族。这件盗案立即引起了当地有关部门的关注。经过多方盘查，河北警方抓获了盗墓团伙，但一部分文物已经被倒卖到海外。2000年2月23日，河北省文物局获知：佳士得拍卖行将于3月21日在纽约举行"中国陶瓷、绘画、艺术品拍卖会"，其中拍品209号为一件武士浮雕，似与被盗的王处直墓有关。这个电话立刻引起了相关部门的重视，经过比对确定，209号拍品正是六年前曲阳特大文物盗案中被盗的文物。

在掌握了诸多证据之后，文物追索工作随即展开。3月2号，国家文物局就佳士得在纽约拍卖中国被盗文物一事照会美国驻华使馆，希望在友好的基础上,根据国际公约,采取必要的手段,阻止对 209 号拍品的拍卖活动,并使文物返还中国。同时公安部向国际刑警组织美国中心局发出通报,请求给予合作。为了协调工作,国家文物局和公安部还将情况通报给外交部及中国驻美使馆、驻纽约总领事馆。接着,中国驻美使馆官员紧急约见了美国海关总署纽约中心局,表明了中国政府的立场。3 月 8 日和 11 日,美国驻华使馆海关处及美国海关纽约中心局分别致函国家文物局和中国驻美使馆,表示为协助阻止拍卖中国文物,他们将根据联合国教科文组织的规定办理,希望中方提供必要的法律文件和证据。主要包括:失窃现场勘察报告、照片、警方立案报告、中国的有关法律、曲阳县政府将王墓公布为保护单位时间等。经过紧张细致地调研勘测和考证,包括古墓被盗的录相带、现场勘察记录、照片、立案报告和有关墓葬情况的文字材料、专家说明、考古发掘报告,于 3 月 14 日上午送抵公安部和国家文物局。当天下午 5 时,公安部刑侦局以特急件的形式签发了给中国驻美大使馆和驻纽约总领事馆的明传电报,物证则被直接空运至大洋彼岸。

收到中国方面提供的证据后,纽约州南区美国地方法院于 3 月 21 日通知佳士得停止对拍品 209 号的拍卖,同时下达了民事没收令,授权美海关总署纽约中心局没收武士浮雕。3 月 28 日,美国海关到佳士得查扣了武士浮雕。文物被查扣后,拍品委托人、香港某艺廊经营人对美国警方和海关人员声称:武士浮雕为祖传文物,已拥有 10 年以上的历史。对货主的这种狡辩,中方再次出示了包括浮雕与被盗现场遗留痕迹尺寸相同的证据,并出据了考古专家的证明予以驳斥。与此同时,中美双方就文物返还事宜开始了磋商。中方还根据美方的要求进一步补充证据,回答了美方提出的包括收取王处直墓周围土样在内的 11 个问题。面对无可辩驳的事实,美国纽约州地方检察院决定依法起诉香港货主,国家文物局将代表中国政府参与诉讼。虽然香港货主向美国法院和中国文物部门提出庭外和解,请求允许他将文物捐献中国。但美国司法部门最终仍按照司法程序审理了这起案件,根据联合国教科文组织《关于禁止和防止非法进口文化财产和非法转让其所有权的方法的公约》做出了公正的判决,将文物无偿归还中国政府。

武士浮雕是中国政府首次从境外成功无偿追回的古墓被盗文物,开创了中美两国政府合作打击非法出口文化财产、返还被盗文物的先例。从整个追索过程看,是由中国文物部门为主,会同公安、外交部门与美方相应部门进行交涉,在掌握充分事实依据的基础上,遵照国际公约的规定、通过司法程序阻止拍卖,并依法提起诉讼、追回了被盗文物。然而,对于历史上的流失文物,能否找到充分确凿的证据、国际公约是否有效力、司法程序能否支持,这都是必须面对、几乎不能逾越的障碍。更主要的,政府作为文物的所有权者进行国际司法诉讼,也不得不考虑外交等诸多文物之外的因素。

对于历史上的流失文物,需根据文物的性质采取不同的方式。2003年7月5日,中华社会文化发展基金会抢救流失海外文物专项基金启动“国宝工程”,在《国宝工程宣言》中明确提出通过回赠、回购、讨还等方式,多渠道促成流失文物回归。

回赠的方式即由国际友好人士和海外华侨赠送归还。如1900年八国联军入侵北京时将颐和园宝云阁铜殿的十扇铜窗劫掠而去,1994年美国友邦保险公司在法国购得铜窗后捐赠给颐和园;圆明园十二生肖铜首中的猪首,则是由港澳爱国企业家何鸿燊博士向抢救流失海外文物专项基金捐款购得并捐赠给保利艺术博物馆永久收藏。回购的方式一般针对于国外流通渠道和艺术品收藏市场上的文物。早在20世纪50年代,周恩来总理就曾亲自筹划从海外成功购回从故宫流失的《中秋帖》、《伯远帖》及《五牛图》等稀世珍宝;近年来圆明园猴首、牛首、虎首、马首以及《研山铭》、子龙鼎等珍贵文物也是以回购的方式实现了回归。

一般意义上,讨还流失文物的机制有两种:诉讼机制和非诉讼机制,其实质均在于主张对流失文物权利、维护其主权尊严和文化权益并提出正当、合法的要求。从操作上而言,一般不通过诉讼方式进行。由于历史上的文物流失都发生在几十、上百年之前,文物在流失后传承经历复杂,有很多法律上的难点无法逾越,如善意取得问题、适用法律及其时效性和追溯力、国家管辖豁免等。即便进入诉讼程序,还存在被告和原告资格认定、是否有强有力的证据支持、如何展开讼诉程序等问题。

2005年4月,抢救流失海外文物专项基金首次在国内明确提出向国外有关博物馆和国有收藏机构“讨还流失文物”的主张。这里的讨还,重点是指非诉讼的讨还机制,即以国际公约和法律作为理念上的准则和道德上的支撑,本着相互理解和平等互利的原则,联合国际机构、民间组织,通过共同研究、以文化交流与合作的方式实现流失文物的回归。其中也将涉及政府间谈判、国家机关之间的交涉、利用国际组织的协调功能等方式来促进流失文物的返还。

与回赠、回购相比,讨还成功的案例很少。就唐鸿胪井碑而言,其性质和现状决定了民间先行、以文化交流与合作的方式实现回归,是最合理、有效的渠道。在这一点上,北关大捷碑回归原址的案例值得借鉴和参考。北关大捷碑原位于现朝鲜境内,日俄战争时日军将该碑作为"战利品"掠往日本,与唐鸿胪井碑的命运非常相似。

1709 年北关大捷碑建成于现朝鲜咸镜北道吉州,高 210 厘米、宽 65 厘米,厚 13.5 厘米。此碑全名是"有明朝鲜国咸镜道壬辰义兵大捷碑",国名前置"有明"二字,说明历史上朝鲜与中国的亲密关系;碑文后题"崇祯甲申后六十五年十月□日立",可见直到清朝入主中土 65 年后,朝鲜民间仍怀念着明朝。碑上面镌刻着 1400 多个汉字,记述了 1592 年朝鲜人民的义勇军英勇抵抗日本侵略并取得胜利的历史事件。明代万历时,日本为侵略中国,向朝鲜提出了"假(借)道入明"的无理要求,遭到严正的拒绝。朝鲜人民响亮地回答:"战死易,假道难!"(宋象贤语。这六个字刻的碑,至今矗立在韩国釜山的忠烈祠内。)于是,丰臣秀吉在 1592(壬辰)年悍然出兵侵略朝鲜,一度占领汉城,烧杀掳掠,无恶不作。朝鲜(韩国)史称"壬辰倭乱"(日本史称"文禄之役")。

在这场战争中,朝鲜涌现出很多著名的民族英雄,如李舜臣将军,他的铜(石)像至今在韩国各地就有三百多座。而《北关大捷碑》指出,像李舜臣这样的英雄,还属本来就有官职地位者;"若起单微,奋逃窜徒,以忠义相感激,卒能用乌合取全胜,克服一方者,关北之兵为最。"在日军攻陷京城、民族危亡之际,目睹有人背叛祖国、为虎作伥,关北镜城的李鹏寿等平民百姓揭竿而起,一呼百应,浴血奋战,牺牲惨烈,终获胜利。正是朝鲜人民的拼死抵抗(加上明朝出兵援朝),才将日本侵略军打败了。碑文最后,是一首铿锵有力的四言诗铭:有盗自南,仇我大邦。我王于藩,以国受锋。屹屹北原,狼觇穴墉。有蠢者氓，不抗而从。血口胥舌，济毒以凶。士也□□，俊群攸同。兵义莫利，不屑戈弓。既歼叛徒，寇莫我冲。武夫鼓呼，山摧海汹。师征孔赫，厥丑崩□。协底帝罚，匪私我忠。北土既平，尔蚕我农。大君曰咨，孰尚女功。赠官命祠，光惠始终。士风其烈，民可即戎。临溟之□，有石□□。刻之诵词，用□无穷。诗中"大邦"谓中国，朝鲜自称为"藩"，"有盗"指日本。诗歌痛斥了不抗而从、济毒以凶的叛徒，也指责了反对起义的怯懦。描绘了义兵擂鼓高呼、山动海涌的壮烈场面，写到了胜利后男耕女织的情景，也充分反映了热爱和平、反对战争的精神。

1905 年日俄战争时，日军将北关大捷碑从其原址（现朝鲜境内的咸镜北道吉州郡）掠往日本，起先想献给日本皇宫内的振天府（专门收藏"战利品"的地方），后来不知何故到了靖国神社。1910 年，日本侵吞整个朝鲜，达35 年之久。时间长了，此碑渐渐被人忘却，连靖国神社的登记簿上也无记载。它被置于鸽棚的边上，碑上沾满了鸽粪。

20 世纪 70 年代后期，韩国的国际韩国研究院院长崔书勉，在靖国神社偶然发现了北关大捷碑。经过研究，当时年已七旬的崔书勉，正是建碑一族的后代；而且，还有其他许多后人，现正生活在韩国和朝鲜。崔书勉在韩国写了文章，有不少人发起签名运动，要求归还这块石碑。后来，靖国神社方面表示："只要大韩民国与朝鲜民主主义人民共和国达成协议，通过外交途径正式向日本政府提出请求，我们就归还。"靖国神社承认返还的必要性还说："北关大捷碑不是我们所有，一定会返还。"但却以"北关大捷碑的原所在地就是朝鲜地区，将在建交后返还给朝鲜"、"北关大捷碑是日本政府放在靖国神社的，因此，应有政府的返还要求"为由，一直拒绝返还。日本政府内很多人根据 1965 年签署韩日协定时同时签订的有关文化遗产归属协议，反对返还北关大捷碑。但也有人认为，唯独北关大捷碑应例外处理。朝、韩民间团体曾于 2004 年 12 月在金刚山举行会晤，决定将北关大捷碑暂时摆放在韩国，然后再转交给朝鲜，而且日本政府的态度此时也发生了改变。

2005 年 3 月 1 日，靖国神社宫司（相当于主持）南部利昭在与展开返还运动的韩、日民间团体代表的面谈中承诺，只要韩国与朝鲜达成协议，韩国政府通过日本政府正式提出要求,将尽快返还。参加会谈的北关大捷碑返还泛民族运动本部会长樵山大师表示:"如果3月末在中国北京与朝鲜佛教徒联盟副委员长沈相震(音译)会面,制定南北协定书,通过韩、日外交渠道,将该协定书转交给靖国神社。"八年以来在日本营造北关大捷碑返还舆论的日、韩佛教福利协商会会长栖沼洗心大师表示:"现在已清除了所有阻碍返还石碑的障碍物。返还北关大捷碑将成为韩、日两国开始真正的友好关系的契机。"3月28日,朝韩佛教界就要求日本归还北关大捷碑在中国北京举行有关返还"北关大捷碑"的第2次实务会谈,并达成了协议决定日本返还放置在靖国神社的"北关大捷碑"后将其放回原所在地朝鲜。双方在协议文中决定:要回民族贵重的历史遗物"北关大捷碑"后,放回原所在地咸镜北道吉州郡;在开城或金刚山地区进行引渡接管相关的仪式;通过相关活动谋求民族大团结,并向国内外展示民族自主、反战和平、统一爱国的意志。4月初,韩国方面决定将双方代表所签署的协议文通过韩国驻日本大使馆传达给日本外务省。3月30日,韩国外交部长官潘基文向总统卢武铉报告《外交通商部2005年度工作计划》,提出将以"查明真相、谢罪与反省、谅解与和解"这一人类通行方式解决当前的历史问题,继续敦促日本正确认识历史,进而解决包括"交还北关大捷碑"在内的历史问题。4月下旬,韩国国务总理李海瓒和朝鲜最高人民会议常任委员会委员长金永南在雅加达会晤时,就要求日本归还北关大捷碑举行会谈达成了共识。同时,韩国外交通商部向日本外务省提出正式交涉,要求其归还北关大捷碑,并已组成处理北关大捷碑归还事宜的特别工作小组。

5月2日,韩国政府宣布,韩国已正式要求日本归还其掠走的文物北关大捷碑,并决定邀请朝鲜就此问题进行协商。如果日本政府同意归还北关大捷碑,韩国政府将正式提议与朝鲜举行会谈。在此情况下,北关大捷碑将经由韩国被送往朝鲜,安放在原来的碑址。5月6日,日韩外长会谈时,韩国外交通商部部长潘基文提出要求:如果实现回归,不仅对韩日关系的改善,而且对改善南北关系也是一个贡献。日本外相町村回应:将与靖国神社方面很好交涉,满怀诚意的处理这个问题。

10月12日上午,日本向朝鲜半岛归还掠夺文物"北关大捷碑"的移交仪式在靖国神社举行,日本和韩国政府官员出席了仪式。韩国驻日公使秋圭昊与日本外务省外务政务官福岛启史郎等在移交协议上签字。10 月 20 日,北关大捷碑由日本东京空运到韩国仁川机场,正式回到朝鲜半岛土地。10 月 21 日韩国在首都汉城举行隆重仪式,迎接和展示被日本掠走百年的北关大捷碑。当天,韩国政府文化厅在国立中央博物馆以传统的方式隆重迎接北关大捷碑回归,并向公众展示这一重要历史文物。2006 年 3 月 1 日在朝鲜开城举行了北关大捷碑交接仪式,这标志着被日本掠走的北关大捷碑将回到位于朝鲜咸镜北道吉州的原址安放。

北关大捷碑的回归问题,先由韩国和朝鲜民间发起,向日本提出归还的要求,并与日本民间组织在归还问题上进行了沟通和协作,促使此问题的解决上升到政府层面,并达成了政府间协议,最终实现了北关大捷碑回归朝鲜半岛。

六、解决唐鸿胪井碑问题的思路

文物是一个国家悠久历史的实物见证,是一个民族古老文明的形象载体,是联系历史与现实的血脉,具有非比寻常的历史、艺术、科学价值,是重要的文化遗产。文物的流失,是历史的断裂、文明的缺失。保护文物最好的方式就是让文物回归到它原有的人文环境和文化序列中去。战争掠夺文物应返还原属国、不可移动文物的保护应在原址原地,已经成为国际共识和保护文化遗产的基本原则。

唐鸿胪井碑是典型的流失文物,也有不同于其他流失文物的特殊性和敏感性:关系到渤海国的历史、作为日俄战争的战利品被"运"往日本、现作为"国家财产"收藏于日本皇宫内。这一性质也决定了必须采取切合实际和慎重稳妥的方式解决唐鸿胪井碑的问题并争取实现其回归原址进行保护。

首先,从学术研究的角度讲,有必要将唐鸿胪井碑向学术界开放,以利于历史、考古、文化等方面的研究。唐鸿胪井碑一直存放于皇宫禁地,不对外开放,专家学者难以有机会进行实地考察,这也导致了有关唐鸿胪井碑的学术研究一直停留在史料、图片和拓片的考证阶段,没有实物数据的支持。在史料分散、某些档案尚未解密的情况下,很难开展深入系统的学术研究。还应考虑到,唐鸿胪井碑及碑亭一直处于没有任何保护设施的室外环境中,很容易受到风化、潮湿、雨雪侵蚀的影响,有必要进行修复和保护,防止碑的外形(易受侵蚀的不规则的岩体)和碑文等重要信息受到破坏。

其次,正确对待唐鸿胪井碑问题。2006 年 5 月底,日本《朝日新闻》以《中国学术界要求日本归还唐代石碑遭拒绝》为题进行了报道。因相关情况与实际有出入,某些学者出于情绪化的考虑,发表了有失偏颇的言论。此报道经由中国媒体转载和进一步报道,引发了众多不当评论,甚至上升到了外交层面。这对正确对待唐鸿胪井碑问题造成了极大的负面影响,也提醒相关方面向学术界开放唐鸿胪井碑和相关资料。更重要的,若想解决唐鸿胪井碑问题,尤其在新闻报道中应谨慎从事、避免炒作。

第三、在学术研究的基础上探讨唐鸿胪井碑回归的必要性和可能性。2004 年 12 月 19 日,唐鸿胪井碑研究会正式成立。研究会以"鸿胪井碑研究为内容,以加强中日友好关系为目标",联合日本友好人士合作开展工作。目前中日学者在很多问题上达成了共识:如日本学者以及友好人士均认为将唐鸿胪井碑定为"日俄战争的战利品是不妥的",应该由日方主动提出归还;唐鸿胪井碑是文化遗产,应该让世人共享这一文明成果,并回归原址以发挥它的最大价值。毕竟,通过学术研究增进中日两国人民的理解和友好,在适当的时候实现鸿胪井碑回到中国,是中日两国友好人士的共同愿望。

保护人类文化遗产,要保证历史上任何一种文化的连续性和完整性。保护文物、促进文化交流是世界各国人民的共同愿望,不管什么原因导致文化的断裂或残缺,虽令人遗憾,但并非无法补救。中国文物大量流失海外及其导致的中国文化发展史的裂痕,是国势日衰、民族灾难等历史原因造成的,而且是在帝国主义恃强凌弱的非正义的背景下发生的。基于正义的原则,从保护全人类文化遗产的高度出发,要求归还当时流失的文物,合乎人情法理。

唐鸿胪井碑的流失,是违背国际公约和国际社会普遍共识而导致的历史遗留问题。一方面,应根据国际公约的原则和精神来认识唐鸿胪井碑问题的性质,提出合情、合理、合法的要求,即强调对流失文物的主权意识;另一方面,应着眼于中日友好的大局,以国际公约作为行为准则和道德支撑,本着相互理解和平等互利的原则,为中日两国民间合作保护文化遗产建立新的机制。唐鸿胪井碑见证了一千多年的历史沧桑巨变,它也有责任来见证中日两国的友好未来。

【作者简介】

牛宪锋,中华社会文化发展基金会抢救流失海外文物专项基金副总干事。

附　录

唐鸿胪井碑大事记

696 年(唐·万岁通天元年)

松漠都督、契丹人李尽忠在营州(今辽宁省朝阳市)反叛唐朝。趁此机会,在营州的粟末靺鞨酋长乞乞仲象和乞四比羽率部东迁以求自立建国。武则天为阻止其建国,派兵讨伐。

698 年(唐·圣力元年)

乞乞仲象之子大祚荣在粟末靺鞨住地(今吉林省敦化)自立为振国王(旧唐书为"震国王")。

705 年(唐·神龙元年)

唐中宗即位,遣侍御史张行岌招慰大祚荣。

713 年(唐·先天二年)

遣郎将崔訢册拜大祚荣为左骁卫员外大将军、渤海郡王。以其所统为忽汗州,加授忽汗州都督,自是始去靺鞨号,专称渤海。

714 年(唐·开元二年)

崔訢完成册封使命回途中,在旅顺黄金山下凿井二口并刻石"敕持节宣劳靺羯使鸿胪卿崔忻井两口永为记验开元二年五月十八日",此即"鸿胪井碑"。

1461 年(明·天顺五年)

《大明一统志》记有"在金州卫旅顺口上有题云唐开元时靺鞨使鸿胪卿

崔忻所凿"。

1533 年（明·嘉靖十二年三月十二日）

布政司右参议查应兆在鸿胪井碑上追刻题辞。

1537 年（明·嘉靖十六年）

《辽东志》完成，其卷一·地理志载："鸿胪井二在金州旅顺口黄山之麓，井上石刻，有敕持节宣劳靺羯使鸿胪卿崔忻，凿井两口，永为记验，开元二年五月十八日造，凡三十一字。"

1739 年（清·乾隆四年七月二十八日）

额洛图在鸿胪井碑上追刻题辞。

1840 年（清·道光二十年）

耆英在鸿胪井碑上追刻题辞。

1895 年（清·光绪二十一年）乙未冬

刘含芳筑亭保护鸿胪井碑，并在原刻石左侧又添镌小字五行："此石在金州旅顺海口黄金山阴其大如驼开元二年至今一千一百八十二年其井已湮其石尚存光绪乙未冬前任山东登莱青兵备道贵池刘含芳作亭覆之并记"。碑亭于次年 8 月建成竣工。

1896 年

日本为收藏中日甲午战争战利品修建振天府。之后历次战争后陆续建了怀远府、建安府、惇明府、显忠府等御府（即纪念馆）。

1904 年 2 月 8 日

由东乡平八郎率领的日本联合舰队突袭旅顺港，日俄战争爆发。次年 1 月 2 日，日军攻陷旅顺口，并设置镇守府，负责防卫。

1905 年 7 月

日本大阪朝日新闻社评论员、东洋史学家内藤虎次郎（内藤湖南）以外务省特派人员身份考察旅顺港，并调查清朝的文化遗产。其间日本海军秘密委托内藤对鸿胪井碑进行鉴定。内藤等人写出《关于旅顺唐碑的调查》，认为"此碑文于史有益"。这成为日后将鸿胪井碑运至日本的契机。

1906 年 10 月—1908 年 4 月

在这一时期内，日本旅顺镇守府将鸿胪井碑及碑亭掠至日本。

1907 年 8 月 3 日至 5 日

日本大阪朝日新闻社举办比睿山讲演会,内藤虎次郎作了题为《日本满洲交通略说》的演讲。其中提到"当时去渤海的使者的事迹最近在旅顺发现,旅顺黄金山下有井,名叫鸿胪井",提到"这次发现的石"及"鸿胪井碑",并介绍了释文和拓本。

1908 年 4 月 30 日

日本海军大臣斋藤实将唐碑亭,包括碑石(鸿胪井碑)和石亭作为日俄战争战利品交给日本皇宫。

1910 年

日本为收藏日俄战争纪念品修建建安府。或许从那时起鸿胪井碑和碑亭就收藏于建安府前院。

1911 年

日本海军中将富冈定恭(1908 年 8 月 28 日至 1910 年 12 月 1 日任旅顺海军镇守司令长官)在鸿胪井碑遗址立起"鸿胪井遗迹"碑,并撰写了碑文:"唐开元二年鸿胪卿崔忻奉朝命使北靺鞨过途旅顺凿井两口以为记验唐开元二年距今实一千三百有余年余莅任于此地亲考察崔公事迹恐淹没其遗迹树石刻字以传后世尔云明治四十四年十二月海军中将从三位勋一等功四级男爵富冈定恭志"

1929 年 5 月

日本学者渡边谅与丽水迟塚金太郎考察了鸿胪井遗迹。

1967 年 5 月 21 日

渡边谅在日本皇宫建安府对鸿胪井碑和碑亭进行了实地考察,后写出《鸿胪井考》一文,发表于《东洋学报》1968 年第 51 卷 1 期。

1979 年 6 月 6 日

旅顺口区革命委员会在鸿胪井遗迹立碑,鸿胪井被定为市级文物保护单位。

2002 年初

中共中央党校原副校长韩树英同志向有关方面提出倡议成立鸿胪井碑

研究会的设想。随后,他与大连市中日友好学会等单位商讨了研究会的筹备工作。

2002 年 10 月 18 日

由中华社会文化发展基金会与文博界专家学者、社会知名人士共同创议,抢救流失海外文物专项基金正式宣告成立,宗旨是联合国内外尊重人类文化遗产、热爱中华文明的组织和个人,广泛募集资金,集腋成裘,竭尽全力为抢救流失海外文物而奋斗。

2003 年 7 月 5 日

中华抢救流失海外文物专项基金启动"国宝工程",以"抢救流失文物、保护文化遗产"为宗旨,通过回赠、回购、讨还等多渠道多种方式实现流失海外的中国文物回归祖国。唐鸿胪井碑被列为"国宝工程"重点研究项目之一。

2004 年 5 月

韩树英等专家学者与中华社会文化发展基金会共同倡议,成立唐鸿胪井碑研究会。

2004 年 7 月 16 日

中日两国学者在北京政协礼堂举行会议,筹备成立唐鸿胪井碑研究会。中方出席的有韩树英、张永年、王维明、刘广堂、马一虹、王建钢等研究会成员,日方出席的有横滨国立大学教授村田忠禧、横滨市立大学名誉教授矢吹晋等。

2004 年 12 月 19 日

中华社会文化发展基金会唐鸿胪井碑研究会正式成立,研究会以"鸿胪井碑研究为内容,以加强中日友好关系为目标",采取联合日本友好人士合作的方式,开展工作,并决定"慎重从事"避免新闻炒作的原则。研究会推举韩树英任名誉会长,中国文物学会会长罗哲文任会长,并聘请资深学者、社会人士担任顾问。成立大会特邀日本国学院大学栃木短期大学日本史学科酒寄雅志教授、横滨国立大学村田忠禧教授、横滨市立大学矢吹晋名誉教授、国际善邻协会国际交流委员会八岛继男委员长、国际善邻协会村濑广评议员等日本专家学者出席。会后,研究会有关成员和日本专家赴大连参观考察。

2005 年 7 月 3 日

张永年、王维明两位副会长于抵达日本,向日本宫内厅提出进入皇宫实地考察。日本宫内厅答复说,由于时间仓促,研究会人员不便进宫内看碑。但答应提供鸿胪井碑的照片及相关资料。

2005 年 7 月 4 日

日本宫内厅委托日中友好协会酒井诚先生将五张鸿胪井碑照片和一份"资料绍介"(渡边谅所写《鸿胪井考》)交给研究会。随后,驻日使馆文化处张忠志同志报告了王毅大使。王毅大使说,这是好事,希望慎重地继续办下去。

2005 年 8 月 31 日—9 月 1 日

首届唐鸿胪井碑中日学术研讨会在大连理工大学召开。

在为期两天的"首届唐鸿胪井碑中日学术研讨会"上,中日两国的 20 多位专家学者各抒己见,主要探讨和交流了三个课题:准确解读鸿胪井碑,正确理解其含义;鸿胪井碑的历史地位和价值;通过鸿胪井碑的探讨,促进中日友好关系的发展。日本国学院大学教授酒寄雅志,横滨国立大学教授村田忠禧,吉林大学教授、东北历史与疆域研究中心主任魏存成等作为特邀专家作了主题发言。

2005 年 9 月 10 日

韩树英名誉会长、罗哲文会长,在北京饭店会见了日中友好协会会长、文化财保护·艺术研究助成团理事长平山郁夫先生,就唐鸿胪井碑问题进行了友好会谈。

2005 年 11 月 2 日

平山郁夫先生在北京贵宾楼饭店主持"中日友好协会答谢宴会",邀请了韩树英名誉会长、罗哲文会长、张永年副会长和王维明副会长。平山先生在会谈时正式提出邀请唐鸿胪井碑研究会于 2006 年赴日本进行实地考察,并做出了具体安排。

2005 年 11 月

平山郁夫先生等日方合作伙伴郑重提出了一个鸿胪井碑回归中国的时间表:"2008 年正好是鸿胪井碑被'献纳'皇宫 100 周年,也是中日和平友好条约缔结 30 周年并且又逢 2008 年北京奥运,2008 年实现鸿胪井碑的回归是最理想的"。

2006 年 1 月 18 日

唐鸿胪井碑研究会在文化部文苑厅召开"会长扩大会议"。名誉会长韩树英、会长罗哲文、副会长杜凤刚、张永年、副会长兼秘书长王维明等参加会议。中国考古学会名誉会长宿白先生作为研究会高级顾问出席会议。本次会长扩大会议主要讨论并通过了《争取"唐鸿胪井碑"回归的计划及 2006 年工作安排》。

2006 年 3 月 11 日

名誉会长韩树英、副会长张永年、王维明,在北京友谊宾馆会见了大连市政协主席林庆民,《大连日报》编辑部负责人员,就研究会的相关工作和计划以及 3 月 5 日《大连日报》报道鸿胪井碑一事,交换了意见,重申"不要炒作"的原则。

2006 年 5 月 31 日

针对 5 月底以来日本《朝日新闻》和国内媒体对鸿胪井碑的报道,尤其是一些媒体的不实新闻和不当评论,研究会通过新华社发布了题为《深藏日本皇宫的唐朝鸿胪井碑历史遗留问题有望解决》的新闻,以达到宣传研究会和正确引导舆论的目的。新华社的通稿先后被大公报、大连日报等媒体转载。

2006 年 6 月 6 日

唐鸿胪井碑研究会官方网站(www.hljb.org)正式上线。

2006 年 6 月 7 日

唐鸿胪井碑研究会高层会议在北京民进大厦召开。

2006 年 7 月 25 日

唐鸿胪井碑研究会收到与我会合作的日本学者酒寄雅志和村田忠禧的电子邮件,告知日本宫内厅已口头答应他们的申请,将唐鸿胪井碑的照片向日本学者公开。

2006 年 9 月 11 日—12 日

唐鸿胪井碑研究会在大连市棒槌岛召开"唐鸿胪井碑研究会工作会议"。韩树英名誉会长、杨振亚名誉副会长一行考察了唐鸿胪井碑遗址。

2006 年 9 月 19 日

日本宫内厅将唐鸿胪井碑的 9 张照片向日本学者公开。

2006 年 12 月 19 日

唐鸿胪井碑研究会名誉会长韩树英、名誉副会长杨振亚、副会长张永年、副会长兼秘书长王维明等在北京饭店会见了平山郁夫先生。共同协商由文化财保护·艺术研究助成团邀请中方相关人员 2007 年 4 月组成"赴日友好访问团"出访日本的有关事宜。

2007 年 6 月

唐鸿胪井碑研究会在北京召开高层会议,讨论决定在时机成熟时赴日本进行考察交流。经过周密考虑和认真筹备,名誉会长韩树英、副会长杜凤刚、王维明等一行于 2007 年 6 月下旬访问日本。访问期间先后会见了日中友好协会会长平山郁夫先生、原官房长官自民党干事长野中广务先生、众议院议员野田毅先生和数十位从事中国东北史、唐史研究的日本学者等日本友人,就唐鸿胪井碑研究以及"日本主动归还唐鸿胪井碑"的原则交换了意见,在一些问题上取得了重要进展。

2007 年 11 月 19 日至 25 日

应日中友好协会会长、文化财保护·艺术研究助成财团理事长平山郁夫先生之邀请,罗哲文会长率团赴日本进行学术访问,与日本的专家学者探讨合作开展文化遗产的保护及中日文化交流等问题。在日本期间,罗哲文一行考察了京都、奈良等地的文物遗迹和古建筑,并与平山郁夫先生进行了座谈。

2008 年 4 月 17 日

全国政协主席贾庆林出席在中国美术馆举行的"平山郁夫艺术展"开幕式,并在开幕式前会见了日本前首相村山富市和日中友协会长平山郁夫一行。会见中,贾庆林主席感谢平山郁夫先生对唐鸿胪井碑研究,及唐鸿胪井碑问题中国方面工作的大力支持,并高度评价平山郁夫先生等人长期以来为发展中日友好关系做出的积极贡献。

2008 年 4 月 21 日

唐鸿胪井碑研究会聘请日本学者、前日本驻华大使阿南惟茂的夫人阿南史代女士为研究会特邀顾问。

2008 年 9 月 21 日

唐鸿胪井碑研究会召开高层会议。

2008 年 12 月 26 日

唐鸿胪井碑研究会召开高层会议。

2008 年 12 月 27 日

唐鸿胪井碑研究会名誉会长韩树英、名誉副会长杨振亚在京会见日本学者酒寄雅志先生。

2009 年 1 月 10 日

由中华抢救流失海外文物专项基金主办、唐鸿胪井碑研究会协办,"抢救流失海外文物法理研讨会"在北京友谊宾馆召开,就讨还流失文物的法理问题展开研讨。对于历史上的流失文物,中国政府或民间从未有过通过法律讨还的实践,该领域的法理研讨会也是首次举办。

（唐鸿胪井碑研究会编,截止到 2009 年 1 月）

大连地方唐鸿胪井碑研究文汇目录

序号 人	序号 文	姓名	文出时间	标题	发表的书刊名	出版社	出版时间	备注
1	1	乔有年	1887	旅顺怀古（七言诗）	孙宝田:《旅大文献征存》第212页,以下简称《征存》※	大连出版社	2008.1	甘井子区双台沟人,1862年进士,知县、主事
2	2	王志修	1896	曲氏井题咏(并序)	《征存》第218页※	大连出版社	2008.1	署金州海防厅同知(从五品)
3	3	郑有仁	1905	鸿胪井铭	《征存》第247页※	大连出版社	2008.1	金州厅人,庠生
4	4	乔德秀	1911	鸿胪井	《南金乡土志》※	新亚印务公司	1931	小学乡土教材。小学校长、贡生。今甘井子区营城子镇西小磨村人。
5	5	罗振玉	1911—1919	从日本拓回"鸿胪井刻石"原大拓片	《大连百科全书》第74页※	中国大百科出版社 辽宁人民出版社	1999	罗振玉1930—1935年间赠弟子孙宝田,现由其四子孙玉收藏。
5	6	罗振玉	1929—1935	按原大拓本,模刻"鸿胪井刻石"	罗继祖:《墨佣小记》第2页:"拓数十纸……今已无一纸矣。"	上海文艺出版社	2001.1	罗振玉赠给旅顺博物馆,今作展品
6	7	孙宝田	1935	唐井栏题名	《征存》第163页※	大连出版社	2008.1	罗振玉门人,大连地方志专家

序号		姓名	文出时间	标题	发表的书刊名	出版社	出版时间	备注
人	文							
7	8	瀛云萍	1978	旅顺唐代鸿胪井	《旅大乡土历史教材资料》	内刊	1978年23期	大连市教育学院地理教授
7	9	瀛云萍	1978	鸿胪井与鸿胪井刻石古迹	《大连乡土地理》	内刊		
7	10	瀛云萍	1992	黄金山访古鸿胪井	《北方民族》		1992年4期	
7	11	瀛云萍	2002	鸿胪井刻石中的鞨羯与鞨鞨	《大连市志·民族志》※	辽宁民族出版社	2002.7	
8	9	尚云川	1978	鸿胪井与鸿胪井刻石古迹	《大连乡土地理》	内刊		大连教育学院讲师
8	10	尚云川	1988	鸿胪井刻石	《方志天地》		1988年2期	
9	11	孙绍华	1979	旅顺鸿胪井题记刻石——唐与渤海关系的信物	《辽宁师范学院学报》		1979年4期	辽师副教授
10	12	罗继祖	1982	罗家模刻鸿胪井刻石	《吉林大学学报》		1982年1期	吉大教授
11	13	董志正	1984	旅顺黄金山下鸿胪井	《旅大史话》第33—36页※	辽宁人民出版社	1984	中共大连市委宣传部副部长,大连出版社社长
12	14	韩行方	1985	鸿胪井刻石	《大连近百年史文献》第386—387页※	辽宁人民出版社	1999	旅顺博物馆副馆长
12	15	韩行方	1985	旅顺鸿胪井	《地名指南》※	东财大出版社	1988.5	旅顺博物馆副馆长
13	15	王学民	1985	旅顺鸿胪井	《地名指南》※	东财大出版社	1988.5	

序号		姓名	文出时间	标题	发表的书刊名	出版社	出版时间	备注
人	文							
14	16	汤兰升	1985	鸿胪井刻石	《大连市志·文化志》第219页※	大连出版社	2003.3	主编李振远,副主编汤兰升研究员
15	17	曲传林	1986	唐鸿胪井刻石述略	《旅顺博物馆学术论文集》		2006.11	郭富纯主编,转自《大连文物》1986年2期,旅博副研究员
16	18	刘连岗	1988	唐鸿胪卿出使震国	《大连港记事》第8页※	大连海运学院出版社	1988.12	大连港务局史志办干部
17	19	集体编纂	1989	"大事记"	《金县志》第10页※	大连出版社	1989.5	大连金州区地方志编纂委员会办公室编,主编薛天忠,副主编王万涛
16	20	刘连岗等	1995	旅顺鸿胪井刻石	《大连港史》第38—40页※	大连出版社	1995	周永刚主编、港务局史志办
18	21	朱诚如	1989	鸿胪井刻石与渤海道	《辽宁古代史》※	大连海运学院出版社	1989	辽师大教授
19	21	邸富生	1989	鸿胪井刻石与渤海道	《辽宁古代史》※	大连海运学院出版社	1989	辽师大教授
19	22	邸富生	1990	鸿胪井遗址	《辽南名胜古迹漫谈》第45—46页※	大连海运出版社	1990	辽师大教授
20	23	孙玉	1989	鸿胪古井历千年	《大连日报》※	大连日报社	1989.3.11	大连6000年文物征文比赛一等奖

序号		姓名	文出时间	标题	发表的书刊名	出版社	出版时间	备注
人	文							
20	24	孙玉	1995	东北著名的唐代刻石	《大连春秋》※	大连市史志办	1995年3期	大连沙区政协文史委副主任(1987—1996)
20	25	孙玉	1999	鸿胪井刻石图说	《大连百科全书》第74页※	中国大百科出版社	1999	(市史办等)编委会编
20	26	孙玉	1999	鸿胪井刻石图说	《大连近百年风云图录》※	辽宁人民出版社	1999	主编方军、王胜利
20	27	孙玉	2002	刘含芳保护鸿胪井刻石	《大连市志·人物志》第20页※	中国文献出版社	2002.6	大连市重点保护建筑专家委员会委员、副主任、大连地方史专家
21	28	许明纲	1990	旅顺鸿胪井有关问题正误析——同瀛云萍先生商榷	《大连大学师范学院院报》		1990年1期	旅顺博物馆副馆长
22	29	周传章	1990		《旅顺史话》	东财大出版社	1990	
23	30	顾明义等	1991	日本盗运鸿胪井刻石	《日本侵占旅大四十年史》※	辽宁人民出版社	1991	大连外语学院教授退休
24	31	袁宝连	1991	薛仁贵东征和鸿胪井是怎么回事?	《大连地方史简编》	大连海运学院出版社	1991	
25	32	姚义田	1991	译日本渡辺谅《鸿胪井考》	《辽海文物学刊》		1991年1期	大连人。现职辽宁省博物馆研究员

序号		姓名	文出时间	标题	发表的书刊名	出版社	出版时间	备注
人	文							
25	33	姚义田	2001	译日本酒寄雅志《关于"唐碑亭"即鸿胪井碑的几个问题》	《历史与考古信息》吉林省考古研究所编		2001年1期总35期	大连人。现职辽宁省博物馆研究员
26	34	崔粲	1992	鸿胪井碑亭被日本掠走	《辽宁地方史》※	辽宁教育出版社	1992	辽宁省中学乡土教材
27	34	魏福祥	1992	鸿胪井碑亭被日本掠走	《辽宁地方史》	辽宁教育出版社	1992	辽宁省中学乡土教材
28	34	杜尚侠	1992	鸿胪井碑亭被日本掠走	《辽宁地方史》	辽宁教育出版社	1992	辽宁省中学乡土教材
29	35	袁辉安	1993	旅顺鸿胪井	《旅顺口名山名景古战场》			
30	36	王万涛	1997	最早保护鸿胪井的大连地方官	《大连之最》第355页	大连出版社	1997.12	执行主编，编审（研究员）
31	37	集体编纂	1999	"大事记"、"文物"	《旅顺口区志》※第11页，第674—675页	大连出版社	1999.6	大连市旅顺口区地方志编纂委员会编，主编梁恩宝，副主编林钧顺，董志广
30	38	王万涛	2001	旅顺鸿胪井拾零	《史苑撷英》※	中国社会出版社	2001.2	《大连市志》副主编，编审（研究员）
30	27	王万涛	2002	刘含芳保护鸿胪井刻石	《大连市志·人物志》第20页※	中国文献出版社	2002.6	
30	39	王万涛	2006	鸿胪井	《大连地名史话》第192页※	大连海事大学出版社	2006.12	孙激扬主编

序号 人	序号 文	姓名	文出时间	标题	发表的书刊名	出版社	出版时间	备注
35	40	张奎藩	1999	鸿胪井遗址	《旅顺口区志》第674页	大连出版社	1999.6	梁恩宝主编
33	41	闫华	1999	文物掠夺	《大连近百年史》下卷第1299页※	辽宁人民出版社	1999	顾明义、方军等六人主编
34	41	陈丕忠	1999	文物掠夺	《大连近百年史》下卷第1299页	辽宁人民出版社	1999	顾明义、方军等六人主编
35	42	刘俊勇	1999	鸿胪井被盗及其它	《长夜·曙光》第253页※	大连出版社	1999.9	李振远主编
35	43	刘俊勇	2004	百年来大连地区考古发现与研究	《白云论坛》一卷上辑第271页	北京图书馆出版社	2004.9	
35	44	刘俊勇	2006	鸿胪井刻石的几个问题	《辽师大学报》		2006年6期	辽师大副教授
36	45	钟有江	2003	崔忻凿鸿胪井	《金州史话》第34—37页※	大连出版社	2003.3	金州农艺师
37	46	朱宝学	2004	鸿胪井刻石	《大连市志·港口志》第73页※	辽宁民族出版社	2004.9	大连港务局
38	46	赵怀宁	2004	鸿胪井刻石	《大连市志·港口志》第73页※	辽宁民族出版社	2004.9	大连港务局
39	47	杜凤刚	2005	唐鸿胪井碑文释读——兼论实证研究的有用性	首届唐鸿胪井碑中日研讨会论文		2005.8.31	大连理工大学外语学院院长
40	48	王若	2006	鸿胪井摩崖石刻新探——兼与王仁富先生商榷	《中国文物报》		2006	旅顺博物馆副馆长、研究员

序号		姓名	文出时间	标题	发表的书刊名	出版社	出版时间	备注
人	文							
41	49	宋红卫	2006	鸿胪井	《大连港口史话》第3页※	大连海事大学出版社	2006.12	孙激杨主编,宋红卫大连港务局史志办主任
42	49	张春亮	2006	鸿胪井	《大连港口史话》第3页※	大连海事大学出版社	2006.12	孙激杨主编
43	39	冯贺坤	2006	鸿胪井	《大连地名史话》第192页	大连海事大学出版社	2006.12	作者为403部队正团级干部
44	50	苏小幸	2007	鸿胪井	《大连通史·古代卷》第252—257页※	人民出版社	2007	李伟、王万清主编
45	51	韩悦行	2007	旅顺鸿胪井	《大连掌故》第250—251页※	大连出版社	2007.12	大连三中高级教师
46	52	崔世浩	2007	旅顺鸿胪井	《辽南碑刻》※	大连出版社	2007	金州博物馆副研究员,以身殉职
47	53	王淑英	2008	旅顺鸿胪井	《流光碎影》※	大连出版社	2008	大连日报社高级编辑,大连作家协会主席

注:1. 2009年3月6日孙玉制表。

2. 此表以作者第一文文出时间先后顺序排列。

3. 打※号为孙玉藏书。

4. 由于收集资料的局限性,难免有所遗漏。一经发现,日后补上。

5. 表中文19《金县志》、文37《旅顺口区志》皆为集体编纂。

责任编辑:王维胜
装帧设计:肖　辉

图书在版编目(CIP)数据

唐鸿胪井碑/韩树英、罗哲文 主编. -北京:人民出版社,2010.4
ISBN 978 - 7 - 01 - 008417 - 6

Ⅰ. 唐…　Ⅱ.①韩…②罗…　Ⅲ. 碑刻-研究-大连市-唐代
　　Ⅳ. K877. 424

中国版本图书馆 CIP 数据核字(2009)第 197411 号

唐 鸿 胪 井 碑
TANG HONGLUJING BEI

韩树英　罗哲文 主编

人民出版社 出版发行
(100706　北京朝阳门内大街 166 号)

北京市通州兴龙印刷厂印刷　新华书店经销

2010 年 4 月第 1 版　2010 年 4 月北京第 1 次印刷
开本:700 毫米×1000 毫米 1/16　印张:28　字数:410 千字

ISBN 978 - 7 - 01 - 008417 - 6　定价:58. 00 元

邮购地址 100706　北京朝阳门内大街 166 号
人民东方图书销售中心　电话 (010)65250042　65289539